西藏布达拉宫
壁画保护修复工程报告

李最雄　汪万福　王旭东　陈　锦　强巴格桑

编著

文物出版社

北京·2008

封面设计　娄　婕

责任印制　张道奇

责任编辑　杨新改

图书在版编目（CIP）数据

西藏布达拉宫壁画保护修复工程报告／李最雄等 编著．

—北京：文物出版社，2008.9

ISBN 978-7-5010-2470-4

Ⅰ．西…　Ⅱ．李…　Ⅲ．①布达拉宫－壁画－文

物保护②布达拉宫－壁画－文物修复　Ⅳ．K879.41

中国版本图书馆 CIP 数据核字（2008）第 059153 号

西藏布达拉宫壁画保护修复工程报告

李最雄　汪万福　王旭东

陈　锦　　强巴格桑　编著

＊

文 物 出 版 社 出 版 发 行

（北京东直门内北小街 2 号楼）

http://www.wenwu.com

E-mail：web@wenwu.com

北京达利天成印刷装订有限责任公司印刷

新 华 书 店 经 销

787×1092　1/16　印张：26.25　插页：4

2008 年 9 月第一版　2008 年 9 月第一次印刷

ISBN 978-7-5010-2470-4　定价：198.00 元

Report on Wall Painting Conservation and Restoration Project of Potala Palace, Tibet

Compiled by

Li Zuixiong   Wang Wanfu   Wang Xudong
Chen Jin   Chamba Kelsang

Cultural Relics Press

Beijing · 2008

序 一

　　布达拉宫是我国多民族国家建筑艺术的瑰宝，具有重大的历史、艺术和科学价值，因而早已被国务院公布为全国重点文物保护单位，并已列入了世界文化遗产的名录，十分珍贵。

　　为了保护这一建筑艺术瑰宝，20 世纪 80 年代，在国家经济并不富裕的情况下，就由中央政府拨付巨额并派出各方面专家，对布达拉宫进行了近代历史上第一次大规模抢救性的保护维修工程，保证了文物的安全。但由于西藏古建筑基本上是石、土、木混合结构，多种因素均可导致和促使文物病害的发生与扩展。针对存在的问题，党中央、国务院在第四次西藏工作座谈会上，把西藏三大重点文物保护维修工程——布达拉宫、罗布林卡、萨迦寺维修工程确定为重点援藏项目之一，并将布达拉宫二期维修工程壁画的保护修复作为维修工程的重要内容。党中央对西藏的亲切关怀，体现了对西藏优秀传统文化的尊重和高度重视，具有十分重大的现实意义和深远的历史意义。

　　布达拉宫的壁画，是这一宫殿建筑群重要的组成部分，它的保护维修更具有科学技术的特殊要求。为了保证这一具有特殊技术要求的壁画保护工程维修项目圆满完成，国家文物局和西藏自治区人民政府以议标的方式，委托我国目前壁画保护技术高超、经验最为丰富的敦煌研究院来承担。敦煌研究院按照国家文物局"在西藏三大重点文物保护维修工程中要加大科技含量，重视基础研究和新材料、新工艺的研究与推广应用"的指示精神，在充分调查研究评估的基础上，把解决壁画空鼓病害作为保护西藏壁画的突破口，经过几年反复的室内、现场试验研究，筛选出治理空鼓病害壁画的灌浆加固材料和加固工艺。通过与建设单位、工程监理单位等多方的积极友好合作，按照《中华人民共和国文物保护法》和《中国文物古迹保护准则》的要求，完成了近 2000m² 病害壁画的保护修复。

　　在壁画保护修复过程中，敦煌研究院重视新技术的引进与推广应用，特别是在壁画病害的监测与灌浆效果评估方面尤为重视。如采用美国 Everest VIT 工业内窥镜有限公司生产的 XL PRO 型内窥镜探测壁画空鼓部位的真实状况，采用瑞典 MALÅ GeoScience 公司研发的 RAMAC/GPR 高频探地雷达检测壁画空鼓程度和评估灌浆效果等。

　　人才是一切工作的基础，如何培养和拥有一支西藏当地的壁画保护修复队伍是目前急需解决的首要任务，该项目把人才培养也作为重要内容之一。这种结合工程项目的实施来培养人才的做法是十分宝贵的，特别在传统工艺的继承与创新方面具有积极意义。这种培养人才的方法是非常重要和值得推广的。

　　布达拉宫壁画保护修复工程是一个具有挑战性和创新性的文物保护修复项目。项目的成功实施，是西藏寺院壁画保护修复的科学范例，将对西藏寺院壁画乃至整个西部地区的寺院壁画保护产生深远影响，具有明显的指导意义。工程不仅很好地贯彻执行了《中华人民共和国文物保护法》和《中国文物古迹保护准则》的要求，而且经过了前期实验研究和工程实施两个阶段，在灌浆材料、工艺流程、监测技术手段等方面均取得突破性进展，是我国文物保护技术领域的原创性成果，对我国乃至国际文物保护技术的发展和文物保护理论的完善均具有积极意义。

　　敦煌研究院的同志知我半个多世纪来与研究院结下的深厚感情，在20世纪80、90年代布达拉宫抢险加固维修工程中就参加了工作，多次进藏，与布达拉宫和许多寺庙的建筑、文物也结下了深厚的感情。因而，在这部图文并茂、内容丰富的《西藏布达拉宫壁画保护修复工程报告》即将出版之际，特嘱我为序。于是恭书了以上简短情况和意见，权以充之，并借以为对此书出版之祝贺。

罗哲文

2008 年 4 月于北京

序 二

西藏是一片美丽而又神奇的土地,在这片土地上,聪慧而淳朴的人民创造了辉煌灿烂的历史与文化,至今保存了众多具有珍贵价值的文化遗产。位于拉萨市西北玛布日山(红山)上的布达拉宫始建于 7 世纪上半叶,松赞干布迎娶文成公主时,17 世纪中叶扩建,此后经历 3 个多世纪的不断修建,形成了今天的规模。布达拉宫是西藏地区现存规模最大、保存最完整的宫堡式建筑群,有着极高的历史、艺术和科学价值。作为中国古代建筑艺术的典范、宗教艺术的宝库、汉藏艺术交流融合的结晶,1961 年被国务院公布为第一批全国重点文物保护单位,1994 年被联合国教科文组织世界遗产委员会列入"世界文化遗产名录"。

1959 年,西藏实行民主改革以后,党和国家、西藏自治区人民政府高度重视布达拉宫的维修和保护,经常拨给专项保护维修经费。1989～1995 年国家拨出巨款对布达拉宫开展了一次大规模的维修和保护工程。1999 年,在全国文物外事工作会议上,时任国家文物局局长的张文彬先生对我说,希望敦煌研究院能为西藏的文物保护事业作出贡献。2001 年 6 月,中共中央、国务院在北京召开第四次西藏工作座谈会,将西藏三大重点文物保护工程,即布达拉宫、罗布林卡、萨迦寺保护维修工程确定为重点援藏项目,委托我院承担三大重点文物保护工程中的壁画保护修复任务。敦煌研究院作为国内最早开展壁画修复和保护工作的单位,虽然在壁画保护中积累了一定的经验和技术,取得了一些成果,也拥有一批经验丰富的壁画保护科研人员和熟练掌握壁画修复技艺的高级技工,但西藏布达拉宫的壁画与敦煌壁画的制作材料、保存环境和病害类型大相径庭,所以保护修复布达拉宫的壁画,对我们而言是一项全新的课题,我们深感任务的艰巨。此外,西藏地处高原缺氧地区,对于长期生活在海拔较低地区的人而言,能在西藏地区正常生活就属不易,现在要历经数年去承担巨大的壁画保护任务,对我们赴藏工作人员的健康来说也是一种挑战。

西藏文化是我国多民族文化不可或缺的重要组成部分,敦煌研究院把保护好西藏珍贵的文化遗产作为自己的神圣使命和职责。接受任务以后,我院高度重视,成立了以我为组长的西藏三大重点文物保护维修工程领导小组,做出了周密的部署和计划,抽调了资深的壁画保护专家和熟练的技术人员组成了西藏壁画保护修复工程的工作班子,制定了严格的工作程序与管理办法。为了确保工作人员在高原缺氧地区顺利完成任务,给每个去藏工作人员购买了人身意外保险，对工作人员生活、医疗等方面做出了细致的安排。

为了保证完成这一国家重点壁画保护维修工程，首先，从 2001 年底到 2003 年初，投入了大量的人力、物力和财力，开展了一系列的前期准备工作，通过文物保存现状调查、壁画病害分析研究、修复材料筛选、修复工艺改进、实验室模拟试验、现场试验等多个环节的工作，最终找到了适合布达拉宫壁画维修保护的修复技术、修复材料和修复工艺。

在此基础上，于 2003 年 5 月至 2007 年 8 月，在西藏三大重点文物保护维修工程领导小组办公室、自治区文物局、布达拉宫管理处、布达拉宫维修工程指挥部以及工程监理等单位的大力支持和积极配合下，依据《中华人民共和国文物保护法》和国家文物局批准的《西藏布达拉宫壁画保护修复方案》，以高度负责、一丝不苟的精神，完成了布达拉宫的红宫、白宫及其附属建筑的 22 个殿堂 1800 多平方米空鼓、起甲、污染、裂隙等病害壁画的保护修复工作。空鼓是布达拉宫壁画主要的严重病害，如东大殿西壁有一块空鼓、破损严重的壁画，修复技术人员为了确保保护工作万无一失，利用内窥镜探明壁画空鼓内部的破损状况，将内部碎石去除，采用除尘、纱布表面防护、小块壁画切割、表面软化、滴渗、灌浆、回贴、支顶等综合措施，使破损严重的壁画得到有效保护。应用探地雷达对壁画空鼓程度及灌浆加固效果进行检测。同时，为了确保工程质量与工程进度，主管领导和专家多次亲临现场指导，及时解决工程实施过程中的新情况、新问题。由于我院高度重视，技术人员的精心施工，我们的壁画保护修复工作得到了广泛的认可和赞誉。

经过五年多我们与藏族同胞的密切合作，不仅成功地完成了布达拉宫国家重点壁画保护工程任务，而且与藏族同胞建立了深厚的感情，结下了深厚的友谊。在工程项目的实施过程中，使我们开阔了视野，拓展了我们壁画保护的领域，锻炼了我们的文物保护队伍，也为布达拉宫培养文物保护人才，尽了我们一点微薄之力。

工程完成后，我院集结了此项工程的文字、图纸、影像等资料，撰写完成了《布达拉宫壁画保护修复工程报告》。报告不仅客观介绍了布达拉宫壁画保护维修工程，而且总结了针对布达拉宫壁画自身特点而形成的壁画保护修复技术、修复材料和修复技艺，以及配合此次工程所取得的研究成果和成功经验，我认为这是敦煌研究院和藏族同胞几年来辛勤工作的结晶。希望以此能为西藏人民和全国人民交上一份满意的答卷。也诚恳地希望同仁们对我们的保护工程提出宝贵的意见。

值此报告出版之际，谨此为序。

2008 年 6 月于莫高窟

目　　录

附　录

Contents

CONSERVATION RESEARCH

CONSERVATION & RESTORATION

前　言

　　西藏三大重点文物保护维修工程——布达拉宫、罗布林卡、萨迦寺维修工程是党中央、国务院在第四次西藏工作座谈会上确定的 117 个重点援藏项目之一，是继 1989 ~ 1994 年国家财政安排拨款专项对布达拉宫进行第一期维修后，在西藏古建筑、壁画保护维修史上投资最多、规模最大的文物保护维修工程。

　　为了确保工程的顺利实施，加强对工程的组织领导和管理工作，由国家发展与改革委员会、财政部、文化部、国家民委、国家文物局、国家宗教局及西藏自治区人民政府组成"省（部）级领导联席会"，负责处理三大重点文物保护维修工程重大事项并及时向国务院报告工程进展情况。设立了由西藏自治区党委、政府和国家文物局领导以及国家发展与改革委员会社会发展司、财政部教科文司，西藏自治区党委宣传部，西藏自治区人民政府办公厅、发展与改革委员会、财政厅、文化厅、民宗委、公安厅、建设厅、文物局、消防总队等部门负责人组成的"西藏三大重点文物保护维修工程领导小组"，领导小组负责领导工程的组织实施，按计划完成任务，确保工程质量，并向中央有关部门汇报工作。该领导小组下设办公室，作为三大工程的项目法人单位，具体负责工程的组织实施，向工程领导小组报告工作。同时分别设立了布达拉宫、罗布林卡、萨迦寺三个工程指挥部，负责工程现场施工质量、管理及文物搬迁保护等相关工作，向工程办公室报告工作。敦煌研究院也成立了"敦煌研究院西藏三大重点文物保护维修工程壁画保护修复项目领导小组"，领导小组下设办公室，具体负责日常事务。全国政协委员、敦煌研究院院长樊锦诗研究员任组长，副院长李最雄研究员任副组长兼项目总负责。

　　为了确实有效地做好布达拉宫二期维修工程中的壁画保护修复工作，我们在总结几十年来敦煌研究院在石窟壁画修复的成功经验和教训的基础上，对布达拉宫第一期维修工程中壁画修复工作进行了认真的总结和分析，本着对文物高度负责的精神，在慎之又慎的前提下，加大了对文物保存现状的调查与评估力度。2000、2001 年，敦煌研究院先后三次选派由壁画保护修复、考古、环境、摄影、测绘等方面的专家和技术人员组成的专家组，对布达拉宫所有殿堂壁画保存状况进行了详细调查。调查结果表明，20 个殿堂有各种病害壁画的面积为 1722.68m²，约占布达拉宫壁画总面积的 70%，其中空鼓壁画占病害壁画总面积的 75%。因此，布达拉宫壁画修复工作的重点是治理壁画空鼓病害。遵照国家文物局"在西藏三大重点文物保护维修工程中要加大科技含量，重视基础研究和新材料、新工艺的研究与推广应用"的指示精神，敦煌研究院向国家文物局申报并获批了"西藏萨迦寺、布达拉宫和罗布林卡壁画保护修复研究"课题（合同编号200101）。课题包括壁画保存现状调查评估、病害机理综合分析、修复材料与工艺筛选等几个方面的研究工作。

2001年9月，在现状调查和对西藏壁画制作材料分析研究的基础上，针对布达拉宫壁画空鼓病害的特点，我们在敦煌莫高窟室内模拟制作了西藏壁画支撑体块石、夯土和轻质墙三种墙体，根据对壁画地仗材料、结构、制作工艺调查分析测试的结果，复制壁画地仗试块，并人为造成空鼓等病害，对灌浆材料、工艺、方法进行全面系统的筛选实验。按照灌浆材料应具备无毒、无味、无腐蚀、比重小、透气性好、收缩率小、强度可调、初凝和终凝速度适中、流动性以及可灌性好等特点的要求，筛选出以PS（高模数的硅酸钾）为主剂、粉煤灰掺加适量壁画地仗材料（红阿嘎和白阿嘎）做填料、氟硅酸钠为固化剂的无机灌浆材料。这种灌浆材料具有很好的兼容性，灌浆材料的强度可通过调整主剂PS的浓度和水灰比来控制，保证灌浆材料的强度接近或略低于壁画地仗强度，满足了可再处理的原则。2002年4月在敦煌莫高窟由甘肃省文物局组织的专家评估会上，专家组认为："课题组在调查、分析、检测、研究的基础上，提出空鼓壁画的治理是当前最迫切需要解决的问题，符合实际，根据病害调查结果，初步确定空鼓壁画的修复保护应尽最大可能采取就地灌浆加固的方法，在建筑必须落架大修的条件下才采用揭取—加固—回贴的方法的原则是正确的。筛选的灌浆材料及其相关施工工艺可行，根据西藏壁画的制作材料及工艺所制作的试验模型和设计的模拟灌浆试验、获得的测试数据基本上符合西藏壁画的实际情况，方法科学，效果良好，可以进入现场试验，并在试验中进一步完善材料配方及操作工艺，以利实际施工。"同时，专家组还对现场环境因素对灌浆材料及施工工艺的影响、灌浆材料的强度与壁画地仗强度的关系、灌浆效果检测等实施中的问题给予重视并提出了很好的建议。根据专家组的建议，2002年8月，敦煌研究院与布达拉宫维修工程指挥部协商，选定布达拉宫无量寿佛殿和东大殿为空鼓壁画现场灌浆加固试验点。2003年4月28～30日，由西藏三大重点文物保护维修工程领导小组办公室和敦煌研究院邀请区内外的相关专业的专家，在西藏拉萨举行了布达拉宫空鼓壁画保护加固现场实验评估会。与会专家认为："根据现场试验结果，筛选出的以PS为主剂的F试块配方的灌浆材料，除其他性能指标能满足要求外，在强度上与布达拉宫墙体接近，适合该处空鼓壁画的灌浆加固，现场灌浆试验结果良好。灌浆前采用PS对软土层渗透加固，提高地仗与墙体疏松部位软土层强度的施工工艺与步骤，有利于保证或提高灌浆加固的质量。采用灌浆和锚固相结合的方法，不仅提高了地仗与墙体的黏结力，而且增强了壁画的整体稳定性。同时，建议环境温度是影响灌浆效果的主要因素之一，必须选择适宜的季节施工，以确保灌浆材料的凝固和干燥。在块石墙上凿锚孔难度很大，应尽量可能利用无损检测技术探测块石砌缝，以便将锚孔开凿于砌缝。对于疏松软土层空鼓壁画的加固，应进一步优化施工工艺。"随后，根据专家现场评估意见，又组织专业技术人员对 PS－F 系列灌浆材料进行了深入研究，并确定为灌浆材料。通过室内模拟实验与现场试验相结合的方法，我们不仅筛选出了针对西藏空鼓病害壁画治理的新型灌浆加固材料，而且总结出了一套空鼓病害壁画修复加固的科学而系统的施工工艺，即：1）除尘，2）用探地雷达检测空鼓范围及空鼓程度，3）钻注浆孔，4）用内窥镜观察空鼓壁画内部状况并清除碎石等，5）埋设注浆管，6）灌浆，7）支顶，8）锚杆补强，9）用探地雷达检测灌浆效果，10）封堵裂缝及注浆孔，11）补色。同时，对西藏起甲壁画修复材料及工艺、烟熏壁画清洗剂及工艺、石灰涂层清洗剂及工艺、油漆涂层清洗剂及工艺等，都进行了室内模拟实验与现场筛选实验。

在前期可行性实验研究通过专家评估并建议可以进入现场施工的前提下，布达拉宫壁画保护维修项目于 2003 年 5 月在东大殿正式开工。同年 7 月 28 日，西藏布达拉宫二期维修壁画保护修复工程合同正式签署（合同编号藏文保工办画字 AH－001），这标志着布达拉宫壁画保护修复工程全面开工。按照国家文物局批准的"全国重点文物保护单位西藏布达拉宫壁画保护修复方案"的要求，敦煌研究院在每个单项工程实施前，首先按照《中华人民共和国文物保护法》（2002 年）、《中华人民共和国文物保护法实施条例》、《文物保护工程管理办法》、《中国文物古迹保护准则》（2002 年）、《中华人民共和国建筑法》以及国际文物保护宪章等的要求和具体规定，会同布达拉宫维修工程指挥部对需要修复的病害壁画面积进行二次核实。在此基础上，根据不同病害的严重程度，制定详细的施工设计，确定施工技术路线和施工管理。在保护实施过程中严格遵循技术规范和已确定的施工程序。前期实验解决了壁画病害的共性问题，而对单个殿堂还需做进一步的现场试验研究。在保护实施过程中，根据壁画的具体情况，针对各自的病害特征、环境因素和现场的试验数据，及时调整修复材料适宜的配比和工艺，确认对壁画无损坏、与原材料兼容的情况下再进行使用。在具体修复过程中，根据病害类型、严重程度以及所处的位置，确定合理的修复程序和技术路线，同时建立完整的保护修复档案，为今后的壁画保护及研究提供真实、详尽、规范的信息资料，保证了修复程序的科学性和合理性。施工过程中，在施工现场由专人负责，合理分工，出现问题及时商讨，必要时组织专家评估，确保了壁画文物的安全。

壁画保护修复工程中，处理好壁画保护与古建维修的关系是重要环节之一。在布达拉宫壁画保护修复工程中，由于布达拉宫维修工程指挥部与敦煌研究院、苏州香山－拉萨古建联营体均树立了以保护文物为目的的维修理念，使这一问题得到较好的解决。具体工序是：对建筑需要大修或墙体裂隙灌浆的工程实施点，古建部门首先报告指挥部，指挥部及时通知敦煌研究院进行三方现场勘察分析，对可能影响到壁画安全的部位先由壁画修复方进行壁画的支顶防护，或者先对壁画进行保护修复，随后进行建筑方面的工程实施。敦煌研究院在壁画保护修复过程中，如果遇到对墙体稳定性持怀疑的施工点，也及时报告指挥部，由指挥部协调三方协商解决。对施工中的重大问题及时上报工程办公室，由工程办公室统一协调解决。由于在工程实施中，树立了统一领导，文物安全第一，加强合作与沟通的施工理念，不仅使文物得到及时有效的保护，而且施工方亦赢得了质量与效益双丰收。

安全重于泰山，文物安全是做好一切文物工作的基础。布达拉宫是土木结构建筑，多数宫殿内存有价值连城的经书、唐卡、佛像等重要文物，做好消防、防盗等安全工作是布达拉宫维修过程中的主要任务。为了做好此项工作，敦煌研究院从如下几个方面着手。一是建立健全各项规章制度。在全面落实布达拉宫各项管理制度的同时，敦煌研究院项目组制定了"施工现场内文保措施"、"施工现场消防保卫管理制度"、"施工现场安全生产管理制度"、"安全员职责"等规章制度，确保施工的安全。二是加强文物安全宣传教育，提高对文物安全重要性的认识。从开始进场，项目组就对所有人员进行安全教育，重点学习了《中华人民共和国文物保护法》（2002年）、《消防法》、《安全生产条例》以及西藏自治区人民政府、布达拉宫管理处等对有关文物安全方面的一系列规定。三是加强现场管理，配备消防等专业设备。在布达拉宫壁画保护修复现场，为了满足游客参观与信教群众朝拜的需要，在施工过程中许多殿堂都是开放的，这样增加了施工单位的工作难度。敦煌研究院在现场设置醒目的警示牌，增加灭火器，施工脚手架不仅全部安装安全防护网，而且全部用彩条布封护，架板全铺棉毯，保证文物和游人安全。四是建立时查制度。配备的现场安全员，在每日开工与收工时对电灯、电线等均需详细检查，并做好安全记录，同时对指挥部与消防大队提出的问题及时进行整改，做到万无一失。由于各项制度健全，措施落实到位，在施工期间没有发生一起文物和人身安全事故。

单项工程竣工验收是壁画保护修复工程终验的一个必需而又十分关键的环节。其基本的工作程序是在单项工程完工后，由敦煌研究院组织相关专业技术人员进行自检合格后，正式向布达拉宫维修工程指挥部提出验收申请，指挥部再组织相关技术人员、管理人员以及宫殿僧人进行初验，对工程量进行核实。对初验提出的问题敦煌研究院进行补充完善、整改，初验通过后由指挥部在敦煌研究院提交的申请上签注意见，同意进行竣工验收。最后，工程办根据指挥部提出的意见，按照项目合同约定，组织由西藏三大重点文物维修工程领导小组办公室、布达拉宫维修工程指挥部、中咨监理公司西藏三大文物工程监理办公室等单位的相关技术与管理人员组成的验收组进行验收，苏州香山-拉萨古建联营体、敦煌研究院的部分代表也列席验收会。验收的一般程序是：验收会由工程办主持，首先由敦煌研究院项目负责人对工程概况，工程特点及解决的主要问题，修复材料的性能、配比，修复工艺流程，技术难点，修复前后对比及组织施工等进行详细的汇报，对验收组提出的问题进行解答。其次，验收组按照国家文物局批准的《布达拉宫壁画保护修复方案》及由敦煌研究院会同西藏三大重点文物保护维修工程领导小组办公室拟定的"西藏三大重点文物保护维修工程空鼓和起甲病害壁画保护修复技术规范（暂行）"的标准与要求，对修复效果进行检查和评估，对验收组提出的问题由敦煌研究院技术负责人现场解答，最终形成验收意见。验收结果也是按合同支付工程进度款的唯一依据。从 2003 年 5 月至 2007 年 6 月，我们共完成布达拉宫红宫、白宫、附属建筑等 22 处殿堂、门厅、回廊的病害壁画 1807.49m^2 的保护修复任务。该工程于 2007 年 7 月通过国家文物局组织的专家组的终验，这标志着迄今为止由敦煌研究院所承担的工程量最大、技术含量高、施工条件极其复杂的文物保护维修工程——布达拉宫二期维修壁画保护修复工程的竣工。

　　壁画空鼓病害的检测及其对灌浆效果的科学评价一直是文物保护技术领域的一大瓶颈。这两项技术在布达拉宫二期维修工程壁画保护修复项目中均有所突破。一项是采用美国韦林意威特（Everest VIT）工业内窥镜有限公司生产的 XL PRO 型内窥镜，探测壁画空鼓部位的真实状况，以制定适宜的空鼓壁画灌浆回贴加固的工艺及方法。另一项技术是采用瑞典 MALÅ GeoScience 公司研发的 RAMAC/GPR 高频探地雷达对灌浆效果进行检测。高频探地雷达可检测壁画空鼓范围，并根据不同深度的雷达切片图像来评估空鼓的严重程度。实施灌浆后，探地雷达的检测可定量标示出浆液结石体在空鼓区充填的部位，并与灌浆前的空鼓形成明显对比，以评价灌浆效果。

　　培养一支西藏当地的壁画保护修复队伍也是该项工程的重要内容之一。在布达拉宫壁画保护修复工程实施过程中，布达拉宫管理处先后选派 5 名工作人员和 4 名临时人员参与壁画现状调查、灌浆加固等项工作，其中 1 名在敦煌莫高窟参加了由敦煌研究院、兰州大学、美国盖蒂（Getty）保护研究所和英国伦敦大学考陶尔德（Courtauld）艺术学院壁画保护系共同举办的"壁画保护研究生班"的学习，课程内容包括壁画保护理论、壁画价值评估方法、壁画的调查分析与评估方法、壁画制作材料与工艺、保护现场实践等，采用课堂授课与现场实习操作相结合的授课方式。壁画保护修复人才的培养，为进一步做好布达拉宫壁画的日常维修与管理奠定了基础。当然，由于西藏文物保护技术人才严重不足，在重视与高等院校联合培养高等人才的同时，加大对目前文物战线从事一线技术与管理工作人员的培训也是解决人才匮乏的途径之一。

　　布达拉宫壁画保护修复工程的顺利实施，得到了国家发展与改革委员会、国家文物局、西藏自治区、西藏三大重点文物保护维修工程领导小组办公室、布达拉宫指挥部及敦煌研究院等单位的关怀与大力支持，国家文物局局长单霁翔、副局长童明康，西藏自治区党委书记张庆黎、政府副主席加热·洛桑丹增，工程办常务副主任陈锦及副主任常兴照、朗杰，敦煌研究院院长樊锦诗、党委书记兼副院长纪新民等领导多次亲临现场视察，协调解决工程实施中存在的问题。特别需要指出的是在工程实施的每个环节中，布达拉宫维修工程指挥部指挥长强巴格桑、副指挥长丁长征等自始至终深入一线，检查指导工作，协调解决存在的突出问题。所有这些是工程能够保质保量顺利完成的组织保障。

　　布达拉宫壁画保护修复工程是一个具有挑战性和里程碑式的文物保护修复项目。项目的成功实施，是西藏寺院壁画保护修复的科学典型，将对西藏寺院壁画乃至整个西部地区的寺院壁画保护产生深远影响，具有明显的指导意义。该项工程不仅很好地贯彻执行了《中国文物古迹保护准则》的要求，而且经过了前期实验研究和工程实施两个阶段，前后花费六年时间，在灌浆材料、工艺流程、监测技术手段等方面均取得突破性进展，是我国文物保护技术领域的原创性成果，对我国乃至国际文物保护技术的发展和文物保护理论的完善具有积极意义。

保护研究篇

第一章　项目背景

建于7世纪的布达拉宫，保存了自唐以来到17世纪的西藏建筑，是西藏著名的宫堡式建筑群，是西藏建筑艺术和民族文化的最高成就，也是中国最著名的古代建筑之一。建筑内大小殿堂、门厅、走道、回廊等处都保存了17世纪以来绘制的2500多平方米精美的壁画，具有很高的历史、艺术和科学价值。布达拉宫于1961年由中华人民共和国国务院颁布为第一批全国重点文物保护单位，1994年被联合国教科文组织列入《世界文化遗产名录》。由于年代久远，建筑主体出现了不同程度的基础下沉和破损，墙体出现不同程度的裂缝、坍塌等，壁画也出现了不同程度的病害。

在1989～1994年西藏布达拉宫第一期维修工程中，按照"保护为主，抢救第一"的文物工作方针，国家拨款重点解决了建筑结构变形、屋面漏雨、椽梁霉变、虫蛀、鼠啃等问题，新增了消防、报警等设施。同时，对建筑需要落架维修的少数几个殿堂的空鼓病害壁画采取揭取—加固—回贴的方法进行了修复，抢救了部分濒危壁画，代表了我国当时对同类病害壁画保护修复的技术水平和一般做法。但西藏壁画地仗和墙体（壁画支撑体）的制作材料和工艺完全不同于石窟寺的壁画和崖体，也有别于内地寺院、殿堂的壁画和墙体，同时壁画表面大多有一层较厚的桐油或清漆涂层。而揭取壁画时，往往需要将壁画地仗锯切成若干小块，这不可避免的会对壁画画面造成伤害。同时，西藏壁画地仗硬而脆，锯切时易碎，锯缝扩延较宽，对画面损伤严重。

2000年8月，国务院领导视察西藏时，亲临布达拉宫进行实地考察后做出明确指示，要保护维修好这些重要文物。2001年，在中央召开的第四次西藏工作座谈会上，党中央、国务院确定布达拉宫等三大重点文物保护维修工程为117个重点文化援藏项目之一，经费全部由中央财政安排。根据中央领导同志的批示，国家文物局明确指出，在西藏三大重点文物保护维修工程中要加大科技含量，重视基础研究和新材料、新工艺的研究与应用。遵照国家文物局指示精神，敦煌研究院在2000、2001年组织相关专业技术人员对西藏布达拉宫等处古建筑壁画保存现状进行调查，结果表明，壁画主要病害是空鼓，约占整个病害壁画面积的75%。也就是说大量壁画地仗与墙体脱离。在这种情况下，当空鼓病害发展到一定程度时，就会引起壁画大面积坠落，造成毁灭性破坏。因此，对布达拉宫壁画修复的重点是治理壁画空鼓病害。敦煌研究院在现场勘察及现状调查的基础上，针对布达拉宫第一期维修工程中壁画揭取回贴存在的问题，提出了灌浆回贴加固修复空鼓病害壁画的新构想。但是，我们以前从未做过西藏寺院壁画的修复工作，对于采用什么样的灌浆材料和工艺方法并不清楚，因此，向国家文物局申报了"西藏萨迦寺、布达拉宫和罗布林卡壁画保护修复研究"课题，进行前期可行性研究。国家文物局很快对该课题进行立项批复（合同编号200101），并要求与布达拉宫壁画保护修复工程同步进行。敦煌研究院立即组成了课题攻关小组，制定详细的实施方案和技术路线，这拉开了西藏壁画保护修复研究工作的序幕。

第二章　价值评估

布达拉宫坐落在拉萨市中心的红山之上，不仅是西藏地区现存最大最完整的宫堡式建筑群，也是中国古代建筑的范例。1961 年被国务院公布为第一批全国重点文物保护单位，1994 年被联合国教科文组织世界遗产委员会列入"世界遗产"清单。"布达拉"，为观音胜地普陀洛迦的梵语译音，意为持航或航行解脱海岛之舟。

1. 布达拉宫的历史

布达拉宫始建于吐蕃王朝兴起之初的松赞干布时期。吐蕃时期的布达拉宫已具有相当宏伟的规模，但其建筑样式与今日布达拉宫有很大差异，早期呈现为一种碉楼样式，有明确的军事防御作用。8 世纪后基本上毁于雷电兵乱，仅存法王洞和帕巴拉康两座规模不大的建筑。1645 年，五世达赖喇嘛阿旺罗桑嘉措接受清朝皇帝封号后，便委托总管索南坚赞重建布达拉宫，历时 3 年，白宫建成。1690 年，第巴·桑结嘉措动用工匠7000 余人修建红宫，清朝康熙皇帝派遣汉满能工巧匠 114 人参加，红宫于 1693 年竣工。这以后又经历代达赖喇嘛整修，尤其是十三世达赖喇嘛土登嘉措的扩建，始具今日规模。从 17 世纪中叶到 20 世纪中叶，布达拉宫作为历代达赖喇嘛生活起居和从事政治活动的场所，成为西藏政教合一统治权力的中心。1959 年西藏民主改革以后，布达拉宫仍然是佛事活动的中心。1989 年到 1995 年，国家拨专款 5500 多万元，进行了历史上规模最大的一次维修，使布达拉宫焕然一新，并被联合国教科文组织定为世界文化遗产，成为举世瞩目的佛教圣地。

2. 布达拉宫的基本情况

布达拉宫高 117m，东西与南北的长度均为 370m 左右，共计 13 层，房屋千间，是西藏目前现存状况最好、规模最大的宫殿城堡式建筑群。布达拉宫的主体建筑是红、白二宫，白宫主要为历代达赖喇嘛的寝宫和总堪布及原西藏地方政府噶厦政府的政务活动场所；红宫则由历代达赖的灵塔殿、佛殿及享堂等构成。布达拉宫的群体建筑还包括朗杰扎仓、僧官学校、藏军司令部、监狱、仓库作坊、马厩等，宫前有坚固厚实的城墙宫门，并配有碉堡角楼，再加上宫内纵横交错的暗道机关，具有森严壁垒的军事防御性能。后山又有七世达赖开辟的御花园龙王潭和大象房等。

从南正门进宫,步入深邃的廊道,两侧的高楼名曰东西印经院,收藏着丹珠尔、甘珠尔等全部藏文大藏经。拾级而上,迎面一无字纪念碑,东大门两侧绘巨大的四大天王像,通过厚达4m的宫墙隧道,可见半山腰出现一阔达2000余平方米的平台广场,藏语叫"德阳厦",达赖喇嘛节日里便在这里观看跳神表演,院东宫楼为僧官学校,西边官楼里住着达赖的200人仪仗队。

由正中扶梯上去,即为"噶崩当"廊道,由此可进入白宫。东大殿是白宫最大殿堂,有柱44根,是达赖喇嘛举行坐床、亲政、册封大典等重大宗教、政治活动的场所。达赖喇嘛的宝座在殿堂北部,宝座上悬挂着"振锡绥疆"大匾,匾上有"同治御笔之宝"的红色玺印。再上楼是东阳光普照殿,又往上是专供"当今皇帝万万岁"牌位的超三界殿。

白宫内的两套寝宫,终日阳光普照,俗称东西日光殿。西日光殿是十三世达赖喇嘛的寝宫,由卧室与小经堂组成;东日光殿是十四世达赖喇嘛的寝宫,室内陈设豪华,珠光宝气。

随即转入正中红宫。最大的司西平措殿又称"西大殿",有50根大柱,面积200m²。大殿东、西、北三面配殿内藏有珍贵的大藏经、贝叶经和名贵佛像等。红宫最著名的还是历代达赖喇嘛的灵塔。

由红宫再进入西部白宫,有两大殿以及楼上的"各松格廊道",这里绘有近700幅壁画,内容为佛本生故事、佛传、佛、菩萨、密宗各派的曼陀罗、本尊、明王、明妃、六道轮回、世界形成图等。由此上楼即为7世纪时期遗留下来的法王洞,也称作布达拉宫佛祖殿,洞内有松赞干布、文成公主、东域松赞、桑布扎等人的塑像,还有观音堂。

3. 布达拉宫建筑美学与科学价值

布达拉宫建筑规模的巨大与装饰的豪华精美,反映出近代藏传佛教文化的繁荣昌盛,整个建筑更突出"政教合一"的文化特色,这里既是达赖喇嘛的行宫,宗教的圣地,还是西藏地方政府办公所在地,政权与宗教色彩同样浓厚。

布达拉宫的建筑风格宏伟壮丽,同时又特别富于一种天然的情趣,有一种流动的、有机的、富于变化的天趣。这个巨大的宫殿并非是事先整体规划好并一次性施工完毕的建筑群,五世达赖时先建白宫;时隔半个世纪后,第巴·桑结嘉措又建红宫;以后历代达赖喇嘛圆寂后,都要在红宫内推平个别宫室扩建新殿,布达拉宫虽然并非事先规划设计的产物,而是历代增设扩建,逐渐形成,然而最终却呈现出如此完美,天衣无缝的结果,遂成为世界建筑史上的奇迹。

布达拉宫建筑的内部设计,按密宗"金科"(坛城净土)构建,不走中轴线对称性的平面布局，而是依山顺势，运用敞、闭、开、遮、曲、转、俯、仰等多种手法，创造出曲折幽深变幻多端的内部空间。内部按政、教两个系统安排大殿、议事厅，分配原则以僧俗官员地位的高下配备经堂、办公室与住房，一万余房间被安排得井然有序。布达拉宫外部以制高点为其主体建筑之所在，体现了一种叠层铺设而达至高潮的旋律式的建筑构思，强调出其主次分明、等级森严的特征，同时体现出藏式建筑特有的象征性和神秘性格。

布达拉宫的建筑过程是根据坡、坞、沟、壑、坪等不同地势，先建成若干大小不同的房间；再因不同的地形而建成一个个四合院，若干个四合院又组成一楼；最后形成一个单位的群体建筑。它在建筑学尤其是建筑材料上有不少独特的创造性，如"楼角屋"、"笆玛墙"、"阿嘎土"等。布达拉宫依山而建，楼角屋（亦称"地垄"）极为实用。先在地上纵横垒起墙，上架梁木以构成下层。这样一可以使房屋基础结实坚固；二能有效地增加底盘的面积。据统计仅布达拉宫的红、白二宫中楼角屋面积达 1483m²[①]。笆玛草用于屋檐和女儿墙的建筑材料，始于明代，而广泛流行于清代，在布达拉宫建筑里应用得更为普遍。阿嘎土用于地面铺土，光滑平整，还有水泥般结实的效果。也是西藏建筑中极有特色的一种创造。

布达拉宫的选址与建造，深得天文地理的优势，尤其是它的依山而建，大大利用了山势的高度与巍峨，且因与山体吻合无间，颇似山体的自然延伸，两侧的圆形堡垒则为它增添了建筑美学上圆通恬静的神韵。

4. 布达拉宫的艺术价值

17 世纪布达拉宫的修建不仅在建筑史上完成了西藏历史最辉煌壮丽的建筑，而且也为西藏留下了近代最杰出的壁画群，其殿堂、回廊、门厅内的壁画总面积达 2500 多平方米（彩版一至九）。

布达拉宫法王洞内有西藏最早的壁画。1993 年维修布达拉宫时因清洗墙壁上灰尘，发现了法王洞内的早期壁画，内容有人物器皿、山水风光等，画法独特，色彩鲜明，风格与布达拉宫其他壁画区别较大。

布达拉宫保存最多的还是 17 世纪中叶以后的壁画遗存。白宫与红宫的修建都伴随大量的壁画装饰活动。1648 年白宫建成后，五世达赖专门从西藏各地征调勉塘与钦则两大画派的著名画师 66 名，由著名勉塘画派传人曲英加措活佛主持，开始绘制白宫壁画，历时 10 余年方完成[②]。据史料记载，白宫东大殿内的西藏历史画卷和历代达赖喇

---

① 姜怀英等著：《西藏布达拉宫修缮工程报告》，文物出版社，1994 年。

② 罗桑嘉措：《五世达赖喇嘛自传》第一部分 142 页。转引自西藏自治区勘察设计院、中国建筑技术研究院历史所著：《布达拉宫》107 页，中国建筑工业出版社，1997 年。

嘛画像由勉塘画派的画师们绘制；而朗杰扎仓集会殿内的密宗上师、本尊、护法神等则是由钦则派画师们完成的。

红宫壁画的绘制始于1691年。史载红宫绘画制作仅用了两年多的时间，但壁画制作规模远比白宫更为浩大，制作也更为精细。桑结嘉措从西藏各地招集勉塘与钦则两大画派的画师达256人，其中勉塘画派画师画工共计164人，由勉塘派著名画家洛扎·旦增诺布担任总画师（乌钦）；钦则画派画师画工92人，由总画师桑昂·次培（乌钦）率领①。布达拉宫红宫壁画在"勉钦"两大画派的共同努力下，成为琳琅璀璨的不朽之作，为西藏近代绘画的辉煌奠定了坚实的基础。

布达拉宫壁画的题材内容十分广泛，几乎囊括了宗教教义及各种神像、历史事件、人物传记、民间传说及风土人情，被称为西藏社会的"百科全书"。白宫东大殿"猴子变人"壁画反映了藏民族传说中对本民族族源的认识。白宫门厅北壁上吐蕃赞普松赞干布与文成公主、赤德祖赞赞普与金城公主的联姻画面记录了藏汉友好关系的历史。红宫司西平措大殿有五世达赖喇嘛赴京觐见清顺治皇帝的壁画。而五世达赖的生平传记画面积达200余平方米，占据整个司西平措大殿的四面墙壁，详细记述五世达赖的生平及对西藏历史的重要贡献。另外，布达拉宫壁画的社会风俗画也颇具特色，例如布达拉宫修建工程图卷长达几百幅，系统记述了17世纪末期修建布达拉宫红宫的全部过程，既是当时社会生活与生产活动的真实写照，也是这一重大历史事件的形象记忆，对于西藏古代营建技术的研究也有着特殊的意义。

布达拉宫壁画构图饱满，表现细腻。画面多为大型神像与连绵不断的故事情节的组合，正中为大型主尊像，周围则由生动的故事画围绕，主尊像端庄富丽；周围小画生动入微；画面显得饱满而又疏密有致。线条表现力的增强是布达拉宫壁画又一特点。表现佛像高僧，用线严谨简约；描绘菩萨度母，则线条婉转轻盈；护法神像的线条，热烈而迪劲；自然风景则均为线描与晕染的巧妙结合。

布达拉宫壁画色彩的富丽堂皇有目共睹，色相更加丰富，色阶层次细腻，色彩对比明确，色调的饱满强烈，再加上勉塘画派的勾金、沥金，强化了布达拉宫壁画的金碧辉煌。西藏壁画使用矿物作颜料，兼用珠宝（金色用黄金，银色用白银，白色用珍珠和海螺，红色用朱砂和红珊瑚，绿色用绿松石），故壁画档次极高，且色彩经久不衰，鲜亮如新。当然，耗资也十分巨大。20世纪90年代维修布达拉宫，坚持"修旧如旧"，"原物照用"的原则，仅壁画颜料花费一项就用了500多万元。这说明布达拉宫壁画是无价之宝，的确名副其实。

---

① 桑结嘉措：《五世达赖灵塔目录》193页。"乌钦"、"乌真"、"乌穷"系西藏地方政府按照绘画技术水平和职务的高低，授予画工的三个等级之通称。

5. 布达拉宫的博物馆价值

布达拉宫是西藏最大的博物馆，收藏了历代西藏的雕塑与工艺艺术品。它们不仅做工精美，玲珑剔透，还具有重要的考古价值。布达拉宫是珍贵文物的宝库，收藏有明、清两朝帝王封赐的封诏、诏敕、印鉴、金册、玉册、金匾、礼品等，还收藏着众多宝贵的藏文典籍、佛像、唐卡、法器、供器等。

布达拉宫红宫还具有纪念堂的功能。从外观看红宫，它位于布达拉宫的中央制高点，巍峨庄严，被白宫及其他白色建筑众星捧月般地围绕着；从内部看红宫，其装饰极为华丽繁缛。这都说明红宫是布达拉宫的灵魂工程。与白宫部分的实用性相比，红宫属于纯粹宗教性的和纪念碑式的建筑。其内部供奉着藏传佛教历代高僧大德及宗教领袖的雕像，尤其是格鲁派历代达赖喇嘛的灵塔，8座用纯金包裹的达赖喇嘛的灵塔内，藏有各种珠宝。五世达赖喇嘛灵塔最大，塔高14.85m，外表用金皮包裹，耗金1万余两，镶嵌各类钻石珠宝2万颗，据说有1颗珍珠甚至生长在大象颅内，神秘莫测。还有一颗释迦牟尼的舍利子，也属于世界罕见之奇珍，另外松赞干布穿过的靴子，宗喀巴大师用过的碟子等也藏于其中。整座灵塔金光闪闪，金碧辉煌。其次是十三世达赖喇嘛灵塔，外裹黄金达12000两，镶嵌珠宝10万余颗。据《十三世达赖喇嘛灵塔清册》载，塔内"藏尽了能为众生造福的无穷的宝物和佛舍利"，可见其中宝物之丰富和珍贵。

第三章 现状调查

第一节 文物赋存环境特征

（一）西藏气候环境特征

由于西藏高原奇特多样的地形地貌和高空空气环境以及天气系统的影响，西藏形成了复杂多样的独特气候，除呈现西北严寒干燥、东南温暖湿润的总趋向外，还有多种多样的区域气候以及明显的垂直气候带。主要表现在以下几个方面：

（1）空气稀薄，气压低，氧气少。海平面在0℃气温条件下空气的密度是1292g/cm³，标准气压是1013.2mg。平原地区的空气密度、气压值与海平面相差无几。而位于西藏高原的拉萨市，空气密度为810g/cm³，年平均气压652mg，分别是平原地区的62.64%和64.35%，比平原地区少或低三分之一强。平原地区氧气比较充足，空气中含氧气250~260g/cm³，西藏高原空气中只含氧气150~170g/cm³。

（2）从温差角度看，西藏气温年较差小、日较差大的特点非常明显。拉萨、昌都、日喀则等地的年较差为18~20℃，而纬度相近的武汉、南京是26℃。拉萨、昌都、日喀则等地年平均日较差为14~16℃，而成都、长沙、南昌仅为7℃。定日的日较差达18.2℃，约为纬度相近的南昌的2.5倍。地处雅鲁藏布江谷地的拉萨、日喀则等地，6月份中午最高气温可达27~29℃，给人以盛夏的感觉；傍晚气温下降，人们又有秋凉之感；午夜气温降至5℃，整夜都要盖棉被；翌晨日出后，气温回升，又给人以春意，真是"一年虽四季，全年备寒装"。

（3）干季和雨季分明，多夜雨。由于冬季西风和夏季西南季风的源地、性质及控制时间的不同，致使西藏各地降水的季节分配非常不均，干季和雨季的分野非常明显。每年10月至翌年4月，西藏高原上空为西风急流，地面为冷高压控制，干旱多大风，低温少雨雪，降水量仅占全年降水量的10%~20%，如拉萨10月至翌年4月降水量只占全年的3%，故被称为干（旱）季或风季。

（4）5~9月，高原近地面层为热低压控制，西南季风登上高原。在它的支配下，西藏各地雨量非常集中，一般都占全年降水量的90%左右。比如拉萨5~9月降水量占全年的97%，因此称为雨季或湿季。雨季中，多夜雨、多雷暴、多冰雹。藏南各地以夜雨为主，可占雨季降水量的80%以上。藏北高原雨季中雷暴和冰雹频繁，如那曲、索县等地一年雷暴日在85天以上，是北半球同纬度雷暴日数最多的地区。西藏高原降冰雹的日数居全国之冠。那曲年平均雹日多达35天，1954年降雹64天，为世界所罕见。

（5）气候类型复杂、垂直变化大。西藏地势西北高、东南低，藏北高原海拔4500～5000m，藏东南谷地海拔1000m以下。其气候特征自东南向西北依次分为：热带山地季风湿润气候—亚热带山地季风湿润气候—高原温带季风半湿润、半干旱气候—高原亚寒带季风半湿润、半干旱和干旱气候—高原寒带季风干旱气候等各种气候类型。在藏东南和喜马拉雅山南坡高山峡谷地区，自下而上，由于地势迭次升高，气温逐渐下降，气候发生从热带或亚热带气候到温带、寒温带和寒带气候的垂直变化。平原地区从南到北相隔数千公里才能呈现出热、温、寒三带的自然景象，而这里从低到高则出现在水平距离仅数十公里的范围内，真是"一山有四季，十里不同天"。从气候类型的分布看，藏东南和喜马拉雅山南坡海拔1100m以下的地区属于热带山地季风湿润气候。这里最暖月平均气温在22℃以上，最冷月平均气温在13℃以下，比同纬度的中国东部地区还高。年降水量2500mm，个别地方达4495mm，是西藏降雨最多的地区，也是全国多雨地区之一。这里森林茂盛，四季常绿，各种热带植物生长繁茂，藤本植物交织缠绕，满山遍野的野芭蕉、野柠檬林和竹林，构成了一幅美丽的热带风光。

喜马拉雅山以北，冈底斯山和念青唐古拉山以南的雅鲁藏布江谷地，海拔500～4200m，属于高原温带季风半湿润、半干旱气候。最暖月平均气温10～18℃，年降水量400～800mm，能种植小麦、青稞、马铃薯等喜凉作物和温带果木，农作物一年一熟。

冈底斯山—念青唐古拉山以北藏北高原南部湖盆地区，海拔4200～4700m，属高原亚寒带季风半干旱和干旱气候。最暖月平均气温6～10℃，年降水量100～300mm，是西藏的大草原，以牧业为主。

青藏高原北部海拔4700～5500m的地区，属高原寒带季风干旱气候，最暖月平均气温在6℃以下，年降水量100～150mm，是广阔的天然牧场。海拔5500m以上的地区，终年积雪，是一片晶珠碎玉般的冰雪世界。

（二）拉萨地区区域气候环境特征

拉萨是西藏自治区首府，位于西藏自治区东南部，雅鲁藏布江支流拉萨河北岸，地理坐标为东经91°06′，北纬29°36′。东邻林芝地区，西连日喀则地区，北接那曲地区，南与山南交界。南北最大纵距202km，东西最大横距277km，辖区总面积2.9万km²，其中市区面积210km²，城市建成区面积50km²。地处西藏高原、海拔3658m的河谷冲积平原，地势由东向西倾斜，气候属高原温带半干旱季风气候区，是世界上海拔最高的城市之一。城南有拉萨河长年不断的流水，东有觉母丝丝、东南有明珠孜日、西南有曲加拉日、西北有岗彭吾孜等大山相连环抱。属高寒气候，长冬无夏，全年无雾，空气清爽，阳光充足，全年日照在 2952 小时以上，被人们誉为"日光城"。最高气温 29℃，最低气温 -14℃，年平均气温 8℃左右。年平均降雨量 200～510mm，降雨一般集中在每年的 6～9 月份，是理想的夏日避暑胜地。空气稀薄，气温低，日温差大，冬春干燥，多大风。年无霜期 100～120 天。

图 3.1 表明 2003 年拉萨地区温度自 1 月份开始上升，到 8 月份达到年内峰值，然后又逐渐下降，到 12 月份又接近年内谷值。月平均温度梯度变化在 1.2～5.8℃ 之间，以 1 月份和 8 月份为分界线，呈缓慢递增或递减趋势。在一年中，1、2、3、4、11、12 共 6 个月中存在低于零度的情况。月平均湿度梯度变化在 0～18% 之间，在 6、7、8、9 四个月中，湿度梯度基本不变，为高湿天气，平均湿度为 62.5%。年平均湿度为 45.5%，最高 95%（7、8 月），最低 2%（12 月）。其中有 6 个月（5、6、7、8、9、10 月）相对湿度的极值在 90% 以上。

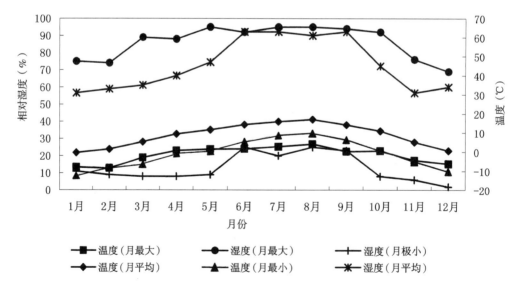

图 3.1　2003 年拉萨温湿度变化曲线图
（数据来源于西藏自治区气象局）

（三）殿堂微环境特征

根据布达拉宫殿堂分布及壁画病害情况，在布达拉宫东大殿、朗杰扎仓、八世灵塔殿等 10 多个殿堂布设温湿度探头一枚，监测殿堂内温湿度的变化，探求微环境对壁画保存的影响。探头使用美国 ONSET 公司生产的 HOBO Pro RH/Temp 型 H08 - 032 - 08 全自动温度/湿度记录器，温度量程 - 30 ~ 50℃，精度 ± 0.2℃；湿度量程 0 ~ 100%，精度 ± 3%。数据采集密度为 30min。

1. 殿内温度和相对湿度的年变化规律

如彩版一〇，1、2 所示，东大殿、西大殿、持明佛殿、药师殿、朗杰扎仓、八世灵塔一层和八世灵塔二层等七处的温湿度在 2004 年 9 月 1 日至 2006 年 6 月 30 日共 668 天内的变化规律非常明显，呈典型的"W"状。总体而言，七殿堂内的温度和相对湿度在 2 ~ 6 月份之间单调上升，在 7 月份达到最大值；随后在 8 ~ 12 月份之间单调下降，在次年的 1 月份达到极小值。

从彩版一〇，1、2 可以看出，七殿堂内的温度大多在 0 ~ 25℃ 之间变化，而相对湿度则多集中在 10% ~ 55% 之间。监测数据表明，八世灵塔殿第一层内的温度在 2005 年 1 月、2005 年 12 月和 2006 年 1 月内多次降至零点以下，监测到的最低温度为 - 4.33℃。此外，持明佛殿内的相对湿度在 2004 年 9 月 2 日 08：30 出现单次最大值，高达 78.6%。在同一时刻，西大殿和药师殿内的相对湿度也分别达到 66.1% 和 72.4% 的高值。

东大殿南北长约 25.94m，东西宽约 25.83m，而且没有对游客开放，因此，东大殿内的温度和相对湿度都比较稳定。我们以同一时期东大殿内的温湿度值作为参考，对比分析西大殿和持明佛殿这两个开放殿堂内的温湿度，研究游客对殿堂温湿度的影响；对比分析药师殿和朗杰扎仓这两个毗邻外界大气的殿堂内的温湿度，评估传统藏式窗户的保温隔湿效果；对比分析八世灵塔殿第一层和第二层的温度和相对湿度，探求殿堂内热量和潮气的空间分布。

从彩版一〇，3 和彩版一一，1 可知，由于游客的影响，开放殿堂内的温度高于相对封闭殿堂内的温度，而开放殿堂内的相对湿度却低于非开放殿堂内的相对湿度。此外，因为持明佛殿内酥油灯所释放的热量，殿内的温度始终高于西大殿内的温度，这种差异在每年的 11 月和 12 月更明显。结合彩版一〇，3 和彩版一一，1，殿堂内的温度和相对湿度成反比，这一关系在图中反映得非常明显。

如彩版一一，2 所示，虽然药师殿、朗杰扎仓和东大殿都是非开放殿堂，但由于外界阳光透过窗户辐射到药师殿和朗杰扎仓内，因此，图中两殿堂内的温度要高于没有阳光辐射的东大殿内的温度。在每年的 2 ~ 6 月，玻璃窗户的这种增温效应更为明显。

从彩版一一，3 可知，因为殿内温度的升高，总体而言，药师殿和朗杰扎仓内的相对湿度反低于东大殿内的相对湿度，但在有窗户的殿堂内，相对湿度的波动更加剧烈。

从彩版一二,1可以看出,在殿内温度呈下降趋势的下半年,八世灵塔殿内的温度在8月和9月高于同期东大殿内的温度,但随着温度的进一步下降,11月和12月八世灵塔殿内的温度低于同一时期东大殿内的温度。在殿内温度呈上升趋势的上半年,八世灵塔殿内的温度在4月、5月和6月明显高于同期东大殿内的温度。这说明,八世灵塔殿内的温度受外界的影响较大,殿内与殿外的热量交换较为频繁。

此外,彩版一二,1中,在寒冷的冬季里,八世灵塔殿第一层的温度低于第二层的温度,而在温暖的夏季里,第二层的温度明显高于第一层的温度。这说明,八世灵塔殿内温度下降的原因是殿内底层冷空气的进入,而八世灵塔殿内温度的升高则是热量从殿内顶部传入而引起的。总体上,八世灵塔殿第二层的温度始终高于第一层的温度,说明殿内底层是密度较大的沉降型冷空气,殿内上部是同体积质量较轻的上升型热空气。在空间上,热量由下向上传递,而空气则是由上向下运动。

由于八世灵塔殿内第一层的温度总体上低于第二层的温度,因此,如彩版一二,2所示,八世灵塔殿内第一层的相对湿度在绝大多数时间段内高于第二层的相对湿度。此外,八世灵塔殿第一层内相对湿度的波动明显大于第二层相对湿度的变化幅度,这表明八世灵塔殿与外界的潮气交换过程是在殿内底层发生的。

2. 殿堂内温度和相对湿度的月变化规律

我们进一步分析彩版一〇,1、2后发现,每个殿堂内的温湿度变化曲线不是对称型余弦,温度和相对湿度升高的速率要缓于温湿度降低的速率。于是我们重新对2005年7月至2006年1月间各殿堂内温湿度数据作图,以此来评价各个殿堂的环境效应。

如彩版一二,3所示,每个殿堂内的温度下降梯度都不一样。从2005年11月份的数据可以看出,持明佛殿的保温效果最好,其后依次是朗杰扎仓、西大殿、药师殿和东大殿,八世灵塔殿第一层的阻寒效果最差。

从彩版一三,1可知,八世灵塔殿内第一层和第二层相对湿度的波动非常剧烈,这与彩版一二,3中两处的温度波动相一致。

从彩版一三,2可知,虽然药师殿和朗杰扎仓内的温度波动比八世灵塔殿内的温度波动小得多,但较之东大殿、西大殿和持明佛殿内的温度起伏却是很明显的。对药师殿而言,殿内温度在2005年10月份是最平稳的,而在2005年7~9月却是波动最大的,这与同期殿内的壁画保护修复活动中人为因素的影响有关。

此外,从彩版一三,2可以看出,东大殿和西大殿内的温度从2005年10月份开始变得更平稳,这反映在温度曲线上则是锯齿状的消隐。

彩版一三,3也表明,药师殿内的相对湿度在2005年7~9月间的波幅最大,这一时期内,药师殿内的最高和最低相对湿度分别为61.0%和14.2%。

3. 殿堂内温度和相对湿度的日变化规律

进一步解读彩版一三，2后发现，各殿堂内的温度从 8 月初开始逐渐缓慢下降，而在 2005 年 10 月 ~2005 年 12 月之间，殿内温度近似呈线性下降。选取 2005 年 10 月 3 日 ~2005 年 10 月 5 日东大殿、西大殿和持明佛殿内的温度和相对湿度数据作图。

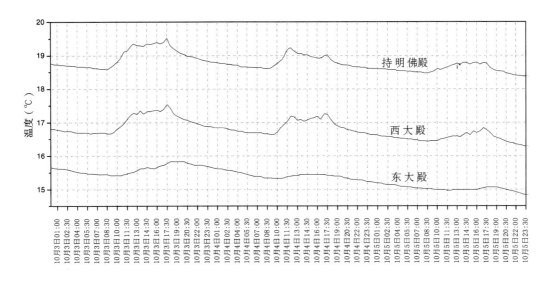

图 3.2　三殿堂 3 日内的温度变化

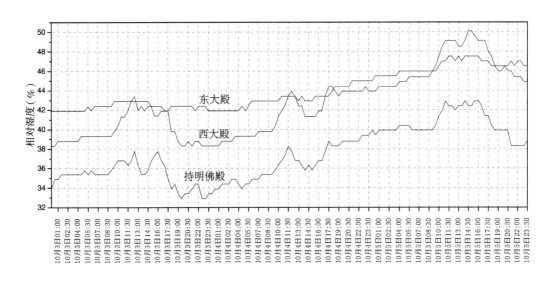

图 3.3　三殿堂 3 日内相对湿度的变化

从图3.2可知，东大殿、西大殿和持明佛殿内温度的日变化较小，其波动幅度约为1℃。在同一时刻，没有对游客开放的东大殿内温度最低，殿内燃有酥油灯的持明佛殿内温度最高。三殿堂内的温度从每天09：00开始上升，12：00时达到第一个峰值，在12：00～17：30时段，殿内温度起伏甚微，并于17：30达到殿内第二个温度高峰，随后缓慢降温。以日为单位，殿内的温度呈现出较强的周期性。

如图3.3所示，东大殿内相对湿度的波幅较小，受外界大环境的影响，3日内相对湿度的最低值和最高值分别是41.4%和47.5%，其最大波幅仅为6%。此外，彼此连通的西大殿和持明佛殿内相对湿度的曲线走势非常相似，从17：30到次日08：30这一时段，两殿堂处于关闭状态，西大殿和持明佛殿内相对湿度比较平稳，其波形与东大殿内相对湿度的波形较为吻合。但是，在开放殿堂开放的时段里，西大殿和持明佛殿内相对湿度的变化比较明显，两殿堂内的最大波幅分别为11.8%和10.0%。

4. 结论

2003年，拉萨市温度的最低和最高值分别是−14℃和29℃。2004年9月～2006年6月，八世灵塔殿第一层的最低和最高温度分别是−4.33℃和24.52℃；八世灵塔殿第二层的最低和最高温度分别是−0.61℃和23.34℃；药师殿内温度的极小和极大值分别是0.73℃和24.71℃；东大殿内的最低和最高温度分别是1.60℃和21.33℃；朗杰扎仓内的最低和最高温度分别是2.89℃和22.72℃；西大殿内温度的最低和最高温度分别是2.89℃和22.86℃；持明佛殿内的最低和最高温度分明是4.57℃和22.09℃。由此可知，布达拉宫殿堂内的温度相对外界区域大气候而言是比较稳定的，其独特的建筑结构和布局为殿内壁画的保存提供了一个良好的温度场。

同理，拉萨市在2003年的最低相对湿度和最高相对湿度分别是2%和95%。2004年9月～2006年6月，八世灵塔殿第一层、八世灵塔殿第二层、药师殿、东大殿、朗杰扎仓内、西大殿和持明佛殿内相对湿度的极低值和极高值相对应地分别是7.2%和66.7%、6.5%和65.3%、6.2%和72.7%、10.5%和57.9%、8.1%和49.6%、9.5%和66.1%以及4.8%和78.6%。由此可知，布达拉宫殿堂的布局和结构在一定程度上可以阻隔和延缓外界大气候的高湿效应。拉萨市的降雨以夜间居多，而此时的布达拉宫各殿室都处于紧闭状态，避免了高湿潮气进入殿内。此外，由于布达拉宫壁画的表面大多涂有清漆或桐油层，可以有效地阻止潮湿空气中的水分进入壁画的颜料层和地仗层。因此，布达拉宫各殿室内的相对湿度场是适宜壁画保存的。

各殿堂位置、结构及功能不同，受外界影响程度也不同。对比2004年9月～2005年8月布达拉宫各个测试殿堂温湿度月平均值，计算相邻两个月的温湿度差，得出月平均温湿度递变数值，将其进行比较，发现七处殿堂中东大殿、西大殿和持明佛殿的温度变化都相对较缓和（一般都小于4℃），朗杰扎仓居中，药师殿和八世灵塔殿较大（最大时将近7℃）。不过，每个测试殿堂的各月变化幅度基本接近。而各个点的各月湿度差较小，一般都在5%左右，通过数据可以看出，在每年5~10月和11月到来年4月这两个时间段中湿度变化都较小。而每年的4~5月以及10~11月，湿度变化都大于10%。

从殿堂位置来看，整个布达拉宫为古代宫堡式建筑群，各个殿堂互相依靠、错落有致，有些殿堂被包裹在其中，如东大殿、西大殿、持明佛殿。当然也有外围殿堂，如药师殿、八世灵塔殿。再者由殿堂结构可知，西大殿、东大殿、八世灵塔都为大型殿堂建筑，内部空间较大或结构较复杂，而像药师殿、朗杰扎仓则为单体结构或内部空间较小。还有在被使用情况上，东大殿、朗杰扎仓常年关闭，很少开放；西大殿、持明佛殿、八世灵塔殿为开放殿堂，内部酥油灯常明，陈设颇多。由温湿度数据的对比来看，正是建筑物的结构、功能的不同导致了大气环境对殿内温湿度变化影响的不同。结构越复杂、规模越大，越在内部，外界对殿内微环境影响越小，反之，结构愈单一、规模愈小、越在外围，外界对殿内微环境影响愈大。同时，建筑物的功能不同，即被使用情况不同，亦是影响温湿度变化的重要因素。

此外，2005年"十·一"黄金周期间，布达拉宫七殿室内温度和相对湿度的监测结果表明，游客对殿内温湿度的影响是有限的，会引起殿内温度上升1℃左右，同时会造成殿内相对湿度升高约4.5%。

总体上，布达拉宫壁画保存的温湿度环境是比较有利的，但是从监测数据仍然可以看出八世灵塔殿与外界的湿热交换较为频繁。因此，从文物保存环境的角度出发，应该对密封效果较差的殿堂的门窗加以改进，尤其需注意冬季保暖，以使壁画处于更好的环境中。

第二节　壁画病害类型

布达拉宫壁画病害的调查经历了普查和重点调查两个阶段。在普查阶段，我们按照红宫、白宫及其附属建筑的布局，对所有殿堂的壁画保存状况进行了全面调查，得出壁画存在的主要病害类型、分布特点及其病害严重程度等，对壁画现存的状况做了整体的评价。在重点调查阶段，依据普查的结果，有针对性地开展更为详细的调查，调查中对不同病害进行了详细的文字描述、拍照及绘制现状调查图等，按照不同病害类型和病害程度统计病害面积，为修复方案的制订提供依据。

调查结果表明，布达拉宫壁画现存的主要病害有空鼓、起甲、酥碱、画面污染、大面积脱落、裂隙等，病害壁画总面积1722.68m²，其中空鼓壁画1470.40m²，起甲壁画108.40m²，酥碱壁画1.07m²，烟熏壁画72.73m²，画面污染70.08m²，裂隙累计总长127.5m（表3.1）。空鼓病害壁画占病害壁画总面积的75%以上。

表 3.1　布达拉宫壁画病害面积调查统计表

建筑名称		病害壁画面积（m²）					
		合计	空鼓	起甲	酥碱	烟熏	污物
红宫	南门正厅	130.66	78.99	51.67			
	圣观音殿室外	9.09	7.33			1.76	
	二回廊	4.46	4.46				
	坛城殿	11.18	8.10	3.08			
	五世灵塔殿	100.00	100.00				
	观世音本生殿	116.74	116.74				
	持明佛殿	114.10	114.10				
	菩提道次第殿	144.00	144.00				
	西大殿	53.21	53.21				
	十三世灵塔殿	52.09	52.09				
	八世灵塔殿	122.65	84.92	7.91			29.82
	药师殿	81.82	61.03	20.79			
	时轮殿	59.66	59.66				
	七世灵塔殿	87.33	87.33				
白宫	门厅	98.95	98.95				
	东大殿	352.56	253.65	9.86		53.79	35.26
附属建筑	强庆塔朗门厅	47.45	42.45				5.00
	黄房子（十二层东）	52.19	25.79	8.15	1.07	17.18	
	朗杰扎仓	75.00	68.06	6.94			
	朗杰扎仓门厅	9.54	9.54				
总计		1722.68	1470.40	108.40	1.07	72.73	70.08

（一）空鼓壁画

空鼓壁画是壁画病害中最常见的一种，是指壁画地仗与支撑体之间失去黏结作用，使壁画地仗与支撑体分离的一种现象。产生空鼓病害的原因主要有：（1）黏结材料老化引起的壁画地仗与支撑体黏结不牢，在地仗自身重力的作用下，地仗局部分离离开壁画支撑体。（2）建筑结构变形引起的壁画地仗错位等，导致壁画地仗脱离支撑体，严重时可导致壁画大面积剥落。（3）地震及其人为震动引起的壁画空鼓（图3.4、3.5）。

图3.4　东大殿空鼓壁画

图3.5　观世音本生殿空鼓壁画

（二）起甲壁画

起甲壁画是指壁画颜料层或表面泥层中所含胶质过多，或因地仗层内的收缩变化、外界因素等引起的起翘、开裂等现象，严重时可导致颜料层、白粉层等脱落。根据病害发生的不同层位及其表现形式，分为龟裂起甲、颜料层起甲、粉层起甲等几种。颜料层龟裂起甲大多是由于地仗材料的收缩变形、颜料中掺加的胶结材料和表面涂层的老化收缩等引起的。还有部分是由于建筑顶部漏雨，水对颜料表面涂层进行软化，在干燥过程中收缩变形，导致壁画颜料层与地仗间失去黏结作用，引起颜料层起甲或颜料层连同地仗起甲（图3.6、3.7）。

（三）酥碱壁画

酥碱壁画是指在水分的参与下，壁画支撑体及地仗层中的易溶盐类在壁画表面聚积，产生"泛碱"、"白霜"等现象，随着环境湿度的变化，出现易溶盐结晶、析出、再结晶、再析出的过程，使地仗膨胀、鼓起、酥松、粉化、脱落，严重时可使地仗层逐渐散落，对壁画造成毁灭性的破坏。一般也称为壁画的"癌症"（图3.8）。

（四）壁画画面污染

壁画画面污染是指在自然环境或人为作用下，对壁画表面所产生的污染。通常有雨

图 3.6　起甲壁画（西大殿南壁）

图 3.7　起甲壁画（平措堆朗门厅）

图 3.8　酥碱壁画（黄房子南壁）

图 3.9　壁画污染（东大殿南壁门
上部雨水冲刷）

图 3.10　烟熏壁画（观世音本生殿南壁）

水冲刷泥痕、鸟类粪便污染等多种表现形式。雨水冲刷主要是建筑原因造成的屋面漏雨等引起的。鸟类筑巢、粪便等排泄物及其飞行活动也对壁画画面造成污染等（图 3.9）。

（五）烟熏壁画

烟熏通常与宗教信仰有着直接的关系。布达拉宫的烟熏是酥油灯的燃烧引起的。酥油灯完全或不完全燃烧的产物在壁画表面聚集，形成一层厚厚的油烟，轻微的画面还依稀可辨，严重的则几乎看不到画面（图 3.10）。

图 3.11 壁画大面积脱落（黄房子南壁）

图 3.12 壁画大面积脱落（西大殿南壁）

（六）壁画大面积脱落

壁画大面积脱落是指壁画地仗与支撑体间失去黏结作用，或由于墙体错位等原因引起的壁画大面积空鼓，在壁画自重或其他作用下，壁画地仗与支持体分离，造成壁画大面积脱落，有时对壁画可以造成毁灭性的破坏。另外，酥碱病害可导致地仗松散缓慢脱落，颜料中的胶结材料老化也可引起颜料层的粉化脱落等（图 3.11、3.12）。

（七）壁画裂隙

壁画裂隙是指在壁画画面上产生大小不一的裂缝，一般宽度小于 1 cm，长度则不一。其产生的主要原因有两个方面：一

图 3.13 壁画裂隙（十三世灵塔殿东壁）

是壁画支撑体在地震、卸荷等因素的影响下，支撑体开裂从而导致壁画地仗的开裂；二是由于壁画地仗层自身的变化而产生缝隙，这是一种表面现象（图 3.13）。

第三节 壁画制作材料分析

（一）壁画地仗支撑体与地仗材料分析

要做好壁画空鼓灌浆以及壁画酥碱等病害的治理，必须要先了解壁画地仗支撑体和

地仗层的特性。我们根据实验样品的采集策略，并综合考虑下一步即将开展的壁画空鼓灌浆材料筛选试验，以及壁画空鼓、裂缝、酥碱等病害的治理，制定了一系列针对壁画墙体和地仗材料的分析测试实验。

特别约定支撑体、地仗粗泥层和细泥层的试样编号分别以字母"S"、"C"和"F"开头，编号的末位字母代表其试样采集地点。

1. 壁画地仗支撑体的性质

布达拉宫东大殿（代码：D）和五世灵塔殿（代码：W）的壁画支撑体均是块石墙，取块石间的砌筑砂浆进行测试，X 射线衍射（XRD）分析结果表明，两殿堂砌筑砂浆的矿物成分基本相同，均含有方解石、高岭土、钾长石、伊利石和石英。此外，在东大殿壁画墙体的砌筑砂浆中还检测出少量的滑石和闪石。

依照中华人民共和国国家标准《土工试验方法标准》（GB/T 502123 – 1999），对东大殿北壁墙体背面的灰白色致密块状土体进行颗粒大小分析，并绘制了粒径级配曲线图（图3.14）。

采用 X 射线荧光（XRF）方法对东大殿壁画墙体块石间的砂浆进行主要化学成分分析，结果如表3.2。

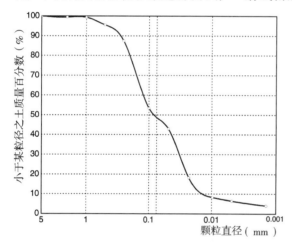

图 3.14　砌筑砂浆的颗粒大小分布曲线图

表 3.2　砌筑砂浆的主要化学成分（质量百分含量,%）

编号	K_2O	Na_2O	CaO	MgO	SiO_2	Al_2O_3	Fe_2O_3	S	Ti
S_1D	2.35	1.70	3.44	1.48	65.35	12.49	3.92	0.016	0.244
S_2D	2.35	1.54	4.53	1.44	62.95	12.52	3.70	0.025	0.274
S_3D	2.34	1.61	4.37	1.49	64.06	12.36	3.73	0.032	0.277

从表3.2可以看出，Si、Al、Ca、Fe、Na、Mg 和 K 七种主要元素的氧化物已经占砂浆质量的90%左右。从化学成分上看，砂浆属于高硅铝低钙型。

我们进一步对东大殿壁画墙体的块石间砂浆做扫描电子显微镜（SEM）观察（图3.15、3.16），并根据能量色散谱（EDS）图（图3.17）进行元素分析（表3.3）。

图 3.15　砌筑砂浆 SEM 图（×100）

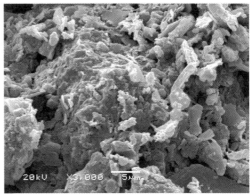

图 3.16　砌筑砂浆 SEM 图（×3000）

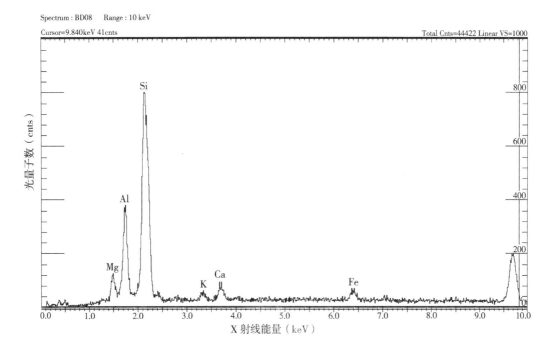

图 3.17　砌筑砂浆的表面 EDS 扫描谱图

表 3.3　块石间砌筑砂浆表面的元素组成及相对质量百分含量（%）

编号	O	Mg	Al	Si	K	Ca	Fe	总量
S$_1$D	8.57	1.38	12.81	47.77	3.19	6.50	19.77	99.99
S$_2$D	12.34	0.00	12.00	48.89	3.78	8.87	14.12	100.00

表 3.3 表明，东大殿壁画墙体的块石间砌筑砂浆也是高硅铝低钙型土体，这一结果与表 3.2 基本相同。

我们要采用的 PS – F 系列灌浆材料很可能会与壁画支撑墙体表层和地仗底层黏结，故我们很关注块石间砌筑砂浆的易溶盐含量，鉴于此，我们在兰州煤矿设计研究院岩土试验室对砂浆进行常规易溶盐分析（表 3.4）。

表 3.4　砌筑砂浆的易溶盐含量

编号	阴离子（10^{-3}mol · kg^{-1}）				阳离子（10^{-3}mol · kg^{-1}）			盐总量（g · kg^{-1}）	pH
	NO$_3$$^-$	HCO$_3$$^-$	Cl$^-$	SO$_4$$^{2-}$	Ca^{2+}	Mg^{2+}	K$^+$ + Na$^+$		
SD	1.016	9.651	10.450	15.286	10.796	1.097	27.903	3.375	7.86

2. 壁画地仗粗泥层（Coarse Layer）的性质

布达拉宫壁画地仗层的粗泥层基本上是用红色阿嘎土制作，取东大殿、五世灵塔殿、持明佛殿（代码：C）、观世音本生殿（代码：G）、西大殿（代码：X）和菩提道次第殿（代码：P）的红阿嘎粗地仗层土体进行实验分析。

X 射线衍射分析结果表明，在六个殿堂的红阿嘎粗地仗层中，全部检测出少量的钾长石、伊利石和石英矿物。除五世灵塔殿之外，在其余五个殿堂的红阿嘎地仗层中检测出大量的方解石和较多的高岭石。此外，持明佛殿的红阿嘎土中还存在有滑石和闪石矿物成分。

依照中华人民共和国国家标准《土工试验方法标准》（GB/T 502123 – 1999），我们对东大殿壁画地仗粗泥层红色块状土体进行颗粒大小分析，并绘制出红色阿嘎土的粒径级配曲线图（图 3.18）。

采用 X 射线荧光方法对东大殿壁画地仗层中的红色阿嘎土进行主要化学成分分析，结果如表 3.5。

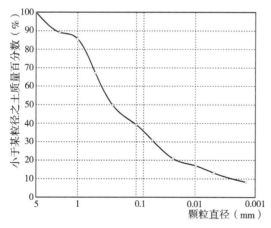

图 3.18　红色阿嘎土的颗粒大小分布曲线图

表 3.5　红色阿嘎土的主要化学成分（质量百分含量,%）

编号	K$_2$O	Na$_2$O	CaO	MgO	SiO$_2$	Al$_2$O$_3$	Fe$_2$O$_3$	S	Ti
C$_1$D	2.59	2.02	3.60	1.01	65.10	13.54	3.52	0.013	0.230
C$_2$D	2.40	2.10	3.89	0.80	65.69	12.86	3.17	0.012	0.221

我们又对东大殿北壁的红色阿嘎土做扫描电子显微镜（SEM）观察（图3.19、3.20），并根据能量色散谱（EDS）图（图3.21）确定其表面元素的相对含量（表3.6）。

表3.6　红色阿嘎土表面的元素组成及相对质量百分含量（%）

编号	O	Mg	Al	Si	K	Ca	Fe	总量
CD	. 12.60	0.90	12.99	38.93	2.28	12.06	20.25	100.01

图3.19　红色阿嘎土SEM图（×100）

图3.20　红色阿嘎土SEM图（×3000）

兰州煤矿设计研究院岩土试验室对东大殿壁画粗泥层中的红色阿嘎土进行常规易溶盐分析，结果如表3.7。

表3.7　红色阿嘎土中的易溶盐含量

编号	阴离子（10^{-3}mol·kg^{-1}）				阳离子（10^{-3}mol·kg^{-1}）			盐总量（g·kg^{-1}）	pH
	NO_3^-	HCO_3^-	Cl^-	SO_4^{2-}	Ca^{2+}	Mg^{2+}	$K^+ + Na^+$		
CD	4.241	3.785	5.084	2.270	7.206	3.413	9.214	1.584	7.34

3. 壁画地仗细泥层（Fine Layer）的性质

布达拉宫的壁画细泥层都是由白色的阿嘎土制作而成的，为此对布达拉宫东大殿、五世灵塔殿、持明佛殿、观世音本生殿、西大殿和菩提道次第殿的壁画细泥层中的白色阿嘎土进行分析测试。X射线衍射分析表明，上述六个殿室的壁画细地仗层中都含有高岭石和少量的伊利石、闪石和石英矿物。除观世音本生殿的白色阿嘎土之外，其余五个殿室的细地仗层中均检测出大量的方解石和较多的钾长石矿物。此外，在观世音本生殿的细泥层中发现有滑石矿物。

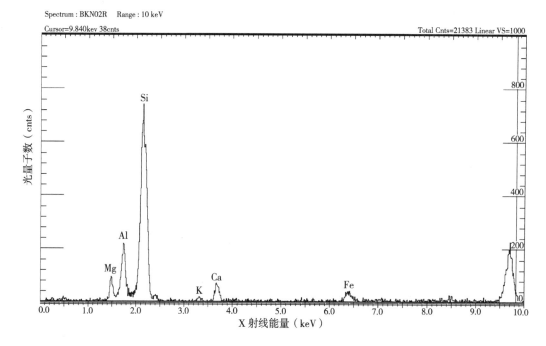

图 3.21　红色阿嘎土的表面 EDS 扫描谱图

遵循中华人民共和国国家标准《土工试验方法标准》（GB/T 502123 – 1999），我们对东大殿壁画地仗层中的白色阿嘎土进行颗粒大小分析，并绘制出细泥层的粒径级配曲线图（图3.22）。

采用 X 射线荧光方法对东大殿壁画地仗表层中的白色阿嘎土进行主要化学成分分析（表3.8）。

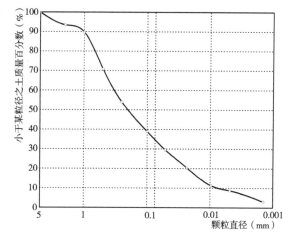

图 3.22　白色阿嘎土的颗粒大小分布曲线图

表 3.8　地仗表层白色阿嘎土的主要化学成分（质量百分含量,%）

编号	K$_2$O	Na$_2$O	CaO	MgO	SiO$_2$	Al$_2$O$_3$	Fe$_2$O$_3$	S	Ti
F$_1$D	1.80	1.51	15.47	1.32	47.41	10.74	2.87	0.018	0.206
F$_2$D	2.05	1.75	10.71	1.03	55.88	10.89	2.91	0.021	0.207

　　对东大殿北壁墙体背面的白色阿嘎土做扫描电子显微镜（SEM）观察（图3.23、3.24），同时，根据能量色散谱（EDS）图（图3.25）确定壁画细泥层表面的元素相对含量（表3.9）。

表3.9　白色阿嘎土表面的元素组成及相对质量百分含量（%）

编号	O	Mg	Al	Si	K	Ca	Fe	总量
FD	13.45	1.63	10.73	31.56	2.35	33.94	6.34	100.00

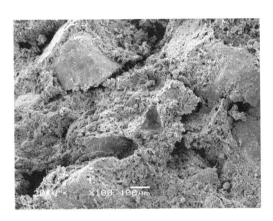

图3.23　白色阿嘎土SEM图（×100）　　　图3.24　白色阿嘎土SEM图（×3000）

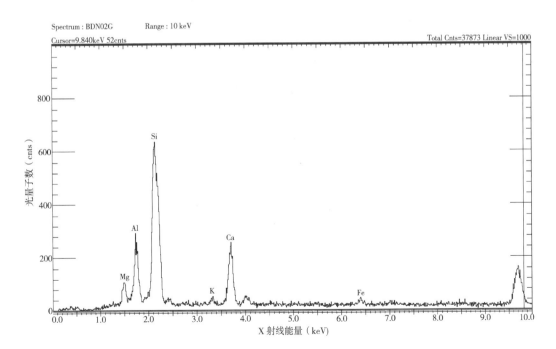

图3.25　壁画细泥层表面的EDS扫描谱图

东大殿壁画上层白色阿嘎土中的易溶盐含量（表3.10）的常规分析在兰州煤矿设计研究院岩土试验室进行。

表 3.10　壁画地仗细泥层中的易溶盐含量

编号	阴离子（10^{-3}mol·kg^{-1}）				阳离子（10^{-3}mol·kg^{-1}）			盐总量（g·kg^{-1}）	pH
	NO_3^-	HCO_3^-	Cl^-	SO_4^{2-}	Ca^{2+}	Mg^{2+}	$K^+ + Na^+$		
FD	3.983	4.260	4.519	7.424	6.857	3.047	10.648	2.120	7.15

（二）颜料分析

按照壁画颜料样品现场采集的基本步骤和要求，2001年在现状调查过程中，我们采集布达拉宫黄房子、坛城殿、朗杰扎仓、观世音本生殿等殿堂的颜料样品36个，多数样品为块状或带颜料的地仗残块。在采用X射线衍射对颜料进行分析时，由于样品处理上相对困难，只有少数颜料样品得到较理想的分析结果。为此，在总结分析前几次取样工作中存在经验不足等问题的基础上，2007年3月又在布达拉宫东大殿、八世灵塔殿、坛城殿、圣观音殿外、平措堆朗门厅、黄房子、药师殿、红宫南门正厅等八个殿堂及门厅取颜料样品62个，对其中的39个粉末样品进行了X射线衍射分析。此次分析中，除少量颜料显色成分未检出外，大部分都有较理想的分析结果（表3.11）。结果表明，布达拉宫壁画在颜料的使用上既有传统的矿物颜料，又有现代合成颜料。白色颜料为白垩（$CaCO_3$）、菱镁矿（$MgCO_3$）、石膏（$CaSO_4·2H_2O$）、滑石（$Mg_3Si_2O_5(OH)_4$）、硫酸钡（$BaSO_4$）、氧化锌（ZnO），蓝色的颜料为石青（$Cu_3(CO_3)_2(OH)_2$）、青金石[$(Na,Ca)_{4-8}(AlSiO_4)_6(SO_4,S,Cl)_{1-2}$]，绿色颜料为石绿（$Cu_2(CO_3)(OH)_2$）、碱式硫酸铜（$Cu_4SO_4(OH)_6$），红色颜料为朱砂（$HgS$）、铅丹（$Pb_3O_4$），黄色颜料为雌黄（$As_2S_3$），金色是金箔（$Au$）。其中每种颜料的一种或几种既有单独存在的也有混合存在的。图3.26~3.30是部分颜料样品的X射线衍射谱图。

表 3.11　布达拉宫粉状颜料样品的 X 衍射分析结果

样品编号	取样位置	颜色	样品种类	显色物相	其他物相
BGP001	东大殿西壁北侧，距离地面108cm，距离北壁95cm	红色	粉末	朱砂（很纯）	
BGP002	东大殿西壁北侧，距离地面110cm，距离北壁115cm	黄色	粉末	未检出	斜绿泥石、伊利石、钠长石、石英、方解石

样品编号	取样位置	颜色	样品种类	显色物相	其他物相
BGP003	东大殿西壁北侧，距离地面98cm，距离北壁250cm	蓝色	粉末	石青（纯）	少量石英、方解石
BGP004	东大殿西壁北侧，距离地面95cm，距离北壁131cm	绿色	粉末	石绿（纯）	少量石英
BGP010	圣观音殿室外北壁西侧，距离地面150cm，距离西壁40cm	深红	粉末	朱砂（纯）	
BGP011	圣观音殿室外北壁西侧，距离地面157cm，距离西壁28cm	粉红	粉末	朱砂	菱镁矿、方解石
BGP012	圣观音殿室外北壁西侧，距离地面153cm，距离西壁34cm	橘红	粉末	朱砂	石英
BGP013	圣观音殿室外北壁西侧，距离地面160cm，距离西壁65cm	黄色	粉末	雌黄	信石、石英
BGP014	东大殿北壁西侧，距离地面93cm，距离西壁120cm	绿色	粉末	石绿	石英
BGP015	东大殿北壁西侧，距离地面94cm，距离西壁137cm	蓝色	粉末	石青	石英
BGP016	东大殿北壁西侧，距离地面106cm，距离西壁194cm	红色	粉末	朱砂	石英、方解石
BGP017	东大殿北壁西侧，距离地面134cm，距离西壁129cm	草绿	粉末	碱式硫酸铜	信石、石英
BGP018	东大殿北壁西侧，距离地面110cm，距离西壁191cm	黄色	粉末	未检出	伊利石、钠长石、斜绿泥石、石英、方解石

样品编号	取样位置	颜色	样品种类	显色物相	其他物相
BGP019	东大殿北壁西侧，距离地面 150cm，距离西壁 166cm	浅绿	粉末	碱式硫酸铜	伊利石
BGP020	平措堆朗门厅北壁西侧，距离地面 385cm，距离东壁 629cm	蓝色	粉末	青金石	伊利石、斜绿泥石
BGP021	平措堆朗门厅北壁西侧，距离地面 358cm，距离东壁 585cm	黄色	粉末	未检出	重晶石
BGP022	平措堆朗门厅北壁西侧，距离地面 348cm，距离东壁 578cm	绿色	粉末	石绿	重晶石
BGP023	平措堆朗门厅北壁西侧，距离地面 321cm，距离东壁 578cm	深红	粉末	朱砂	重晶石
BGP024	平措堆朗门厅北壁西侧，距离地面 387cm，距离东壁 620cm	浅红	粉末	朱砂	重晶石
BGP025	平措堆朗门厅北壁西侧，距离地面 373cm，距离东壁 583cm	浅棕	粉末	朱砂	伊利石、斜绿泥石、石英
BGP027	平措堆朗门厅北壁西侧，距离地面 373cm，距离东壁 394cm	白色	粉末	菱镁矿	石英
BGP030	平措堆朗门厅北壁西侧，距离地面 387cm，距离东壁 625cm	深蓝	粉末	未检出	斜绿泥石、石英、方解石
BGP036	药师殿东壁北侧，距离地面 77cm，距离北壁 234cm	绿色	粉末	碱式硫酸铜	石英

续表 3.11

样品编号	取样位置	颜色	样品种类	显色物相	其他物相
BGP037	药师殿东壁北侧，距离地面 78cm，距离北壁 334cm	蓝色	粉末	石青	菱镁矿、钠长石、石英
BGP038	药师殿东壁北侧，距离地面 132cm，距离北壁 143cm	土黄	粉末	未检出	伊利石、钠长石、斜绿泥石、石英
BGP039	药师殿东壁北侧，距离地面 121cm，距离北壁 39cm	黄色	粉末	未检出	石英
BGP040	药师殿北壁东侧，距离地面 64cm，距离东壁 71cm	红色	粉末	朱砂	石英
BGP044	药师殿东壁北侧，距离地面 73cm，距离北壁 125cm	红色	粉末	朱砂	伊利石、斜绿泥石、石英
BGP045	药师殿东壁北侧，距离地面 115cm，距离北壁 205cm	粉红	粉末	朱砂	斜绿泥石、伊利石、菱镁矿、石英
BGP046	黄房子南壁中部，距离地面 166cm，距离西壁 146cm	绿色	粉末	碱式硫酸铜	伊利石、斜绿泥石、石英
BGP047	黄房子南壁中部西侧，距离地面 168cm，距离西壁 30cm	蓝色	粉末	石青	石英
BGP049	黄房子南壁下部西侧，距离地面 73cm，距离西壁 47cm	红色	粉末	朱砂	石英
BGP050	黄房子南壁下部西侧，距离地面 68cm，距离西壁 48cm	黄色	粉末	雌黄	石英
BGP054	红宫门厅北壁中下部，距离地面 135cm，距离西壁 756cm	白色	粉末	菱镁矿	石英

样品编号	取样位置	颜色	样品种类	显色物相	其他物相
BGP055	红宫门厅北壁中下部，距离地面 109cm，距离西壁 894cm	绿色	粉末	石绿	石英
BGP056	红宫门厅北壁中下部，距离地面 79cm，距离西壁 864cm	蓝色	粉末	青金石	石英、方解石、石膏
BGP057	红宫门厅北壁中下部，距离地面 85cm，距离西壁 812cm	黄色	粉末	雌黄	信石
BGP058	红宫门厅北壁中下部，距离地面 141cm，距离西壁 1009cm	粉红	粉末	朱砂	石英、方解石
BGP059	红宫门厅北壁中下部，距离地面 95cm，距离西壁 707cm	红色	粉末	朱砂	方解石

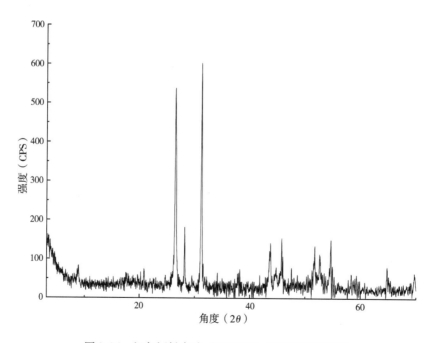

图 3.26　红色颜料朱砂（BGP001）X 射线衍射谱图

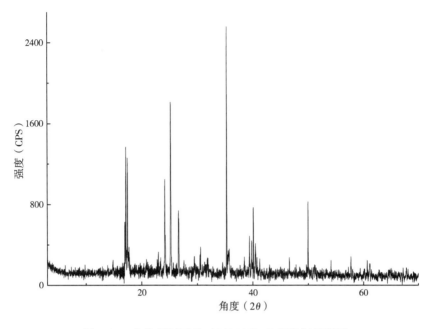

图 3.27　蓝色颜料石青（BGP003）X 射线衍射谱图

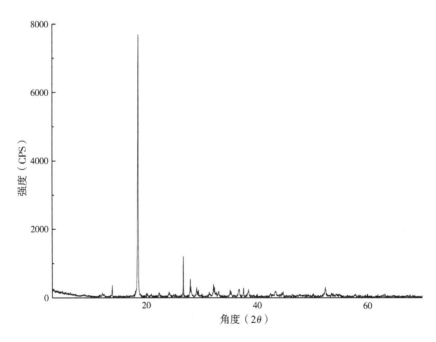

图 3.28　黄色颜料雌黄（BGP013）X 射线衍射谱图

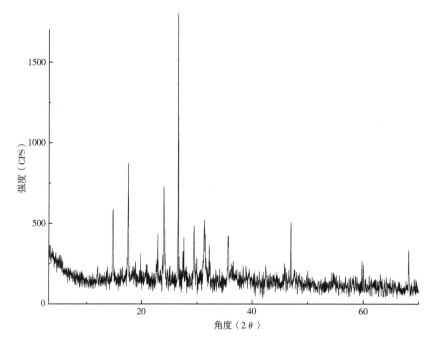

图 3.29　绿色颜料石绿（BGP014）X 射线衍射谱图

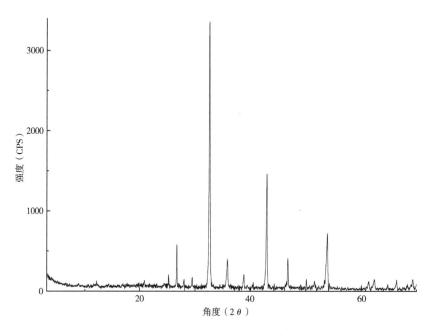

图 3.30　白色颜料菱镁矿（BGP054）X 射线衍射谱图

（三）胶结材料分析

使用 Waters 氨基酸分析仪（Waters Division of Millipore – PICO. TAG, Waters Model 510 with a detector of waters associates model 440 absorbance detector and Waters 741 data module and Waters automated gradient controller），ILLCHI 真空干燥仪和日本光和纯药公司生产的 PICO – TAG 用 A 型载液及 PICO – TAG 用 B 型载液进行了分析，结果见表 3.12。

表 3.12　西藏布达拉宫壁画胶结材料分析结果

样品编号	氨基酸组成类似率				样品质量（g）	C（%）（w/w）	样品描述	取样位置
	牛皮胶	桃胶	米	小麦粉				
bd – 2	0.9902	0.4580	0.5595	0.4782	0.0009	2	绿色粉末，颜色艳，量少	布达拉宫东大殿西壁
bd – 3	0.9892	0.4528	0.5545	0.4729	0.0020	2.4	草绿色粉末，量少	布达拉宫东大殿西壁
bd – 4	0.9910	0.4725	0.5478	0.4761	0.0004	1	白色粉末，量少	布达拉宫东大殿西壁
bd – 8	0.9911	0.4769	0.5339	0.4571	0.0005	4	红色粉末，量少	布达拉宫东大殿西壁

从表 3.12 氨基酸组成类似率的结果可知，布达拉宫壁画样品与动物胶类似，更接近牛皮胶，氨基酸组成类似率在 0.9892 ~ 0.9911 之间。进一步对样品绝对浓度的分析结果可知，布达拉宫壁画样品中胶结材料的含量在 2% 左右。

第四节　壁画制作工艺

布达拉宫壁画制作的工艺一般为：在支撑体上制作承载壁画的地仗，地仗材料为当地阿嘎土（分红阿嘎和白阿嘎两种）掺以不同粒级级配的沙用水拌和制作而成。壁画地仗一般为三层（图 3.31），厚度在 1.5 ~ 3.5cm 之间，上、中层为细沙泥层，下层为粗沙泥层。地仗制作时，先在墙体表面抹一层粗沙泥作底层，厚度约 1.0 ~ 1.5cm。沙泥层中土的含量相对较低，一般为 20% ~ 30%；沙子含量较高，达到 70% ~ 80%。底层干后，再抹掺有羊毛、牛毛的细泥为中层，泥的黏性较大，厚度一般在 1cm 左右，沙土的比例与粗沙层基本相当。中层干后，又在其表面敷一层用阿嘎土加细沙拌成的沙泥层，这一层厚度一般不超过 1cm。待地仗干后在表面绘画，绘画颜料多为矿物颜料，辅以少量的植物颜料，颜料一般在当地都比较容易获得。颜料中掺加的胶结材料为动物

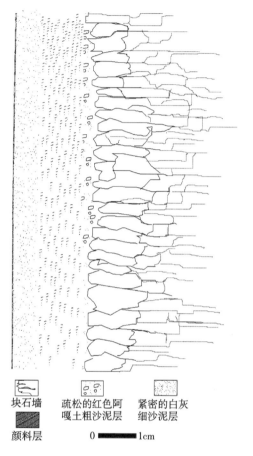

块石墙　　　疏松的红色阿　　紧密的白灰
　　　　　　嘎土粗沙泥层　　细沙泥层

颜料层　　　0 ▬▬▬▬ 1cm

图 3.31　东大殿壁画墙体及地仗结构剖面图

胶，以皮胶为主。绘画完成后，为保护壁画，最后还要在完成的壁画上刷以胶或清漆，以保持画面色泽。

第五节　壁画病害机理分析

布达拉宫壁画病害表现为空鼓、起甲、酥碱、画面污染、大面积脱落、裂隙等多种病害，其中空鼓最为严重。从病害情况来看，布达拉宫壁画主要表现为大面积空鼓，而起甲、酥碱病害较少。在实施保护措施之前必须对壁画病害发生的机理进行深入的研究，从而有针对性地实施保护。

（一）空鼓病害产生的主要原因

1. 壁画制作材料及制作工艺的影响

壁画空鼓病害多出现于殿堂顶部壁画与木梁或椽结合部位及门框上部。壁画在制作时，部分壁画表面涂有清漆层，加上殿堂内的温度低，温差小，壁画干燥过程缓慢。由于泥层的收缩性与木质不同，在壁画泥层与木质结合部位易产生空鼓现象。空鼓病害产生时，壁画就会脱离墙体，在地仗与墙体间形成一定的空隙。由于西藏地震频繁，脱落的墙体及地仗就会填充于壁画的空鼓层中，随着脱落物的不断增加，空鼓就会越来越严重，随时有脱落的危险。布达拉宫建筑是随山体呈阶梯状修建，屋面形式与建筑构造是刚性屋面与弹性支承结构的关系。阿嘎土夯打层本身抗压、抗裂性能极其有限，在增加了屋面厚度的同时也增加了重量，支撑的木结构又容易产生变形和不均匀下沉，进一步引起屋面开裂、产生漏雨等现象，从而导致多种壁画病害的产生与发展。

2. 建筑布局的影响

布达拉宫的建筑基本上是石、土、木混合结构，下层建筑承载上层建筑，相邻殿堂之间也相互影响。殿堂结构形式多为"墙柱混合承重结构"，长梁和檩条所架设的楼层和屋面上的荷载均通过梁和檩条传到墙体上。而壁画地仗依附于墙体和屋面直接相连，在壁画干燥的过程中，不同材质收缩性的不同易在材质结合部位形成空隙，加上力的传递作用，诱发空鼓病害的产生。走廊上游客数量多、走动过程中产生的震动及上部建筑物自身的重量，直接导致壁画空鼓病害的发生。

3. 地震及人为活动的影响

我们研究发现，频繁发生的不同级别的地震对整个布达拉宫建筑物的变形破坏可能占据非常重要的地位，同时地震对屋面的影响不能忽视。布达拉宫顶面在作为屋面的同时也作为上一层建筑活动空间平台，除用于走廊、通道外，还经常举行寺庙的佛事活动，人为活动带来的震动也是裂缝产生的原因。根据目前布达拉宫屋面的现状，每年都要对其中的部分屋面进行维修。而夯打一层新阿嘎土时，人员众多，排队共同操作将产生强烈的震动，对屋面的结构支撑造成开裂的隐患。可见，建筑布局为壁画病害特别是壁画空鼓病害的产生留下隐患，而人为活动加速了这一过程的快速发展。

（二）起甲病害产生的主要原因

1. 壁画制作材料的影响

起甲原因的分析：

1）漆膜不透气性造成的开裂：涂在壁画表面的清漆漆膜具有不透气、不透水性，当土质基底内部湿度增大时，内部的水分无法逸出，当水汽压力达到一定程度时（水汽压力大于漆膜的张力），它会顶破漆膜造成开裂和脱落。这种开裂不会造成土质基底的破坏。

2）漆膜老化造成开裂：随着时间的推移和外界因素的作用，漆膜发生老化现象，即其中的有机涂层发生质变，由大分子分解为小分子，它的柔韧性下降，漆膜原来与底材形成的力的平衡由于连续性漆膜的破坏而被打破，在形成新的平衡过程中逐渐造成清漆漆膜开裂、脱落。这种开裂和脱落，是在清漆漆膜的背面黏附有少量颜料，并未造成土质基底的开裂。

3）土质基底的开裂：由于壁画经历了成百上千年的自然风化，土质基底受气候环境的影响，黏结性能下降，再加之上层漆膜应力的作用，当土质基底黏结力小于漆膜应力时，土质基底开裂脱落，类似于一般建筑物内墙面泥子层的开裂和脱落。

在实际过程中，造成壁画开裂的原因不可能是其中单独的一种，而最为可能的是上述几种因素共同作用的结果。根据壁画的结构情况、漆膜的特性以及外界因素的作用，可以推断出壁画开裂的过程：

清漆涂刷在壁画表面的颜料层上，一方面清漆成分会逐渐渗透到颜料层内部，同时大部分附着在表面，漆膜在干燥过程中的体积收缩颜料层表面产生收敛作用。收敛的结果是使颜料层相对于地仗层和墙体产生有分离倾向的表面作用力；同时由于该漆膜的透气性和透水性非常差，基本阻断了颜料层内外水和气的交换，一方面空气中的水汽无法向颜料层内部渗透，另外一方面墙体内部的水汽也无法通过颜料层渗出，如果积累到一定程度，便对颜料层产生了一个由内向外的作用力；经过常年的自然风化，墙体、地仗层和颜料层都会逐渐老化而失去黏结能力，即原来形成的壁画整体的作用力会逐渐弱化；随着漆膜在水、能量以及微生物的作用下逐渐老化，收敛的表面层的收缩力开始失去，在这个过程中颜料层有恢复原来形状的趋向，而造成漆膜开裂，与此同时，地仗层和墙体内部的水汽得以向外渗透，作用力也会使壁画的颜料层开裂，壁画整体作用力的自然丧失，使得颜料层的开裂更加容易进行。也就是说，涂刷清漆等于在原来的壁画整体上、短时间内（数十年）重新形成了几种力的平衡，随着漆膜的老化破坏，这种平衡被打破而造成最终颜料层的开裂起甲。

2. 环境因素的影响

从拉萨地区及布达拉宫殿堂的环境监测数据来分析，拉萨气象大环境对布达拉宫殿堂的微环境有绝对的影响，各殿堂的温湿度随着大气温湿度变化而变化。均表现为 1 月份温度最低，以 1 月份为分界线递增或递减，到 8 月份后，达到一年中最高，然后递减。根据以往研究，低温情况下，有可能导致胶结材料的失效，最终表现出诸如起甲一类的病害。

根据 2004 年 9 月 ~ 2005 年 8 月布达拉宫部分殿堂的温湿度数据，布达拉宫的温湿度变化相对较为缓慢，最低温度都在 0℃ 以上，亦无高湿现象，一般湿度都在 50% 以下，环境变化处于相对稳定的状态。对布达拉宫的殿堂壁画而言，由于环境通风不好，壁画在制作完成后干燥过程相对缓慢，局部壁画干燥过程中的不均匀性导致了表面涂层收缩的不一致，使得壁画颜料层龟裂，甚至起甲。对于门厅壁画而言，环境通风良好，壁画绘制完成后干燥过程较快，表面涂层胶结材料和表面涂层在干燥过程中的收缩导致了壁画颜料层的龟裂，加上风吹日晒及建筑漏雨后的雨水冲刷，便加速了胶结材料和表面涂层的老化，使起甲病害发展较为迅速。

第四章　前期实验研究

第一节　空鼓壁画修复材料及工艺研究

一　PS-F系列灌浆材料

多年来，敦煌研究院在泥质胶结砂砾岩石窟防风化加固研究的基础上，经过大量的室内研究和多个土遗址现场加固试验，研制出一种加固土质、石质文物的无机加固材料——高模数硅酸钾（PS）。特别是最近几年，又经过对 PS 与黏土作用机理的研究，建立了 PS 加固土质文物的理论基础，从而确立了一套以 PS 为主要加固材料的加固土质文物的工艺方法，解决了我国丝绸之路上土遗址加固的难题。这套以 PS 为主要材料加固土质文物的工艺方法，已经获得多项国家级奖励："应用 PS-C 加固风化砂岩石雕的研究" 1988 年获文化部科技进步二等奖，1995 年获国家科技进步二等奖；"砂砾岩石窟岩体裂隙灌浆研究" 1995 年获国家文物局科技进步二等奖；"古代土建筑遗址的加固研究" 1999 年获国家文物局科技进步二等奖；"一种硅酸盐加固用灌浆材料" 1996 年获国家发明专利。

我国的文物保护工作者首先从麦积山的砂砾岩中分离出胶结泥质，以不同模数的硅酸钾，选用多种固化剂和交联剂并改变其用量而制作 PS-C 试块，对其进行耐水性、渗透性、耐二氧化碳性、耐自然老化、耐紫外线及热稳定性试验，最终找到了一个最佳模数的硅酸钾，同时也从微观上对胶结泥质与最佳模数硅酸钾的作用机理进行了研究。为了配合麦积山的加固工程，以麦积山附近的红黏土（C）为填充剂，以最佳模数硅酸钾（PS）为胶结剂配制浆液并制作成试块，进行了抗折、抗拉、抗压、黏结强度、渗透性、抗冻融、抗崩解、耐酸碱、安定性、收缩变形和凝结速度等方面的测试。同时对影响 PS-C 结石体物理力学性能的诸多因素，如固化龄期、固化温度、红黏土成分与颗粒度、水灰比（PS/C）、PS 模数、固化剂与交联剂掺量等做了更为详尽的研究。对麦积山砂砾岩石窟中的部分洞窟岩体裂隙进行了灌浆加固，取得了明显的保护加固效果。

PS 水液在泥质胶结砂砾岩表面防风化加固以及 PS-C 浆材在砂砾岩石窟岩体裂隙

灌浆两方面取得成功后，为了寻找更理想的灌浆材料，后来又以 PS 为胶结剂，分别以硅藻土（G）、铸石粉（Z）和粉煤灰（F）为填加料进行筛选实验，最终挑选出 PS - F 灌浆材料。PS - F 具有更多适合于砂砾岩石窟岩体裂隙灌浆的特性，如和易性好、浆液不产生离析，因此有很好的可灌性，而且浆液的初凝速度、终凝速度和浆液结石体的强度可通过调配 PS 的模数和固化剂的用量得到很好的控制，特别是浆液结石体基本无变形收缩。因此，于 20 世纪 90 年代初在安西榆林窟的抢险加固工程中进行了大规模的推广应用。

为了解决西藏布达拉宫、罗布林卡和萨迦寺殿堂中空鼓壁画的修复难题，又在过去研究的基础上，敦煌研究院对 PS - F 灌浆材料的物理力学性能做了进一步的实验研究。西藏寺院壁画地仗中含有大量的白色阿嘎土（A）和红色阿嘎土（B），为了使 PS - F 浆液结石体与壁画地仗能够更好地兼容，我们在粉煤灰中掺加适量的阿嘎土进行筛选实验。通过对 PS -（F + A）、PS -（F + B）和 PS -（F + A + B）浆液试块物理力学性能的测试对比，最终确定布达拉宫空鼓壁画灌浆加固材料为 PS -（F + A + B）。

1. 粉煤灰特性

根据我国现行标准《用于水泥和混凝土中的粉煤灰》（GB 1596 - 91），拌制水泥混凝土和砂浆时，作掺和料的粉煤灰成品应满足表 4.1 要求。

表 4.1　拌制水泥混凝土和砂浆用粉煤灰技术要求

序号	指标	级别		
		Ⅰ	Ⅱ	Ⅲ
1	细度（45μm 方孔筛筛余），% 不大于	12	20	45
2	需水量，% 不大于	95	105	115
3	烧失量，% 不大于	5	8	15
4	含水量，% 不大于	1	1	不规定
5	三氧化硫，% 不大于	3	3	3

影响粉煤灰需水量的主要因素有粉煤灰的细度 [45μm 筛余（%）]、颗粒形貌、颗粒级配，此外还与粉煤灰密度大小以及烧失量高低有很大关系。研究发现，需水量与粉煤灰烧失量、粉煤灰细度有非常明显的正比关系；还发现高钙粉煤灰的需水量要稍低于低钙粉煤灰，可能是因为粉煤灰密度和表面形貌的差异。一般来说，粉煤灰越细，烧失量越小，相应需水量也就越少，活性越高。Ⅰ级粉煤灰本身具有一定的减水效果，是制

备高性能 PS－F 灌浆材料的理想混合材料。

　　粉煤灰的物理化学性质受煤的品种、锅炉类型、锅炉运行条件的制约，甚至一些大气污染控制装置也显著影响粉煤灰的烧失量等特性；粉煤灰的品质还受粉煤灰处置方式的影响。要获得高品质的粉煤灰，通常必须对粉煤灰进行处理，如空气分选、筛选、粉磨或特殊处理，粉煤灰经处理后活性增加、需水量降低。

　　组分的微观性质决定灌浆材料的总体性能，因此，寻求品质更好的粉煤灰是制备 PS－F 灌浆材料的重要环节。在研制 PS－F 系列灌浆材料的初期，粉煤灰产自西固火力发电厂，后来选用唐山火力发电厂生产的粉煤灰（表 4.2）。随着唐山陡河电厂生产粉煤灰的工艺和技术不断革新，粉煤灰的品质也在稳定提高。为了保证 PS－F 系列灌浆材料的各项性能达到设计的标准，应该对各批次粉煤灰进行全面的测试分析。

表 4.2　兰州西固电厂和唐山陡河电厂粉煤灰的化学成分比较表

产地	化学成分（%）						
	SiO_2	Al_2O_3	Fe_2O_3	CaO	MgO	$K_2O + Na_2O$	烧失量
西固	49.98	37.65	6.34	1.10	0.79	0.75	3.33
唐山	54.11	34.44	5.34	0.69	0.70	1.23	1.08

（1）粉煤灰的物理性质

　　依照中华人民共和国国家标准《土工试验方法标准》（GB/T 502123－1999），我们测定粉煤灰的含水率（表 4.3）、绘制粉煤灰颗粒的粒径级配曲线图（图 4.1），并计算出粉煤灰的界限含水率（图 4.2）。

表 4.3　粉煤灰的天然含水率

编号	铝盒（g）	湿土＋盒（g）	干土＋盒（g）	水分（g）	干土（g）	含水率（%）	均值（%）
F_1	8.45	23.25	23.23	0.02	14.78	0.14	0.17
F_2	9.34	24.67	24.64	0.03	15.3	0.20	

　　从表 4.3 可知粉煤灰处于自然干燥状态，达到了表 4.1 中的技术要求。从图 4.1 可以看出，粉煤灰的粒径大多集中在 0.01～0.1mm 之间，而且两个平行试样的颗粒级配曲线非常接近，取均值后可得限制粒径 d_{60} 约为 0.0215mm、有效粒径 d_{10} 约为 0.00993mm、d_{30} 约为 0.0135mm，由此可算出粉煤灰的不均匀系数 C_U 和曲率系数 C_C 分别为 2.17 和 0.85。从图 4.2 可得，质量为 75g 的圆锥在粉煤灰中的下沉深度为 2mm 和

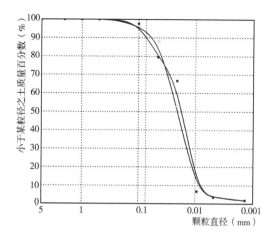

图 4.1　颗粒大小分布曲线图

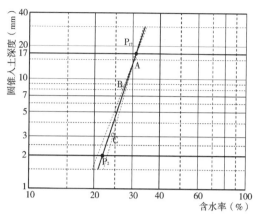

图 4.2　圆锥下沉深度与含水率关系

17mm 时，其对应的塑限 ω_P 和液限 ω_L 分别为 21.86 和 31.05。

　　国家建筑材料测试中心对粉煤灰的检验报告表明，粉煤灰的细度，即 $45\mu m$ 方孔筛的筛余为 14.0%；粉煤灰流动度过 $125\sim135mm$ 时的需水量比为 94%。从图 4.1 可知，粒径小于 0.045mm 的粉煤灰所占质量百分比为 83.5%，其等效细度为 16.5%，与检验报告的值非常接近。

　　粉煤灰在 JSM-5600LV 型低真空扫描电子显微镜（SEM）下呈圆球状（图 4.3 和图 4.4）。根据图片中的比例尺可以粗略地估计，粉煤灰颗粒中的最大粒径约为 $5\mu m$，可辨别的最小粒径约为 $0.4\mu m$。

　　（2）粉煤灰的化学成分

　　依据中华人民共和国国家标准《用于水泥和混凝土中的粉煤灰》（GB/T 1596-2005）

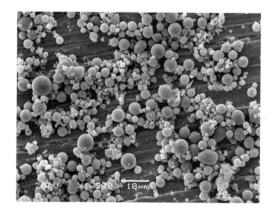

图 4.3　粉煤灰 SEM 图（×1500）

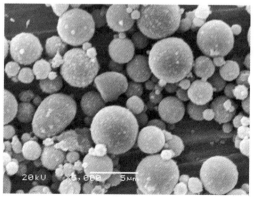

图 4.4　粉煤灰 SEM 图（×5000）

和《水泥化学分析方法》（GB/T 176 – 1996），国家建筑材料测试中心采用 ICP（Inductively Coupled Plasma，电感耦合等离子体）方法测试分析西藏壁画保护修复项目所用的粉煤灰（表 4.4）。

表 4.4　粉煤灰的化学成分（质量百分含量，%）

Na_2O	MgO	Al_2O_3	SiO_2	SO_3	K_2O	CaO	f_{CaO}	Fe_2O_3	烧失量
0.21	0.86	36.28	48.61	1.15	0.87	3.45	0.22	3.94	3.68

在用扫描电子显微镜（SEM）观察粉煤灰形貌的同时，运用 X 射线能量色散谱仪（EDS）分析粉煤灰表面元素的组成和含量，根据能量色散谱图（图 4.5）计算元素间的相对含量（表 4.5）。

由于 EDS 方法只对粉煤灰表层 3～5nm 深度范围内的元素进行半定量分析，而且它

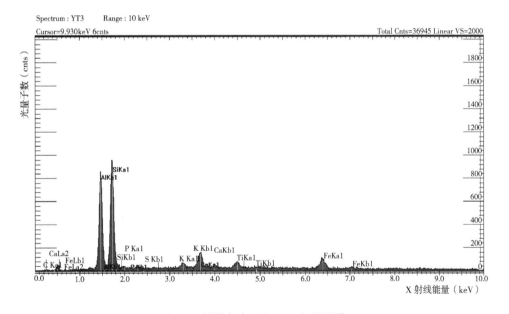

图 4.5　粉煤灰表面的 EDS 扫描图谱

表 4.5　粉煤灰表面元素的组成及相对质量百分含量

元素	C	O	Al	Si	P	S	K	Ca	Ti	Fe	总计
计数（s^{-1}）	1.66	4.98	138.25	167.88	4.37	4.09	9.93	30.74	12.85	20.87	395.62
含量（%）	12.27	7.51	23.25	33.35	1.17	0.92	2.09	6.67	3.55	9.21	99.99

对微量元素分析的误差相对较大,所以表4.5中Si、Al、Ca和Fe的相对含量具有较高的置信度,这与表4.4中的结果基本一致。

依照土壤可溶性盐分的测定方法,在中国科学院寒区旱区环境与工程研究所沙漠与沙漠化重点实验室对粉煤灰进行常规的易溶盐分析(表4.6)。

表4.6　粉煤灰中的易溶盐含量

编号	阴离子（10^{-3} mol · kg^{-1}）				阳离子（10^{-3} mol · kg^{-1}）				盐总量（g · kg^{-1}）	pH
	CO_3^{2-}	HCO_3^-	Cl^-	SO_4^{2-}	Ca^{2+}	Mg^{2+}	Na^+	K^+		
F_1	3.65	4.60	0.70	28.65	26.65	2.75	0.60	0.20	4.431	9.54
F_2	5.10	2.50	0.30	29.45	30.90	1.55	0.50	0.10	4.586	9.72

2. 凝结时间

PS-F浆液的凝结是指可塑浆液的固化,其过程分初凝和终凝两个阶段。在PS-F浆液初凝前的诱导期,可塑浆体具有流动性,浆液能扩散到一定的距离。当浆液不再可塑时,认为到达初凝时间,浆液完全固化所需时间为终凝时间。在量化方面可参考《水泥标准稠度用水量、凝结时间、安定性检验方法》(GB/T 1346-2001)。

现场灌浆过程中,由于裂隙大小各异,灌浆难易程度不同,浆液流动的速度不同,所需时间有长有短,每次调配浆液的量也应随之变动。只有掌握不同水灰比的PS-F浆液的初凝和终凝时间,特别是初凝时间,才能更好地统筹安排灌浆工艺的各个环节。

我们采用模数3.80,浓度10%的PS水溶液,以粉煤灰为填充材料,固化剂掺量为1.5%,分别调制水灰比为0.55、0.60、0.65、0.70的PS-F浆液,测定初凝时间(图4.6)。

图4.6所示,随水灰比增大,PS-F浆液的初凝时间延长。当水灰比在0.55~0.65之间时,初凝时间相差较小,但水灰比增大到0.70后,初凝明显滞后。

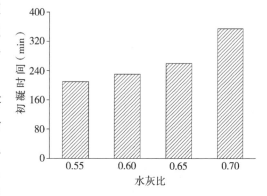

图4.6　PS-F浆液初凝时间

3. 收缩变形性

收缩变形是浆液结石体的固有特性,其收缩变形包括塑性收缩(化学收缩)、自干燥收缩(自身收缩)、干燥收缩、温度收缩和碳化收缩五种主要形式。

PS 的化学硬化通常经历三个阶段：硅酸钾的水解、硅酸溶胶的形成和硅酸凝胶的形成，化学硬化的主要产物为硅酸凝胶。PS 的物理硬化表现为水分的散失，物理硬化的生成物为脱水硅酸钾凝胶或玻璃状硅酸钾。PS 与粉煤灰或黏土作用形成网状的硅铝酸盐凝胶体，因此，PS－F 浆液的硬化既包括物理硬化过程，也包括化学硬化过程。

我们用环刀和百分表组成的收缩仪对 PS－F 浆液在塑性阶段（终凝前）的收缩变形性进行观测，结果表明粉煤灰遇水湿化表现为体积膨胀，2 小时达到高峰，随后才表现为相对收缩。这说明 PS－F 浆液的固化是一个先膨胀后收缩的过程，但有必要继续对 PS－F 浆液终凝后的收缩变形性进行观测。

结合水泥胶砂干缩试验方法（GB 751－81）和水泥胶砂强度检验方法（GB/T 17671－1999）制作试块，标准试块尺寸为 40mm×40mm×160mm，试块两端带有铜钉头，便于用比长仪测量试块长度随时间的变化。

采用模数 3.80、浓度 10% 的 PS 水溶液，以粉煤灰为填充料，以占 PS 水溶液质量 1.5% 的氟硅酸钠为固化剂，制作水灰比为 0.60 的试块：第一组（F）不掺任何矿物外加剂，第二组（E）外掺占 PS 水溶液质量 5% 的热液型伊利石黏土矿粉（灰白色，矿物组成：65% 伊利石，30% 石英）；第三组（G）外掺占 PS 水溶液质量 5% 的沉积型伊利石黏土矿粉（乳白色，矿物组成：47% 伊利石，30% 石英，13% 高岭石）。将上述三组试块在成型 24 小时后脱模并测量其初始长度，然后将试块置于相对湿度为 95% 的恒湿箱内，从而计算出试块在不同时间的收缩率（图 4.7、4.8）。

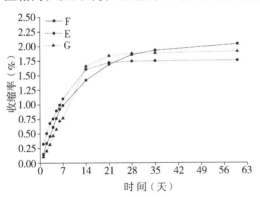 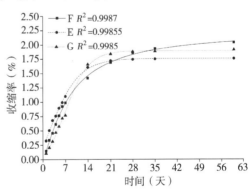

图 4.7　收缩率随时间变化　　　　　图 4.8　收缩率随时间变化拟合

由 F 组试块的收缩率随时间变化的拟合方程：

$$S = 2.23059 + \frac{0.00954 - 2.23059}{1 + (\frac{T}{8.47631})^{1.26195}}$$

可以推算出 PS－F 浆液结石体在潮湿环境下的最终收缩率 $S_F = 2.23\%$。

根据 E 组试块的收缩率随时间变化的拟合方程：

$$S = 1.75795 + \frac{-0.94672 - 1.75795}{1 + e^{\frac{T - 1.38747}{4.76522}}}$$

可以推算出 PS－（F＋E）浆液结石体在潮湿环境下的最终收缩率为 $S_E = 1.76\%$。

同理，根据 G 组试块的收缩率随时间变化的拟合方程：

$$S = 1.89243 + \frac{-0.21553 - 1.89243}{1 + e^{\frac{T - 6.98874}{3.632}}}$$

可以推算出 PS－（F＋G）浆液结石体在潮湿环境下的最终收缩率为 $S_G = 1.89\%$。

从图 4.7、4.8 得知，伊利石和高岭石矿物对 PS－F 浆液结石体收缩变形性的影响较大：高岭石对 PS－F 浆液固化前期（0～7 天）有较明显的减缩作用；伊利石则能促使 PS－F 浆液尽早达到收缩平衡状态。在最终收缩率方面，伊利石的减缩效果是值得肯定的。

理论和大量实验表明，成功应用于水泥混凝土工程中的外加膨胀剂（UEA、CSA、AEA）不适用于 PS－F 灌浆材料，因为以钙矾石为膨胀源的膨胀剂会大大削弱 PS－F 浆液的流动性。对伊利石和高岭石，当掺量达到 15％ 时，PS－F 浆液的流动性与和易性也会有轻微降低，故伊利石和高岭石的掺量不宜过大。

在没有膨胀源的情况下，水灰比为 0.60 的 PS－F 浆液结石体的收缩率在 2％ 左右。另外，由于 PS 水溶液具有优良的渗透性，裂隙两侧岩土体会吸收浆液硬化过程中泌出的富含 PS 的水液，这将在一定程度上降低 PS－F 结石体的收缩性，同时使得结石体与岩土体一体化，有效抑制次生裂隙的形成。

4. 强度随龄期的变化

PS－F 浆液结石体在不同龄期的强度与其所处环境温湿度密切相关。一般情况下，湿度越低、温度越高，PS－F 浆液结石体硬化得越快，强度增长得越迅速，反之在相对封闭的潮湿条件下，强度发展较为缓慢。在通风和透气环境下，结石体强度提高得更快。

我们采用超声脉冲法对 PS－F 浆液结石体进行无损检测，所用超声仪的声频为 50kHz。抗折、抗压强度试验机采用应变控制式，抗折试验时的位移速率为 3.6 mm/s；抗压试验时的位移速率为 7.2 mm/s，同时参考《水泥胶砂强度 ISO 检验方法》（GB/T 17671－1999）进行数据分析。

（1）相对开放的自然环境

相对开放的自然环境是指 PS－F 浆液在灌注后，结石体固化过程中至少有一侧是临空面，只有这样，体内水分才能及时挥发，强度也随之提高。实验中，试块在潮湿环境下，铁模内成型24小时后脱模，接着试块在室温室湿条件下养护至预定龄期。

①模数3.80、浓度10%的PS水溶液

试块的制作采用模数3.80、浓度10%的PS水溶液，以粉煤灰为填充料，固化剂掺量为1.5%，水灰比为0.55，测试3天、7天、14天、21天和28天共计五个龄期级别时试块的波速，并进行抗折、抗压强度试验（图4.9）。

图4.9所示，由于结石体内的自由水在3天龄期时仍大量存在，反映在波速值上较高（1.161 km·s^{-1}）；经7天龄期后，结石体内的水分基本散失殆尽，抗压强度达到1.14 MPa；14天龄期时，结石体超声波速V_p、三点抗折强度R_f、单轴无侧限抗压强度R_c和变形模量E_s指标进一步提高，此时的抗折强度达0.61 MPa；经28天后，抗压强度达3.30 MPa，结石体在弹性阶段的变形模量也达到0.14 GPa。

②模数3.80、浓度17%的PS水溶液

制作试块的PS模数为3.80、浓度提高到17%，以粉煤灰为填充料，固化剂掺量为1.5%，水灰比也调整为0.60，我们同样测试3天、7天、14天、21天和28天共计五个龄期级别时试块的波速，并测其抗折、抗压强度（图4.10）。

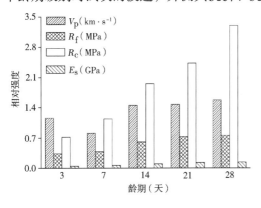

图4.9　不同龄期时的强度

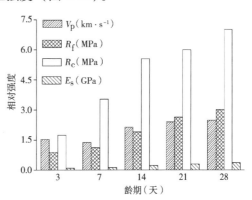

图4.10　不同龄期时的强度

结合图4.9和图4.10分析，在同一龄期条件下，PS浓度为17%的结石体各项强度指标（V_p、R_f、R_c和E_s）均明显高于PS浓度为10%的结石体对应强度。28天龄期时，用17%浓度PS制成试块的超声波速、抗折强度、抗压强度和弹性区变形模量分别是10%浓度PS制成试块对应强度的1.6、4.0、2.1和2.6倍。

（2）相对封闭的潮湿环境

相对封闭的潮湿环境是指采用开设注浆孔的方式灌注PS－F浆液后，浆液被四周的岩土体包裹，结石体内的水分必须经周围岩土体才能散失到空气中。水从浆液内部，经岩土体，最终进入大气，这是一个相对湿度由内到外逐渐降低的过程。结石体干燥程度受制于岩土体透气透水性,也跟浆液与岩土体的接触面有关。因此,在这种条件下,结石体的硬化是一个相对缓慢的过程,甚至很长一段时间内都处于塑流状态。

实验中,我们将试块在潮湿环境中铁模内成型24小时后脱模,接着暂时置于潮湿条件下养护。对于3天龄期强度,测试前才将试块从潮湿箱取出;对于7天龄期强度,测试前1天将试块移到室温室湿环境;对于14天、28天、60天和90天龄期强度,分别在测试前3天、7天、14天、21天转至室温室湿环境,这是对相对封闭潮湿环境的一种阶梯式失水模拟。

①模数3.80、浓度10%的PS水溶液

试块的制作采用模数3.80、浓度10%的PS水溶液,以粉煤灰为填充料,固化剂掺量为1.5%,水灰比为0.60,我们测试3天、7天、14天、28天、60天和90天共计六个龄期级别时试块波速,并进行试块的抗折、抗压强度试验(图4.11)。

将图4.11与图4.9进行对比,龄期相同时,试块在潮湿环境下的抗折、抗压强度远不及自然环境条件下的强度。图4.9中试块14天抗折强度(0.61 MPa)和抗压强度(1.95 MPa)分别是图4.11中试块14天相应强度(0.44 MPa,1.16 MPa)的1.4倍和1.7倍。即使图4.11中在潮湿环境养护46天,接着在室湿环境继续养护14天后共计60天龄期试块抗压强度(1.96 MPa)也只与图4.9中在自然环境养护14天后的抗压强度(1.95 MPa)相当。这说明,结石体中自由水的存在不利于硅酸凝胶的析出,阻碍结石体强度的增长。

②模数3.80、浓度13%的PS水溶液

将制作试块的PS水溶液浓度提高到13%,模数仍为3.80,以粉煤灰为填充料,固化剂掺量为1.5%,水灰比为0.60,我们测试结石体在3天、7天、14天和28天共计四个龄期级别时的波速,并测其抗折、抗压强度(图4.12)。

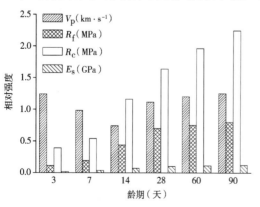

图 4.11　不同龄期时的强度

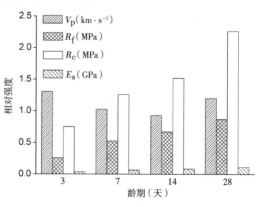

图 4.12　不同龄期时的强度

对比图 4.12 和图 4.11，将 PS 水溶液浓度提高 3 个百分点后，各龄期试块的抗折、抗压强度均增大，特别是早期强度提高得更快。再将图 4.12 与图 4.9 对比，浓度为 13% 的 PS 水溶液配制成的试块在潮湿条件下的 7 天龄期抗折、抗压强度（0.53 MPa，1.26 MPa）高于 10% 浓度 PS 配制成的试块在自然环境下的同一龄期对应强度（0.38 MPa，1.14 MPa）；但 28 天龄期时，潮湿条件下 13% PS 浓度制成的试块的抗压强度（2.26 MPa）倒低于自然环境下 10% PS 浓度配制成的试块的抗压强度（3.3 MPa）。这再次说明环境湿度对试块强度有影响。

③模数 3.80、浓度 17% 的 PS 水溶液

进一步提高 PS 水溶液的浓度，采用模数 3.80、浓度 17% 的 PS 水溶液为主剂，以粉煤灰为填充料，固化剂掺量为 1.5%，水灰比为 0.60，按同样的方式测试结石体在 3 天、7 天、14 天和 28 天共计四个龄期级别时的波速，并对试块抗折、抗压强度进行测试（图 4.13）。

当 PS 浓度再度提升 4 个百分点时，单位体积结石体内 PS 含量增多，水分更少，其强度显著增加。对比图 4.13 和图 4.9，17% 浓度 PS 制得结石体在潮湿环境

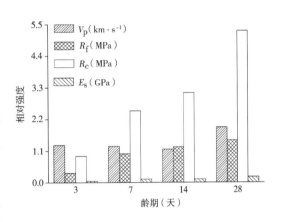

图 4.13　不同龄期时的强度

中的各项强度均远高于 10% 浓度 PS 配得试块在自然条件下的强度，说明高湿度环境对结石体强度增长不利的一面可以通过提高 PS 浓度的方式来加以弥补。

5. 影响 PS–F 结石体强度的因素

PS–F 浆液结石体的强度随时间逐步增长，与结石体实地所处湿度相关，同时也受固化温度、固化剂掺量、PS 模数、PS 浓度、水灰比等因素的影响。

（1）固化温度

当 PS–F 试块所处环境温度升高时，PS 的化学硬化和物理硬化过程加快，结石体的强度相应增长。研究温度对 PS–F 灌浆材料的影响可以对合理选择施工时段提供依据。

实验是在相对封闭的潮湿环境下进行的。试块的制作采用模数 3.80、浓度 10% 的 PS 水溶液，以粉煤灰为填充料，固化剂掺量为 1.5%，水灰比为 0.60。第一组试块在 5 天龄期后分别于 15℃（室温）、30℃、50℃和 150℃各烘 1 小时；第二组试块在 7 天龄期后分别于 50℃、100℃和 150℃各烘 8 小时。我们待试块冷却至室温后测其波速，并进行抗折、抗压强度试验（图 4.14、4.15）。

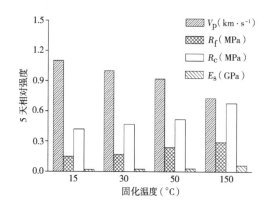

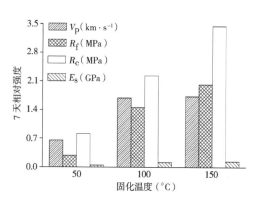

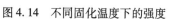

图 4.14　不同固化温度下的强度　　　　　　图 4.15　不同固化温度下的强度

如图 4.14 所示，5 天龄期后，虽然在 15℃、30℃和 50℃各烘 1 小时，但试块内的自由水仍大量存在，故结石体的波速值都较高。同时发现，随固化温度的升高，试块各项强度指标都有增大的趋势，但由于烘的时间太短，增幅较小。

从图 4.15 看出，结石体在 100℃和 150℃烘 8 小时后，试块基本干燥，固化过程接近完成，试块 V_p、R_f、R_c 和 E_s 均有大幅增长。对比图 4.15 和图 4.9，试块在 150℃烘 8 小时后的抗折强度（2.02 MPa）和抗压强度（3.45 MPa）甚至超过试块在自然环境下的 28 天龄期抗折强度（0.76 MPa）和抗压强度（3.30 MPa）。

综观图 4.14 和图 4.15，结石体在较高温度所处时间越长，强度增长越快。温度对强度的影响表现为：持续高温在加快结石体化学硬化速率的同时，进一步的物理脱水硬化使得 PS 脱水后形成脱水硅酸凝胶，这种脱水硅酸凝胶的强度很高。

（2）固化剂掺量

氟硅酸钠（Na_2SiF_6）是一种白色颗粒粉末，有吸湿性，微溶于水，用作 PS－F 灌浆材料的固化剂必须过 0.15mm 筛。PS－F 浆液结石体在化学硬化和物理硬化的共同作用下逐渐固化。物理硬化过程与待加固岩土体孔隙率有关，是一个相对常数。为加速化学硬化过程，常加入氟硅酸钠作为固化剂，促进 SiO_2 凝胶的析出。高模数硅酸钾（$K_2O \cdot nSiO_2$）和氟硅酸钠反应方程式为：

$$2（K_2O \cdot nSiO_2）+ mH_2O + Na_2SiF_6 \rightarrow （2n+1）SiO_2 \cdot mH_2O + 4KF + 2NaF$$

氟硅酸钠的掺量太少，PS－F 浆液凝结固化慢，且强度低；掺量太多，凝结硬化过快，不便于灌浆操作，而且硬化后的早期强度虽高，但后期强度明显降低。具体使用时应严格控制固化剂掺量，并根据气温、湿度、PS 模数和 PS 水溶液密度进行适当调整。一般情况下，气温高、PS 模数大和 PS 水溶液密度小时，固化剂掺量应偏低，反之亦然。

实验在相对封闭的潮湿环境下进行。我们用模数 3.80、浓度 10% 的 PS 水溶液，采用 0.55 的水灰比，分别制作氟硅酸钠固化剂掺量为 0、1.0%、1.5% 和 2.0% 共计四个掺量级别的试块，28 天龄期后测其波速，并进行抗折、抗压强度试验（图4.16）。

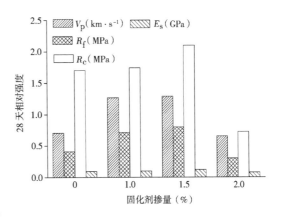

图 4.16　不同固化剂掺量时的强度

由图 4.16 看出，当固化剂掺量为 1.5% 时，PS–F 浆液结石体的 V_p、R_f、R_c 和 E_s 值都达到最大，说明在 PS–F 灌浆材料的配制过程中，存在一个最优固化剂掺量，它是温度、湿度、PS 模数和 PS 浓度的函数。

为确定固化剂掺量，我们不仅要着眼于 PS–F 胶结体的稳定性，同时，也要考虑 PS–F 浆液的凝聚速度。PS–F 浆液的凝聚速度应适中，凝聚太快时，不便于灌浆操作，且影响灌浆效果；凝聚太慢时，达不到良好的固化胶结效果。

（3）PS 模数

PS 水溶液是一种复杂的分散体系，既有离子溶液的性质，又有胶体溶液的性质。当模数增大时，PS 在水中的溶解度降低，且水溶液中开始出现 SiO_2 胶体粒子。实验表明，PS 模数显著影响 PS–F 结石体耐候性，低模数 PS 水溶液配制的浆液结石体耐碱性和耐水性差。

实验是在相对封闭的潮湿环境下进行的，选取模数分别为 3.60、3.80 和 4.00，浓度为 10% 的 PS 水溶液，以粉煤灰为填充材料，固化剂掺量为 1.5%，制作水灰比为 0.55 的 PS–F 结石体试块。测试 14 天和 28 天龄期时试块的波速，并进行抗折、抗压强度试验（图 4.17、4.18）。

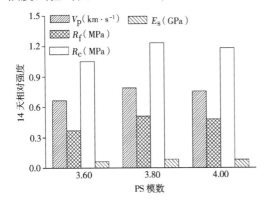

图 4.17　不同模数时的强度

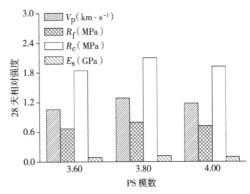

图 4.18　不同模数时的强度

结合图 4.17 和图 4.18，不论是 14 天还是 28 天龄期强度，PS 模数在 3.60 ~ 4.00 之间变化时，试块的 V_p、R_f、R_c 和 E_s 值都比较接近，这说明 PS 模数在此范围内对结石体强度的影响较小。

在加固风化砂岩石雕领域，加固效果的关键在 PS 模数，加固后崖体的稳定性、耐候性和泛白现象都与模数密切相关。如果将 PS 材料的模数严格控制在 3.80 ~ 4.00，则加固后岩体的稳定性高、耐候性强，不会产生泛白现象。

（4）PS 浓度

在确定好最优固化剂掺量和最佳 PS 模数后，可以通过调整 PS 浓度来调节结石体的力学强度，从而使结石体最终强度略高于拟加固岩土体的强度。

实验是在相对封闭的潮湿环境下进行的，采用模数 3.80，浓度分别为 5%、10%、13% 和 17% 的 PS 水溶液，以粉煤灰为填充材料，固化剂掺量为 1.5%，制作水灰比为 0.60 的试块，测 28 天龄期时试块的波速，并进行抗折、抗压强度试验（图 4.19、4.20）。

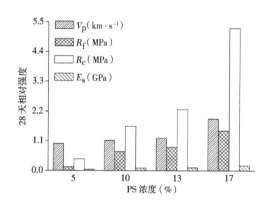

图 4.19　不同浓度时的相对强度

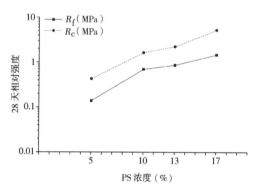

图 4.20　不同浓度时的强度

从图 4.19 看出，随着 PS 浓度的增大，结石体的强度明显提高，当 PS 浓度从 13% 上升到 17% 时，相应试块的 V_p、R_f、R_c 和 E_s 值分别增长 60%、69%、133% 和 76%。

图 4.20 反映了结石体 R_f 和 R_c 随 PS 浓度提高而同步增长。将 PS – F 灌浆材料应用于具体的加固保护工程时，首先应明确即将加固岩土体的力学强度，然后在结石体强度高于或接近岩土体强度的原则下确定应该使用的 PS 浓度。

（5）水灰比

对于模数 3.80、浓度 10% 的 PS 水溶液，PS – F 浆液在水灰比为 0.60 时就已经具备很好的流动性与和易性，随着浓度的提高，要达到同等流动性与和易性，必须采用更大的水灰比。当水灰比较大时，结石体的收缩率会相应增大，因此应根据裂隙宽度、岩土体透气透水性等因素尽量选择水灰比较小的浆材。

①模数 3.80、浓度 10% 的 PS 水溶液

实验条件为相对封闭的潮湿环境。采用模数 3.80、浓度 10% 的 PS 水溶液，以粉煤灰为填充材料，固化剂掺量为 1.5%，分别制作水灰比为 0.55、0.60、0.65 和 0.70 的试块，如此共制作三组。

第一组试块 7 天龄期后，在 105℃ 温度下烘 24 小时，冷却至室温后测结石体的波速，并进行抗折、抗压强度试验（图 4.21）。

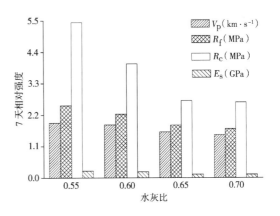

图 4.21　不同水灰比时的强度

如图 4.21 所示，0.55 水灰比的试块在 105℃ 烘 24 小时后的波速达到 1.93km·s^{-1}，抗折强度达 2.53 MPa，抗压强度为 5.44 MPa，弹性段的变形模量为 0.24 GPa。比较图 4.21 和图 4.15 后发现，在 7 天龄期和 0.60 水灰比的情况下，试块在 105℃ 烘 24 小时后的抗折强度（2.23 MPa）和抗压强度（3.99 MPa）均分别高于在 150℃ 烘 8 小时后的对应抗折强度（2.02 MPa）和抗压强度（3.45 MPa）。

从图 4.21 还看出，当水灰比从 0.65 增至 0.70 时，结石体的各项强度值变化较小，表明高水灰比试块中的多余 PS 成分对结石体的强度没有贡献。在试块制作过程中，过剩的 PS 溶质以泌水的形式聚集在结石体上表面，而在灌浆过程中，这部分 PS 会有效渗透到裂隙两侧的岩土体中。

另两组分别在 14 天和 28 天龄期时测试结石体的波速，并进行抗折、抗压强度试验（图 4.22、4.23）。

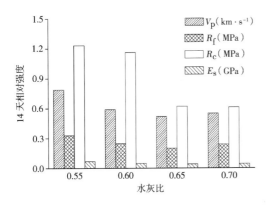

图 4.22　不同水灰比时的强度

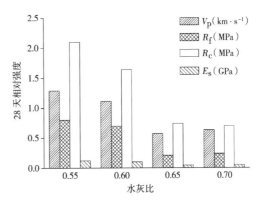

图 4.23　不同水灰比时的强度

图 4.22 和图 4.23 反映，试块强度随水灰比增大反倒呈下降趋势。14 天龄期时，0.70 水灰比试块的抗压强度（0.61 MPa）大约是 0.55 水灰比试块的抗压强度（1.23 MPa）的一半。龄期为 28 天时，结石体在 0.55 水灰比情况下的抗压强度（2.10 MPa）是 0.70 水灰比条件下的抗压强度（0.82 MPa）的 2.6 倍左右。

②模数 3.80、浓度 17% 的 PS 水溶液

实验条件同样是相对封闭的潮湿环境。我们提高 PS 水溶液的浓度至 17%，模数为 3.80，以粉煤灰为填充材料，固化剂掺量为 1.5%，分别制作水灰比为 0.55、0.60、0.65、0.70 的试块；然后测试结石体在 14 天和 28 天龄期时的波速，并进行抗折、抗压强度试验（图 4.24、4.25）。

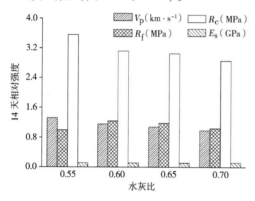
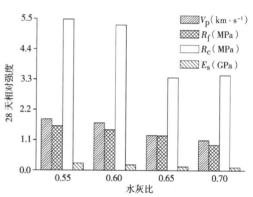

图 4.24　不同水灰比时的强度　　　　　　图 4.25　不同水灰比时的强度

图 4.24 和图 4.25 再次说明，结石体强度随水灰比增大而下降。通过柱状图可看出，水灰比在 0.60～0.65 区段时，试块强度的变化率较大。当水灰比大于 0.65 时，结石体间的强度差异越来越小。

6. 耐久性

(1) 水稳定性

经 PS-F 灌浆加固保护过的岩土体不可避免地会遭受水的浸泡，对于室内工程，水来自结构性漏雨；对于露天工程，在干旱少雨地区，降雨时间短而集中，岩土体基本上经一昼夜即可干燥。

试验是在相对封闭的潮湿环境下进行的。采用模数 3.80、浓度 10% 的 PS 水溶液，以粉煤灰为填充材料，固化剂掺量为 1.5%，制作水灰比为 0.55 的试块。将两组 28 天龄期试块在室温水中浸泡 24 小时，一组取出后立即进行湿试块的波速测试，并进行湿试块的抗折、抗压强度试验；另一组取出并经自然干燥后再进行干试块的波速测试，并

测试干试块的抗折、抗压强度（图4.26）。

由图4.26看出，结石体在经受水的浸泡后，强度有轻微下降的迹象，但经自然干燥后，强度基本可恢复。即使在水中浸泡14天，试块表面仍完整无缺，表现出很好的水稳定性。

（2）抗冻融性

冻融循环有两种膨胀压力作用于PS－F浆液结石体，一种是水的结冰会导致9%的体积增长；另一种是因受冻区离子浓度相对增大而在渗透压作用下，未冻结区的水扩散至冻结区，导致冰的体积进一步增长。当结石体中的膨胀压力超过其抗拉强度，就会出现冻融循环损坏，且随着冰的形成，损坏由表面逐渐向内部发展。

试验是在相对封闭的潮湿环境下进行的。我们采用模数3.80、浓度为10%的PS水溶液，以粉煤灰为填充材料，固化剂掺量为1.5%，制作水灰比为0.55的PS－F浆液结石体试块。先将28天龄期试块在室温水中浸泡4小时，然后在－30℃

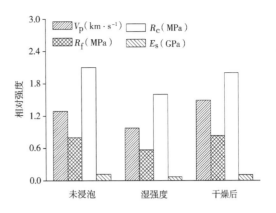

图4.26　结石体的水稳定性

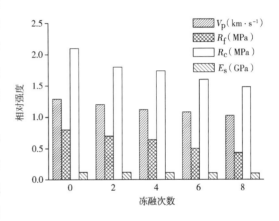

图4.27　结石体的抗冻融性

低温下冻4小时，分别将各组试块如此反复冻融2次、4次、6次、8次，最后测试结石体的波速，并进行抗折、抗压强度试验（图4.27）。

由图4.27看出，即使经过8个冻融循环，试块抗折、抗压强度降幅较小。由于结石体透水透气性良好，液态水在相变过程中会与外界及时进行水分交换，不会出现冻胀，只是在解冻后，试块的力学强度略有下降，这种强度损失归因于水的软化作用。

（3）安定性

硫酸盐在土壤中可以是一些离散的晶体矿物，也可以是一些聚集晶体矿物，其含量随深度变化，并且取决于气候条件。在温带气候地区，降雨量超过蒸发量，由于雨水向地下渗透，地表1m厚层内一般不含有硫酸盐；在干燥气候条件下，当蒸发速率较高时，土壤表层则含有大量的硫酸盐。这些硫酸盐会在雨期随水分迁移至PS－F浆液结石体内部，当水分蒸发后，孔隙中的硫酸盐达到过饱和而以晶体的形式析出，结晶作用产生的结晶压会导致结石体碎裂。

试验是在相对开放的自然环境中进行的。采用模数 3.80、浓度 17% 的 PS 水溶液，以粉煤灰为填充材料，固化剂掺量为 1.5%，制作水灰比为 0.60 的 PS – F 浆液结石体试块。将 28 天龄期试块在饱和 Na_2SO_4 溶液中浸泡 20 小时，取出后在 105℃烘 4 小时，如此反复循环 5 次。最后测试结石体的波速，并进行抗折、抗压强度试验（图 4.28）。

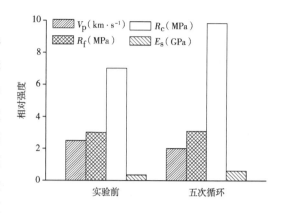

图 4.28　结石体的安定性

由图 4.28 看出，浓度为 17% 的 PS 配制成的结石体具有良好的安定性，可有效抵抗盐分在体内晶析时产生的巨大结晶压力。由于试块在 105℃烘过数次，特别是测试前也被烘过 4 小时，因此结石体的抗压强度反倒高于试验前的抗压强度。实际工程中，盐分更易在墙角或低洼处富集，这些地方的岩土体显得更加疏松，是加固保护的重点区域。

（4）耐碱性

PS – F 浆液结石体是因二氧化硅凝胶的析出而固化，因此结石体可以抵抗除氢

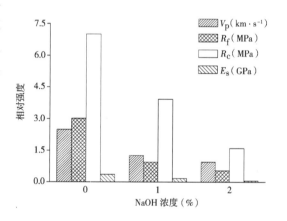

图 4.29　结石体的耐碱性

氟酸和过热磷酸以外的几乎所有无机和有机酸。当岩土体的胶结泥质中含有碱性物质，或是地下水的 pH 值较高时，结石体将受到碱的侵蚀而强度受损。

试验是在相对开放的自然环境中进行的。我们采用模数 3.80、浓度 17% 的 PS 水溶液，以粉煤灰为填充材料，固化剂掺量为 1.5%，制作水灰比为 0.60 的试块。待 28 天龄期后，一组试块在 1% NaOH 溶液中浸泡 4 小时，另一组试块在 2% NaOH 溶液中浸泡 4 小时，随后测结石体的波速，同时进行抗折、抗压强度试验（图 4.29）。

从图 4.29 看出，试块经碱溶液处理后，结石体的 V_p、R_f、R_c 和 E_s 指标值均下降，且随着碱溶液浓度的提高，试块的强度损失越来越大。

7. 小结

PS – F 浆液具有优良的和易性与流动性，这使得针管式灌浆工艺简便可行，同时也保

证最终形成的结石体表里均一。可以通过控制固化剂的掺量来调节 PS – F 浆液的凝结时间。浆液在灌注后就开始固化，当结石体完全固化后，其收缩变形达到稳定状态。

　　总的来说，试块强度随时间而逐步增长，但这种增长率受环境湿度的制约。在影响结石体强度的诸多因素中，固化温度和固化剂掺量对强度的影响明显；PS 模数对强度的影响不明显，但模数是影响结石体耐候性的关键因素。在拟加固岩土体的强度已知的情况下，一般是通过调整 PS 浓度以使结石体与岩土体强度接近。对于水灰比的变化，我们考虑更多的是可灌性，同时不能忽视它对收缩率的影响。

　　等结石体干燥后，PS 水溶液中的水分全部散失，试块质量明显减小，其密度与 PS 浓度和水灰比有关。这从一个侧面表明结石体透水透气性好，因为水分的散失与吸收是等价的。

　　PS – F 浆液结石体具有很好的水稳定性、抗冻融性和安定性，能有效抵抗低浓度碱溶液的侵蚀。

　　在过去的 20 年中，灌浆技术被广泛应用于国际文物保护领域，成为世界范围内治理空鼓壁画的一种重要手段。灌浆技术在我国起步较晚，现仍处于不断探索之中。由于文物修复的严谨性和特殊性，加上壁画墙体结构的复杂性，使得壁画灌浆变得异常复杂。通过对灌浆材料性能的研究，使得灌浆工艺从浆料的预备及配制、开设注浆孔、埋设注浆管、壁板支顶、灌浆等直到修复的最后环节均有了一定的理论依据，为科学修复西藏空鼓病害壁画创造了良好的条件。

二　空鼓壁画灌浆材料的筛选

（一）阿嘎土的物理化学性质

　　在西藏空鼓壁画的灌浆加固中，为了使 PS – F 灌浆结石体与壁画地仗更好的兼容，我们在粉煤灰中掺加了适量的阿嘎土。所用的阿嘎土有两种，即红色阿嘎土和白色阿嘎土，它们均由北京凯莱斯（CANNEX）建筑技术有限责任公司提供。红色阿嘎土（表4.7）、白色阿嘎土（表4.8）和黄土（表4.9）这三种材料在不同产区的化学成分基本相同。

表 4.7　不同产区红色阿嘎土（B）的化学成分（质量百分含量,%）

产地	SiO_2	Al_2O_3	Fe_2O_3	FeO	MgO	CaO	Na_2O	K_2O	烧失量
宁中乡	61.56	13.59	4.35	0.29	1.21	5.18	0.67	2.51	5.67
堆龙德庆	67.18	14.80	3.78	1.15	2.49	1.09	1.62	2.48	0.82

表4.8 不同产区白色阿嘎土（A）的化学成分（质量百分含量,%）

产地	SiO_2	Al_2O_3	Fe_2O_3	FeO	MgO	CaO	Na_2O	K_2O	烧失量
布达拉宫	14.66	3.94	0.89	0.33	1.10	42.83	0.47	0.62	33.44
山南县	14.66	3.94	0.89	0.30	1.10	42.83	0.47	0.62	33.44
达孜县	7.39	1.95	0.42	0.15	1.39	47.43	0.23	0.27	39.31
纳尔乡	24.52	4.62	3.00	/	0.47	35.54	0.31	0.59	29.86
恰仓岗	31.86	5.30	2.33	/	0.48	31.45	0.71	0.94	25.94

表4.9 黄土（H）的化学成分（质量百分含量,%）

产地	SiO_2	Al_2O_3	Fe_2O_3	FeO	MgO	CaO	Na_2O	K_2O	烧失量
娘热乡	67.86	13.99	4.42	0.53	1.57	1.11	1.44	2.43	0.38

表4.7、4.8和表4.9中的数据是北京凯莱斯公司委托中国地质大学材料工程实验室进行测试之后提供的实验结果。从 SiO_2 或 CaO 的含量就可以很容易地区分出红色阿嘎土和白色阿嘎土，而且白色阿嘎土的烧失量（LOI, Loss On Ignition）高达30%左右。此外，广泛用于砌筑墙体的黄土砂浆在化学成分上非常接近红色阿嘎土。

依照中华人民共和国国家标准《土工试验方法标准》（GB/T 502123 –1999），对北京凯莱斯建筑技术有限责任公司提供的红色阿嘎土和白色阿嘎土修复材料做进一步的分析测试，测定红色阿嘎土（表4.10）和白色阿嘎土（表4.11）的含水率、绘制红色阿嘎土（图4.30）和白色阿嘎土（图4.31）的粒径级配曲线并且计算出两者的界限含水率（图4.32、4.33）。

表4.10 红色阿嘎土（B）的天然含水率

编号	铝盒（g）	湿土＋盒（g）	干土＋盒（g）	水分（g）	干土（g）	含水率（%）	均值（%）
B_1	8.39	28.52	28.40	0.12	20.01	0.60	0.99
B_2	9.08	34.16	33.82	0.34	24.74	1.37	

表4.11 白色阿嘎土（A）的天然含水率

编号	铝盒（g）	湿土＋盒（g）	干土＋盒（g）	水分（g）	干土（g）	含水率（%）	均值（%）
A_1	9.33	29.74	29.61	0.13	20.28	0.64	0.93
A_2	8.99	29.84	29.59	0.25	20.60	1.21	

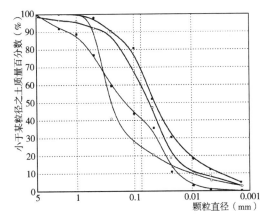

图 4.30　红色阿嘎土的颗粒大小分布曲线图

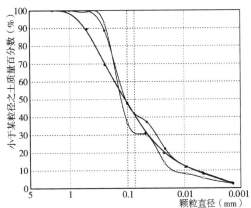

图 4.31　白色阿嘎土的颗粒大小分布曲线图

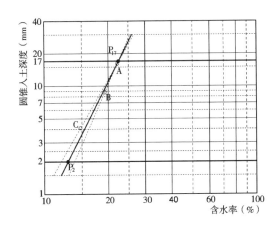

图 4.32　红色阿嘎土圆锥下沉
深度与含水率关系

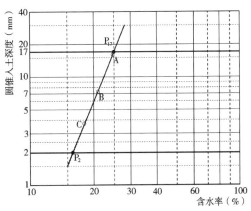

图 4.33　白色阿嘎土圆锥下沉
深度与含水率关系

从表 4.10 和表 4.11 可知，红色阿嘎土 B_1 和白色阿嘎土 A_1 两个试样是新近粉磨而成的，它们的含水率约为 0.6%。但是，长期在露天工棚搁置后的红色阿嘎土 B_2 和白色阿嘎土 A_2 容易受潮，其吸湿后的含水率超过 1.2%。

图 4.30 和图 4.31 表明，人工粉磨所得阿嘎土的均匀性不如一般的土体，颗粒级配的波动较大，但其颗粒大小分布曲线的走势比较相似。由于白色阿嘎土的颗粒较红色阿嘎土更细，它的颗粒大小分布曲线显得更具重复性。

从图 4.32 可以计算出红色阿嘎土的塑限 ω_P 和液限 ω_L 分别为 12.90 和 22.43，同时，根据图 4.33 可以推算出这批白色阿嘎土的塑限 ω_P 和液限 ω_L 分别为 15.92 和 24.98。

X 射线衍射分析表明，红色阿嘎土和白色阿嘎土中均有方解石、高岭石、钾长石、伊利石和石英矿物存在，前者中的方解石含量远较后者少。

采用 X 射线荧光（XRF）方法对红色阿嘎土（B）和白色阿嘎土（A）进行对比性化学成分分析，结果见表 4.12。

表 4.12 红色阿嘎土和白色阿嘎土的对比性 XRF 分析结果（质量百分含量, %）

编号	K_2O	Na_2O	CaO	MgO	SiO_2	Al_2O_3	Fe_2O_3	S	Ti
B	2.11	1.28	6.37	1.48	57.25	13.73	4.50	0.016	0.363
A	0.61	0.43	38.97	0.71	17.32	3.56	1.78	0.021	0.152

我们在扫描电子显微镜（SEM）下分别观察红色阿嘎土（图 4.34、4.35）和白色阿嘎土（图 4.36、4.37），并根据两者的能量色散谱（EDS）图（图 4.38、4.39）进行比照性元素分析（表 4.13）。

图 4.34 红色阿嘎土的 SEM 图（×100）

图 4.35 红色阿嘎土的 SEM 图（×5000）

图 4.36 白色阿嘎土的 SEM 图（×2000）

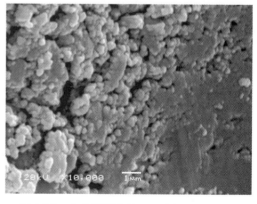

图 4.37 白色阿嘎土的 SEM 图（×10000）

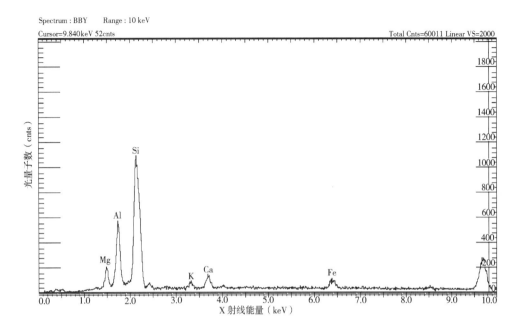

图 4.38 红色阿嘎土修复材料的表面 EDS 扫描谱图

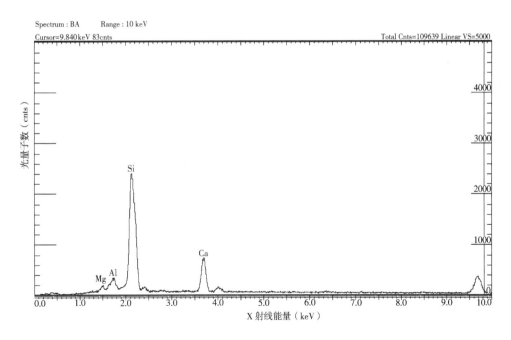

图 4.39 白色阿嘎土修复材料的表面 EDS 扫描谱图

表 4.13　红色阿嘎土和白色阿嘎土表面元素相对质量百分含量（%）

编号	O	Mg	Al	Si	K	Ca	Fe	其他
B	11.32	0.82	12.21	45.87	3.60	9.39	15.97	0.82
A	20.23	2.87	8.23	20.17	0.48	43.92	1.41	2.69

对比表 4.7 和表 4.8，白色阿嘎土的含钙量远高于红色阿嘎土，这一结论在能量色散谱图中显现得更为明晰。

红色阿嘎土（B）和白色阿嘎土（A）在布达拉宫的第二期维修工程中被大量地作为修复材料，这两种阿嘎土在傅立叶变换红外光谱（FTIR）图上有较大的差别（图4.40、4.41）。

依照土壤可溶性盐分的测定方法，在中国科学院寒区旱区环境与工程研究所沙漠与沙漠化重点实验室对红色阿嘎土和白色阿嘎土进行对比性常规易溶盐分析，结果见表 4.14。

表 4.14　红色阿嘎土和白色阿嘎土中的易溶盐含量

编号	阴离子（10^{-3} mol·kg^{-1}）				阳离子（10^{-3} mol·kg^{-1}）				盐总量（g·kg^{-1}）	pH
	CO_3^{2-}	HCO_3^-	Cl^-	SO_4^{2-}	Ca^{2+}	Mg^{2+}	Na^+	K^+		
B_1	0.200	10.700	2.000	1.150	5.950	1.150	2.200	0.200	1.171	8.68
B_2	13.100	0	0.800	9.400	15.400	0.900	1.600	0.200	2.398	11.38
B_3	0	4.081	1.200	1.153	2.543	0.250	2.099		0.445	8.07
A_1	0.200	11.200	11.400	2.100	7.400	4.100	3.300	0.400	1.790	8.81
A_2	1.200	0.200	0.200	2.900	2.900	0.500	1.500	0.900	0.543	9.67
A_3	0	4.136	2.350	0.568	2.668	0.125	2.149		0.455	8.15

（二）墙体复制

根据现状调查和分析研究可知，西藏壁画支撑体主要由块石墙、夯土墙及笆玛草墙三种墙体组成。按照西藏壁画墙体制作的传统工艺，依据现场调查和对墙体样品的分析结果，我们在敦煌莫高窟室内分别模拟制作了三种墙体。块石墙所用材料为当地块石和红黏土。夯土墙为沙、土和石灰的混合材料，沙、土、石灰的质量比为 4∶5∶1。笆玛草墙用当地红柳枝条在木框架上编制而成（图 4.42、4.43）。

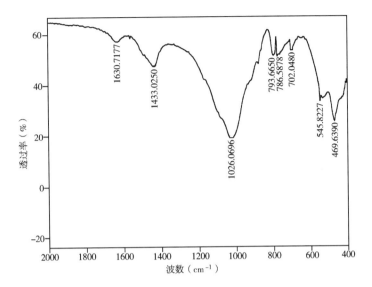

图 4.40 红色阿嘎土修复材料（B）的 FTIR 谱图

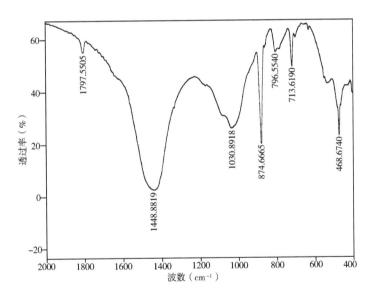

图 4.41 白色阿嘎土修复材料（A）的 FTIR 谱图

（三）壁画地仗复制

根据对布达拉宫壁画地仗试样的分析结果，模拟制作了壁画地仗。材料配方为：混合土、沙子的质量比为 22∶78。混合土主要为红黏土和石灰，各占 90% 和 10%。沙土主要包括细沙和粗沙，细沙中粒径在 1.18mm 以下的占 70%，粗沙中粒径在 1.18～2.36mm 的占 30%。

图 4.42　模拟块石及夯土墙

图 4.43　模拟笆玛草墙

图 4.44　拉拔实验地仗试块

我们将上述比例的沙土混合均匀，然后用水浸泡，待充分渗透后，搅拌均匀，就可用来制作壁画地仗试块。为做拉拔实验，制作 30 块以铁丝网做骨架的试样（图 4.44）。具体做法是：先在 0.3m × 0.3m × 0.06m 的木制模具内填一层厚 1 cm 的泥层后，嵌入事先用钢筋十字架固定好的铁丝网，拴上铁丝，再填加 2cm 厚的泥层抹平待干。用同样的方法制作了 10 块 1.2m × 1.2m × 0.03m 的模拟空鼓地仗

试块，但未加铁丝网。

在事先制作好的 1.2m × 1.2m × 0.03m 的地仗试块边缘抹上宽、厚各 5cm 的泥层，距中间一定距离处抹上厚约 5cm 的泥层。然后将准备好的地仗试块贴至制作好的夯土墙和块石墙上，这样就完成了空鼓地仗的模拟制作（图 4.45、4.46）。

图 4.45　空鼓地仗试块

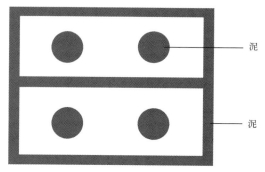

图 4.46　模拟空鼓（白色区域）地仗

（四）灌浆材料的筛选实验

灌浆材料应具备无毒、无味、无腐蚀、容重小、透气性好、收缩率小、强度适中、流动性好等特点。因此，初步选择以 PS 为主剂、粉煤灰（F）为主要填料的无机灌浆材料，并对其收缩性和力学强度等物理力学性能进行了实验测试。为了筛选主剂，又增加了丙烯酸乳液。考虑到灌浆材料的兼容性，填料中又掺加了布达拉宫制作壁画地仗时所用的白色阿嘎土（A）和敦煌莫高窟制作壁画地仗时所用的澄板土（D）。

1. 灌浆材料

主剂：PS（模数 M = 3.7，浓度为 21.8%、18.2%、15.6%）
　　　丙烯酸乳液（固含量 8%、10%）

较纯的 PS 是一种基本无色透明的黏稠胶体，所测表面张力、密度、黏度、pH 见表 4.15。丙烯酸乳液为乳白色液体，市面上销售的商品其固含量为 49% ～ 51%，pH 为 8.0 ～ 10.0，黏度为 100 ～ 500cP。

表 4.15　PS 原液的物理性能测试结果

测试条件 \ 测试项目		表面张力（10^{-5} N/cm）	密度（g/cm³）	绝对黏度（cP）	pH
温度（℃）	8.0 ± 0.1	76.67	1.2529	118.89	12
	25.0 ± 0.1	75.17	1.2488	18.729	(15℃)

填充料：粉煤灰、澄板土、白色阿嘎土

粉煤灰的主要组分是以空心球状二氧化硅组成的硅线石，其特点是粒度小、容重小，其中含微量的碳粉，性能稳定、质轻而滑腻，使 PS – F 浆液和易性好、流动性大、可灌性也好，能保证灌浆的密实而不堵塞。表 4.16 为粉煤灰的化学组成；图 4.47、4.48、4.49 为粉煤灰、澄板土和白色阿嘎土的 X 射线衍射谱图。

表 4.16　粉煤灰的主要化学成分（质量百分含量,%）

SiO_2	Fe_2O_3	Al_2O_3	CaO	MgO	SO_3
52.23	12.38	25.27	4.45	3.58	0.22

2. 浆液结石体的物理力学性能

对于 PS – F、PS – C 浆液结石体的物理力学性能，在砂砾岩石窟岩体裂隙灌浆实

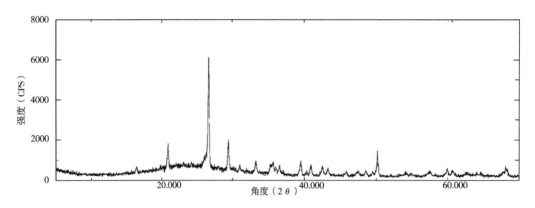

图 4.47　粉煤灰的 X 射线衍射谱图

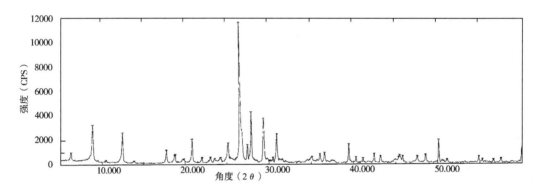

图 4.48　澄板土的 X 射线衍射谱图

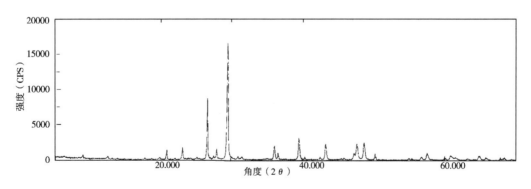

图 4.49　白色阿嘎土的 X 射线衍射谱图

验，以及西藏空鼓壁画修复的前期准备工作中已做过系统研究。这次结合西藏布达拉宫空鼓壁画灌浆的特殊需要，只对在填料中掺加了白色阿嘎土的浆液结石体试块做了抗折、抗压及收缩变形性测试。用与灌浆相同的材料和配方将配好的浆液在 0.16 m × 0.04 m × 0.04 m 的模具内成型，待其凝固后从模具内取出，测量长、宽、高的变化，计算线性收缩率；待试块完全干燥后测定其抗折和抗压强度。

（1）结石体的收缩变形

结石体的收缩变形是影响灌浆效果很重要的因素之一。试验以 PS 为主剂，粉煤灰为填料，分别加入一定比例的澄板土和阿嘎土，用氟硅酸钠作固化剂。试验中又对普通硅酸盐水泥的促凝效果做了初步研究。

测试浆液结石体的收缩变形应在恒温恒湿条件下进行，由于条件所限，我们用塑料薄膜制作了一个小的密闭室，同时对浆液结石体在室内和室外的收缩变形作了比较。线性收缩率的计算方法为 $(L_1 - L_n)/L_1 \times 100\%$（$L_1$ 为初始的长度，L_n 为试块完全干燥后的长度，单位为 mm）。

①室外固化结石体的收缩变形测试（表 4.17、4.18）

表 4.17　以 PS 为主剂的结石体收缩变形值

试块编号	固化剂	主剂（PS）		水灰比（PS/填料）	填充料	试块收缩变形值	
		模数	浓度（%）			变形量（mm）	收缩率（%）
A_1	氟硅酸钠	3.7	21.8	0.5 : 1	粉煤灰 + 阿嘎土（2 : 1）	1.03	0.67
A_2				0.5 : 1	粉煤灰 + 澄板土（2 : 1）	1.05	0.68
A_3				0.6 : 1	粉煤灰	3.22	2.03
A_4			18.2	0.6 : 1	粉煤灰 + 阿嘎土（2 : 1）	3.63	2.30
A_5				0.5 : 1	粉煤灰 + 澄板土（2 : 1）	5.62	3.50
A_6				0.6 : 1	粉煤灰	2.11	1.33
A_7			15.6	0.5 : 1	粉煤灰 + 阿嘎土（2 : 1）	6.25	3.93
A_8				0.6 : 1	粉煤灰 + 澄板土（2 : 1）	8.05	5.07
A_9				0.55 : 1	粉煤灰	4.05	2.60

表 4.18　以丙烯酸乳液为主剂的结石体收缩变形值

试块编号	主剂	浓度（%）	水灰比（丙烯酸/填料）	填充料	试块收缩变形值	
					变形量（mm）	收缩率（%）
A_1	丙烯酸乳液	10	0.5 : 1	粉煤灰 + 阿嘎土（2 : 1）	1.92	1.23
A_2			0.5 : 1	粉煤灰 + 澄板土（2 : 1）	1.69	1.10
A_3			0.5 : 1	粉煤灰	0.89	0.56

试块编号	主剂	浓度（%）	水灰比（丙烯酸/填料）	填充料	试块收缩变形值	
					变形量（mm）	收缩率（%）
A$_4$	丙烯酸乳液	8	0.5:1	粉煤灰 + 阿嘎土（2:1）	0.85	0.55
A$_5$			0.5:1	粉煤灰 + 澄板土（2:1）	0.49	0.30
A$_6$			0.5:1	粉煤灰	1.30	0.82

（2）室内固化结石体的收缩变形测试（表 4.19、4.20）

表 4.19　以 PS 为主剂的结石体收缩变形值

试块编号	固化剂	主剂（PS）		水灰比（PS/填料）	填充料	试块收缩变形值	
		模数	浓度（%）			变形量（mm）	收缩率（%）
A$_1$	氟硅酸钠	3.7	21.8	0.5:1	粉煤灰 + 阿嘎土（2:1）	3.86	2.5
A$_2$				0.6:1	粉煤灰 + 澄板土（2:1）	4.65	3.0
A$_3$				0.55:1	粉煤灰	2.98	1.9
A$_4$			18.2	0.5:1	粉煤灰 + 阿嘎土（2:1）	4.35	2.7
A$_5$				0.6:1	粉煤灰 + 澄板土（2:1）	3.48	2.4
A$_6$				0.55:1	粉煤灰	3.02	1.9
A$_7$			15.6	0.5:1	粉煤灰 + 阿嘎土（2:1）	3.70	2.3
A$_8$				0.6:1	粉煤灰 + 澄板土（2:1）	3.82	2.2
A$_9$				0.55:1	粉煤灰	2.39	1.5

表 4.20　以丙烯酸乳液为主剂的结石体收缩变形值

试块编号	主剂	浓度（%）	水灰比（丙烯酸/填料）	填充料	试块收缩变形值	
					变形量（mm）	收缩率（%）
A$_1$	丙烯酸乳液	10	0.5:1	粉煤灰 + 阿嘎土（2:1）	3.67	2.3
A$_2$			0.5:1	粉煤灰 + 澄板土（2:1）	2.51	1.6
A$_3$			0.5:1	粉煤灰	1.01	0.63

试块编号	主剂	浓度（%）	水灰比（丙烯酸/填料）	填充料	试块收缩变形值	
					变形量（mm）	收缩率（%）
A_4	丙烯酸乳液	8	0.5∶1	粉煤灰 + 阿嘎土（2∶1）	1.78	1.1
A_5			0.5∶1	粉煤灰 + 澄板土（2∶1）	1.59	1.0
A_6			0.5∶1	粉煤灰	1.00	0.35

（3）塑料薄膜密闭中固化结石体的收缩变形测试（表 4.21 ~ 4.24）

表 4.21　以 PS 为主剂的结石体收缩变形值

试块编号	固化剂	主剂（PS）		水灰比（PS/填料）	填充料	试块收缩变形值	
		模数	浓度（%）			变形量（mm）	收缩率（%）
A_1	氟硅酸钠	3.7	21.8	0.5∶1	粉煤灰 + 阿嘎土（2∶1）	3.91	2.4
A_2				0.55∶1	粉煤灰 + 澄板土（2∶1）	4.81	3.0
A_3				0.5∶1	粉煤灰	2.76	1.7
A_4			18.2	0.5∶1	粉煤灰 + 阿嘎土（2∶1）	2.25	1.4
A_5				0.55∶1	粉煤灰 + 澄板土（2∶1）	2.81	1.9
A_6				0.5∶1	粉煤灰	2.17	1.4
A_7			15.6	0.5∶1	粉煤灰 + 阿嘎土（2∶1）	3.89	2.4
A_8				0.55∶1	粉煤灰 + 澄板土（2∶1）	3.41	2.2
A_9				0.5∶1	粉煤灰	2.13	1.3

表 4.22　以丙烯酸乳液为主剂的结石体收缩变形值

试块编号	主剂	浓度（%）	水灰比（丙烯酸/填料）	填充料	试块收缩变形值	
					变形量（mm）	收缩率（%）
A_1	丙烯酸乳液	10	0.5∶1	粉煤灰 + 阿嘎土（2∶1）	3.86	2.6
A_2			0.5∶1	粉煤灰 + 澄板土（2∶1）	4.02	1.6
A_3			0.5∶1	粉煤灰	1.38	0.89

续表 4.22

试块编号	主剂	浓度（%）	水灰比（丙烯酸/填料）	填充料	试块收缩变形值	
					变形量（mm）	收缩率（%）
A₄	丙烯酸乳液	8	0.5:1	粉煤灰 + 阿嘎土（2:1）	0.83	2.5
A₅			0.5:1	粉煤灰 + 澄板土（2:1）	4.13	1.1
A₆			0.5:1	粉煤灰	1.83	0.89

表 4.23　以 PS 为主剂、粉煤灰为填料、白水泥为固化剂结石体的收缩变形值

试块编号	主剂（PS）		固化剂		水灰比（PS/填料）	填充料	试块收缩变形值	
	模数	浓度（%）	名称	浓度（%）			变形性（mm）	收缩率（%）
B₁	3.7	15.6	白水泥	4	0.58:1	粉煤灰	2.43	1.53
B₂				6	0.58:1	粉煤灰	2.55	1.61
B₃				8	0.58:1	粉煤灰	2.09	1.32
B₄				10	0.58:1	粉煤灰	1.84	1.16

表 4.24　以 PS 为主剂、粉煤灰为填料、水泥为固化剂结石体的收缩变形值

试块编号	主剂（PS）		固化剂		水灰比（PS/填料）	填充料	试块收缩变形值	
	模数	浓度（%）	名称	浓度（%）			变形性（mm）	收缩率（%）
B₅	3.7	21.8	水泥	10	0.65:1	粉煤灰	2.12	1.35
B₆		18.2			0.58:1	粉煤灰	1.91	1.21
B₇		15.6			0.58:1	粉煤灰	1.12	0.71

（2）结石体抗折、抗压强度

按照试验内容的要求，分别对试块进行了抗折、抗压测试，结果见表 4.25 ~ 4.28。

表 4.25　以 PS 为主剂结石体的抗折、抗压强度值

试块编号	固化剂	主剂（PS）		水灰比（PS/填料）	填充料	试块抗折、抗压值	
		模数	浓度（%）			抗折（MPa）	抗压（MPa）
A₁	氟硅酸钠	3.7	21.8	0.5∶1	粉煤灰+阿嘎土（2∶1）	3.02	26.25
A₂				0.5∶1	粉煤灰+澄板土（2∶1）	2.53	21.30
A₃				0.6∶1	粉煤灰	3.42	19.37
A₄			18.2	0.5∶1	粉煤灰+阿嘎土（2∶1）	3.76	16.46
A₅				0.6∶1	粉煤灰+澄板土（2∶1）	3.07	14.32
A₆				0.55∶1	粉煤灰	2.90	12.71
A₇			15.6	0.5∶1	粉煤灰+阿嘎土（2∶1）	2.47	11.06
A₈				0.55∶1	粉煤灰+澄板土（2∶1）	2.33	12.86
A₉				0.5∶1	粉煤灰	2.27	12.13

表 4.26　以丙烯酸乳液为主剂结石体的抗折、抗压强度值

试块编号	主剂	浓度（%）	水灰比（丙烯酸/填料）	填充料	试块抗折、抗压值	
					抗折（MPa）	抗压（MPa）
A₁	丙烯酸乳液	10	0.5∶1	阿嘎土+粉煤灰（2∶1）	2.98	7.86
A₂			0.5∶1	澄板土+粉煤灰（2∶1）	3.09	9.21
A₃			0.5∶1	粉煤灰	2.02	4.21
A₄		8	0.5∶1	阿嘎土+粉煤灰（2∶1）	2.63	7.29
A₅			0.5∶1	澄板土+粉煤灰（2∶1）	2.92	6.92
A₆			0.5∶1	粉煤灰	1.83	4.84

表 4.27　以 PS 为主剂、以水泥为固化剂结石体的抗折、抗压强度值

试块编号	主剂（PS）		固化剂		水灰比（PS/填料）	填充料	试块抗折、抗压值	
	模数	浓度（%）	名称	浓度（%）			抗折（MPa）	抗压（MPa）
B₁	3.7	15.6	白水泥	4	0.58：1	粉煤灰	1.15	4.06
B₂				6	0.58：1	粉煤灰	1.10	2.80
B₃				8	0.58：1	粉煤灰	1.20	3.49
B₄				10	0.58：1	粉煤灰	0.90	3.38

表 4.28　以 PS 为主剂、以水泥为固化剂结石体的抗折、抗压强度值

试块编号	主剂（PS）		固化剂		水灰比（PS/填料）	填充料	试块抗折、抗压值	
	模数	浓度（%）	名称	浓度（%）			抗折（MPa）	抗压（MPa）
B₅	3.7	21.8	水泥	10	0.65：1	粉煤灰	1.65	7.34
B₆		18.2			0.58：1	粉煤灰	1.45	6.16
B₇		15.6			0.58：1	粉煤灰	1.03	3.39

（3）结果分析

试验结果表明，以 PS 做主剂，粉煤灰做填充材料，其浆液结石体的收缩变形性小。当在粉煤灰中分别掺加阿嘎土和澄板土后，其浆液结石体收缩变形性有增大的趋势。以丙烯酸乳液做主剂，粉煤灰做填充材料，其浆液结石体的收缩变形性小，在粉煤灰中分别掺加阿嘎土和澄板土后，对浆液结石体的收缩变形影响不明显。浆液结石体的收缩变形如在恒温恒湿条件下进行会取得更好的效果。

以 PS 做主剂，粉煤灰做填料时，其浆液结石体有较高的抗压和抗折强度。当在粉煤灰中分别掺加阿嘎土和澄板土后，其浆液结石体抗压强度有增大的趋势，抗折强度无明显变化。以丙烯酸乳液做主剂，以粉煤灰做填充材料，其浆液结石体的抗压和抗折强度都较低。当在粉煤灰中分别掺加阿嘎土和澄板土后，其浆液结石体的抗压和抗折强度都有增大趋势。

以 PS 做主剂，粉煤灰做填充材料，普通的硅酸盐水泥有明显的促凝作用，结石体的收缩变形性小，但浆液结石体的力学强度有降低的趋势。

3. 灌浆效果检测

（1）抗拉实验

将事先做好的 0.3m×0.3m×0.06m 的地仗试块表面用利器刮毛，然后用灌浆材料将其贴在模拟墙体上，待干后测试试块单位面积所承受的拉力（图 4.50、4.51），即灌浆材料与地仗和墙体之间的黏结力和黏结程度（表 4.29、4.30）。

图 4.50　模拟制作的拉拔试块

图 4.51　拉拔实验现场

表 4.29　以 PS 为主剂的灌浆材料拉力测试值（块石墙）

主剂（PS）		填料	拉力（kN）	破坏情况
模数	浓度（%）			
3.7	15.6	粉煤灰 + 澄板土	3.214	铁丝网处拉开，黏结面完好
		粉煤灰 + 阿嘎土	/	/
		粉煤灰	/	/
	18.2	粉煤灰 + 澄板土	0.749	铁丝网处拉开，黏结面完好
		粉煤灰 + 阿嘎土	2.142	铁丝网处拉开，黏结面完好
		粉煤灰	1.974	铁丝网处拉开，黏结面完好
	21.8	粉煤灰 + 澄板土	3.214	铁丝网处拉开，黏结面完好
		粉煤灰 + 阿嘎土	/	/
		粉煤灰	2.875	铁丝网处拉开，黏结面完好

表 4.30　以 PS 为主剂的灌浆材料拉力测试值（夯土墙）

主剂（PS）		填料	拉力（kN）	破坏情况
模数	浓度（%）			
3.7	15.6	粉煤灰 + 澄板土	/	/
		粉煤灰 + 阿嘎土	0.279	墙体拉开，黏结面完好
		粉煤灰	/	/
	18.2	粉煤灰 + 澄板土	0.272	墙体拉开，黏结面完好
		粉煤灰 + 阿嘎土	/	/
		粉煤灰	0.916	墙体拉开，黏结面完好
	21.8	粉煤灰 + 澄板土	0.197	墙体拉开，黏结面完好
		粉煤灰 + 阿嘎土	/	/
		粉煤灰	1.296	墙体拉开，黏结面完好

（2）剖析

对模拟空鼓灌浆的解剖检验的结果表明：以 PS 和丙烯酸乳液为主剂，粉煤灰为填充料的灌浆材料均能顺利的填充到预留的空鼓中，浆液在孔隙中充填效果好，结石体与块石墙体、夯土墙体及地仗层之间的连接紧密，具有较大的抗拉强度，达到了充填空鼓，使墙体与壁画地仗层结合的灌浆效果（图 4.52）。

图 4.52　灌浆效果　　　　　　　　　　　　图 4.53　拉拔结果

（3）结果分析

从实验结果看，结石体的抗折、抗压强度都较大。拉拔实验结果显示，试块一般都破坏于非黏结面，拉力都较大，这说明浆液结石体的强度远大于墙体和地仗的强度

（图 4.53）。因此，可以用调节 PS 的模数或浓度来改变浆液结石体的强度，使之接近或略低于地仗和墙体的强度，这一点还需要结合现场试验做进一步完善。需要说明的是由于铁丝网太密，致使地仗间的结合强度降低，从而导致大多数都从铁丝网处拉开。

4. 小结

在现场壁画墙体、地仗结构、制作材料及工艺，壁画颜料、病害的调查、分析、检测、研究的基础上，对布达拉宫空鼓壁画的模拟修复实验证明：空鼓壁画用灌浆加固修复的工艺、方法是可行的，只是对建筑中必须落架大修的壁画采用揭取—加固—回贴的方法。

当以丙烯酸乳液为主剂，粉煤灰为填料时，浆液结石体虽有小的收缩率，但其抗折、抗压性能较差，而且丙烯酸乳液本身黏度较大，浆液流动性不好，不利于现场操作。据此，我们初步选择以 PS 为主剂，粉煤灰为填料，氟硅酸钠做固化剂的灌浆材料。当 PS 的模数为 3.7，浓度为 18.2%，水灰比在 0.5:1~0.6:1 时，浆液结石体有小的收缩率和较高的抗折、抗压性能，灌浆实验也表明这种配比的灌浆材料和易性好，流动性也好，便于现场操作。虽然粉煤灰中掺加适量阿嘎土做填料会使结石体的收缩变形性有增大的趋势，但考虑到阿嘎土和西藏壁画地仗材料有相近的特性，也可将粉煤灰掺加阿嘎土做填料在现场做进一步试验，以观察其灌浆修复效果，从而进一步完善材料配方及操作工艺，以利实际施工。

三　布达拉宫空鼓壁画现场灌浆加固试验

2002 年 4 月，国家文物局专家组对"西藏萨迦寺、布达拉宫和罗布林卡壁画修复研究"进行了中期评估。根据专家评估意见，2002 年 8 月，敦煌研究院组织有关技术人员进驻拉萨，同布达拉宫管理处协商选定无量寿佛殿作为块石墙体试验区，东大殿作为夯土墙体试验区，分别进行现场空鼓壁画灌浆与锚固加固试验，以验证对这两种不同墙体的典型空鼓壁画的加固效果。

（一）无量寿佛殿北壁壁画试验区现状

在无量寿佛殿（图 4.54）北壁西侧上部有一块面积为 4.26 m² 的壁画空鼓严重（图 4.55），一期维修工程中对这块壁画采取揭取—加固—回贴的工艺进行了修复。调查中发现，此处壁画又出现大面积空鼓现象，并有脱落的危险。

从这块壁画破损脱落处观察，地仗厚 3~5cm，由 2~3 层组成，上、中层为细沙泥层，下层为粗沙泥层。壁画大面积空鼓，已离开墙体 3~4cm，局部已达 5 cm，有 2 条

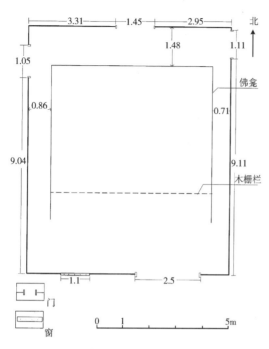

图 4.54 无量寿佛殿平面图

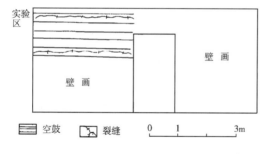

图 4.55 无量寿佛殿北壁现状调查图

大的横向裂缝，宽约 1.5 cm。说法图中部有数条网状裂缝，这些裂缝均已产生错位且凹凸不平。裂缝有明显修复过的痕迹，以前修复过的裂缝上又形成了一些新的裂缝，裂缝有错位现象。下部错位严重，有 1 ~ 4 cm。表面凹凸不平，修复痕迹明显。从破损处利用内窥镜观察，壁画背部曾用环氧树脂和玻璃纤维加固过，但墙体和环氧树脂层、地仗和环氧树脂层已完全分离，同时也看到粗沙泥层局部已破损、剥落（图 4.56、4.57）。

（二）东大殿西壁壁画试验区

东大殿西壁壁画的支撑体为夯土墙。在西壁北侧距北墙 4.06m、距地面 1.07m 处有一块面积为 $0.7m^2$ 的壁画空鼓（图 4.58），这块壁画空鼓与一般壁画空鼓有一定的区别，壁画未完全离开墙体。造成该壁画空鼓的原因是由于壁画夯土墙与地仗层中存在一层已失去内聚力的疏松软土层。壁画表面有摩擦的痕迹，整体画面较模糊，局部有明显修复的痕迹，其中一期修复后的壁画颜色稍有加深。

（三）空鼓壁画灌浆加固材料

（1）灌浆加固材料的基本要求

空鼓壁画灌浆材料遵循无毒无味、无腐蚀、重量轻、透气性好、收缩率小、强度适中并且可调、初凝和终凝速度适中、流动性及可灌性好和最大兼容的原则。

（2）灌浆加固材料

根据实验室大量筛选和模拟灌浆实验及布达拉宫壁画的具体特点，选择以 PS 为主剂，粉煤灰和白色阿嘎土为主要填充料的无机灌浆材料，固化剂为氟硅酸钠。

图 4.56　无量寿佛殿灌浆加固部位脱落壁画

图 4.57　无量寿佛殿灌浆加固前内窥镜检查

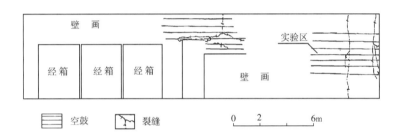

图 4.58　东大殿西壁现状调查图

①主剂：PS

最佳模数的 PS 基本上是一种无色透明的黏稠胶体。

②填料1：粉煤灰

粉煤灰的主要组分是以空心球状二氧化硅组成的硅线石。

③填料2：白色阿嘎土

白色阿嘎土是布达拉宫壁画地仗制作所使用的主要材料，主要成分为 $\alpha - SiO_2$、$CaCO_3$ 和一些黏土矿物。

（3）灌浆加固材料配比的选配原则

国家文物局专家组在评估"西藏萨迦寺、布达拉宫和罗布林卡壁画修复研究"课题中期试验的过程中，提出了"注意灌浆材料的强度接近壁画地仗的强度"的建议。因此，我们在现场试验时采取调整 PS 浓度和改变填充料的比例等方法，调节灌浆材料的强度，使灌浆材料的强度与地仗强度接近。

（四）室内灌浆材料筛选补充实验

在中期西藏空鼓壁画灌浆材料的筛选中，出现灌浆材料强度过大或过小的问题，对以

PS 为主剂，粉煤灰（F）为主要填料的无机灌浆材料的材质、配比又进行了进一步的改变和调节，并对其收缩性和黏结力做了对比实验研究，从而得到了比较满意的效果。

1. 实验材料与配方

①材料

主剂：PS；

固化剂：氟硅酸钠，其质量为 PS 主剂质量的 2%；

填充料：粉煤灰（F）、白色阿嘎土（A）、玻璃微珠（G）。

②配方

中期试验结果表明，以丙烯酸乳液为主剂，粉煤灰做填充材料，其浆液结石体的收缩变形性小。在粉煤灰中分别掺加白色阿嘎土和澄板土后，对浆液结石体的收缩变形影响不明显，但其浆液结石体的抗压和抗折强度都有所降低，而 PS 在这些方面均优于丙烯酸乳液。以 PS 作为主剂的灌浆材料，其强度可以根据浓度的变化而调节，解决了灌浆材料因墙体不同，强度过大或过小的问题。具体实验过程中，以 PS 做主剂，以质量比为 2∶1∶0.1 的粉煤灰（F）、白色阿嘎土（A）和玻璃微珠（G）做填充材料，固化剂掺量为 2%，水灰比为 0.57∶1，配制不同 PS 浓度的灌浆材料。同时，为了观察玻璃微珠对浆液结石体收缩率的影响，对填充材料中没有玻璃微珠的浆液结石体进行了对比性实验。

2. 实验结果

实验结果见表 4.31 ~ 4.33。

表 4.31　以 PS 为主剂的结石体凝固时间与收缩率

试块编号	密度（g/cm³）	浓度（%）	凝固时间（min）	填充料	收缩率（%）
1	0.93	19.40	120		2.50
2	1.38	15.50	104		2.80
3	1.28	12.90	72		3.30
4	1.29	11.10	72	$m_F∶m_A∶m_G =$	2.45
5	1.18	9.70	72	$2∶1∶0.1$	2.55
6	1.36	8.60	56		2.10
7	1.23	7.80	56		2.45
8	1.51	7.10	72		1.50

试块编号	密度 （g/cm³）	浓度（%）	凝固时间 （min）	填充料	收缩率（%）
9	1.33	6.50	72		1.60
10	1.30	5.90	56		1.30
11	1.31	5.50	72		1.95
12	1.27	5.10	56		1.05
13	1.29	4.80	72		1.40
14	1.31	4.50	72		1.40
15	1.26	4.30	72		1.80
16	1.28	4.00	72		1.50
17	1.36	3.80	72	$m_F : m_A : m_G =$ $2 : 1 : 0.1$	1.40
18	1.28	3.70	72		1.60
19	1.30	3.50	56		2.20
20	1.26	3.20	56		2.10
21	1.31	2.90	56		1.75
22	1.35	2.60	56		1.95
23	1.34	2.30	56		2.25
24	1.32	1.90	56		1.90
25	1.25	1.50	48		2.05
26	1.28	1.00	48		1.95
27	1.26	0（水）	48		1.65
28	2.50	5.10	80	$m_F : m_A = 2 : 1$	2.00

①表 4.31 是在室内对 28 种试块的各项性能测试结果。根据表 4.31 筛选了编号分别为 6、7、8、9、10 和 11 的 6 种灌浆材料的配比，在此基础上，又对这 6 种材料做了进一步的抗剪力、抗折、抗压性能测试。

②在模拟实验现场，用上述 6 种材料分别在夯土墙与块石墙上各贴 6 块地仗，进行抗剪力、抗折、抗压及凝固时间测试，结果见表 4.32、4.33。

③根据实验结果进行综合评定，6 号材料在强度上与墙体地仗强度接近，适合于对西藏空鼓壁画进行灌浆。

表 4.32　以 PS 为主剂的结石体凝固时间与收缩率的进一步测试

试块编号	主剂	固化剂	浓度（%）	水灰比	填充料（质量比）	抗折（MPa）	抗压（MPa）	收缩率（%）
6	PS	氟硅酸钠 2%	8.60	0.57：1	$m_F:m_A:m_G$ =2：1：0.1	0.43	1.03	3.0
7			7.80			0.21	1.05	2.3
8			7.10			0.33	0.68	2.4
9			6.50			0.28	0.60	1.9
10			5.90			0.23	0.56	2.9
11			5.50			0.24	0.59	1.9

表 4.33　以 PS 为主剂的结石体抗剪力测试

编号	抗剪力（N）	
	夯土墙	块石墙
6	903	2878
7	739	1639
8	32	1076
9	346	1587
10	197	704
11	249	808

3. 讨论

在中期实验中，部分灌浆材料的强度过大，在对块石墙的拉拔实验中，断裂面经常会将部分墙体带下来。从壁画保护的角度来讲，灌浆材料的强度接近或与壁画地仗强度相当是比较理想的。根据实验结果，6 号灌浆材料是比较合适的。

6 号灌浆材料强度较低是加入了玻璃微珠的缘故。玻璃微珠本身形状圆滑，不吸水，在减轻材料重量的同时，降低了结石体的强度。

（五）现场灌浆加固试验

1. 材料的前期试验

对无量寿佛殿的空鼓壁画，我们采取了点状灌浆与锚固补强相结合的方法。东大殿的空鼓壁画由于裂隙特别细小，我们采用 PS 渗透加固与木锚钉锚固补强相结合的方法进行了加固。

　　为了慎重起见，在布达拉宫东大殿一过道裸露墙体处选择块石墙光面和阿嘎土砂浆抹面上，对浆液结石体的黏结性能和收缩性能进行了现场对比试验。鉴于加入玻璃微珠影响材料的黏结强度，故在现场试验时未加入玻璃微珠（表4.34）。

表4.34　灌浆材料现场对比实验

试块编号	主剂PS浓度（%）	PS模数	固化剂	填充料粉煤灰:阿嘎土	水灰比	实验墙体	结果描述
A₁	16.6			2:1	0.43:1	块石墙光面	收缩开裂严重
A₂	16.6			2:1	0.43:1	块石墙抹面	收缩开裂严重
B₁	18.8			2:1	0.38:1	块石墙光面	收缩开裂严重
B₂	18.8			2:1	0.38:1	块石墙抹面	收缩开裂严重
C₁	16.6	3.77	氟硅酸钠 1.5%	2:1	0.42:1	块石墙光面	收缩开裂严重
C₂	16.6			2:1	0.42:1	块石墙抹面	收缩开裂严重
D₁	16.6			4:1	0.48:1	块石墙光面	收缩开裂较严重
D₂	16.6			4:1	0.48:1	块石墙抹面	收缩开裂较严重
E₁	9			4:1	0.48:1	块石墙光面	有收缩开裂现象
E₂	9			4:1	0.48:1	块石墙抹面	有收缩开裂现象
F₁	8.6			4:1	0.48:1	块石墙光面	无收缩
F₂	8.6			4:1	0.48:1	块石墙抹面	无收缩

　　从表4.34可知，A、B、C试块收缩开裂严重（图4.59、4.60），D试块收缩开裂较严重，E试块也有轻微收缩现象（图4.61），F试块无收缩（图4.62），且与墙体黏结较好，用手无法剥离。因此，选用F试块的配方进行无量寿佛殿空鼓壁画的灌浆，并在室内进行了材料的基本性能测试（表4.35）。

表4.35　灌浆材料基本性能测试结果

密度（g/cm³）	初凝（h）	终凝（h）	抗折（MPa）	抗压（MPa）	线性收缩率（%）	透气性（g/cm³·h）	干燥时间（h）	黏结力（N）
1.32	1.33	5.67	0.90	2.00	1.44	5.66×10⁻⁴	126	>110

　　注：表中"h"为小时。

图 4.59　现场对比试验（A 组）

图 4.60　现场对比试验（B 组）

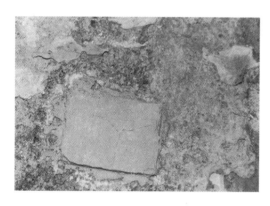

图 4.61　现场对比试验（E 组）

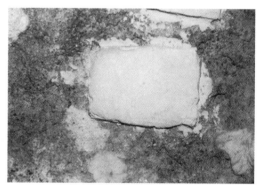

图 4.62　现场对比试验（F 组）

2. 现场试验准备

①搭设脚手架

在试验灌浆的部位搭设脚手架，供工作人员使用，并为支顶壁画提供支撑。

②试验材料及工具

粉煤灰、阿嘎土、PS、蒸馏水、固化剂等和高速搅拌器、天平、量筒、水桶、注射器、灌浆管、可调丝杆等。

3. 无量寿佛殿灌浆加固

①支顶壁画

根据壁画空鼓和裂缝的情况，我们制作了大小不等的壁板，用固定在工作架上的可调丝杆支顶到壁画上（图 4.63）。支顶前从裂缝处清理破碎的地仗残块（图 4.64）。壁板要有柔软的线毯或棉纸做垫层。

图 4.63 用支顶架支顶壁画

图 4.64 清理破碎地仗

②裂缝封闭

用泥封闭裂缝防止漏浆。

③钻注浆孔或观察孔

在壁画次要部位和线条不集中的地方，钻直径 1.5cm 的小孔。

④埋设注浆管

从注浆孔里插入 20～70cm 长度不等的注浆管。

⑤灌浆

按 F 试块的配方比例，制备浆液，使用高速搅拌器将浆液搅拌均匀，用 1000ml 的注射器由下而上依次将浆液注入壁画的空鼓部位。在灌浆过程中要注意观察，以免漏浆污染壁画（图 4.65）。在无量寿佛殿共灌浆 30 kg（图 4.66）。

⑥灌浆效果检查

采用内窥镜检查浆液的流向和黏结效果（图 4.67）。

⑦锚固

图 4.65 无量寿佛殿灌浆加固试验现场

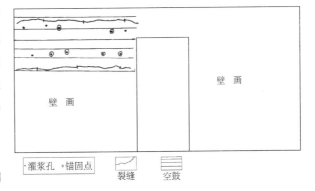

图 4.66 无量寿佛殿灌浆点示意图

待灌入的浆液凝固强度达到 70% 后，用电钻在灌浆孔或观察孔的位置钻孔，埋设长 20cm、直径 1cm 的金属锚杆（图 4.68）。

图 4.67　灌浆加固后内窥镜检查

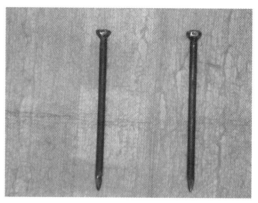

图 4.68　金属锚杆

图 4.69　修补作旧

⑧修复锚固孔

用和地仗相同的材料，填补锚固孔，干燥后补色作旧（图 4.69）。

4. 东大殿灌浆加固

在东大殿采用的灌浆程序和方法与无量寿佛殿基本相同，对局部特殊的空鼓壁画（图 4.70）采用的方法是：通过观察孔先慢慢注入 8% 的 PS 溶液对疏松软土层进行渗透加固，然后再注入适量 15% PS 溶液。待干燥后从观察孔锲入长 20cm、直径 1cm 的竹制锚杆进行锚固，并修复锚固孔（图 4.71、4.72）。

5. 东大殿的拉锚试验

现场试验时发现，对空隙较小的空鼓壁画无法实施灌浆。经内窥镜探测，地仗层与

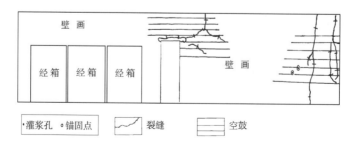

图 4.70　东大殿灌浆点示意图

图 4.71　东大殿渗透加固壁画

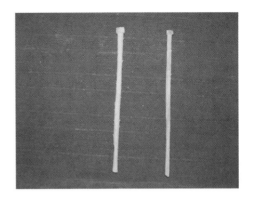

图 4.72　竹制锚杆

墙体之间的间隙小于 2 mm，即使纯的 PS 溶液也不易渗入。在这种情况下，只能采用锚固措施对空鼓区域实施加固。

试验现场，对空鼓灌浆后的区域实施锚固补强的过程中使用了铁质和木质两种锚杆，有必要对两种锚杆的拉锚强度进行测试。在东大殿选择夯土和块石两种墙体分别测试铁质和木质锚杆的拉锚强度是否达到了锚固的要求。

①试验器材

千斤顶 1 个；8#铁丝若干；升降式支顶架 1 个；钢丝测力仪 1 个；百分表 1 个；直径为 1 cm 的钢筋棒两个。

②试验步骤

A. 锚固

a. 选择夯土墙、块石墙两类墙体；

b. 在夯土墙体上开孔三个，深度为 15 ~ 20 cm。在块石墙体上开孔六个，深度为 15 cm；

c. 在夯土墙体上插入木质锚杆，填充浆液为 12% PS、粉煤灰、阿嘎土（填充料比例为粉煤灰与阿嘎土质量比 4∶1，水灰比为 0.55）。在块石墙体上分别插入木质、铁质锚杆各三个。其中木质锚杆与填充浆液为 12% PS、粉煤灰、阿嘎土（填充料比例为粉煤灰与阿嘎土质量比 4∶1，水灰比为 0.55）；铁质锚杆孔的填充浆液为水泥砂浆（填充料质量比为 2∶1，水灰比为 0.45）。

B. 拉拔

a. 根据锚杆位置的高低调整支顶架，使二者相平；

b. 用 8#铁丝连接锚杆头和钢丝测力仪一头，钢丝测力仪另一头与钢筋棒相连；

c. 钢筋棒用两根 8#铁丝连接成长方形，千斤顶支在两钢筋棒之间（图 4.73、4.74）；

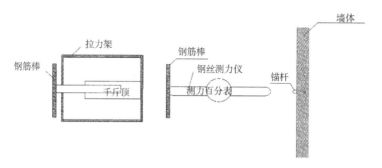

图 4.73　拉拔实验示意图

图 4.74　拉拔试验现场

d. 校正测力百分表，使其归位于"0"；

e. 匀速转动千斤顶摇把，使千斤顶拉动锚杆；

f. 观察百分表，直到指针不再往前走，读下指针所指值 g；

g. 把 g 代入公式 $P = 2(g - 10)/1.79$，计算强度。

③试验结果与讨论

A. 试验结果

见表 4.36。

表 4.36　拉拔试验结果

编号	位置	锚杆类型	墙体结构	强度（kN）
1	东壁北侧	铁质	块石墙	3.350
2	北壁东侧	木质	块石墙	1.920
3	北壁东侧	木质	块石墙	1.340
4	西壁北侧	木质	夯土墙	0.335
5	西壁北侧	木质	夯土墙	0.313
6	西壁北侧	木质	夯土墙	0.413

B. 讨论

壁画空鼓主要原因是：①随着时间的推移，疏松的地仗层在重力作用下，堆积后挤压下面的壁画导致空鼓；②温湿度的长期变化使地仗层本身产生一种张力，从而形成空鼓。锚固正好克服了这两种力的作用，锚杆既支撑了上面壁画的压力，又减弱了地仗层本身的张力，使壁画相对稳定。

从实验数据可以得出结论：无论是块石墙还是夯土墙，木质锚杆的最小拉力都达到了 300 N，而壁画所受的压力和张力远小于 300 N，木质锚杆对壁画的拉锚强度完全可以达到锚固目的，因此在空鼓壁画修复中，除灌浆之外，锚固同样具有保护空鼓壁画的显著效果，尤其对空隙较小的空鼓壁画更为突出。

（六）小结

（1）通过灌浆加固，充填了地仗层与墙体间的空鼓，从而使壁画地仗层与墙体重新成为一体，消除了壁画因空鼓而脱落的危险。

（2）采用灌浆和锚固相结合的方法，不仅提高了地仗与墙体的黏结力，而且增强了壁画的整体稳定性。

（3）采用 PS 对软土层的渗透加固，提高了地仗或墙体疏松部位软土层的强度。

（4）不论铁质锚杆还是木质锚杆，采用一定配比的灌浆材料，其拉拔力均大于300N。在块石墙体和夯土墙体上，采用以灌浆与锚固相结合的方法完全可以满足大面积空鼓壁画的加固。

（七）问题讨论

（1）此次试验规模小，难度相对较低，比较容易施工。如果将此技术推广到大范围的施工，仍需做大量的现场工作，才能适应不同情况下空鼓壁画的灌浆加固。

（2）环境温度是影响灌浆效果的主要因素之一，必须选择适宜的季节施工，以确保灌浆材料的凝固和干燥。

（3）东大殿壁画的空鼓问题是比较少见的，主要表现为在壁画墙体和地仗层之间存在一层疏松软土层，而不是壁画的墙体和地仗层分离。在灌浆的过程中，浆液很难灌进去，最后只好改用 PS 溶液滴灌，即使这样，灌浆量也极为有限。在采用滴灌法对实验区实行灌浆后，发现壁画表面有泛白现象，对壁画表面也形成一定的污染。因而，考虑改进对软土层的灌浆问题或改变施工工艺是比较迫切的，只有这样，才能使这一类型空鼓壁画得到比较好的治理。

四　空鼓壁画修复工艺

空鼓壁画根据不同的墙体，采用灌浆和锚固相结合的方法进行加固。

对块石墙体，空鼓壁画的修复加固工艺是：对空鼓范围较小的壁画，采用点状灌浆。对局部空鼓严重且向外突出变形的壁画先进行整形，用低浓度（6% ~ 8%）的 PS 材料进行渗透软化后灌浆回贴、锚固。

根据现场调查，布达拉宫部分殿堂如东大殿等，空鼓壁画与一般殿堂的壁画空鼓有着本质的区别，壁画没有完全离开墙体，壁画出现空鼓现象是由于夯土墙体与地仗层间存在一层已失去内聚力的疏松软土层。加固这种空鼓壁画的具体工艺为：

①首先在画面次要部位，用手术刀小心切开一直径 1cm 的小孔；

②用低速开孔器（最好用手钻）在夯土墙上钻 15 ~ 20cm 深的孔；

③清除孔壁及地仗层和夯土墙之间的疏松软土；

④用注射器向地仗层和夯土墙及孔壁注射 8% PS 溶液，尽量做到少量多次渗透加固，以提高疏松软土的内聚力；

⑤待 PS 溶液 70% 干燥后，从孔内锲入直径 1.2cm、长 17 ~ 22cm 的竹（或木）制的锚杆，对壁画进行锚固，以提高壁画的整体稳定性。

对空鼓开裂严重有脱落危险壁画的修复加固工艺为：

①用 10% 团粉将白纱布贴到壁画表面，对颜料层进行保护；

②在画面次要部位或破损处，用手术刀切开小孔，用特殊工具将空鼓背部的沙土及破碎残块清理干净；

③滴渗 6% ~ 8% PS 溶液对地仗进行软化；

④利用裂缝和破损处，注射 12% PS 溶液对地仗背部进行加固；

⑤利用固定在工作架上的可调丝杆，将带有保护层的木板对空鼓壁画小心支顶、逐渐推压、回贴和整形，这样既保证壁画平整、美观，又减少灌浆量，降低壁画的自身重量；

⑥待加固的部位完全干燥后，对空鼓壁画进行灌浆回贴加固；

⑦清除壁画表面的纱布和团粉；

⑧补色、作旧。

第二节　灌浆材料的进一步研究

在 PS – F 灌浆材料的基础上，将白色阿嘎土引入到填充材料中以增强浆液结石体和壁画地仗层之间的兼容性。随着室内分析实验和现场灌浆试验的逐步深入，大量证据表明，布达拉宫壁画地仗层由白色阿嘎土（A）细泥层和红色阿嘎土（B）粗泥层组成，而且这两种阿嘎土的化学成分相差很大：白色阿嘎土富含方解石类矿物，红色阿嘎土以硅铝酸盐矿物为主。

对布达拉宫空鼓壁画灌浆加固材料进一步研究的重点是保证灌浆材料与壁画地仗兼容同时设定恰当的 PS 主剂浓度，以满足浆液结石体的最终强度接近于壁画地仗层的强度。另外，需系统测试最佳配方时灌浆材料的物理力学性能。

图 4.75　布达拉宫壁画地仗层结构

（一）壁画地仗层的强度

以北京凯莱斯建筑技术有限公司提供的白色阿嘎土和红色阿嘎土为制作材料，依照布达拉宫壁画地仗层的制作工艺（图 4.75），在水灰比为 0.30 的情况下分别拌制细泥层和粗泥层，模拟制作白色阿嘎土地仗层（图 4.76）和红色阿嘎土地仗层（图 4.77）的试块。

图 4.76　地仗细泥层（白色阿嘎土　　　地仗层）模拟试块

图 4.77　地仗粗泥层（红色阿嘎土　　　地仗层）模拟试块

待模拟试块完全干燥后，参考《水泥胶砂强度 ISO 检验方法》（GB/T 17671 – 1999），运用微机控制电子万能材料试验机（图 4.78、4.79）依次测试地仗细泥层和粗泥层的抗折强度（图 4.80、4.81）和抗压强度（图 4.82、4.83）。

从图 4.80 和图 4.81 可知，弯曲试验过程中，白色阿嘎土和红色阿嘎土的最大载荷分别是 120.95 N 和 215.25 N。根据抗折强度的计算公式：

$$R_\mathrm{f} = \frac{1.5 F_\mathrm{f} L}{b^3}$$

式中：F_f——折断时施加于试块中部的荷载，N；

$\quad\quad L$——支撑试块之间的跨距，取值 100 mm；

$\quad\quad b$——试块正方形截面的边长，取值 40 mm。

图 4.78　白色阿嘎土的抗压试验

图 4.79　红色阿嘎土的抗压试验

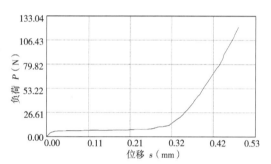

图 4.80　白色阿嘎土的抗折强度

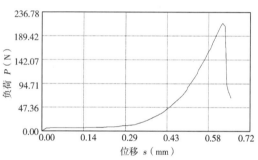

图 4.81　红色阿嘎土的抗折强度

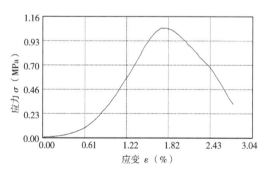

图 4.82　白色阿嘎土的抗压强度

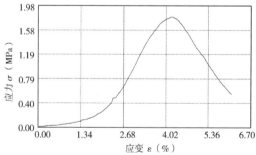

图 4.83　红色阿嘎土的抗压强度

可以计算得白色阿嘎土地仗和红色阿嘎土地仗的抗折强度分别为 0.28 MPa 和 0.50 MPa。

　　从图 4.82 和图 4.83 可知，白阿嘎地仗和红阿嘎地仗的抗压强度分别为 1.12 MPa 和 1.80 MPa。

　　由于布达拉宫壁画地仗中的粗泥层和细泥层在物理化学特性上相差巨大，这在本质上决定了壁画地仗强度的不均一性。在确定灌浆材料的最终强度时，可以依据白色阿嘎土地仗层和红色阿嘎土地仗层的强度值,将两者的均值视作壁画地仗层的等效强度。因此,按照这种方法,壁画地仗层的等效抗折强度为 0.39 MPa,等效抗压强度为 1.46 MPa。

(二) 灌浆材料的强度

浆液在配制阶段由 PS、氟硅酸钠、粉煤灰、白色阿嘎土、红色阿嘎土以及水构成,这种混合体中的任一组分在质和量上的改变都会影响到灌浆材料的强度特性。尽管 PS - F 系列灌浆材料的最终强度主要取决于 PS 主剂的浓度,但是,PS 模数、固化温度、水灰比、固化剂掺量和填料配比都会对浆液结石体的强度产生影响。

另外,浆液结石体的养护条件对灌浆材料的强度实验非常重要,大量数据表明,获得强度极大值的最佳条件是浆液在前期缓慢失水,在后期可以完全干燥。如果浆液在前期失水太快,试块后期的强度增长将受到限制,而且灌浆材料的收缩率也较大;如果浆液絮凝体在很长时间内得不到有效的干燥,PS 主剂成分则会在重力的作用下向试块的底部运移,从而造成灌浆材料内部强度的不均一。因此,灌浆材料的实验条件必须尽量模拟空鼓壁画灌浆加固时的真实情形,室内采取仿真式阶梯失水的办法。

在确定填充材料的配比时,考虑到灌浆材料与壁画地仗的兼容性,我们分三组:一组以粉煤灰(F)和白色阿嘎土(A)为填充材料,两者的质量之比为 4:1;另一组以粉煤灰和红色阿嘎土(B)为填充材料,两者的质量之比为 4:1;第三组以粉煤灰、白色阿嘎土和红色阿嘎土为填充材料,三者的质量之比为 4:1:1。

1. PS 浓度对浆材强度的影响

根据 PS - F 灌浆材料的研究成果,从图 4.19 可知,当 PS 浓度为 10%,固化剂掺量为 1.5%,水灰比为 0.60 时,其浆液结石体的抗折强度和抗压强度分别为 0.70 MPa 和 1.64 MPa。据此,在 3.80PS 模数、1.5% 固化剂掺量和 0.55 水灰比的相同条件下,以浓度为 10% 的 PS 主剂为基准,挑选浓度为 5%、13% 和 17% 的 PS 主剂进行 28 天龄期时的对比性强度实验(表 4.37)。

表 4.37 不同 PS 浓度时灌浆材料的强度

兼容性灌浆材料	抗折强度 R_f (MPa)				抗压强度 R_c (MPa)			
	5%	10%	13%	17%	5%	10%	13%	17%
PS - (F + A)	0.07	0.77	0.90	1.51	0.23	2.12	2.72	4.33
PS - (F + B)	0.09	0.78	0.89	1.08	0.22	2.08	2.90	3.67
PS - (F + A + B)	0.13	0.65	0.82	1.47	0.21	1.59	2.66	3.84

由表 4.37 可知，在 PS 浓度为 10% 的时候，PS –（F + A + B）灌浆材料的抗折强度和抗压强度最接近于壁画地仗层的等效强度。因此，在后续实验环节中，所用 PS 的浓度都定为 10%。

2. PS 模数对浆材强度的影响

采用 10% 浓度的 PS 主剂，我们根据经验，以 3.80 的 PS 模数为基准，再选择模数为 3.60 和 4.00 的 PS 进行 28 天龄期时的对比性强度实验（表 4.38），实验过程中，配制灌浆材料的其他参数保持不变。

表 4.38　不同 PS 模数时灌浆材料的强度

兼容性灌浆材料	抗折强度 R_f（MPa）			抗压强度 R_c（MPa）		
	3.60	3.80	4.00	3.60	3.80	4.00
PS –（F + A）	0.38	0.77	0.69	1.03	2.12	1.84
PS –（F + B）	0.34	0.78	0.63	0.83	2.08	1.84
PS –（F + A + B）	0.29	0.65	0.58	0.96	1.59	1.41

从表 4.38 可知，当 PS 主剂的模数较低时，浆液结石体的强度明显低于基准试块的强度，而 PS 的模数高于某一界限值后，灌浆材料的强度变化不大，甚至反倒有下降的趋势。实验表明，调整 PS 模数对灌浆材料强度的影响不及 PS 浓度对浆材强度的影响。

3. 固化剂掺量对浆材强度的影响

虽然氟硅酸钠的作用主要是调节浆液的凝结时间，但是固化剂的掺量对灌浆材料的强度也有影响。以固化剂掺量为 1.5% 时浆液结石体的强度为基准，我们选取不添加固化剂、1.0% 固化剂掺量以及固化剂掺量为 2.0% 的灌浆材料进行 28 天龄期时的对比性强度实验（表 4.39）。

表 4.39　不同固化剂掺量时灌浆材料的强度

兼容性灌浆材料	抗折强度 R_f（MPa）				抗压强度 R_c（MPa）			
	0	1.0%	1.5%	2.0%	0	1.0%	1.5%	2.0%
PS –（F + A）	0.43	0.56	0.77	0.35	1.76	1.92	2.12	0.96
PS –（F + B）	0.56	0.60	0.78	0.36	1.50	1.56	2.08	0.99
PS –（F + A + B）	0.35	0.51	0.65	0.29	0.93	1.37	1.59	0.88

从表4.39可知，固化剂的掺量会对灌浆材料的强度产生影响，但是，浆液结石体的强度不会因为固化剂的掺入而大幅提高。

4. 水灰比对浆材强度的影响

在确定 PS 浓度为 10%、PS 模数为 3.80 以及固化剂掺量为 1.5% 后，以 0.55 的最小浆液水灰比作为基准，逐次增大水灰比至 0.60、0.65 和 0.70 进行 28 天龄期时的对比性强度实验（表4.40）。

表4.40　不同水灰比时灌浆材料的强度

兼容性灌浆材料	抗折强度 R_f（MPa）				抗压强度 R_c（MPa）			
	0.55	0.60	0.65	0.70	0.55	0.60	0.65	0.70
PS – (F + A)	0.77	0.53	0.43	0.34	2.12	1.33	1.24	1.15
PS – (F + B)	0.78	0.50	0.33	0.29	2.08	1.60	1.16	1.15
PS – (F + A + B)	0.65	0.44	0.29	0.21	1.59	1.27	1.04	0.91

从表4.40可知，随着浆液水灰比的增大，灌浆材料的强度有下降趋势。

5. 浆材强度随龄期的变化

在 PS 主剂的浓度为 10%、模数为 3.80，固化剂掺量为 1.5%，水灰比为 0.60 的浆液配比参数下，我们观察 PS –(F + A)、PS –(F + B) 以及 PS –(F + A + B) 三种浆液结石体强度随龄期的变化规律（表4.41）。

表4.41　灌浆材料在不同龄期时的强度

兼容性灌浆材料	抗折强度 R_f（MPa）						抗压强度 R_c（MPa）					
	3	7	14	28	60	90	3	7	14	28	60	90
PS – (F + A)	0.09	0.28	0.30	0.53	0.59	0.65	0.22	0.57	0.98	1.33	1.54	1.75
PS – (F + B)	0.19	0.29	0.44	0.50	0.52	0.58	0.42	0.82	1.39	1.60	1.72	1.80
PS – (F + A + B)	0.11	0.19	0.27	0.44	0.49	0.53	0.20	0.59	0.94	1.27	1.35	1.44

从表4.41可以看出，填充材料配比不同的三种灌浆材料的抗折强度和抗压强度均随龄期而增长，在 28 天龄期的时候，浆液结石体的强度已经基本稳定，可以选择这一龄期的试块进行各项对比性实验。

6. 固化温度对浆材强度的影响

经实验，适用于布达拉宫空鼓壁画灌浆加固的浆液最佳配方为：10% PS 浓度、3.80 PS 模数、1.5% 固化剂掺量以及 0.55 ~ 0.60 的水灰比。为了衡量固化温度对浆液结石体前期强度的影响，选择水灰比为 0.60 的灌浆材料在 7 天龄期时分别在 50℃、100℃ 和 150℃ 各烘 8 小时后的强度进行对比性实验（表 4.42）。

表 4.42　不同固化温度时灌浆材料的强度

兼容性灌浆材料	抗折强度 R_f （MPa）			抗压强度 R_c （MPa）		
	50℃	100℃	150℃	50℃	100℃	150℃
PS - (F + A)	0.25	1.90	2.15	0.66	2.86	3.98
PS - (F + B)	0.27	2.41	2.64	0.65	2.39	3.23
PS - (F + A + B)	0.15	1.21	1.77	0.62	2.04	2.55

从表 4.42 可得，只要浆液结石体内仍有自由水存在，低于 100℃ 的温度环境对试块强度的贡献不是很明显，因为此时的热量都被液态水吸收，没有造成 PS 分子间的聚合脱水。当试块内的水分全部散失后，高于 100℃ 的温度将会继续促使 PS 胶结剂"玻璃化"，并且固化温度越高，Si 原子之间形成的网状共价键就越牢固。

（三）浆液的凝结时间

依照《水泥标准稠度用水量、凝结时间、安定性检验方法》（GB/T 1346 - 2001），采用水泥稠度凝结测定仪测定最佳配方的浆液在不同水灰比时的初凝时间（表 4.43）。

表 4.43　浆液在不同水灰比时的初凝时间

兼容性灌浆材料	初凝时间 （min）			
	0.55	0.60	0.65	0.70
PS - (F + A)	210	260	415	500
PS - (F + B)	225	280	370	480
PS - (F + A + B)	305	375	435	515

从表 4.43 可以看出，随着水灰比的增大，最佳配比的浆液初凝时间相应延长。此外，试验表明，没有添加固化剂的 PS - (F + A + B) 浆液在 0.55 水灰比的情况下，其

初凝时间相比 1.5% 固化剂掺量的浆液滞后约 240 min。

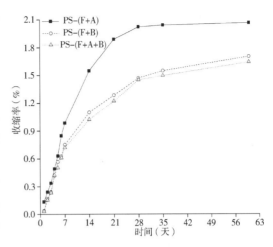

图 4.84　灌浆材料的收缩率随时间变化

（四）灌浆材料的收缩性

在恒温恒湿的实验条件下，我们选取 0.60 水灰比对最佳配方的三种灌浆材料进行收缩率实验（图 4.84）。

从图 4.84 可知，PS –（F + A）灌浆材料的收缩率最大，这与白色阿嘎土的粒径较小有关，而填充材料中同时添加了细粒白色阿嘎土和粗粒红色阿嘎土的 PS –（F + A + B）灌浆材料，其收缩率明显降低。

（五）灌浆材料的耐候性

通过对 PS –（F + A）、PS –（F + B）和 PS –（F + A + B）三种灌浆材料的一系列对比性实验，我们最终筛选出在粉煤灰的基础上添加与布达拉宫壁画地仗相兼容的白色阿嘎土和红色阿嘎土作为填充材料，以 10% 浓度和 3.80 模数的 PS 作主剂，以占 PS 主剂质量 1.5% 的氟硅酸钠作固化剂，根据灌浆的难易程度选择 0.55 ~ 0.60 的水灰比配制的 PS –（F + A + B）浆液作为灌浆加固布达拉宫空鼓壁画的修复材料。

尽管布达拉宫壁画的保存环境相对较好，但我们仍然对 PS –（F + A + B）浆液结石体进行极端情况下的耐候性实验。

（1）水稳定性

模数为 1 的硅酸钾水溶液可以看做是聚合度为 1 的强碱弱酸盐，其水溶液失水干燥后变成粉末，遇水则又溶解，不具备硬化的特性。但是，硬化水玻璃是脱水的高模数水玻璃，其聚合产物的溶解度随模数的增高而降低。当硬化钾水玻璃的溶解度小于某一限值时，它就具有水稳定性，犹如低级脂肪酸（碳原子数少，聚合度较小）溶于水，高级脂肪酸呈固态而不溶于水。

将水灰比为 0.55 的 28 天龄期 PS –（F + A + B）浆液结石体在水中浸泡 24 小时，待其干燥后，试块的强度略有降低，其中，抗折强度和抗压强度分别为 0.59 MPa 和 1.45 MPa，下降了 9.2% 和 8.8%。

（2）抗冻融性

由于 PS – F 系列灌浆材料的透水透气性非常好，因此 PS –（F + A + B）浆材具有优良的抗冻融性。实验表明，水灰比为 0.55 的 28 天龄期浆液结石体在经过 8 个周期的冻融循环后，其抗折强度和抗压强度分别下降 12.5% 和 14.1%。

（3）安定性

由于 $Na_2SO_4 \cdot 10H_2O$ 在灌浆材料孔隙内产生的晶胀力非常大，水灰比为 0.55 的 28 天龄期 PS –（F + A + B）浆液结石体在经过三次晶溶和晶胀后，试块表面略有剥落，其抗折强度和抗压强度也受到明显的弱化。随着浸泡溶液中盐浓度的降低，灌浆材料抵抗结晶盐侵蚀的能力增强。

（4）耐碱性

NaOH 和玻璃中 SiO_2 发生反应的速率与程度跟 NaOH 的浓度、反应的温度及仪器表面的光滑度有关。光滑度很好的玻璃与碱液接触，即使加热也极难反应。因此，常温下 SiO_2 的化学性质稳定，在加热的条件下，SiO_2 才有可能与碱性氧化物起反应。

NaOH 对灌浆材料中的 PS 成分具有很强的腐蚀作用，两者相互作用后发生如下反应：

$$K_2O \cdot mSiO_2 + 2NaOH \rightarrow K_2O \cdot (m-1) SiO_2 + Na_2SiO_3 + H_2O$$

$$K_2O \cdot mSiO_2 + 2(m-1) NaOH \rightarrow K_2SiO_3 + (m-1) Na_2SiO_3 + (m-1) H_2O$$

当 NaOH 物质的量较少时，第一个反应方程式成立；当 NaOH 过量时，第二个反应方程式适用。由于本实验只确定了 NaOH 水溶液的质量百分数浓度，因此无法定量计算反应物与生成物的物质的量。

实验表明，水灰比为 0.55 的 28 天龄期 PS –（F + A + B）灌浆材料可以有效抵抗 pH 值为 11 的碱溶液侵蚀，其浆液结石体在碱液中浸泡 24 小时后，其试块表面基本完整。但是，PS –（F + A + B）灌浆材料在浓度为 2% 的 NaOH 水溶液浸泡数小时后，试样表面出现轻微的剥落。经换算，质量百分数浓度为 1% 的 NaOH 水溶液中 OH^- 的浓度为 0.2525mol/L，其 pH 值为 13.4。同理，2% 的 NaOH 水溶液中 OH^- 的浓度为 0.5102mol/L，其等效 pH 值为 13.7。

第三节　起甲壁画修复材料及工艺研究

（一）起甲壁画修复材料筛选

我们主要通过选择新型聚合物材料及应用工艺，对起甲壁画进行软化和回贴复原，同时对所采用的材料和回贴工艺过程给出科学合理的理论解释。

1. 壁画起甲的现状

在 20 世纪 50 ~ 60 年代，当地宗教人士为了保护壁画，在壁画表面涂刷了一层清漆

（或干性油脂）。几十年间，由于各种环境因素的作用，壁画制作材料以及表面涂层的老化，布达拉宫壁画出现严重的起甲。

收集的翘片情况：

（1）面积约为 $1cm^2$，厚度为 0.1mm 以下；

（2）正面为红、棕、黄、绿、蓝等各色，略有光泽；背面多为铁黄色，也有少数红、蓝等颜色，颗粒物比较明显地附着在背面，用手触及时容易脱落而沾染手指；

（3）翘片非常脆弱，极易破碎成更小甲片或者粉末状物；翘片卷曲程度约在30°～90°之间。

由于起甲的颜料层呈翘片状，极其脆弱，这给修复造成极大困难。因此，在修复材料筛选方面的难度大于一般壁画病害的修复。

2. 起甲原因的分析

（1）涂刷清漆的种类与结果

由于已经有50年左右的时间，现在已经无法知道20世纪50～60年代涂刷的清漆的品种。但是通过推断确定其主要种类，对于我们分析壁画起甲原因进而进行修复材料的筛选无疑是有益的。

20世纪的50～60年代，我国的工业发展水平不高。油漆涂料也处于起步发展水平。西藏地处边远地区，到目前为止仍没有一家具有一定规模的油漆涂料生产厂家，所以当时涂刷的清漆要么为外地运入，要么是产于当地的天然干性油。

天然干性油的主要品种是桐油和亚麻油，桐油产于内地南方省份，因此如果当时使用天然干性油，最为可能的是亚麻油。亚麻油色泽为淡黄到棕黄色，主要成分为亚麻酸和亚油酸（即为非共轭的十八碳三烯酸和二烯酸）的甘油酯，依靠空气中的氧气氧化不饱和双键而干燥。如果单独使用亚麻油作为成膜物，则干燥性能不好，容易发生发黏现象。它柔韧性较好，但是容易变黄。

如果从内地厂家购进清漆，根据当时国内主要产品的情况，有酯胶清漆、醇酸清漆、酚醛清漆这三个主要品种。根据红外光谱对翘片的分析测定，其中含有酯键的羰基吸收峰（1740 cm^{-1}），因此可以排除使用酚醛清漆的可能性。

酯胶清漆一般为松香甘油酯。松香与甘油经过酯化反应后加入催干剂后即成。醇酸清漆是多元醇与苯酐经过酯化反应而生成的，在当时属于中高档油漆产品。

亚麻油、酯胶清漆和醇酸清漆这三类产品的共同特性为：分子中均含有天然大分子物质（如油脂、松香），而且都含有容易水解的酯键和不稳定的双键结构，因而他们对于水、光线等的物理和化学作用是非常不稳定的：在酸性或者碱性条件下酯键易于发生水解作用而使分子键断裂，在光线等能量作用下双键容易被破坏也使得分子键断裂，所以漆膜的耐久性并不是很好；经过几十年外界能量、水汽、氧气、微生物等共同作用，分子中键能低的化学键断裂后导致原来整体大分子结构的破坏，即实际上壁画表面上已经基本不存在连续性的有机漆膜，而只是存在有不连续的小分子有机化合物。有数据表明，醇酸漆在正常条件下的使用寿命不会超过 20 年。因此，上述三种漆膜无论是哪一种，其耐久性均不是非常好，经过 50 年的岁月，其中的有机大分子已经分解为小分子物质。

红外光谱分析：我们用 KBr 压片法测定起甲颜料层中翘片的红外光谱，红外光谱仪为德国 BRUKER IFS 66v/S，测定结果是翘片的主要吸收峰为：2921、2851cm^{-1}，为烃基吸收峰，这证明有有机化合物存在；1741cm^{-1} 为羰基吸收峰；1077、1047cm^{-1} 为 Si – O 键很强的吸收峰，属于附着于翘片上的无机物吸收。整体谱图比较简单，只有很少的吸收峰，只能说明翘片中存在含有羰基的少量有机化合物和大量的无机物，无法证明其中存在有聚合物或者天然高分子物质。

化学分析：取翘片分别用二甲苯、丙酮和环己酮于开放环境中浸泡 4 小时后，观察到如下现象。

二甲苯中：整体翘片不复存在，翘片有机物基本溶解或者溶胀，体系呈浑浊状态；

丙酮中：整体翘片不复存在，由于丙酮挥发非常快，体系呈不透明膜状物；

环己酮中：整体翘片不复存在，体系呈清澈透明状，器皿底部为黄色不溶性小颗粒沉降物，同时可以清楚地观察到中间存在有很小的微黄色片状成分。

上述三种有机溶剂的极性逐渐增强，二甲苯的溶解性能最弱，环己酮的溶解性能最强。从观察到的现象看，翘片中的有机成分均已经溶解，但是溶解的程度有所不同。

作为漆膜的高分子物质，经过干燥过程中的化学反应，会生成分子量比干燥前大很多的大分子，尤其经过几十年，这些化学反应应该进行得非常充分，形成的醇酸漆膜的分子量会达到从数千到几十万。如果不发生漆膜的破坏，在这些有机溶剂的作用下，漆膜仅仅会出现溶胀和起皱现象，而不会溶解。经过自制醇酸清漆的对比观察，该漆膜经过十多天的干燥，在二甲苯和环己酮中浸泡 24 小时，未发现溶解现象，只出现漆膜起皱变软；取出并待溶剂挥发后，漆膜虽起皱不能恢复平整，但仍是完整的连续性漆膜。

所以，从壁画漆膜的可能种类、特性等推断，又通过红外光谱和化学分析，认为壁画表面的连续性漆膜大部分被破坏，已分解为小分子有机化合物。

（2）起甲原因的分析

关于壁画起甲原因，文中在病害形成机理部分已经做了分析。

3. 修复材料的筛选

（1）筛选的原则

根据文物保护的原则和壁画开裂的特点，确定壁画修复材料必须遵循的原则如下：

①渗透性：对于颜料层和地仗层等必须有良好的渗透性，使之经过渗透而重新成为一体；

②黏结性：相对于地仗层开裂的颜料层粘接材料必须有良好的黏结性；

③透气性：要保证修复后整体可以进行水汽的正常交换，从而避免产生不应有的作用力；

④颜料不能产生变色影响：对于颜料层应该相对惰性，而不能因此发生颜料层的变色；

⑤耐久稳定性：尽可能采用耐久性能优越的产品，延长修复材料的寿命。

（2）修复材料的筛选研究

①修复材料的确定

根据壁画的现实情况和修复工作的具体要求，我们认为将软化剂和黏合剂的作用合二为一，既所选择的材料首先对于壁画开裂的翘片能够软化，然后通过适当的外力作用将其回贴，这样可以减少修复工作的程序，降低成本。

前期有人根据壁画涂刷清漆的现实，认为采用丙酮首先将壁画翘片软化（主要软化其中清漆的有机大分子），然后随着丙酮的挥发利用这些有机大分子的黏合性能而进行回贴，或者加进去黏合剂进行回贴。为此，分别采用二甲苯、丙酮、环己酮、丙二醇和水进行了壁画翘片软化试验，在滤纸和钢板上放置翘片，蘸取有机溶剂滴至翘片，然后观察现象，结果如表4.44。

表4.44 回软试验

回软溶剂	滤纸上观察到的现象	钢板上观察到的现象
二甲苯	10~15分钟以后，翘片软化，滤纸上有渗色现象	10分钟后，无连续的翘片存在
乙酸丁酯	10~15分钟以后，翘片软化，滤纸上有渗色现象	10分钟后，无连续的翘片存在
丙酮	2分钟以后有软化趋向，但5分钟后丙酮挥发又返硬，压后碎裂	5分钟后，无连续的翘片存在
环己酮	5分钟后滤纸严重渗色，颗粒物凸现	5分钟后，无连续的翘片存在
丙二醇	20分钟以后翘片变软，压平后不碎	20分钟以后翘片变软，压平后不碎
水	20分钟以后翘片变软，压平后不碎	20分钟以后翘片变软，压平后不碎

实际上根据我们工作的判断，由于多数有机大分子已经不复存在，存在的是大量的小分子有机化合物，而二甲苯、乙酸丁酯、丙酮、环己酮又是溶解能力很强、挥发性也很强的有机溶剂，因此对于壁画的翘片可能会起到溶解小分子的同时，也使这些有机小分子随有机溶剂的流动而产生不该有的移动，从而对壁画造成新的破坏。

该项前期工作为我们提供了一种思路，即有机溶剂软化清漆漆膜，水可以软化土质成分，但是它们一方面不可能达到很理想的软化要求，另一方面也没有黏合作用。介于有机溶剂和水之间的能够起到软化作用、又同时具有黏合作用的理想材料应该是大分子有机乳液。

大分子有机乳液是各类含有烯键的单体在引发剂的作用下，经过自由基聚合而成的聚合物水分散体。常用的乳液品种有聚乙酸乙烯乳液、苯丙乳液、纯丙乳液、硅丙乳液等。这些乳液聚合物的分子量高，有比较好的黏合性能，同时由于分子量分布狭窄，所以具有良好的机械性能和较低的黏度，有良好的渗透性和施工性能。其中的乙酸乙烯乳液耐水性、耐碱性和耐候性比较差；苯丙乳液的耐碱性和耐候性也不是特别理想，因此该方面的研究工作我们主要针对纯丙乳液和硅丙乳液开展。

②乳液的组成与特性

纯丙乳液：由甲基丙烯酸甲酯、丙烯酸丁酯、丙烯酸乙酯等丙烯酸系单体加入乳化剂、引发剂等，经过乳液聚合反应而制得纯丙烯酸酯乳液。该乳液中不含有苯丙乳液中的苯乙烯，因此具有更好的耐久性和弹性。

硅丙乳液：由丙烯酸系单体和特种有机硅单体在乳化剂、引发剂的作用下，经过乳液聚合反应而制得的乳液。由于不含有苯乙烯，同时加入了有机硅而使得乳液具有更好的耐候性能。

这两种乳液的分子量一般在几万到几十万之间，聚合乳液的粒径一般为 10 ~ 100nm 范围。作为一种热塑性树脂，乳液的成膜机理是乳液粒子的聚结，因此干燥成膜后其透气性非常好；由于具有相对比较大的分子量，因此具有良好的黏合性能；乳液体系中既存在有有机大分子，对于有机物具有亲和作用，同时又由于含有水而对无机材料也具有相当的亲和力；双相的亲和力再加上粒径的因素、黏度低的因素（表 4.45），所以虽然比纯溶剂（如水或者有机溶剂）的渗透性差，但是比有机胶黏剂要好。

表 4.45　乳液的一般指标

外观	半透明至乳白色带蓝相黏稠液体
固体含量（%）	48 ± 2
黏度（cp）	1000 ~ 2000
pH	7 ~ 8

③不同乳液的选用

选择数家企业的乳液产品，比较的依据为渗透性和黏结性，如表4.46。

表4.46 乳液的选择

序号	乳液品种	渗透性（mm）	黏结性
厂家1	纯丙乳液	21	7
	硅丙乳液	—	—
厂家2	纯丙乳液	19	8
	硅丙乳液	20	7
自制3	纯丙乳液	—	—
	硅丙乳液	23	9
厂家4	纯丙乳液	17	8
	硅丙乳液	18	8
厂家5	纯丙乳液	20	10
	硅丙乳液	18	7

注：实验方法

（1）渗透性：将烘干后的黄土捣碎，用80目筛网分筛。称取30g细土，装入内径为22 mm的玻璃试管中并捣实。最终土在试管中的高度为70 mm。分别用移液管加入2 ml乳液，密闭放置2小时后测量乳液渗入高度。

（2）黏结性：以在10℃条件下，考察乳液在玻璃板上成膜情况然后对各种乳液打分。最高为10分。10分的情况为：乳液成膜后透明、无开裂、无发软现象，然后在水中浸泡2小时后不泛白、不脱落。成膜性能主要是乳液粒子的聚结能力，因此代表着乳液的黏结性能。

由上述考察结果可以看出，3#自制乳液的渗透性和黏结性能综合比较好。同时在相同情况下硅丙乳液的渗透性能高于纯丙乳液。

据研究报道，硅丙乳液共聚物中聚硅氧烷的含量越高，其表面的自由能越小。水的表面张力为$72 \times 10^{-5} N/cm$，纯丙乳液的表面张力为$49 \times 10^{-5} N/cm$，添加聚硅氧烷以后乳液的表面张力迅速降低，添加量在18%～26%范围内，硅丙乳液的表面张力基本保持在$30 \times 10^{-5} N/cm$。较低的表面张力有利于乳液粒子对颜料表面的润湿、附着；有利于提高乳液对于基材的附着力和渗透力，这是硅丙乳液的重要特性之一。这一研究也印证了本项目的实验结果。

④修复材料的制备

由于市售乳液不能满足壁画修复的要求，我们进行了乳液的合成工作。从单体的选择和匹配（特别是有机硅中间体的选择）、乳化剂的选择和匹配（非离子型和阴离子型）、合成工艺的确定等方面进行了研究。最后确定采用预乳化工艺，丙烯酸酯类单体采用国产原料并进行处理，有机硅中间体采用进口特种功能性硅中间体，乳化剂选用进口非离子型和阴离子型匹配，比例为 1：4，合成的乳液具有较好的综合性能。

a. 增加渗透性

按照前述方法试验了 3 种渗透助剂（B、T、P），结果如表 4.47：

表 4.47　渗透剂对渗透性能的影响（渗透高度，mm）

渗透时间（hr）	硅丙乳液 + 0	硅丙乳液 + B	硅丙乳液 + T	硅丙乳液 + P
2	22	25	23	23
5	25	28	26	26

三种渗透助剂对提高渗透性都有帮助，相对 B 是最好的，P 和 T 相差无几，但是 P 加入后乳液产生了大量的泡沫，不易消除，放置两天以后才逐渐消失。对于 B 的加入量多少，也做了测试（表 4.48）。

表 4.48　渗透剂加入量对渗透性的影响（渗透高度，mm）

渗透时间（hr）	不加 B	B 5%	B 10%	B 20%	B 40%
2	22	25	25	25	23
5	24	28	28	27	26

注：渗透剂的加入量按照乳液的纯固体含量计算。

渗透剂 B 的加入量在 5%～20% 之间比较好，在 5%～10% 之间最好。

从上述结果看出，通过加入 5%～10% 的渗透剂 B，乳液的渗透能力提高了 15%。

b. 软化性能的考察

在玻璃板上放置翘片，然后滴入改进后的乳液，翘片在 15～20 分钟内可以回软，施加作用力后翘片能够复平而不碎裂。

c. 对颜料层的影响

在试块上涂刷该修复乳液，放置干燥后未发现有颜料变色现象。

⑤所确定的修复材料的技术指标（表4.49）

表4.49 修复材料的技术指标

序号	项目	技术指标
1	外观	半透明至乳白色液体
2	固体含量（%）	3（使用前稀释至）
3	黏度（涂一4杯）（s）	15～30
4	储存稳定性	半年
5	耐冻融性	合格
6	耐水性	48小时无异常
7	黏结性	合格
8	渗透性	优异
9	对颜料的影响	无变化

4. 结论

通过理论分析和实验的比较，我们确认壁画涂刷的清漆属于含有双键的、耐久性比较差的有机大分子。经过几十年的老化，壁画表面已经很少存在有大分子物质，而是分解成为小分子有机化合物。在此基础上，提出并经试验确定采用有机聚合物乳液作为壁画修复材料。经试验的比较分析和改进，所制备的硅丙乳液具有良好渗透性能、黏结性能以及良好的耐久性能。现场的修复试用也为此提供了支持数据。

本研究从理论上解释了壁画开裂的原因，并经过实验确定了性能良好的修复材料，具有一定的创新性，为文物修复工作的进一步开展奠定了基础。

（二）起甲壁画修复工艺

对起甲壁画的修复，用注射黏结剂的办法来增加颜料层和地仗层的黏结力。对于颜料层表面涂刷清漆和桐油的起甲壁画，颜料层厚度在0.4 mm以上时选用1%～3%的Paraloid B72丙酮溶液，软化清漆和桐油，同时对起甲壁画的颜料层注射2%～3%的聚丙烯酸乳液进行回贴加固；对颜料层厚度在 0.4 mm 以下的我们用丙酮溶液对清漆或桐油表面进行软化，待丙酮溶液挥发后，对起甲壁画再注射 3% 的聚丙烯酸乳液进行回贴加固。对颜料层表面没有涂刷清漆和桐油层的起甲壁画，选用 2% ~3% 的聚丙烯酸乳液对起甲壁画的颜料层进行回贴加固。

起甲壁画修复加固的具体工艺为：

①修复前用小毛刷和吸耳球将起甲壁画的背部及表面的尘土清除干净；

②用 2% ~3% 的聚丙烯酸乳液对地仗层进行加固；

③用丙酮溶液软化涂有清漆和桐油的颜料层；

④用注射器将 2% ~3% 的聚丙烯酸乳液沿起甲壁画的裂口注射到起甲壁画的背部，使之渗透到地仗层。每个部位视病害的程度注射 3 ~ 4 遍；

⑤待黏结材料的溶剂被地仗吸收或挥发后，用自制竹、木或不锈钢修复刀，将起甲壁画轻轻回贴到地仗原位，用白色绸缎包脱脂棉绑扎的棉球，对起甲壁画进行滚压，使颜料层和地仗层进一步结合牢固。滚压的方向最好是从壁画未开裂口处向裂口处轻轻滚动，这样能将起甲内的空气排出，不会出现气泡；另外，壁画也不会被压出皱褶；

⑥待整个壁面注射加固完成后，配制 1% 的甲基纤维素溶液，用软排笔均匀地将壁画表面涂刷一遍，既可检查出未修复的部位，又可增加整个壁画的表面强度。

（三）起甲壁画修复现场试验

根据室内实验研究结果，我们选择黄房子为起甲壁画修复的现场试验点。

（1）黄房子壁画起甲现状及特点

黄房子壁画绘制于 17 世纪，是布达拉宫现存历史最悠久的壁画之一。壁画颜料的使用以黄色和红色为主，表面涂有保护层。由于壁画年代久远，胶结材料的老化及表面涂层的收缩、建筑漏雨后的雨水冲刷等因素，壁画出现不同程度的起甲病害，主要表现为片状起甲和酥碱起甲，局部颜料层已将表面地仗层带起。起甲病害主要分布在西壁和南壁。

（2）现场修复试验

在室内实验研究的基础上，筛选出以聚丙烯酸乳液和硅丙乳液为主的修复加固材料，表面涂层选用丙酮进行软化。在现场，选择浓度为 3% 的按体积比 1∶1 混合的以上两种乳液做加固试验，具体过程如下：

①清除壁画表面的尘土及起翘颜料层背面黏附的地仗土的颗粒；

②用注射器注入 3% 的乳液加固地仗疏松层，注射 1 ~2 遍；

③使用丙酮溶剂对颜料起翘层滴渗软化；

④软化的同时，在背面注入 3% 的乳液，稍干后表面覆镜头纸，用木制修复刀压回

地仗。

试验过程中发现，回压的壁画干燥后仍然有轻微的起翘，分析原因应是由于殿堂和墙表温度都相对较低，干燥过程较慢，达不到黏结剂的黏接强度。因此，在之后试验中首先对乳液采用水浴加热，水浴的温度控制在40℃左右，回压的同时，用电吹风加热提高墙体表面的温度，加快了黏结剂的干燥过程。采用以上措施后，回压后的颜料层没有出现修复后的起翘现象。

（3）现场试验小结

通过对黄房子西壁局部起甲的修复试验，验证了室内实验材料的可行性。在具体的操作过程中，对颜料层起翘的壁画，在对表层软化时，滴加的溶剂的量不可过大，否则会软化过度，表面涂层会出现起皱现象；由于溶剂挥发较快，在软化的同时就在背面注射黏合剂回压。对酥碱起甲的壁画，首先要对地仗层做加固处理，再做起甲处理。同时，根据殿堂的温度条件，起甲的不同类型，可采取不同的辅助手段，以达到最佳的修复效果。

第四节　烟熏壁画修复材料及工艺研究

对烟熏壁画的清洗，国内外都已有研究。国内传统的清洗方法是用化学手段即弱碱性试剂进行清洗；国外除了用化学方法外，还试探用激光等物理手段，但效果都不是很理想。因此，对烟熏壁画的清洗目前仍是一个世界性的难题。

1976年，敦煌研究院（时称敦煌文物研究所）曾对莫高窟部分烟熏壁画做过清洗试验，试验选用不同的无机与有机溶剂、氧化剂进行试验，最后筛选了结晶Na_2CO_3为清洗剂。清洗时先用一定浓度的Na_2CO_3洗涤，等烟熏层溶解后再用双氧水氧化炭层，用柠檬酸中和碱液，最后用蒸馏水拭洗。用这种清洗剂清洗莫高窟烟熏层取得了一定的效果，保存状况比较稳定。经过对烟熏层化学成分的研究，证实了这一方法的可靠性，为烟熏壁画的清洗提供了经验。

但不同地点的壁画因其制作工艺、制作材料的化学成分会有所区别，燃烧物种类的不同，燃烧产物也会有差异；不同时代的壁画，其颜料的使用上又有一定的区别，因此不同地域的壁画烟熏层必须选用适宜浓度的碱液进行清洗，而且清洗必须结合其他病害的治理同步进行，否则可能会加剧其他病害，同时还会影响到颜料层。

就布达拉宫殿堂内的烟熏壁画来说，烟熏层与内地石窟或寺院壁画有所不同。烟熏是由于殿堂内长年燃烧酥油灯引起的，酥油的分子结构及油烟的化学成分比内地石窟寺的复杂。壁画的表层被多次涂抹过桐油和清漆，有的是壁画绘制时为了色彩艳丽而涂抹的，有的是后来为保护壁画而涂抹的，有的则是在烟熏后为使壁画重现光彩才涂抹的，因此给清洗工作带来不同程度的困难。

（一）烟熏壁画清洗材料筛选

（1）清洗材料的选择原则

所使用的清洗材料必须具备以下条件：

①能与烟熏层充分反应，而不伤及颜料层和地仗；

②无色、无味，不会影响壁画的色泽；

③在水中应有很好的溶解性，在常温下就能充分溶解；

④反应后的产物容易除去，不会对壁画造成新的污染。

烟熏是由于酥油灯的燃烧引起的，酥油燃烧后的产物以酚类和芳香族化合物为主，水解后呈酸性，还有燃烧不充分的产物炭粒，因此选择碱性材料对油烟层处理。试验中选择结晶碳酸钠的水溶液对油烟层进行处理，结晶碳酸钠常温下在水中有大的溶解度，而且性质稳定，不会与壁画颜料层发生化学反应。处理完成后，会有多余的碱液残留在壁画表面，还需中和剂去除壁画表面多余的碱液。

（2）中和剂的选择条件

中和剂应具备的条件：

①无色、无味，在水中有很好的溶解性；

②只与清洗材料充分反应，不伤及壁画；

③与清洗材料反应后的产物容易去除，不会对壁画造成新的污染。

实验证明，柠檬酸能与金属离子作用形成可溶性络合物，加热时不分解，而且可以防止碱性溶液中析出某些金属元素的氢氧化物沉淀。柠檬酸与结晶碳酸钠能在常温下反应，放出二氧化碳气体，直接排入空气，同时生成絮状物，用蒸馏水就可以除去，因此选择柠檬酸作为中和剂。另外，在壁画表面残留的部分未燃烧充分的产物，选择用强氧化剂双氧水除去，双氧水可与这些物质发生化学反应，产物为二氧化碳和水，不会对壁画造成伤害。

（二）烟熏壁画清洗工艺

综合以上，在烟熏现场清洗试验中我们选择结晶碳酸钠为清洗剂，柠檬酸为多余碱液的中和剂，双氧水作为除去表面炭粒的材料进行清洗试验，具体工艺如下：

①首先用修复刀仔细剔去烟熏污染壁画表面的一层油渍；

②用棉花蘸取10%的结晶碳酸钠溶液轻轻擦拭壁画表面，直到露出画面；

③用柠檬酸中和壁画表面多余的碱液；

④用脱脂棉球蘸蒸馏水清洗壁画表面2~3次；

⑤用双氧水除去壁画表面的炭粒；

⑥最后再用脱脂棉球蘸蒸馏水清洗壁画表面 2 ~ 3 次。

清洗中，使用柠檬酸中和多余碱液后，应及时用脱脂棉球蘸蒸馏水清洗除去过量的中和剂，否则柠檬酸将会与某些颜料中的金属离子结合形成络合物，从而导致壁画颜料层的褪色。

（三）烟熏壁画现场清洗试验

选择布达拉宫东大殿东壁和坛城殿南壁为烟熏清洗的试验点。东大殿和坛城殿殿内壁画常年受燃烧酥油灯的烟熏，大面积的壁画已经被一层厚厚的油烟层覆盖，坛城殿尤以南壁最为严重，几乎看不到画面内容。因此，选择两殿堂烟熏壁画的一小块做现场的清洗试验。

从清洗后的效果来看，虽然比较理想，但还不能做大面积的清洗。由于壁画表面的烟熏成分比较复杂，同时壁画画面是由多种矿物颜料绘制的，选用的清洗试剂只是对部分颜料适用，因此还需要继续作进一步的现场试验来验证材料的可行性。

第五节　小结

通过室内模拟试验研究和进一步的现场试验，筛选出了针对西藏布达拉宫病害壁画修复的材料和工艺；同时对灌浆材料 PS – F 系列的物理力学性能又进行了深入的研究，保证了修复材料的科学性和可行性，确保修复过程的顺利实施。

（1）对起甲壁画，针对西藏壁画的特殊性，我们选择渗透性较好的硅丙乳液和黏结性能较好的聚丙烯酸乳液作为黏结材料进行渗透加固。由于表面涂层的影响，回贴比较困难，选择首先用有机溶剂丙酮对表面涂层进行软化，再注射黏合剂回贴加固的修复工艺，取得了很好的修复效果。

（2）对空鼓壁画，通过现场试验，在对实验室筛选的材料和工艺进行验证的同时，对现场出现的一些新的问题进行总结。针对浆液渗透和固化不好的情况，对灌浆材料 PS – F 系列的物理力学性能又进行了深入的研究，通过调节 PS 浓度、适当调整水灰比、改变固化剂掺量等措施以保证浆液固化后与地仗和墙体很好的兼容。对表象不同的空鼓采取不同的加固措施，对地仗和墙体脱离的，采取灌浆回贴加固工艺，必要时辅以锚杆补强；对地仗层间或墙体（夯土墙）内部由于存在软土层而失去黏结作用的，首先用低浓度的 PS 对软土层进行渗透加固，以提高地仗或墙体酥软层的强度，再进行灌浆或滴灌的灌浆加固工艺。另外，针对环境因素对修复效果的影响，尽量选择合适的施工季节，以保证灌浆材料很好的凝结并达到理想的加固效果。

从室内模拟实验中对修复材料和工艺的初步筛选，到现场对材料和工艺的验证，再针对现场出现的问题，对材料和工艺进一步完善，从而确定理想的修复材料和可行的修复工艺，最后再运用到修复实践中，确保了对文物的万无一失。

第五章 壁画空鼓病害的探测及 灌浆加固效果的评价

第一节 检测技术综述

由于受壁画赋存自然环境诸因素及人文环境等外因的影响，以及壁画制作材料和制作工艺等内在因素的作用，西藏寺院壁画产生了各种病害。西藏寺院壁画病害中，产生病害的壁画量最大、对壁画危害最严重且最难治理的病害是壁画空鼓。

壁画空鼓有三种状况：第一种是指颜料层空鼓，即壁画颜料层以小疱状鼓起而脱离壁画地仗。第二种是重层壁画空鼓，这是后期在前期的壁画上抹一层泥地仗，重新绘制壁画。一般重层壁画为两层，但也有多达三层、四层的。重层壁画在石窟壁画中较多，在西藏寺院壁画病害中较少。所谓重层壁画空鼓，是由于经过一个较长的历史时期后，重层壁画之间的结合力逐渐减弱，当这种力减弱到一定程度后，重层壁画之间产生大范围的互相脱离而空鼓。第三种是壁画地仗空鼓，即壁画颜料层连同地仗层一起大范围的脱离墙面，当空鼓病害发展到一定程度时，就会造成壁画大面积坠落，严重毁坏壁画。空鼓病害是西藏寺院包括布达拉宫壁画病害中最主要的一种病害。

我们这次对布达拉宫壁画修复的重点是治理壁画空鼓病害。过去，一般对空鼓病害壁画的治理是采取揭取—加固—回贴的方法进行修复加固。由于布达拉宫壁画地仗是由阿嘎土（分白色阿嘎土和红色阿嘎土）掺加适量的沙作成，不加任何草、麻之类含大量纤维的材料，因而壁画地仗硬而脆。若对壁画采取分块揭取，锯缝时地仗易碎，会严重损伤画面，不但费工、费时，修复效果也不理想。同时壁画揭取后要进行加固，免不了要使用一些水性材料，这样稍不小心就会使壁画地仗变得松散而遭到损伤。敦煌研究院在现场勘察及现状调查的基础上，针对布达拉宫一期维修工程中壁画揭取回贴存在的问题，首先提出了采取灌浆回贴加固修复空鼓病害壁画的新构想。这种方法能够最大限度地保护画面，若操作得当，不但施工快，而且能获得好的修复效果。但是，在空鼓壁画的灌浆回贴加固中，对壁画空鼓部位真实状况探测是一项非常重要的技术环节，因为在壁画的空鼓部位，往往会有一些碎石或壁画硬块。如果这些碎石或壁画硬块不清除，在回贴加压时，会压伤画面。只有将壁画空鼓部位真实状况探测清楚了，才能制定出适宜的空鼓壁画灌浆回贴加固的工艺及方法，大大提高空鼓壁画灌浆回贴修复的效果。但是，这项探测技术是过去壁画修复中亟待解决的难题。

另外，对灌浆效果的检测也是一项非常重要的技术问题。在这之前，人们用手指轻轻敲击空鼓壁画灌浆前后的同一部位，耳朵贴近壁画倾听灌浆前后发出的不同声音来辨别灌浆密实度的方法。实际上，这种检测方法很不科学，因每个人的听感都有很大的差异。文物保护工作者一直都在寻找科学的检测方法，但始终没有解决。

总之，在西藏壁画修复中，壁画空鼓部位真实状况的探测和灌浆效果的检测是两项非常重要待解决的技术问题。由于文物的珍贵性与不可再造性决定了文物保护技术的完美性，即任何文物保护修复技术措施的应用都不能对文物本体构成直接损伤或潜在威胁，因此，一些无损检测技术已经在文物保护领域中逐步得到应用。对壁画空鼓部位真实状况的探测和灌浆效果的检测也必须是无损伤于壁画。

表 5.1 列出了各种无损检测技术的适用性与局限性。

表 5.1　各种无损检测技术的适用性与局限性

方法	种类	原理	适用性	主要局限
超声	超声回波	测定反射回波	气孔、疏松、分层、裂缝、夹杂、基体变化等检测	缺陷的取向是关键，但要求取向与声束垂直对层状结构的多数缺陷是适用的 水浸法或喷水技术的应用会引起构件边缘进口处的损坏
	超声穿透	测定声速衰减	气孔、分层、夹杂缺陷检测，孔隙率测定	
	超声 C 扫描	C 扫描显示	气孔、分层、外来夹杂缺陷的快速检测	
	超声背散射	测定反向散射	测定纵向裂缝、纤维及铺层质量	
	超声频谱	分析反射频谱	能定量检测分层、脱粘、气孔、富脂与贫脂、固化不合格	除上述限制外，主要是不能实时检测
	超声成像	测声的干涉成像	能形象地显示气孔、分层等缺陷	需要浸入液体中
射线	X 射线	测量对射线的吸收	气孔、疏松、越层裂缝、富脂与贫脂缺陷检测，可有限制地测量纤维体积比和纤维质量，尤适用于测量金属夹杂	缺陷的取向是关键，要求与射线平行，不适合于分层等缺陷的检测，解释困难
	中子射线	测量对中子射线的吸收	纤维不正、外来夹杂检测，灵敏度较 X 射线高	缺陷的取向限制，中子源费用昂贵且对人体有害

续表 5.1

方法	种类	原理	适用性	主要局限
声与振动	声阻与谐振	测量声阻抗与频率的变化	大的气孔、分层、脱粘缺陷的检测，厚度测量	灵敏度较低，对一些特殊形式的缺陷检测有困难，手工操作
	振动测量	测量振型和声调	气孔、分层和黏接的整体性	灵敏度低
光学	激光全息	测量因加载引起的表面变形	近表面脱粘、分层、夹杂等缺陷的检测	精度随振动干扰严重下降，对防振要求很高
表面渗透	着色	利用渗透现象	测与表面连通的分层、裂缝缺陷	使用不方便，渗透剂可能导致材料变质
	射线不透明液体	增加缺陷部分的射线透度比	增加与表面连通的分层、裂缝检测的灵敏度	
热学检测	温度测量	测量因缺陷引起的热性能变化	近表面气孔、分层、脱粘、夹杂缺陷的测量	对环境（温度、气流）极为敏感，因而灵敏度较低
	热成像			
	振动热图	测量振动引起的热性能变化	适用于无体积裂缝与分层的测量	
声发射	声发射检测	测量声发射能量	动态监控或研究断裂机理	正在研究中的新技术，数据解释尚待解决
	应力波因子	测应力波因子变化	损伤扩展监视	
其他	涡流	测量涡流特性变化	测量导电纤维的缺陷及铺层	限于碳/环氧复合材料
	微波	测微波的吸收和反射	测气孔、分层、脱粘等缺陷	设备昂贵而且较复杂

　　每一种无损检测技术在工作原理、实现该原理的方法和工艺、执行该方法的硬件设备以及获取结论的信号处理方法上各不相同，而适用于壁画保护修复的无损检测技术必须应用探测媒介，其主要有波和场两种形式。

　　应用最广的探测媒介主要有机械波（声波和超声波）、电磁波（超高频、长波段微波、短波段微波）、光波、红外线、可见光、X 射线、γ 射线、电场及磁场，由此衍生出较为成熟的无损检测技术，如冲击回波、超声脉冲回波、声发射、X 射线层析、地面穿透雷达、电子散斑干涉、错位散斑干涉、红外热成像。

　　由于壁画保护修复工程具有它自身的特殊性，因此，适用的无损检测技术必须能够在施工现场展开工作，并且对检测精度的要求较高。经过筛选，可行的探测介质有超声波、X 射线、激光、电磁波和热红外线。随着机械、电子、计算机、信号处理、材料、制造等相关学科和专业的发展，无损检测技术也在不断地创新，终将为文物保护工作者提供理想的检测手段。

无损检测技术发展的总趋势仍是速度快，自动化程度要求高，分辨率高且易于解读，可靠性高以及成本低。例如，在传统的超声、电磁及声学检验中，广泛引入移动式自动扫描，综合应用了多种技术，出现了自动扫描的超声、电磁、传感器系统，声学—激光自动扫描系统。

（一）超声波无损检测

1. 超声波检测的基本原理

超声波是频率高于 20kHz 的机械波，其频率越高，波长越短，扩散角越小，声束越窄，能量越集中，分辨率越高，对缺陷的定位越准确。频率在 500kHz 以上的超声波主要用于金属材料工件的超声检测；非金属材料的超声检测应选用较低频率的超声波，其常用的频率为 20 ~ 500kHz。

超声在材料中的传播与材料的均匀性、微结构及缺陷存在着密切的关系。对于声波而言，可以将被检测材料视为固体介质，当声波通过耦合介质（如液体）入射到材料表面时，随着入射声束角度的不同，可以得到各种模式的声波。我们通过测量分析这些声波在材料中的传播特性及其变化，利用信息处理、数据重构、扫描和成像技术，可视化再现材料内部缺陷、微结构以及材料的弹性性能。

常用的超声可视化成像方式主要有反射法和穿透法（图 5.1），通过设计合理的扫描机构使超声换能器在被检测材料一侧或两侧扫描，实时测量记录每一个扫描位置与来自被检测材料内部的超声波信息，通过信号处理和数据重构，得到被检测材料内部缺陷的可视化图像。

超声波通常用 PZT（锆钛酸铅）压电换能器产生和接收，所使用的频率远低于检测金属时的频率，所使用的超声波型有纵波、横波、板波和表面波等多种波型。依据基本的声学规律，脉冲回波的声学量，如超声波速、传播时间、超声衰减和频谱等与物体的几何、力学量相联系。超声波速由材料的刚度和密度所决定，而传播时间与传播距离及声速有关，超声波的衰减以及频谱的变化与介质的成分和内部结构密切相关。

时域波形幅值分析是超声无损检测最为重要的手段之一，常利用缺陷波的波形信息来分析缺陷的性质或当量大小。对于岩土体中的孔隙等较小缺陷，超声波在壁画地仗层中传播时，它们会引起超声波的散乱反射，造成接收到的超声波信号幅值比无空鼓时要小。这种超声波传播过程中幅值减小的现象，习惯称之为超声波的衰减。

从理论上讲，引起超声波衰减的原因主要有三种：

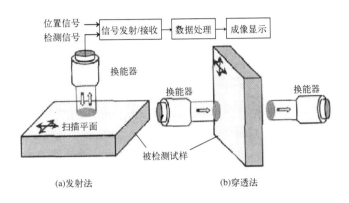

图 5.1　超声可视化成像的原理

（1）扩散衰减

超声波在传播过程中，由于声束的扩散，能量逐渐分散，从而使单位面积内超声波的能量随传播距离的增加而减弱。超声波的声压和声强均随着至声源距离的增加而减弱。这种由声束扩散引起的超声波衰减即为扩散衰减。超声波的扩散衰减仅决定于波的几何形状，而与传播介质的性质无关。在远离声源的声场中，球面波的声压 P 与至声源距离 r 成反比，即 $P \propto 1/r$，柱面波则为 $P^2 \propto 1/r$，对于平面波来说则不存在扩散衰减。

（2）散射衰减

当声波在其传播中遇到由不同声阻抗介质所组成的界面时，就将产生散乱反射（散射），从而损耗了声波的能量，被散射的超声波在介质中沿着复杂路径传播下去，最终变为热能。这种由散射引起的超声波衰减即为散射衰减。材料的散射衰减主要是由于材料的不均匀性引起的。

（3）黏滞衰减

声波在介质中传播时，由于介质的黏滞性而造成质点之间的内摩擦，从而使一部分声能转变为热能；同时，由于介质的热传导，介质的稠密和稀疏部分之间进行热交换，从而导致声能的损耗。这种由于介质的吸收引起的超声波的衰减即为黏滞衰减。

超声波的衰减系数与超声波的频率、传播速度有关，也与介质的黏滞系数、导热性、不均匀性和晶粒的大小等因素有关。

2. 超声波检测方法的种类

在超声波检测法问世后相当长的一段时间里，人们主要是根据换能器接收到的 A 显示信号进行缺陷判别（根据反射波形来判断缺陷）。随着材料工艺研究的深入和精确设计思想的提出，人们更加渴望能够更准确地获得其内部缺陷的大小、深度、分布等量化信息。因此，基于超声原理的 C 扫描（显示的缺陷是沿探头发射超声脉冲方向的投影）检测新技术得到迅速发展，它可以在平行换能器扫描平面方向再现被检结构或材料内部缺陷形状、面积、分布等，但这种超声 C 扫描检测技术不能提供缺陷深度信息。于是，人们针对不同的检测材料和不同的检测结构，提出了超声 B 扫描（显示沿探头发射超声脉冲方向剖开的缺陷图形）、超声 P 扫描（投影成像扫描）、超声 T 扫描成像检测技术和超声 CT 检测技术、超声显微检测技术、导波检测技术等。

超声检测方法是目前应用最为广泛的无损检测技术之一，其突出的优点是：能快速检测出材料内部大多数缺陷，缺陷定量准确，检测结果也可以通过直观的图像形式再现，易于实现自动化检测，还可以用于材料及其结构性能、残余应力、微结构等的无损评价。但是，传统意义上的超声检测需要耦合剂，需要检测换能器接近或接触被检材料或结构，自动化检测时，需要根据被检对象的形状或结构特点设计相应的扫查机构，而且零件越复杂，扫查机构就越复杂，技术成本越高。然而有些特殊环境下不允许使用耦合剂，或者不允许接近，这在一定程度上限制了这种检测方法的应用。针对这些技术上的不足，近年来超声检测正在经历一个技术完善和创新的新时期。

基于空气耦合超声换能器的检测方法、基于电磁效应产生和接收超声波的检测方法不需要耦合剂。高效率、高灵敏度的空气耦合式换能器的研究是此项技术的核心，主要有两个方向：一是从传统的压电陶瓷超声换能器出发，通过增加耦合层的方法制作适应以空气作介质的换能器；另一个就是采用显微加工技术制作静电换能器。

激光超声检测启蒙思路源于 20 世纪 70 年代，但直到 90 年代由于得到相关技术发展的支持，激光超声检测方法才从实验室研究迈向工业级快速无损检测技术平台和推广应用阶段。由于激光束可以在空气中远距离传播，因而不要求耦合剂。

利用激光束与被检测材料表面相互作用产生的热应力激发超声波，是近年超声检测领域中迅速发展并得到工程应用的一项十分引人注目的检测新技术，它具有快速、非接触、不受被检对象结构形状影响的特点，目前已在航空领域得到较好的应用。激光超声检测技术之所以能有今天的发展和应用平台，与人们在激光领域取得的诸如激光器件、光纤器件等最新成果分不开，也与人们对物理声学理论的延伸研究分不开。经典的超声波理论表明，由于声波是一种应力波，只要能够通过合理的方式在介质中产生应力—应变现象，理论上都可以得到相应的超声波。传统的方法是利用压电材料的压电效应产生超声波，而激光超声则利用一定能量的激光束与材料表面的瞬态热作用产生超声波，效率更高。

（二）X 射线 CT 无损检测

1. X 射线 CT 检测技术的发展过程

自 1895 年伦琴发现 X 射线以来，X 射线技术在一个多世纪的过程中得到了广泛的应用和发展，从而也产生了一门新的学科——X 射线影像学。由于 X 射线具有特殊的穿透作用，医学家们首先开始使用胶片或荧光屏对人体进行照相或透视，以观察人体某些部位的病变情况。随着高强度 X 射线机的出现和造影剂的逐渐应用，X 射线在医学诊断上的应用不断扩大，以前很难显像的那些自然对比度较差的组织和器官也可以显像了，X 射线的影像质量和检查技术得到了进一步的改善。20 世纪 50 年代，影像增强器和闭路电视系统与 X 射线机配合使用，有力地推动了 X 射线影像技术的发展。X 射线影像开始由暗室操作逐步向明室操作过渡。这在医学上对某些重要的手术具有重要的技术意义。另外，由于能利用电视系统进行间接的快速摄影，便于运动器官的动态检查。同时 X 射线电视亮度的提高，大大降低了 X 射线的使用剂量，减轻了对病人和医生的不良辐射影响。60 年代以后，随着控制和计算机技术的发展，X 射线机、诊断床、摄影台及外围辅助设备等在自动化和智能化方面得到了很大的改进，其功能也趋向多样化。在普通的 X 射线影像上，各层组织的阴影互相重叠，信息分辨不清楚，为了提高对影像的判读程度，采用了一种特殊的体层摄影方法：在 X 射线照射过程中，X 射线源和胶片进行反方向运动。但这些 X 射线影像技术都是把具有三维的立体解剖结构照成了两维的平面图像，影像相互重叠，相邻区域之间如果 X 射线的吸收差别小，则不能形成对比而成像。

随着计算机技术的发展，英国工程师 Hounsfield 于 1969 年提出了一种新的设计：计算机断层成像技术（Computed Tomography，简称 CT）系统。该系统的探测器和 X 射线管位于被检查体的两侧，并且能够同步地转动和平移。探测 X 射线在被检查体的某一断面各个方向的投影，然后由计算机进行重建运算，即可得到该断面的密度分布图。X 射线断层技术有很多普通 X 射线照相无法比拟的优点：它的辐射剂量小，检查方便，迅速而安全，密度分辨率高，可直接显示 X 射线照片无法显示的内容。X 射线断层成像技术发展到今天，扫描机也更新了五代，并且更新换代的周期也随着计算机技术的快速发展而不断缩短。

2. X 射线 CT 检测的原理

CT 装置最常见最普通的放射源 X 射线可穿透非金属材料，不同波长的 X 射线穿透能力不同，而不同物质对同一波长 X 射线的吸收能力也不同。物质密度愈大及组成物质的原子中原子序数愈高，对 X 射线的吸收能力愈强。CT 技术的最大优点在于能够无损检测材料内部结构，可多层面扫描分析以及能采用国际标准试件等。空间分辨率、密度分辨率是衡量 CT 设备的重要指标，其中空间分辨率表示 CT 装置对物体空间几何尺寸大小鉴别能力，影响空间分辨率的主要因素有探测器的几何尺寸、探测器之间的间隙和总的原始数据量；密度分辨率表示 CT 设备对于密度差别的辨别能力，通常以百分数表示，噪声、信噪比等会影响密度分辨率。空间分辨率和密度分辨率之间成反比关系。

在 X 射线穿透物质的过程中，其强度呈指数关系衰减。物质的密度是由物质对于 X 射线的衰减系数来体现的，不同的物质对 X 射线的吸收系数不同。由于空气对 X 射线几乎无任何吸收，故空气的 CT 数为 −1000，而冰的 CT 数为 −100。在此标准下，某点对 X 射线的吸收强弱直接用 CT 数表示出来，CT 数就直接表示了物质的密度 ρ。简言之，CT 图像就是被测体某层面的密度图，物质的密度越大，CT 数越大。

美国俄亥俄州克列夫兰的 XRI 公司开发了中子射线技术，可用作材料的无损检测。中子射线、X 射线成像的技术有类似之处，两者均用能穿透物品的射线来显示物品的不同成分；不同的是：物质对中子射线的衰减是通过靶的原子核的散射或吸收进行的，与 X 射线不同，中子射线的衰减不随原子序数的增加而单调增加。经过衰减的中子射线可用 X 胶片及转换屏成像，也可以用闪烁屏及 CCD 成像机进行数字图像显示。一般来说，数字成像比胶片成像快，可对移动物品进行实时成像。

（三）基于激光振动测量的无损检测

激光全息术的原理是"干涉记录，衍射重现"。其最成功、最广泛的应用之一是在干涉计量方面。全息干涉测温的原理为：当物体未变形前，拍摄一张全息图，并将其置于原来记录时的位置，保持记录光路中所有的元件位置不变，并用原来的参考光照明全息图，就会在原来物体处再现出物体的虚像。若同时照射物体，且物体因受热而产生了形变，再现物光波和实际物光波就会因形变引起的相位差，叠加产生干涉条纹。由干涉条纹可以确定出物体的形变大小，并且可以再依据形变确定出温度，从而实现对温度的测量。

激光全息术是基于检测应变或微振动的技术，因此，精密地测量微振动就是该项无损检测技术的关键。目前，在激光振动测量方法中，广泛采用的是电子散斑技术、干涉条纹电子细分技术和锁相干涉技术。这些技术的使用在很大程度上提高了激光振动测量的分辨率或精度。光学干涉和电子散斑技术在理论上能够实现亚纳米精度测量，但由于目前理论与实践之间的差距还较大，因此其设计和研究已成为一个非常活跃的领域，出现了许多不同的测量原理和方案。

1. 激光全息法

将相干光束的一部分作为参考光波，其余部分投射到被测物体上并被其返回作为物光波，两光波相遇相干，所形成的干涉场反映了被测物体的振动情况，该干涉场由照相底片记录经过适当显影形成全息图。在提出全息技术后，发展了全息振动测量方法，用全息干涉技术可以对物体振动进行非接触的全场同时测量，但由于要用胶片做记录介质，需要冲洗等费时费力的化学过程，操作过程复杂且对使用环境要求苛刻，难于在实践中推广应用。

2. 激光三角法

该方法将半导体激光器发出的光经发射透镜汇聚于被测物体表面形成入射光点，该光点在空间的部分散射光通过接受透镜汇聚于光点探测器上，形成像光点。当入射光点与该光学结构发生相对入射光轴方向的振动位移时，将引起像光点在感光面上发生位移，从而引起光点探测器输出电信号的变化，根据电信号的变化量可求出像点位移的变化量，进而求出入射光点的变化量也就是被测物体的振幅。由于像点的变化量与光电探测器感光面的有效长度成正比，并与光电流的变化量有关，因此该方法的测量范围和分辨率受限于光点探测器的尺寸和灵敏度。另外该方法的工作距离受限于发射透镜的焦距，因此不适于测量远距离处的微小振动。

3. 激光干涉法

该方法是以波长为单位的非接触精密测量方法，具有广泛的应用范围，同时也具有极高的重复性。使用该方法可以对微小振动进行高精度测量，但也正是由于它的高灵敏性使环境扰动的影响非常突出，尤其在长光程差的情况下，测量将无法进行。另外，在用干涉法对振动进行测量时，大多是将光束正入射于被测物体表面，并将其反射光作为检测光与参考光相遇形成干涉场，再对干涉场进行处理得到所要测量的振动信息。但在实际应用中很难保证入射光垂直于被测物表面，再考虑目标物表面的不平整，有目标物返回的检测光与参考光将不能很好的重合，如果两束光偏差过大就不能形成干涉，这将使测量无法进行。为了解决这一问题，人们进行了大量的研究和尝试，先后发明了机械式位相调制补偿法、光波频率调制补偿法及将光调制和机械补偿相结合的方法。

4. 激光散斑法

激光散斑振动测量技术是利用激光的高相干性，当激光照射到物体粗糙光学表面时将产生散斑场。该散斑场是被测物体表面信息的载体，记录下该散斑场并用数字图像技术进行处理，就能以干涉条纹的形式得出被测信息的等高线，通过条纹判断便能得出振动物体的位移。在散斑干涉法中，为减小环境扰动的影响，一般采用多帧干涉图取平均的方法，但这并不能从根本上解决扰动问题。若不引入参考振动，利用散斑干涉法只能对物体的振动特性进行定性分析，若要对振动进行定量分析则需在参考光路中引入与振动源同频的正弦调制，且测量误差较大，因此散斑干涉测量适用于已知振动源所引起的物体振动振幅的情况下，实现对物体振动特性的分析。

散斑干涉技术是和全息干涉技术相伴而生的,除了防震要求低一些外,也同样有全息干涉法的缺点。但 70 年代末,发展了电子散斑干涉仪(ESPI),完全摒弃了用干板记录的方式,而用摄像机或 CCD 将图像摄入。通过模拟量的电子处理,或通过数字处理,在监视器的屏幕上获得反映变形信息的条纹。由于这个突破,不仅可以方便地在实验室或现场使用,而且有条件直接地获得信息送入计算机和图像处理设备,为条纹的进一步分析处理创造了方便的条件。电子散斑干涉术(图 5.2)

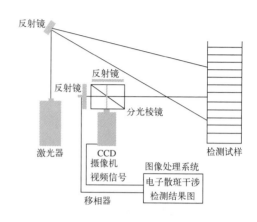

图 5.2　电子散斑原理框图

是双光束散斑干涉的一种发展,利用电子处理技术对散斑场的相关条纹进行检测,可以实现实时法、双曝光法和时间平均法。它分析缺陷的机理和全息干涉一样。一般的说,摄像机采集一幅图像的时间是 1/30s,它可以在有环境光的条件下使用。快速图像处理板的问世,使电子散斑干涉术用于无损检测,不仅精度非常高,而且设备不庞杂,操作也简单,这些优点使得电子散斑干涉仪在无损检测方面可以发挥很大的作用。

数字散斑无损检测技术进行无损检测的原理是基于加各种载荷(力、热、振动)使物体内部缺陷在表面上产生比正常情况更大的变形,这种微小的变形将会被电子散斑干涉的条纹所显现。因此加载方式成了电子散斑无损检测系统中必不可少的一个环节,针对不同的缺陷,所采用的适当加载方式对无损检测至关重要。在以往的电子散斑无损检测中,常用的加载方式主要有热加载、真空加载、电磁激振加载等。

(四)红外热成像无损检测

热辐射是物体因本身的温度而以电磁波的形式向外发射能量的物理现象。只要物体的温度高于绝对零度,它的表面就会向外界发射出热辐射,其辐射能取决于物体的温度,因此可以通过测量物体的辐射量来反推温度,这就是辐射测温技术的基本原理。在实际应用中,通常采用光学系统成像并接收辐射通量,然后用光电探测器将光信号转换为电信号,该信号传给处理电路,经计算得到物体表面的温度分布情况。根据探测器响应波长的不同,有五种红外测温方法(表 5.2)。

红外无损检测主要是根据被探测物体的温度场来确定缺陷的存在和形状,因此,其在数学上是求解与导热问题有关的微分方程的几何反问题,即根据红外信号重建缺陷信息。反问题求解的输入为材料参数、加热参数、温度空间分布以及温度随时间的变化,

表 5.2　各种红外辐射测温方法的特点与区别

测温方法	波长范围	优点	缺点
全辐射测温法	全波段	结构简单，成本低	测量结果精度低，受物体表面发射率影响很大
亮度测温法	短波区	无需环境温度补偿，精度高	仅适用于高温测量
双波段测温法	两个特定波长	受烟雾灰尘影响小，测量误差较小	必须选择适当波长，且两者发射率相当
多波段测温法	多个特定波长	测量结果与发射率无关，达到很高精度	必须选择适当波长，系统结构复杂
最大波长测温法	峰值波长	结构、原理简单	仅适用于极高温测量

输出为缺陷横向尺寸、缺陷厚度和深度。

1. 红外热成像的原理

红外无损检测按照检测方式可以分为主动式和被动式两大类。主动式检测是利用外部热源作为激励源对工件加热，利用红外热像仪获得不同时刻工件表面的温度分布，以检测材料的内部是否存在缺陷。被动式检测则是利用工件自身的温度分布来检测工件内部的缺陷，多用于运行中的设备和电子元器件的检测。通常所指的红外热波成像检测是指主动式红外无损检测，也是红外无损检测工程应用最多、最广泛的方法之一。

具体地说，热波是（传播中）随时间周期性变化的温度场。与任何波动一样，热波在媒介中有特定的传输规律，并在其传输过程中与媒介材料相互作用。当试件被周期或脉冲热源加热后，在趋于热平衡的过程中，其表面温场的空间和时间变化方式不仅与物体材料有关，也受物体内部结构和不均匀性的影响，热波的传播方式由材料特性、几何边界形状和边界条件决定。不同材料表面及表面下的物理特性将影响热波的传输，大多情况下，局部的缺陷使得热非均匀传播，此处热波将会发生散射和反射等，以某种方式在材料表面的温度场变化上反映出来（图 5.3）。材料表面的温度场变化导致材料表面红外辐射能力的差异，红外辐射载有材料的特征信息，利用红外热成像技术记录材料表面的红外辐射并将人眼不可见的红外辐射转化成可见的温度图像。通过控制热激励方法和记录材料表面的温场变化，将可以获取材料的均匀性信息及其表面下的结构信息，于是达到检测和探伤目的。

红外热波成像检测针对被检物材质、结构和缺陷类型及检测条件，利用周期、脉冲和阶梯等变化性热源施加的热能打破被检测试件的热平衡状态，在被检测试件内部造成热传导，不同媒介材料表面及表面下的物理特性和边界条件将影响热波的传输，并以某

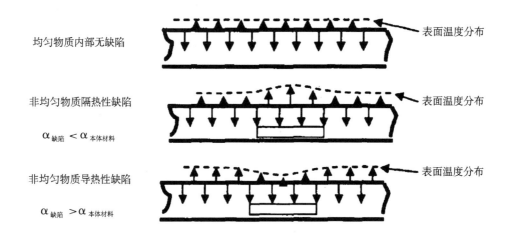

图 5.3　热波检测原理图（α 为材料的热扩散系数）

种方式在媒介材料表面的温度场变化上反映出来，人们采用红外成像对时序辐射信号进行捕捉和数据采集，应用软件技术实现对实时图像信号的处理和分析，可获取材料的均匀性信息和表面及其以下的结构信息，从而达到检测和探伤的目的。

红外热波成像检测离不开先进红外热摄像仪器设备的支持，以对红外信息进行探测、识别和分析并加以控制。红外探测器将不可见的红外辐射转换成可测量的信号，是红外热摄像仪器的关键性部件，直接影响红外热波成像检测的灵敏度。

随着军事和商业需求的不断提高，微电子技术和微机电系统技术（MEMS）进步的不断推动，红外探测器技术获得了长足的发展。探测器从制冷型向非制冷型发展，工作温度从极低温发展到了目前的 77K 或室温。探测器噪声等效温度差（NETD）可达到 0.02K，灵敏度可提高到 0.002K。

按热加载方式和热波信号采集处理方式的不同，红外热波成像检测主要有脉冲红外热波成像检测法（图 5.4）、调制红外热波成像检测法、脉冲相位红外热波成像检测法以及超声/微波红外热波成像检测法。

2. 影响红外热辐射的主要因素

在使用热像仪时，要尽量避免目标与热像仪之间的水汽、烟尘等影响，即设法使这种气氛对测量所选用的红外线波段没有吸收或吸收很小，从而使测量更为准确。在检测工作中，热像仪探测器所接受的来自物体的红外线辐射包括两个部分：来自物体自身辐射的红外线和来自周围物体表面反射过来的红外线。只要被测物体的表面辐射率 ε 不等于 1，其反射率 β 和透射率 T 之和就不为零，这就表明红外线永远存在。物体辐射的红外线大小决定于物体材料的大小、物体表面性质和周围物体的温度及其相对位置。周围

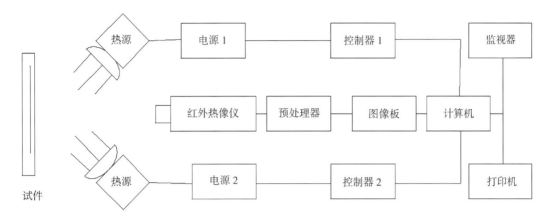

图 5.4　脉冲红外热成像无损检测系统方框图

物体反射红外线的影响，可以近似地以一个温度为 T_b 黑体来表示，所以热像仪接收到的红外线辐射 E 可表示为：

$$E = \varepsilon W\ (T)\ +\ (1 - \varepsilon)\ W\ (T_b) \qquad\qquad (式 5-1)$$

式中：$W\ (T)$ ——温度等于 T 的黑体辐射。

由上式可得到如下结论：

①被测物体的 ε 越小，周围物体对测量结果的影响越大，因为周围物体的影响 $W\ (T_b)$ 是很难正确估计的，当 ε 接近于 1（或 $\varepsilon \gg 0.9$），除非周围有很高温度的物体存在，热像仪才能够测得正确的结果。

②若被测物体的温度较低，而周围有高温物体存在，则由于 $W\ (T_b)$ 一项可以忽略，热像仪能够测得正确的结果。

由此可知，在检测时应尽量避免对 ε 很小且表面光滑的物体进行测温。在必要测温时，可对这些物体的表面进行改装，使其具有较高的表面辐射率。例如，涂上一层油漆，蒙上一层反射率 ε 高的纸张或布匹等。

影响红外辐射的主要因素有以下几点：

（1）大气的衰减作用

红外辐射通过大气所导致的衰减，主要是因为大气分子的吸收、散射，以及云雾、雨、雪等其他微粒的散射作用所造成的。根据理论分析，双原子分子转动能级正处于红外线波段，因而这些分子对红外线产生很强的吸收，大气中水汽、CO_2、CO 和 O_3 都属于双原子分子，它们是大气对红外线吸收的主要成分，且形成吸水带。因而，在使用红外热像仪时，要尽量避免目标与热像仪之间水汽、烟尘等的影响，即尽量使这种气氛对选用的红外线波段没有吸收或吸收很小，则测量就更准确。

（2）背景辐射的影响

在对被检测的目标进行红外监测时，除了目标本身的红外辐射，还存在目标对太阳和环境辐射的反射，以及设备其他部位及周围设备的辐射。

①天空背景辐射试验测量结果表明，在接近地平线的低仰角情况下，大气辐射几乎等于处于环境温度下的黑体辐射。同时，应该注意大气成分对天空背景辐射的重要影响。当大气中含有较多的水蒸气时，如在雨前、潮湿季节和潮湿地区等，会在水蒸气发射带的光谱范围内有比较高的天空背景辐射。

②地面背景辐射。当在高空进行红外检测时，就有了地面背景辐射。地面背景辐射的组成和分布当然由地面背景发射表面的材料、形状、温度、面积及表面性质决定。

（3）物体的辐射率

实际物体红外热辐射的关键是物体的辐射率。物体辐射率的大小与其材料的性质、温度和表面状态直接有关。

①材料性质的影响

物体的性质包括化学成分、化学性质、物理性能和物理结构。绝大多数非金属，特别是金属的氧化物，它们的红外辐射率都很高；而绝大多数的纯金属正与非金属相反，它们的红外辐射率都很低。

②温度的影响

对于温度的影响往往采用实验测定，一般实验表明，绝大多数非金属材料的辐射率随温度升高而减小；而绝大多数金属材料的辐射率近似地随热力学温度成比例增大，其比例系数和金属的电阻率有关。

③表面状态的影响

物体表面粗糙不平时，它的反射率必定大大降低，从而它的辐射率必定大为提高，尤其是金属材料，其表面粗糙度将对辐射率产生较大的影响。但对于非金属材料而言，辐射率受表面粗糙度的影响较小，甚至没有。应该强调指出，在物体表面覆盖的各种薄层，不论是人为的漆膜、涂料或润滑油，还是金属表面的氧化膜、尘埃等污染层，它们都会显著地影响物体的红外辐射率。由于这种层、膜状态千变万化，人们不可能对这种影响进行定量描述，所以可行的办法仍然是实测。

④表面颜色的影响

颜色对可见光的发射与吸收有显著的影响，但一般来说对红外线影响不大。例如衣料对太阳光的吸收率，黑色的可达 0.97 ~ 0.98，而白色的只有 0.12 ~ 0.26，但它们对红外线的吸收率几乎相同。又如在铝板上分别涂上透明、黄、白、蓝、黑的喷漆，它们对红外线的吸收率都等于 0.68 左右，但对太阳光的吸收率各异，分别为 0.18、0.28、0.33、0.94 及 0.95。

第二节 内窥镜对壁画空鼓部位结构状况的检测

图像影视资料在壁画保护研究中是一种重要的存档形式，它通常与现状调查图结合起来记录壁画的保存情况。当照明条件较好，并且有足够的摄影空间时，一般的平面拍照技术就可以满足工作要求，这比较适用于壁画表层信息的获取。但是，在空鼓壁画的保护修复过程中，工作人员有时需要了解壁画某些深层部位的信息，诸如空鼓破裂处的中空区、注浆孔的孔壁与孔底、木梁与地仗层间易剥离区以及壁画回贴灌浆区，由于这些敏感区域相对半封闭，日常光线照射不到且空间狭窄，不便于普通相机施展工作，需要借助自带光源的探头式内窥镜。

（一）XL PRO 型内窥镜

在壁画保护修复现场所用的 XL PRO 型内窥镜是由原来的美国韦林意威特（Everest VIT）工业内窥镜有限公司生产，后来该公司被美国通用电器（General Electric）公司收购，隶属于通用电器下设的检测科技（Inspection Technologies），而此检测科技子公司的总部位于德国。虽然韦林意威特公司被通用电器公司收购，但它保留了自己的品牌，其最近研发的一款 Everest XLG3 型内窥镜仍沿用意威特（Everest）的产品代号，只是放弃了韦林（VIT）的商号。

昔日的韦林公司自 1984 年研制出世界上第一台工业视频内窥镜以来，始终居于世界工业视频内窥检测领域技术发展的领导地位，其产品包括视频内窥镜、光学直杆镜、光纤镜、电子内窥镜、孔探仪、管道镜、管道爬行机器人、爬行器、水下电视、孔探镜，这些设备被广泛应用于航空、航天、民航、铁路、船舶、汽车、石油、化工、电力、核能等诸多领域，对无法或不便拆卸分解的被检测对象的内部表面缺陷进行视觉定性检查、三维立体定量测量以及排除内部多余物等检测工作，从肉眼无法直接观察的地方捕捉到清晰明亮的彩色图像，超强的性能与绝对的便携性达到完美的统一，并融合了最新的计算机数字存储处理技术，成为检测领域解决质量及安全问题不可缺少的重要手段。

总体来讲，XL RPO 型内窥镜由图像采集系统和图像存储系统组成（图 5.5），这两个相对独立的单元通过标准化的二分量视频（Separate Video）接口进行数据通信。S - Video 接口是在 AV 接口的基础上将色度信号 C 和亮度信号 Y 进行分离，再分别以不同的通道进行传输。同 AV 接口相比，S - Video 接口不再进行 Y/C 混合传输，这样就无需再进行亮色分离和解码工作，而且由于使用各自独立的传输通道，因此在很大程度上避免了视频设备内部因为信号串扰而产生的图像失真，极大地提高了图像的清晰度。

XL PRO 型内窥镜和 XL PRO 增强型内窥镜的基本构架相似。其中，XL PRO 系列内

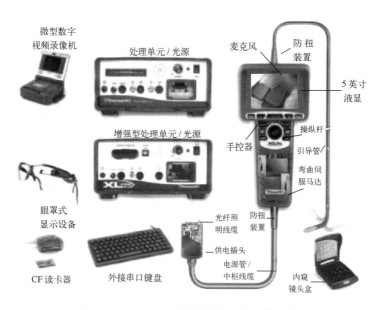

图 5.5　XL PRO 型内窥镜标准化模块系统

窥镜可以细分为 XL PRO 基准系统（PXL）、XL PRO 数字系统（PXLD）、XL PRO 高级数字系统（PXLA）、XL PRO 度量系统（PXLM）以及 XL PRO 图像和视频捕获增强型（PLUS）。在壁画保护修复工程中所用的是 XL PRO 基准型内窥镜系统。

1. 图像采集系统

XL PRO 基准型内窥镜图像的采集系统由数据处理兼光源调制单元（Processor/Light Source）、手持控制器（Hand Piece）和视频探头（Video Probe）三部分组成。艾丽韦尔奇（Welch Allyn）公司专门针对意威特 XL PRO 型内窥镜设计的 50W 金属卤化物弧光灯，通过光纤束为微型内窥摄像头提供可以任意调节亮度的纯白光源，通过手持控制器定位活动摄像头的视角，由感光元器件将光学图像转换成可以直接在手持控制器中实时显示的数字图像。

数据处理兼光源调制单元（图 5.6）的亮度调节旋钮可以控制图像的明暗程度，其一体化设计的数据传输光缆接口可以与手持控制器进行通信，它还提供标准化的 S - Video 视频输出端口，外接视频采集卡或视频录像机进行影视数据的存储。

手持控制器（图 5.7）是连接数据处理兼光源调制单元和视频探头单元的中间桥梁，依据液晶显示屏上的实时图像，检测人员可以在 360°的空间相位上调整微型摄像头的弯曲指向。在需要精细扫视特定区域时，按下"操纵/停留（STEER/STAY）"后，再轻旋操纵杆即可。在探测结束后，按下"归位（HOME）"键，活动式摄像探头从弯

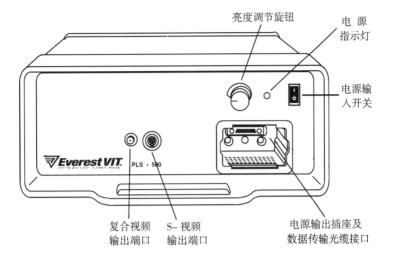

图5.6　数据处理兼光源调制单元

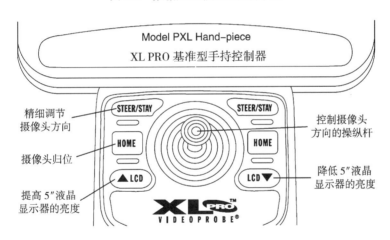

图5.7　手持控制器单元

曲转为笔直状态，这时才能顺利收线。

　　视频探头（图5.8）是整套内窥镜设备的关键，它由摄像头（Camera Head）、弯曲颈部（Bending Neck）、导入管（Insertion Tube）和伺服马达（Servo Motor）四部分组成。摄像头部分的光学镜头（Optical Tip Adaptor）是可以更换的，检测现场使用的是直径为8.4mm、代号为PXT8100FG的黑色摄像头，其视角（Field of View，FOV）为100°，景深（Depth of Field，DOF）为5~120mm。

2. 图像存储系统

　　SONY公司生产的GV-D1000型数字视频盒式磁带录像机（Digital Video Cassette Recoder）是XL PRO型内窥镜默认的影视存储系统，它通过自身的超级视频输入（S-

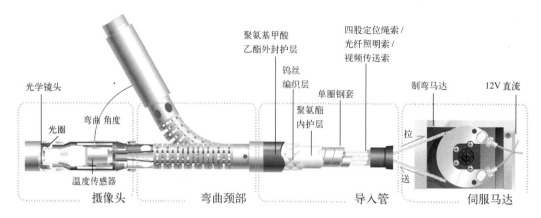

图 5.8　视频探头单元

Video In）端口与数据处理兼光源调制单元中的超级视频输出（S – Video Out）端口进行稳定的数据传输（图 5.9）。当单帧图像的分辨率为 320×240 像素时，录像机自带的微型盒式磁带可以存储时长为 60 分钟的视频；当分辨率降为 160×112 像素时，录像时间延长至 90 分钟。除了盒式磁带可以存储影视资料之外，GV – D1000 型录像机还提供一个容量为 16 M 的记忆棒（Memory Stick）用作图片的保存介质。由于此种机型中的记忆棒是用来取代软盘的，虽然在记忆棒中也可以存储视频，但是单个文件的大小不能超过 1. 30 M，即每次只能录制时长约 15 秒的影像。

　　随机配送 PIXELA 公司专门针对 GV – D1000 型录像机开发的 Image Mixer 软件，用它可以将存储在盒式录像带或记忆棒中的数据导出到计算机中。

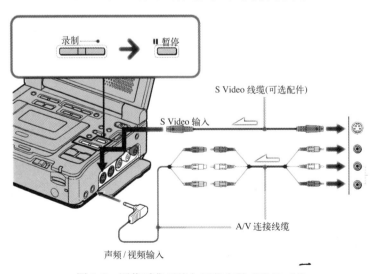

图 5.9　图像采集系统与图像存储系统的互联

（二）对空鼓破裂区的探测分析

在空鼓病害较严重的区域，壁画表面会有较大幅度的隆起，同时伴有或隐或显的应力释放裂缝（图5.10、5.11）。当显性破裂豁口较大，其宽度超过内窥镜探头的直径并有一定活动空间时，技术人员可以使用内窥镜探测空鼓壁画的内部结构（图5.12），分析地仗层的破裂程度（图5.13）。如果空鼓区存在较大的碎块，这将影响到灌浆加固的质量，所以应优先考虑用镊子把其夹取出来（图5.14），有时需要对小范围的壁画进行

图5.10　十三世灵塔殿内空鼓病害

图5.11　观世音本生殿内空鼓病害

图5.12　空鼓壁画的内部结构

图5.13　空鼓区内的碎块地仗

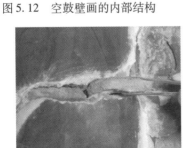
图5.14　七世灵塔殿内镊取碎块

图5.15　观世音本生殿内的破碎地仗

揭取（图5.15），在取出碎裂的地仗层后再回贴壁画。

　　借助 XL PRO 型内窥镜，壁画空鼓区的地仗内部结构清晰地显示在屏幕上，我们发现空鼓区内有大量的碎块地仗堆积，而不仅仅是地仗层与支撑墙体之间简单地剥离。根据这些直观的视觉信息，特别是碎块的大小与多少，壁画保护修复人员决定是否应该采取措施掏出碎块地仗。

（三）对注浆孔的孔壁及孔底的探测分析

　　壁画病害的出现不仅跟周围的温湿度环境有着密切的因果关系，而且还跟壁画本体的制作技法有关。在壁画保护修复中，科研人员总是先从调查壁画的保存现状入手，绘制出病害的分布图，甚至对比分析壁画在不同时期的病害发展变化。在探讨壁画病害产生的机理时，可以通过精密的数字式温湿度传感器探头获取壁画表面以及殿堂内外的环境温湿度数据，但是，如果想得到与壁画地仗层相关的特征信息，就必须对壁画实体进行采样分析，同时运用探孔进行观测。

　　在壁画保护修复过程中，技术人员可以通过开设注浆孔，借助 XL PRO 型内窥镜，探测空鼓壁画地仗层是否添加有草筋（图5.16、5.17），并对轻质墙体、夯土墙体或块石墙体作出准确的判断（图5.18、5.19）。

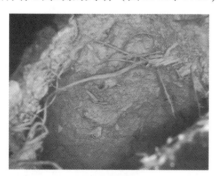
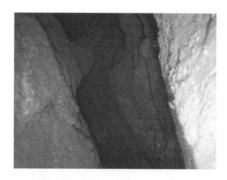

图5.16　有植物纤维加筋的地仗层　　　　　图5.17　不含加筋纤维的地仗层

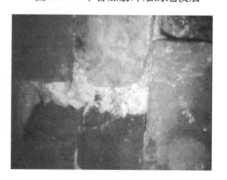

图5.18　夯土墙体　　　　　　　　　　图5.19　块石墙体

（四）对木梁与地仗层间易剥离区的探测分析

在建筑结构比较稳定的情况下，殿堂壁画空鼓病害通常发生在地仗层与支撑体之间的交界面上，此时科研人员运用 PS – F 系列浆液对空鼓病害壁画进行灌浆加固的修复方法是有效的。但是，在殿堂的门框周围和承重梁附近（图5.20、5.21），空鼓则发生于壁画地仗层与木梁之间的易剥离区，而且空鼓面积较大，壁画破裂严重，甚至出现画面的错位。对于这种空鼓病害，应该重新衡量浆液与木梁间的黏合能力，必要时采取有针对性的措施，甚至不排除改变浆液配方的可能性。不仅要用 XL PRO 型内窥镜探测清楚木梁的架设位置，而且要明白木梁与地仗层间的接触状况（图5.22、5.23）。

图 5.20　门框周围的空鼓破裂

图 5.21　承重梁附近的空鼓破裂

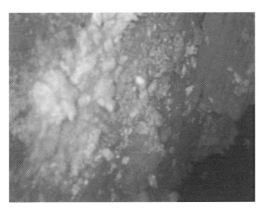

图 5.22　木梁与地仗层的接触形式

图 5.23　夯土墙顶部的承重木梁

第三节　探地雷达对壁画空鼓及其灌浆加固效果的定量检测

一　探地雷达技术

　　探地雷达（Ground Penetrating Radar）是一种无损探测仪器，雷达向地下发射电磁波信号，并接收地下介质不连续处散射回来的电磁波信号，实现对地下的探测。

　　最早研究探地雷达是在 1904 年，德国人 Hulsemeyer 首次用电磁波探测地面的金属物体。1910 年，Letmbach 和 Lowy 提出了埋藏物体的探测方法，正式提出了探地雷达的概念，并申请到德国专利。他们做的工作是：在钻出的空洞中埋设偶极子天线，分别用于发射和接收电磁波信号，由于高导电率的地下介质对电磁波的衰减作用，通过比较不同空洞之间接收信号的幅度差别，从而实现对地下介质中电导率高的部分的探测。脉冲式探地雷达正式诞生于 1926 年，在这一年，Hulsenbeck 首次应用脉冲技术探测地下结构，并获得德国专利。他指出，介电常数不同的介质交界面会产生电磁波反射。Cook 在 1960 年用脉冲雷达在矿井中做了试验，但由于地下介质比空气具有更强的电磁衰减特性，加之地质情况的复杂性，电磁波在地下的传播要比空气中复杂得多。因此，探地雷达的初期应用仅限于对电磁波吸收很弱的冰层、岩盐等介质中。如 1970 年 Harison 在南极冰层上取得了 800～1200m 穿透深度的资料，1974 年 Unterberger R. R. 探测盐矿中夹层等。直到 70 年代后期，随着电子技术和现代信号处理方法的发展，探地雷达的应用才逐渐从冰层、盐矿等弱损耗介质扩展到土层、煤层、岩层等有耗介质及各种复杂介质中，特别是超宽带技术的发展，使得探地雷达探测地下浅层目标得以实现。

　　探地雷达已经广泛应用在军事和民用的各个方面。美国军方已经研制多种类型的探地雷达等，用于探测地雷、地下掩体等各种军事目标。我国已经进口了近百台探地雷达，用于水电站建设、高速公路质量检测、隧道桥梁检测等。自 1986 年起，每两年就要举办一次探地雷达的国际学术会议；从 1995 年开始，在每年的国际遥感年会上都开辟有探地雷达的专题研讨会；IEEE Trans. on Geoscience and Remote Sensing、Geophysics 等国外知名期刊都开辟了探地雷达研究专栏。因此，跟踪和研究探地雷达最新技术是一项非常迫切的任务。

　　由于探地雷达具有广阔的军用和民用市场（表 5.3），因此研究探地雷达的学术机构、研制探地雷达的公司越来越多。国外的探地雷达研究机构主要有：美国的 Ohio 州立大学、Kansas 大学、Duke 大学、Lawrence Livermore 国家实验室、荷兰的 Delft 大学、比利时皇家军事学院、欧盟的人道主义反雷研究中心（JRC）、瑞典的 FOA 及 Chalmers

大学、法国和德国的 Saint‐Louis 联合研究所（ISL）、挪威科技大学、挪威地质研究所、澳大利亚的 Queensland 大学、日本的 Kyoto 大学、南非的 Cape Town 大学等。从事探地雷达研制与生产的主要单位及主要产品有：美国的 GSSI 公司生产的 SIR 系列探地雷达、瑞典的 MALÅ GeoScience 的 RAMAC/GPR 系列探地雷达、日本的 OYO 公司的 YLRZ 系列、日本应用地质株式会社的 GeoRadar 系列、加拿大的探头及软件公司的 Pulse Ekko 系列等。国内目前进口的探地雷达主要来自上述几家外国公司。

表 5.3　国内外主要的商用探地雷达产品（2000 年）

制造商	型号	波型	频率（MHz）
中国电子科技集团公司第二十二研究所	LTD 2000	Impulse	25～900
GSSI, USA	SIR‐10	Impulse	16～1500
	SIR‐20		
	SIR‐3000		
Sensors & Software Inc, Canada	Pulse Ekko 100	Impulse	12.5～200
	Pulse Ekko 1000		110～1200
	Noggin 250		125～375
	Noggin 500		250～750
MALÅ GeoScience, Sweden	RAMAC	Impulse	25～1000
Koden, Japan	KSD‐21	Impulse	50～2000
GeoZondas Ltd, Lithuanian	GZ6	Impulse	200～4000
GeoRadar, USA	GeoRadar 1000B	SFCW	100～1000
ERA Technology, UK	SPRscan	Impulse	500～1000
IDS, Italy	RIS‐IIK	Impulse	80～1600

我国探地雷达的研究始于 20 世纪 60 年代。国内对探地雷达研究虽然起步较晚，但是，由于对探地雷达的重视，引进和借鉴了国外的先进技术，近年来也取得了较大的进展，不少研究单位也推出了自己的探地雷达样机或产品。目前国内研究探地雷达的单位主要有：电子科技大学、西安交通大学、武汉大学、清华大学、北京理工大学、东南大学、大连理工大学、电子 22 所、电子 50 所、航天部、中国科学院电子研究所、国防科技大学等，这些单位都有探地雷达样机或产品推出。例如，电子科技大学研制的用于探雷的探地雷达，西安交通大学研制的用于铁路路基探测的探地雷达，东南大学研制的 GPR‐1 探地雷达，大连理工大学研制的 DTL‐1 探地雷达，电子 22 所研制的 LTD‐

2000 探地雷达，中国科学院长春地理所的 SI^2R 型探地雷达等。

二　探地雷达理论

探地雷达是将宽度为纳秒或亚纳秒级的脉冲波通过发射天线耦合到地下，该脉冲波向地下深部传播，当与地下媒质中的异常体、分界面相遇时，电磁波在此不均匀处会产生散射或反射，利用天线接收此散射、反射回波，根据回波的幅度、相位等特征可以推断地下媒质的结构。

（一）探地雷达的硬件系统

探地雷达是利用电路实现脉冲波的发射和回波的接收，并利用回波反演出地下媒质的剖面结构图。从上述探地雷达的电磁波原理可见，雷达波是一个宽度为纳秒或亚纳秒级的窄脉冲，电路上无法实现对如此快速信号的直接取样分析，需要采用等效采样原理来实现对回波信号的采集。电路的总体结构如图 5.24 所示。

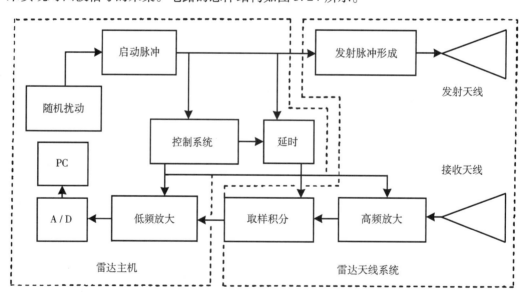

图 5.24　探地雷达总体结构

1. 探地雷达天线系统的结构与功能

在一般情况下，探地雷达分为主机和天线两个部分。这样划分是基于下面两个原因：（1）对于不同的探测目标，雷达工作需要不同中心频率，这就要更换不同的脉冲电路和对应的天线；（2）为了适应不同的工作环境和测量要求，可能要在峭壁上移动天线或将其置于井中，此时，雷达主机不便于随天线一起移动。当然，有些专用雷达是一体化的。

根据探地雷达天线发射信号的类型，可以把探地雷达分成不同体制的探地雷达。国内外普遍采用的探地雷达体制主要有四种：无载频脉冲探地雷达即冲激探地雷达（Impulse – GPR），步进频率连续波探地雷达（SFCW – GPR），伪随机噪声探地雷达（PRN – GPR），线性调频连续波探地雷达（FMCW – GPR）等。它们之间的差别体现在发射电磁波的形式上。脉冲雷达发射经高频调制的窄脉冲，这种体制仅在淡水厚度的探测方面取得了一定的效果；调频连续波雷达的发射信号是一个线性调频连续波，接收信号的延迟被转换为频率差，有较高的垂直分辨率；步频雷达发射频率阶跃性跳变的连续波，利用接收信号的相位信息和幅度信息获取目标状况；还有一种探地雷达则采用冲激脉冲体制。国内外形成商品的探地雷达几乎都是冲激脉冲式的，这种体制的主要特点是发射不经调制的纳秒级脉冲。近年来，冲激雷达和步进变频连续波雷达一直是浅地层 GPR 的研究热点。

（1）脉冲探地雷达

目前商用探地雷达大多数是脉冲探地雷达。脉冲雷达发射信号通常是冲激信号或者短脉冲信号，脉冲宽度通常是 0.25 ~ 1ns。如果发射的信号没有载频，则称为无载频脉冲雷达或视脉冲雷达。脉冲探地雷达发射的脉冲信号通常是单周期脉冲信号，脉冲信号的常见波形是 Ricker 小波。脉冲探地雷达中记录回波信号时，高的瞬时带宽要求高速 A/D 转换器，由于高速 A/D 转换器价格昂贵且功率消耗大，因此实际应用中，脉冲探地雷达通常采用低速 A/D 转换器进行等效采样。

由于脉冲探地雷达的脉冲宽度短，因此为了能有合理的探测深度，脉冲探地雷达的峰值功率一般很高。典型的脉冲探地雷达的脉冲宽度为 0.5ns，峰值功率是 10kW，峰值电压是 1kV，但由于此时脉冲能量只有 10μJ，发射的能量仍然很低，限制了雷达的探测深度。

（2）步进频率探地雷达

与脉冲探地雷达相比，步进频率探地雷达由于是发射连续波，所以可以实现很高的平均功率，从而实现较深的探测深度。步进频率探地雷达可以很方便的增减较严重的高频分量的发射功率，其动态范围通常比脉冲探地雷达的动态范围高。

步进频率的方法最早由 Stanford Research Institute （斯坦福研究所）在 1972 年提出。但是由于早期器件性能的限制，实现一个步进频率探地雷达非常复杂而且比较昂贵，因此步进频率探地雷达发展缓慢。1983 年以后，Hamran 用网络分析仪研制出基于距离门的步进频率探地雷达用于冰川探测。1993 年，美国能源部专用实验室（STL）研制出频率范围在 196 ~ 708MHz 的步进频率探地雷达；美国加利福尼亚州的 GeoRadar 公司进一步发展了 STL 研制的步进频率探地雷达，研制出商用步进频率探地雷达；另一种商用步进频率探地雷达是 Coleman Research 公司研制的 EPRIS 雷达。目前，澳大利亚的昆士兰大学和南非的开普敦大学等也参与到步进频率探地雷达的研究中。

由于浅层探测通常是探测小目标，要求探地雷达的分辨率比较高，因此浅地层探测的探地雷达的工作带宽都比较宽，一般工作带宽都接近或高于1GHz。浅地层探地雷达都属于超宽带雷达。

在天线系统与雷达主机之间采用电缆连接。如果直接将接收的回波信号回送到雷达主机，由于下列的原因可能影响雷达的性能：（1）雷达回波是一个高频信号，通过电缆回传会由于电缆的损耗降低回波的信噪比；（2）在天线的移动过程中，电缆随天线移动会发射弯曲、扭转等形变，这样会影响电缆的高频传输性能；（3）回波的时延此时与电缆的长度相关，电缆越长，时延越大，这样会增加回波分析的复杂度。基于上述原因，将采样变换电路放置在天线端，此时，回传到雷达主机的是经过采样变换后的低频信号，可避免上述问题。

回波信号是一个大动态范围信号，离天线近的目标产生的回波很强，反之则较弱。所以，雷达接收系统的动态范围是雷达的一个极其重要的指标。在雷达接收系统中，取样变换电路的动态范围一般只有 50 ~ 60dB，所以该电路的动态范围成为制约雷达系统动态范围的一个瓶颈。为了克服该瓶颈，可以将高频放大器设置为时变增益放大器，对时延较小的近距离目标的散射回波采用较低增益放大，而对于时延较大的远距离目标的散射回波采用较高增益放大，进入到取样变换电路的回波电平变得相对平稳。

2. 探地雷达主机的结构与功能

探地雷达主机的功能主要有两个：一个是实现对脉冲发射和回波接收的控制，另一个是完成对回波的数据处理并画出剖面图。这里仅简要说明对脉冲发射和回波接收控制的实现原理。

整个系统在启动脉冲的触发下工作，当启动脉冲电路输出一个脉冲时，发射脉冲电路发射一个脉冲，同时，控制系统根据将要采样的点的位置确定相应时变增益放大器的放大倍数和取样脉冲时延电路的时延大小，完成对回波相应点的取样。通过一系列不同时延的取样，最后获得整个回波的取样。所以，图 5.24 中的启动脉冲电路、控制电路、延时电路都是为了实现对回波的等效取样变换而设计的。

探地雷达的接收系统是一个宽带系统，对接收信号没有选择功能，在接收电路中不仅会接收到雷达的回波信号，同时也会接收到来自空中的无线电信号，这些无线电信号将会干扰雷达的目标识别。为此，在启动脉冲电路中加上了随机扰动控制，启动脉冲不再是严格的周期信号，而是一个无规则抖动的准周期信号。此时，它对于雷达系统依然保持同步，而外来的无线电信号相对于雷达系统则变成为无规则的噪声信号，这样通过相干积累的方法，便可以削弱外来无线电信号的干扰。

（二）探地雷达的工作原理

探地雷达是一种对地下或物体内部不可见的目的物或界面进行定位的电磁技术。高频电磁波以宽频带短脉冲形式，通过发射天线被定向送入地下，遇到存在电性差异的地下地层或目标体反射后返回地面，由接收天线接收。高频电磁波在传播时，其路径、波场强度与波形将随所通过介质的电性及几何形态而变化，故通过对时域波形的采集、处理与分析，可确定地下界面或地质体的空间位置及结构。当道路下方介质不均匀时，波的一部分能量被存在的界面反射而被雷达天线接收，且介电性质差异越大，界面反射系数越大，因而反射波就越强。一般情况下，当道路下方灰岩完整致密时，由于性质相对均一，雷达反射波很弱；当路面下灰岩溶蚀破碎，甚至有空洞存在时，灰岩与空隙之间介电常数差异增大，特别是当空隙或岩溶冲水后，大的电性差异界面的存在将形成很强的反射波，同时由于水对高频电磁波的吸收作用，使得反射波迅速衰减。其工作原理以由细泥层、粗泥层和墙体组成的三层壁画结构体系（图 5.25）为例来说明。

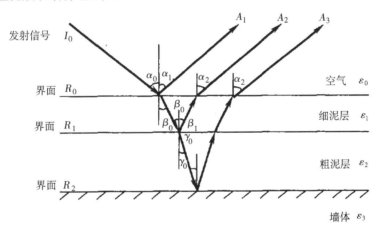

图 5.25　探地雷达工作原理

当由振源产生脉冲电磁波 I_0，并由天线定向成一定角度 α_0 向壁画表面发射时，波的一部分在第一界面 R_0（壁画与空气界面）反射，α_0 应等于 α_1，反射量为 A_1。同时另一部分向壁画深部穿透。由于空气的相对介电常数为 1，而壁画地仗层的相对介电常数均大于 1，有时大得较多，因而穿透波的大部分能量被地仗层吸收，同时，波在其中产生折射，折射角 β_0 小于波的入射角 α_0。当折射波沿 β_0 方向传播碰到第二界面 R_1（细泥层与粗泥层界面）时，波的一部分通过界面 R_1 法线反射，β_0 应与 β_1 相等，同时

又向 R_0 界面穿透反射,与 R_0 界面第二法线成的反射角 α_2 应等于 α_0,成为波的一次小循环,反射量为 A_2。另一部分继续向下,穿透界面到基层,一部分能量损耗于该层,同时产生折射,折射角 γ_0 大小主要取决于粗泥层的介电常数,当粗泥层的介电常数大于细泥层的介电常数时,则折射角 γ_0 大于细泥层的入射角 α_0。电磁波折射后,又碰到第三界面 R_2(粗泥层与墙体界面),同样,波的一部分向上反射,并穿透壁画表面到空气,成为波的一次中循环,反射量为 A_3。同理,波的另一部分继续向下,穿透界面到达壁画墙体,折射角的大小理论上与上述相同。当墙体均质无限,无异物时,穿透折射波的能量损耗于无限体中,没有向上反射。但情况并非如此,因壁画内部空鼓,在粗泥层与支撑体间形成空气层,使这些区域的介电常数发生变异,因而入射的电磁波就在这些区域的界面向上反射,穿透地仗层到达空气,形成入射波的一次大循环。

由上可以知道,雷达波与其他波一样,具有相同的传播特点与规律。其中一个最突出的特点就是雷达波碰到界面即会反射。雷达检测技术正是利用了电磁波在传播中的这一特性,实现对结构层和异常体指标的检测。

雷达接收天线接收到的反射信号实际上就是电磁波在各结构层界面上的反射信号的叠加,于是反射信号就由一系列的波峰组成。由于反射作用,峰值将相继减小,这实际上也反映了电磁波在介质中的衰减特性。图 5.26 为一典型的三层壁画结构雷达反射波形堆积图。

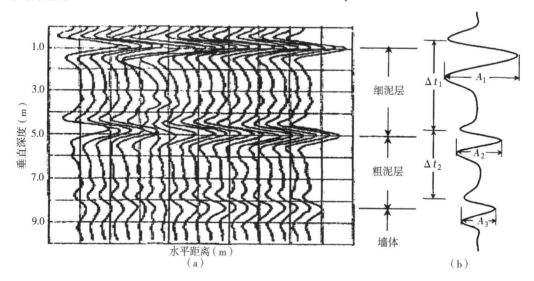

图 5.26　B – Scan 波形堆积图

图 5.26 中,A_1 为电磁波于空气与壁画界面 R_0 产生的反射波幅,A_2 为细泥层与粗泥层界面 R_1 产生的反射波幅,A_3 为粗泥层与墙体界面 R_2 产生的反射波幅,Δt_1 为电磁波在细泥层中传播的往返时间,Δt_2 为电磁波在粗泥层中传播的往返时间。

t_1、t_2 完全由仪器的时窗信号记录到。计算 Δt_1、Δt_2 的原理：当采样时窗为 tns，选择每个波迹由 n 个点组成时，获得了雷达反射波并确定了准确的界面回波信号，由计算机搜索出每个雷达反射波波迹中主波峰 A_1 和 A_2 之间的点数 n_1，A_2 和 A_3 之间的点数 n_2，则电磁波在壁画结构层中传播的往返时间为：

$$\Delta t_i = 2 \times \frac{tn_i}{n} \quad (i = 1、2) \qquad\qquad （式 5-2）$$

A_1、A_2、A_3 可由计算机自动搜寻得到。层状介质的结构层可以根据其电磁特性如介电常数来区分，当相邻的结构层材料的电磁特性不同时，就会在其界面间影响射频信号的传播，即会发生透射和反射。由各界面反射回来的那部分电磁波由天线中接收器接收，并用采样技术将其转化为数字信号进行处理。通过对电磁波反射信号的时频特征和振幅特征进行分析，就能了解到结构层的特征信息（如介电常数、层厚、空洞等）。

（三）探地雷达的性能

为确保探地雷达发射信号的质量和测试雷达机的稳定性，美国 A&M 大学得克萨斯交通学院提出了六项性能测试指标，即噪信比（NSR，Noise/Signal Ratio）、短期信号稳定性（STS，Short Term Stability）、长期信号稳定性（LTS，Long Term Stability）、末端反射（ENR，End Reflection）、砼探测实验（CPT，Concrete Penetration Test）、时间标定偏差（TCD，Time Calibration Deviation）。探地雷达不仅要在工作状态时有良好的稳定性和可靠性，而且要精准地辨识出探测介质中的异常体。

1. 电磁波在岩土介质中的传播特性

探地雷达一般发射中心频率为 10～1000MHz 的高频电磁脉冲，脉冲宽度为 10ns 左右。中心频率越高，脉冲宽度越窄。当探地雷达波在低耗介质中传播时，在 10～1000MHz 的工作频率范围内，一般可以认为探地雷达波不会受到频散速度的影响而扩散，亦即可不考虑雷达信号的频散效应，可认为探地雷达系统中的反射信号为窄带信号。但常见的道路、机场、铁路基层、大坝、堤防等层状体系的材料，如沥青混凝土、水泥混凝土、土基等都是相对高损耗的材料，对电磁波的衰减比较大，尤其对水泥混凝土更是如此。

因为目标和环境是雷达作用的对象，同时又反过来作用于雷达，影响雷达系统的设计和应用，所以雷达的性能与其工作的环境和目标有密切的联系。探地雷达的探测对象是各种不透明物体，电磁波的传播路径（也就是工作环境）是各种电介质材料，所以必须研究电磁波在电介质中的传播和散射以及电介质对电磁波特征参数的影响。

在设计探地雷达系统和在实际岩土工程问题应用中，首先要了解雷达信号传播特征和穿透能力。探地雷达的穿透范围取决于总路径损耗，它由以下的主要三个因素决定：介质损耗、装置损耗和目标反射或散射损耗。检测信号在从发射天线经过传播路径到达接收天线过程中要经历各种各样的损耗，在某一传播距离的总路径损耗 L_t 可由下式表示：

$$L_t = L_e + L_m + L_{t1} + L_{t2} + L_s + L_a + L_{sc} \qquad （式5-3）$$

式中，L_e 为天线效率损耗，dB；L_m 为天线失谐损耗，dB；L_{t1} 为入射空气—介质界面损耗，dB；L_{t2} 为射出介质—空气界面损耗，dB；L_s 为天线装置损耗，dB；L_a 为介质中信号衰减损耗，dB；L_{sc} 为目标物散射损耗，dB。

高频脉冲电磁波在地下有耗介质中的传播具有衰减和频散特性，不同层状、不同的介质结构衰减特性和频散特性存在差异，这一差异为区分分层和研究层状介质内部结构提供了可能。

探地雷达是通过发射和接收高频率、宽脉冲电磁波，并根据接收到的电磁波的振幅、波形和频率等运动学和动力学特征来分析和推断地下介质结构、地层岩性特征的一种浅层地球物理探测技术。由于探地雷达发射电磁波的频率高，其探测精度和分辨能力亦高，可达毫米级。

同传统的探空雷达不同，探地雷达在地下有耗介质中传播存在着高频衰减。雷达高频脉冲电磁波在地下有耗介质传播过程中产生的衰减现象，一般认为是由于电导率、介电弛豫性质和电磁弛豫性质等多种因素引起的；电能衰减和磁能衰减的机理是相似的，其中，由介质导电效应而引起的介质层间衰减影响最大。据前人的研究，由介质的介电弛豫性质引起的电磁波衰减中的电能损失量中的松弛因子可以描述为位移量与电场强度矢量的褶积关系，其中介电常数为复数，并依赖于频率的大小。

在电磁波传播理论中，通常可以用3个参数来描述有耗介质的衰减行为，即复介电常数 $\varepsilon^*(\omega)$、品质因子 $Q(\omega)$ 和衰减系数 $\alpha(\omega)$。这3个参数并不是相互独立的，而是从不同的角度来描述波的衰减特性，从这个角度来说，它们是等价的。

衰减系数 α 不仅随实等效导电率 σ_e 的增大而增大，同时还随频率 ω 的增大而增大。除此之外，一般媒质的实等效导电率也随频率的增大而增大。所以，总的来说，衰减系数 α 随频率 ω 的增大而增大，这是探地雷达的探测深度与雷达工作频率相关的主要原因。

不同介质在100MHz和1000MHz频率时的衰减损耗范围如表5.4所示。需要特别注意的是由于探地雷达波信号要经历发射和接收双程衰减和损耗，故实际接收信号的损耗将是表5.4所列值的2倍。

表5.4　常见介质中电磁波的衰减损耗

介质	相对介电常数 ε_r （F/m）	电磁波在100MHz时衰减损耗（dB/m）	电磁波在1000MHz时衰减损耗（dB/m）
空气	1	0	0
沥青（干燥）	2～4	2～15	20～150
沥青（潮湿）	6～12	2～20	20～200
混凝土（干燥）	4～10	0.5～2.5	5～25
混凝土（潮湿）	10～20	10～25	100～250
淡水	81	0.1	1
（淡水）冰	4	0.1～5	1～50
海水	81	1000	10000
（海水）冰	4～8	10～30	100～300
雪（密实）	8～12	0.1～2	1～20
土壤（干沙质）	4～6	0.1～2	1～20
土壤（湿沙质）	15～30	1～5	10～50
土壤（干腐质）	4～6	0.5～3	5～30
土壤（湿腐质）	10～20	1～60	10～600
土壤（干黏土质）	4～6	0.3～3	3～30
土壤（湿黏土质）	10～15	5～30	50～300
黏土（干燥）	2～6	10～100	100～1000
黏土（潮湿）	15～40	100～500	1000～5000
永冻土	4～8	0.1～5	1～50
花岗岩（干燥）	5	0.5～3	5～30
花岗岩（潮湿）	7	2～5	20～50
灰岩（干燥）	7	0.5～10	5～100
灰岩（潮湿）	8	10～25	100～250
沙（干燥）	4～6	0.01～2	0.1～20
沙（潮湿）	10～30	10～20	100～200
砂岩（干燥）	2～3	2～10	20～100
砂岩（潮湿）	5～10	10～20	100～200
页岩（潮湿）	6～9	10～100	100～1000
煤（干燥）	3.5	1～10	10～100
煤（潮湿）	8	2～20	20～200

・140・ 西藏布达拉宫壁画保护修复工程报告

地下媒质常常是多种成分的混合物，每一成分都会对介质的电磁特性产生影响，其中水的含量对媒质的影响很大。随着含水量增大，地下媒质的介电常数增大，衰减系数也迅速增大。由于不同介质的电磁参量随含水量变化不同，在一些特殊情况下，可以通过加水的方法来提高目标与周围介质的差异程度，从而改善雷达的探测效果。

世界各国已经有很多研究者对土壤材料的电介质特性进行了广泛的研究，他们的试验表明，对于土壤中的大部分成分，直到几百米的深度，其对电磁波辐射的衰减都是随着频率的升高而变得更加严重。而且对一个给定的频率，湿的材料比干材料会有更严重的衰减。所以在探地雷达的研究中必须了解这些材料对电磁波的传播速度和衰减所产生的影响。

基于不同的土壤和水分含量，地下媒质的电磁波特性是千变万化的。对电磁波来说，土壤是一种有耗的、不均匀的电介质媒质；而且土壤的导电性和电介质特性经常随着不同的工作频率而不同，使得土壤呈现色散特性。这些特性影响了电磁波在地下的传播速度。电磁波在媒质中的传播速度主要由媒质的相对介电常数来决定，而相对介电常数主要取决于媒质中的水分。比如：在探地雷达的工作频段，水的相对介电常数接近于80，而土壤中的其他固体成分和很多人造材料在干燥的情况下其相对介电常数约等于 $2 \sim 9$，在实际测量中土壤和很多建筑材料的相对介电常数在 $4 \sim 40$ 之间。导电特性则通过消耗电磁波能量而使其呈现衰减特性。

2. 探地雷达的最大探测深度

由于探地雷达与探空雷达具有相似的工作原理，所以探地雷达可以借用探空雷达的雷达方程，考虑到二者的差别，需作相应的修正。用信号能量表示的雷达方程为：

$$\frac{P_{r\min}}{P_{t\max}} = \frac{\eta_{Tx}\eta_{Rx}G_{Tx}G_{Rx}\lambda^2\sigma_b}{64\pi^3 R_{\max}^4} \qquad （式 5-4）$$

其中，$P_{r\min}$ 为雷达的最小可检测信号的功率，$P_{t\max}$ 为雷达的最大发射功率；$P_{r\min} = kT_nB_nF_n(S/N)_{\min}$，其中 T_n 为接收单元的等效噪声温度，k 为波尔兹曼常数，F_n 为噪声指数，B_n 为噪声频带宽度；η_{Tx}、η_{Rx} 分别为雷达发射天线和接收天线的效率；G_{Tx}、G_{Rx} 分别为雷达发射天线和接收天线的增益；λ 为电磁波的波长；σ_b 为目标的散射截面积；$R_{\max}$ 为雷达的最大探测距离。

由式 5-4 可计算出雷达的最大探测距离。但对于探地雷达，考虑到电磁波在介质中的衰减特性，需将雷达方程进行修正，修正后的雷达方程为：

$$\frac{P_{r\min}}{P_{t\max}} = \frac{\eta_{Tx}\eta_{Rx}G_{Tx}G_{Rx}\lambda_m^2\sigma_b e^{-4\alpha d_{\max}}}{64\pi^3 d_{\max}^4} \qquad （式 5-5）$$

式中，λ_m、α 分别为介质中脉冲电磁波中心频率的波长（单位 m）和衰减系数（单位为 dB/m 或 Np/m），在一般的介质中，衰减系数和电磁波的频率有关，且随频率的升高而增大；d_{max} 为探地雷达所能探测的最大深度（单位 m）。

式 5 - 5 可以改写为：

$$\frac{P_{rmin}}{P_{tmax}G_{Tx}G_{Rx}\eta_{Tx}\eta_{Rx}} = \frac{\lambda_m^2 \sigma_b e^{-4\alpha d_{max}}}{64\pi^3 d_{max}^4} \qquad （式 5 - 6）$$

从式 5 - 6 可看出，等号的左端主要与探地雷达系统性能有关，右端主要与环境和探测目标有关。对于给定的探地雷达系统，左端的值是一定的。因此探地雷达的最大探测深度主要与环境因素和目标特性有关。由电磁理论可知，电磁波在介质中传播时的波长 λ_m 为：

$$\lambda_m = \frac{c}{f_c\sqrt{\varepsilon_r \mu_r}} \qquad （式 5 - 7）$$

其中，c 为电磁波在真空中的传播速度（2.998×10^8 m/s）；f_c 为脉冲信号的中心频率；ε_r、μ_r 为介质的相对介电常数和磁导率。

由式 5 - 5 和式 5 - 6 可看出探地雷达天线的中心频率越高，介质的相对介电常数和磁导率越大，探地雷达所能探测的最大深度越浅。

对于确定的最大发射功率和最小接收功率，利用式 5 - 6 可以估算雷达的最大探测深度。式 5 - 6 是在假设天线和目标为点源的条件下得到的，如果上述条件不成立，就不能得到接收功率与目标埋深的 4 次幂成反比。

探地雷达的探测深度可根据式 5 - 5 计算，也可使用简易算法估算。商用探地雷达一般允许介质的吸收损耗达 60dB。当介质吸收系数 <0.1dB/m（这符合通常的地质环境），则可用 Annan 给出的探测深度 d_{max} 简易估算式进行估算：

$$d_{max} < \frac{30}{\alpha} 或 d_{max} < \frac{35}{\sigma} \qquad （式 5 - 8）$$

式中 α 是介质吸收系数，单位为 dB/m；σ 是电导率，单位为 S/m。

在工程地质勘察中，若勘察深度在 5 ~ 30m 范围内，则选择低频探测天线，要求探测频率低于 100MHz。对于浅部工程地质，探测深度在 1 ~ 10m，探测频率可选择 100 ~ 300MHz；对于探测深度在 0.5 ~ 3.5m 的工程、环境以及考古勘察工作，探测频率可选用 300 ~ 500MHz；对于路面结构层等厚度在 0 ~ 1m 左右的检测，探测频率一般选用 900MHz ~ 2GHz。

虽然现在我们不能给出探地雷达探测深度的精确定量的表达式，但可以粗略地估计，并得出一些有益的结论：在探地雷达的频率范围内，（1）不同地下媒质的衰减常数变化范围极大；（2）衰减常数随频率的增高而增大；（3）含水量增大会导致介质的介电常数和衰减常数增大；（4）含水量较大的介质在冰冻状态下，其介电常数和衰减常数会大大减小。所以，要探测地下的深层目标，采用较低频率的雷达系统，并选择在干燥的季节或者冰冻的季节是有益的。

在利用探地雷达进行实地探测时，首先需要根据地质资料和工程经验估算目标体深度，然后再根据上述关系来选择雷达天线的中心频率。

3. 探地雷达的最高分辨率

探地雷达分辨率是指雷达区分两个在空间上相距很近的目标的能力（也可定义为雷达区分在时间上相距很近的脉冲信号的能力）。分辨率决定了探地雷达分辨最小异常介质的能力和其应用的范围，可分为垂直分辨率和水平分辨率。

根据雷达系统理论，雷达的距离分辨率 ΔR 为：

$$\Delta R = \frac{\upsilon}{2\Delta f} \qquad (式 5 - 9)$$

其中 $\Delta f = B_w$ 为雷达发射信号的频带宽度，υ 为电磁波的传播速度。

（1）垂直分辨率

雷达在垂直方向上能够区分一个以上反射界面的能力称为垂直分辨率。它决定了雷达分辨最小异常介质体的能力。用时间间隔 Δt 表示为：

$$\Delta t = \frac{1}{B_{eff}} \qquad (式 5 - 10)$$

其中 B_{eff} 为接收信号频谱的有效带宽。

假定雷达天线发射出的脉冲宽度为 t_w，单位为 ns，一般可以认为天线的中心频率 $f_c = 1/t_w$，单位为 MHz，通常在设计无载波脉冲探地雷达天线时，我们选取天线频带宽度 $B_{eff} = f_c$，转换为深度 Δh，表示为：

$$\Delta h = \frac{\upsilon \Delta t}{2} = \frac{\upsilon}{2B_{eff}} = \frac{c}{2f_c \sqrt{\varepsilon_r \mu_r}} \qquad (式 5 - 11)$$

从式 5-11 可见：（1）当介质中的波速减小时，雷达的垂直分辨率提高，即在介电常数较大的介质中，雷达的垂直分辨率较高；（2）接收信号频谱的有效带宽 B_{eff} 越大，雷达的垂直分辨率越高。而 B_{eff} 不仅取决于发射信号的带宽，还受地下媒质的影响。脉冲波在地下媒质的传播过程中，由于媒质色散的影响，高频分量迅速衰减，脉冲会越来越宽，B_{eff} 下降。所以，随着深度的增加，分辨率随之下降。除此之外，B_{eff} 还受接收电路带宽的影响。

对于探地雷达系统而言，地下媒质的影响是外部因素，无法进行调整，要提高雷达的分辨率，就必须提高雷达的发射信号带宽，并采用相应的宽带接收电路。

（2）水平分辨率

探地雷达在水平方向上所能分辨的最小异常体的尺寸称为水平分辨率。对于地下两个平行目标的深度为 d，相距为 H，要使探地雷达在空间上能区分两个目标的回波信号，则探地雷达的最高水平分辨率为：

$$H_{\min} = \sqrt{\lambda_{\mathrm{m}} d} = \sqrt{\frac{vd}{f_{\mathrm{c}}\sqrt{\varepsilon_{\mathrm{r}}\mu_{\mathrm{r}}}}} \qquad\qquad （式 5-12）$$

其中 f_{c} 采用的单位为 MHz；$H_{\min}$、d 的单位为 m。

由式 5-12 可知，雷达的水平分辨率除了与雷达本身性能（中心频率 f_{c}）和目标深度 d 有关外，还和最高垂直分辨率一样，跟目标周围介质的特性有关。有一点值得说明的是，在探地雷达实际探测过程中，通过采用适当的数字信号处理或数字图像处理方法可以使探地雷达对目标的最高分辨能力高于由式 5-11 和式 5-12 计算出的最小分辨率。

上述分析可见，探测深度与分辨率是相互制约的。增加探测深度的有效方法是降低电磁波的频率，即加大脉冲宽度，这样会导致 B_{eff} 的减小而带来分辨率下降；反之，要提高分辨率，应减小脉冲宽度，这样探测深度减小。因此，实际应用中必须在探测深度和分辨率之间做出适当的选择。当然，增大发射功率也可以在一定程度上增加雷达探测深度，缓和探测深度与分辨率之间的矛盾，但又会使系统功耗增大，体积、重量随之增大，不利于野外工作。

（四）数据采集参数的设置

1. 电磁波在岩土介质中的传播速度

假设雷达使用收发共置天线，在地面沿同一个水平方向移动就得到一个二维的雷达图像，垂直轴和水平轴分别指示目标的水平位置和目标深度，并且假设介质是均匀的，因此波速 v 是常数。

针对浅层目标，电磁波在介质中匀速传播的假设更加合理，但发射天线与接收天线之间的距离 d 在探地雷达的时距方程式中不能被忽略。设空鼓部位距壁画表面的垂直深度为 h，空鼓界面的电磁脉冲反射波双程走时为 t，则有：

$$h^2 + \left(\frac{d}{2}\right)^2 = \left(v \cdot \frac{t}{2}\right)^2 \qquad\qquad （式 5-13）$$

整理得：

$$t^2 = \frac{d^2}{v^2} + \frac{4h^2}{v^2} \qquad\qquad （式 5-14）$$

对于确定的 GPR 探测数据，根据式 5-14，影响壁画空鼓深度定位精度的因素主要有两个：双程走时和电磁波传播速度。计算机经搜索目标特征确定的双程走时的相对误差很小，真正影响目标定位精度的因素是电磁波传播速度的确定。因此，电磁波在岩土介质中的传播速度是影响埋深计算精度的关键参数之一。

（1）介电常数法

岩土介质中，单一频率的平面波的等相位面的传播速度 v_p 为：

$$v_p = \frac{\omega}{\beta} = \left[\frac{1}{2} \mu \varepsilon \left(\sqrt{1 + \tan^2 \delta_e} + 1 \right) \right]^{-\frac{1}{2}} \qquad （式5-15）$$

式中，ω 是电磁波的角频率，单位为弧度/秒（rad/s）；β 是电磁波在介质中的相位因子，单位为弧度/米（rad/m）；$\mu = \mu_0 \mu_r$ 是介质的绝对磁导率，其中 $\mu_0 = 1.26 \times 10^{-6} \text{H/m}$；$\varepsilon = \varepsilon_0 \varepsilon_r$ 是介质的绝对介电常数，其中 $\varepsilon_0 = 8.84 \times 10^{-12} \text{F/m}$；$\delta_e$ 是电磁波在岩土介质中的有效电损耗角。

对于绝大多数岩土介质，常常有 $\tan \delta_e \ll 1$，且 $\mu = \mu_0$，因此波速可近似为：

$$v \approx \frac{1}{\sqrt{\mu \varepsilon}} = \frac{c}{\sqrt{\varepsilon_r}} \qquad （式5-16）$$

土的电介质特性必然由其组成相的电介质特性决定。土的物质成分包括充当土骨架的固态矿物颗粒、孔隙中的水及其溶解物质以及气体。各种土的颗粒大小和矿物成分差别很大，土的三相间的数量比例也不尽相同，而且土粒与其周围的水又发生了复杂的物理化学作用。根据土水相互作用的区别，我们将土分为无黏性土和黏性土两大类。

无黏性土的表面是不带电荷的，在无黏性土中不存在结合水，土水相互作用很小。因此，无黏性土由土颗粒、自由水和空气三相组成。式5-17和式5-18分别是干质无黏性土和非饱和无黏性土的相对介电常数 ε_r 的经验表达式：

$$\varepsilon_r = \frac{\sqrt{0.48n^2 - 100.4n + 108.9} + 8.15 - 5.15n}{3.72 + 2.28n} \qquad （式5-17）$$

式中，n 为干土的孔隙率。

$$\varepsilon_r = \frac{-8.14 + 5.14n - 81.9nS_r}{3.86nS_r - 2.29n - 3.71} -$$

$$\frac{\sqrt{6697.1n^2 S_r^2 + 1304.7nS_r - 789.7n^2 S_r + 108.8 - 100.1n + 0.33n^2}}{3.86nS_r - 2.29n - 3.71} \qquad （式5-18）$$

式中，n 和 S_r 分别为非饱和无黏性土的孔隙率和饱和度。

取 $S_r = 100\%$，则可以得出由土颗粒和自由水两相组成的饱和无黏性土的介电常数表达式：

$$\varepsilon_r = \frac{\sqrt{5423.7\theta^2 + 2350.0\theta + 108.8} + 8.14 + 76.78\theta}{3.72 - 1.56\theta} \qquad （式5-19）$$

式中，θ 为饱和无黏性土的体积含水量，其数值与干质无黏性土的孔隙率 n 相等。

黏性土的表面是带电荷的，土水相互作用十分强烈。黏性土是由土颗粒、自由水、结合水和空气组成。在较为微观的方面，黏性土是由各种原生矿物和次生矿物以及有机质以复杂的方式组合而成；如果从更为微观的角度考察，则可以发现，黏土中的各种电化学反应主要是发生于黏土胶体表面与土溶液之间的界面或与之相邻的溶液，这是由于这些胶体表面带有负电荷和正电荷，能够与溶液中的离子、质子和电子相互作用。因此，与无黏性土相比，黏土的介电性质表现得更为复杂。

不同含水量的黏性土的组成成分是不一样的，其介电常数也各异。干黏土由土颗粒和空气两相组成，其相对介电常数的经验表达式与式 5－17 相同。对泥浆一类的大孔隙比饱和黏性土，其含水量比较高，结合水含量相对比较低，可以认为结合水对土介质介电常数的影响很小，此时认为土介质由土颗粒和自由水两相组成，因此，其介电常数表达式与饱和无黏性土介电常数表达式 5－19 相同。

非饱和黏性土由土颗粒、自由水、结合水和空气四相组成，结合水和空气对土介质的相对介电常数的影响不能忽略，若取土颗粒的介电常数为 5，则非饱和黏性土的相对介电常数 ε_r 的经验方程式为：

$$\left[-1.86-1.14n+1.93nS_r+2\left(\frac{\varepsilon_{bw}-1}{\varepsilon_{bw}+2}-0.96\right)\psi\right]\varepsilon_r^2+$$

$$\left[8.14-5.14n+81.9nS_r+(\varepsilon_{bw}+4)\frac{\varepsilon_{bw}-1}{\varepsilon_{bw}+2}-81.9\right)\psi\right]\varepsilon_r+ \qquad (式 5-20)$$

$$\left[5.71-5.71n+156.1nS_r+2\left(\varepsilon_{bw}\frac{\varepsilon_{bw}-1}{\varepsilon_{bw}+2}-78.1\right)\psi\right]=0$$

式中，n 为非饱和黏性土的孔隙率，ψ 为非饱和黏性土的结合水体积含量，S_r 为非饱和黏性土的饱和度，ε_{bw} 为结合水介电常数。

（2）金属板反射法

由电磁波反射理论知道，对于相同的观测装置系统，不同面层介质的反射系数与反射波的振幅成正比。分别观测地下浅层介质和铁板反射信号，在把金属板看作刚性边界反射（反射系数为 1）的前提下，由对应的反射振幅即可得到浅表层波速：

$$v=\frac{1-A/A_m}{1+A/A_m}\times c \qquad (式 5-21)$$

式中，A 是浅层土介质的电磁波反射振幅；A_m 是金属板的电磁波反射振幅。

求取波速时，若仅依靠一道波形计算，将极大地受系统随机误差的影响，较好的办法是利用多道平均法。但是，金属板反射法建立在认为金属板为刚性边界（反射系数为 1，金属板为无限大，不存在绕射）的前提下，这在实际应用中显然是难以满足的，因此这个方法只能用来大体估计浅地层某一点的电磁波传播速度值。

鉴于金属板反射法中 A_m 参数存在较大误差，利用刚性介质反射法，借助于介电常数测试仪就可以方便地得到整个测线的波速。

2. 中心频率的选择

天线中心频率选择需要兼顾探测深度、分辨率和天线尺寸是否符合场地需要。一般来说，在满足分辨率且场地条件又许可时，应该尽量降低天线中心频率。

如果要求的空间分辨率为 Δh（单位 m），周围环境的相对介电常数为 ε_{r}，则天线中心频率可由下式初步确定：

$$f_{\mathrm{c}} = \frac{c}{2\Delta h\sqrt{\varepsilon_{\mathrm{r}}\mu_{\mathrm{r}}}} \qquad (式 5-22)$$

实际测量时，空间分辨率在垂直分辨率和水平分辨率之间该如何取舍，即是以垂直分辨率还是以水平分辨率为控制指标，应视具体的探测目标和探测任务而定。

如果探地雷达所要探测的目标为层状目标，目标周围介质的相对介电常数为 ε_{r}，要求的垂直分辨率为 $\Delta h \geqslant \Delta h_{\min}$，由式 5-22 可初步确定探地雷达的中心频率为：

$$f_{\mathrm{c}} \geqslant \frac{c}{2\Delta h\sqrt{\varepsilon_{\mathrm{r}}\mu_{\mathrm{r}}}} \qquad (式 5-23)$$

对于呈水平分布的目标，水平分辨率要求较严格，这时就需要根据所要求的水平分辨率来确定探地雷达的中心频率。为了求得其中心频率，首先应估计一下目标的深度，再根据水平分辨率 $H_{\min}$ 由式 5-12 可得到：

$$f_{\mathrm{c}} \geqslant \frac{v \cdot d}{H_{\min}{}^2\sqrt{\varepsilon_{\mathrm{r}}\mu_{\mathrm{r}}}} \qquad (式 5-24)$$

根据初选频率，利用探地雷达探测距离方程计算最大探测深度。如果探测最大深度小于实际目标深度，需降低探地雷达的中心频率以获得适宜的探测深度。

3. 采样时窗的选择

探地雷达采样时窗是指从采集第一个数据开始到采集最后一个数据结束期间的时间长度。时窗长度的选择主要取决于所要求探地雷达的最大探测深度 d（单位 m）和天线发射的电磁波在介质中的传播速度 v（单位 m/ns）。已知所要求的探测深度和电磁波在介质中的传播速度，探地雷达的采样时窗长度 W（单位 ns）可由下式估算：

$$W = 1.3\frac{2d}{v} = 1.3\frac{2d\sqrt{\varepsilon_{\mathrm{r}}\mu_{\mathrm{r}}}}{c} \qquad (式 5-25)$$

上式中时窗的选用值增加 30%，是为地层速度与目标深度所留出的余量。

4. 采样率的选择

采样率是用记录目标反射波时探地雷达采样头采样间隔的倒数来衡量的，采样率越高，采样间隔越短。而采样率由 Nyquist 采样定律控制，即采样率至少应达到记录的反射波中最高频率的 2 倍。对大多数探地雷达系统，频带与中心频率比大致为 1，即发射脉冲能量覆盖的频率范围为 0.5 ~ 1.5 倍中心频率。这就是说反射波的最高频率大约为中心频率的 1.5 倍，按 Nyquist 定律，采样速率至少要达到天线中心频率的 3 倍。为使记录波形更完整，建议采样率为天线中心频率的 6 倍。设天线的中心频率为 f_c（单位 MHz），则采样间隔 Δt（单位 ns）为：

$$\Delta t = \frac{1000}{6 f_c} \qquad\qquad (式 5 - 26)$$

5. 相邻扫描点间的距离

探地雷达在实地勘测时，采用的是离散测量，相邻扫描点间的距离需要由探地雷达天线的中心频率与地下介质的介电特性来确定。为了确保地下介质的响应在空间上不重叠，也应遵循 Nyquist 空间采样定律：探地雷达相邻扫描点间的距离 Δx 应小于介质中电磁波传播时波长的 1/2，即：

$$\Delta x = \frac{c}{2 f_c \sqrt{\varepsilon_r \mu_r}} \qquad\qquad (式 5 - 27)$$

式中，f_c 为天线的中心频率，单位为 MHz。ε_r、μ_r 分别为介质的介电常数和磁导率。

探地雷达连续测量时，天线最大移动速度取决于扫描速率、天线宽度和目标的大小。在实际工作中，根据研究的内容以及目标体的情况，相邻扫描点间的距离可在几厘米至几米范围内变化。对于倾斜反射体，测点点距不宜大于 Nyquist 采样间隔，否则就不能很好地确定。当反射体较平整时，点距可适当放宽。探地雷达探测路面结构层时，相邻扫描点间的距离通常为 0.2m。

不同测量参数对测量效果影响的程度是不同的，时窗、采样率的选取对数据采集效果的影响不大，而天线中心频率、测点点距的选取对探测效果有显著影响，实际测量时要谨慎选取这些参数。

三　探地雷达信号的处理

探地雷达资料的整理与解释包含两个方面的内容，即数据处理和图像解释。20 世纪 60 年代以来，有几个问题一直影响着探地雷达技术的发展：

（1）如何在高噪声（包括相干噪声和不相干噪声）的背景下，克服电磁波的强度衰减和扩散，从而获得清晰和高分辨率的图像？

（2）如何对目标的大小、形状及性质做出定性和定量的分析？

（3）如何获得必要的速度资料来对探地雷达数据进行定量分析，从而得出可信的深度信息？

（4）尽管理论上现有反射地震方法中的数据处理技术可以应用到探地雷达中，但如何克服复杂的探地雷达波的频散和吸收来对探地雷达数据进行处理？

要解决以上几个问题，关键就是提高信号处理的精度。信号处理历来就是探地雷达成功的关键。探地雷达信号处理的主要目的就是压制随机的和规则的干扰，以最大可能的分辨率来显示目标反射波，便于提取各种有用参数，对探地雷达剖面进行准确合理的解释。

由于地下介质构成的复杂性及不同介质对电磁波吸收程度的差异，使得雷达波到达接收天线时，波幅减小，波形杂乱，与原始发射波形有较大差异。此外，各种干扰噪声也歪曲了地层反射信息。所以，必须对接收到的信号进行适当的处理。

探地雷达的干扰噪声可分为不相干噪声和相干噪声两类。不相干噪声来自雷达系统内部或者雷电的放电效应及太阳活动。对于不相干噪声（随机噪声），可以取多次量测的平均值来达到减小的目的。相干噪声来自剧烈变化的电性界面的散射和绕射、天线与大地及层状介质之间的共振，而且主要与地表以下 1m 之内电性的剧烈变化有关。它不但使该层内的地层信息变得相当模糊，而且进一步影响到地层深处的雷达记录。

探地雷达接收的是来自地下目标体的反射信号，现有市场提供的探地雷达一般都配有图像记录仪，可以在现场实时显示地下垂直剖面的二维图像，然而由于地下介质对电磁波的吸收使来自深部目标体的有用信号减弱，而来自系统内部的干扰、介质不均匀以及地表不平等产生的散乱回波使得信噪比变差，造成实时记录的图像难于解释。为此，探地雷达都配有信号处理系统。

一般说来，探地雷达的接收信号除了来自目标体的反射信号外，还包括了以下几类不需要的干扰信号：（1）天线的余振。虽然雷达天线都加了阻尼，然而单一脉冲的天线响应往往是持续二或三个周期的阻尼正弦波；（2）系统内部的干扰波。连接天线与控制部分的电缆表面所引起的反射信号虽小，但也足以与来自深部目标体的反射信号相比拟；（3）不平地表所产生的反射信号；（4）由于岩石或土壤不均匀所产生的反射波；（5）当偶极天线波束较宽时，可接收到天线外侧某一距离内物体的反射波。

电磁脉冲在从天线发射到地下，再从目标体反射回来的过程中会出现失真，虽然影响接收信号的因素很多，但只要目标体的反射信号与其他干扰信号在时间间隔上能够明显区分，从接收信号中分离出有用反射信号还是容易做到的。探地雷达信号处理的目的就是从探地雷达系统接收的信号中提取有用信息，并向使用者提交最易于解释的结果。雷达信号处理的方法类型很多，作用各不相同。很多探地雷达信号处理软件通常都包括以下几种处理方法：

（1）取平均值压低噪声

只要发射波形能稳定地重复出现，那么不管其波形如何，都可以获得一系列单个时间波形的平均值，N 次测量的等权平均值将使噪声频带宽度缩小为 $1/N$。只要测量重复的次数足够多，就可以把随机干扰压缩到所要求的水平。这种处理方法有时也称为叠加，该方法能减少随机干扰，但对杂乱回波的压制没有作用。

（2）通过减去平均值压低杂乱回波

在相同介质中的不同位置进行多次测量，如果介质相对位置的变化可看成是随机的，而目标体的反射仅在一小部分测量位置可以看到，那么大量观测结果的平均值可以认为是系统杂乱回波的度量，从每个单独测量结果中减去平均波形，目标体的反射波形会显得更加明显。

（3）时变增益

当介质的吸收已知时，为了补偿地下介质的吸收，可以应用指数加权放大器对走时波形进行补偿。该方法的缺点是将大时间段的系统噪声扩大了，从而使成果解释变得困难。为了减小噪声的影响，可以使用这样一种智能时变增益放大器，它是根据时间波形的性质设计的，对带有天线余振与地表不平引起的杂乱回波的短时延信号采用低增益放大，对带有有用信号的时间波形采用随时间指数增加的放大器，而对超出研究范围的信号采用增益不变的放大器。

（4）频率滤波

采用低通、高通及带通滤波器除去不想要的干扰信号。例如可以采用低通滤波器压制地表杂散波的影响。地表杂散回波响应是由地表不规则或浅部岩石电性突然变化引起的，这些杂散回波在土壤中的传播路径很短，与埋深目标体的回波不同，在高频段吸收较少，故杂散回波在高频段的能量要比目标体回波的能量大，可采用低通滤波器压制这类杂散波的干扰。

除以上一些处理方法外，反褶积和偏移处理目前是探地雷达信号处理的两大热门技术。反褶积的目的是把雷达记录变成反射系数序列以达到消除大地干扰、分辨薄层的目的。而所谓的偏移处理则是把雷达记录中的每个反射点移到其本来位置，从而获得反映地下介质的真实图像。偏移处理对消除直立体的绕射、散射产生的相干干扰能起很大的作用。反褶积和偏移处理在地震勘探数据处理中得到了较好的效果，而在探地雷达的应用中却总是不尽如人意。这是因为，对褶积来讲雷达波的高衰减性和地下介质的频散现象，使得电磁脉冲子波在地下传播中要发生很大的变化，从而使得子波估计常常出现很大偏差。对偏移处理而言，在探地雷达勘探中，由于电性的变化，使波速在地下传播时变得相当复杂，这难以满足偏移处理的要求。

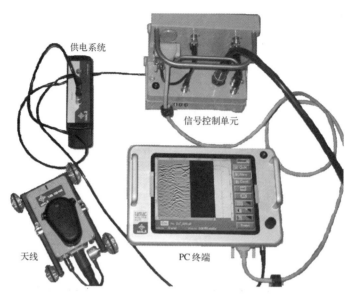

图 5.27　高频探地雷达系统

四　RAMAC/GPR 探地雷达在壁画保护修复工程中的应用

（一）RAMAC/GPR 探地雷达硬件系统

此套雷达设备由供电系统、PC 终端、信号控制系统以及发射和接收天线组成（图 5.27），PC 终端与信号控制系统通过并行打印端口相连，信号控制系统与接发天线通过多芯光纤相连。在 PC 终端可以设置雷达运行的各项参数，数据采集开始后，发射天线按指令向被测介质发射高频宽带脉冲电磁波，信号经过一系列复杂的透射和反射过程后被接收天线捕获，PC 终端对发射出的信号和接收到的信号进行程序化处理，最后在屏幕再显示每一道雷达剖面图像。

由于仪器的接口采用了业内防插错技术，操作者可以轻松无误地连接各个模块。雷达自带一个精心设计的简单而实用的 PC 终端，通过旋压按钮来进行可视化操作。

（二）RAMAC/GPR 探地雷达配套软件

MALÅ GeoScience 研制的此款探地雷达既可以使用其自带的 XV11 型专用 Linux 系统进行数据采集，也可以另接带有 ECP 并行打印端口的 Windows 系统进行数据采集，最终都必须经由后期数据处理软件才能给出更为直观的解译。

对于单道探地雷达长剖面，可以很方便地用 MALÅ GeoScience 公司自行开发的 Ground Vision 软件，或者是使用国际上通用的德国 Sandmeier 科学软件公司开发的跨雷达硬件平台的 REFLEXW GPR/reflection seismics 2D 软件进行后期深处理，它是基于 Windows 系统的软件。

对于浅表层的检测，特别是对小块平面区域的探测，探地雷达自带的 Easy 3D 软件就更为适用。此外，REFLEXW GPR/reflection seismics 2D/3D 模块式软件也加入了对准三维雷达数据的分析，其基本思想跟 Easy 3D 相似，都是在三维空间内以一定间距排列单道剖面，由此组成实际上是 2.5 维的雷达场。

根据经验，在 Ground Vision 软件环境下，依次对数据进行五次滤波处理：去直流漂移（DC Removal）、自动增益控制（Automatic Gain Control）、抽取平均道（Subtract Mean Trace）、带通滤波（Band Pass）以及滑动平均（Running Average）。类似地，在 Easy 3D 软件环境下，经常用的滤波器依次有：直流校准（DC Adjustment）、删除平均道（Delete Mean Trace）以及有限脉冲响应（FIR），有时也会在去直流之后应用自动增益控制（AGC）滤波，接着再进行删除平均道处理，并在最后采用均值平滑（Moving Average）。

对于浅表层的雷达检测，无论是 Ground Vision，还是 Easy 3D 软件，在进行自动增益控制之后再运用去直流滤波，效果会更加明显。

（三）RAMAC/GPR 探地雷达的应用范围

（1）空鼓检测

较精确地圈定壁画空鼓区域，并根据不同深度的雷达切片图像来评估空鼓的严重程度，同时推断空鼓是发生在粗地仗层与细地仗层间，还是发生在粗地仗层与支撑体之间，为开设注浆孔提供科学依据。

（2）辅助锚固

对于块石墙，能够区分块石与砌缝，便于壁画保护修复人员尽可能地将锚固孔开凿在砌缝中。

（3）灌浆加固效果的评价

在对空鼓壁画实施灌浆加固之后，定量标示浆液结石体在空鼓区的充填部位，并与灌浆加固前的空鼓区域形成对比。

（4）监测浆液中的水分

灌浆加固后，监测浆液结石体内水分的运移过程，给出其随时间变化的趋势图。

（5）佐证

在具有争议的疏松软土区，证实疏松的地仗层与墙体之间并没有剥离，宜用 PS 水溶液滴渗加固。

由于雷达的发射天线和接收天线处于同一平面，系统接收到的有效信号来自电磁特性差异较大的两种介质的交界面上的反射回波。可以说，没有这种交界面，就不会有电磁波的反射，接收系统也就不会捕获到任何有效信号。而正是因为粗地仗层、细地仗层、空气、灌浆修复材料、木梁以及墙体之间客观存在着交界面，所以在特定交界面上会发生电磁反射，接收天线捕获到交界面反射回来的雷达信号比较强，表现在雷达图像就是接收到的电磁回波的能量比较大。

通俗来讲，在那些不存在电磁差异面的区域，基本上没有电磁波反射回接收天线，其雷达图像可以被视为背景；而电磁差异面所在深度处反射回接收天线的电磁波的能量明显比背景值大得多，据此可以将此深度处的交界面判读为异常区。壁画保护研究人员的目标就是如何把背景区、异常区两种图像之间的信号差异尽量放大并且以图像形式予以显示，同时对图像中的所有异常区域做出令人信服的解释。

（四）应用实例

运用配备 1.6GHz 高频天线的 RAMAC/GPR 探地雷达分别对布达拉宫黄房子、西大殿和七世灵塔殿的部分典型区域进行初步测试。发射天线与接收天线之间的中心距离为 0.060000 m，试验过程中，采用 80 cm × 80 cm 的网格坐标纸进行精确定位，在 Easy 3D 软件中以一定深度处的切片形式给出最终解译结果。

由于布达拉宫壁画制作工艺的独特性，粗泥地仗层和细泥地仗层可以分别归类于粉土质砂和含砂粉土，因此，Easy 3D 软件中，属性编辑器（Property Editor）对话框中将土的类型（Soil type）设定为干质粉土（Silt（dry））是比较合理的，由此电磁波在介质中的传播速度约为 0.1 m/ns。当双程走时为 2ns 时，地下目标的深度为 10 cm。

1. 黄房子

检测区域位于布达拉宫黄房子的北壁西侧，从下至上布设间距 10cm 的 5 条长 160cm 的测线，因此，实际有效检测面积只有 0.64m²。2005 年 7 月 29 日我们第一次对此区域进行壁画空鼓部位的检测，随后立即展开空鼓壁画的保护修复工作；2005 年 8 月 1 日对灌浆加固后的壁画进行第二次检测；2005 年 11 月 21 日进行第三次检测；2006 年 7 月 10 日在同一区域按相同的测试方法进行第四次检测。

（1）壁画保护修复前的检测

第一次雷达检测是 2005 年 7 月 29 日。参数设置为：样点数 568，采样频率 54190.437500MHz，触发间距 0.004442m，时窗 10.481554ns。零点地标所对应的样点数为 46。

数据经自动增益控制（Scale = 800000，Window = 21）、直流校正（Start = 379，End = 567）、删除均道（Use entire data）、有限脉冲响应（Background = 15，Lowpass = 5）和

均值平滑（Samples = 3）五个滤波器之后，调节图像的明暗对比度（Contrast Control）至三分之一左右，地仗层的剖面结构在雷达图像中清晰可见（图 5.28）。

从图 5.28 可得，电磁波在壁画地仗层中的双程走时约为 1.7ns。如果假设电磁波在地仗介质中的传播速度为 10cm/ns，那么可得出地仗层厚度为 8.5mm。在进一步降低背景信号后，基本上可以断定，在距离起点 0.04m 和 1.08m 的地方有可能存在壁画空鼓（图 5.29）。

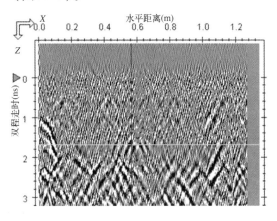

图 5.28　壁画地仗层与墙体的分界面

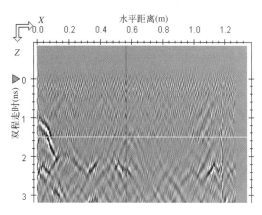

图 5.29　可能存在的空鼓区域

（2）壁画保护修复后的检测

第二次雷达检测是 2005 年 8 月 1 日。参数设置为，样点数 568，采样频率 54190.437500MHz，触发间距 0.004442m，时窗 10.481554ns。零点地标所对应的样点数为 63。

数据经自动增益控制（Scale = 800000，Window = 21）、直流校正（Start = 379，End = 567）、删除均道（Use entire data）、有限脉冲响应（Background = 15，Lowpass = 5）和均值平滑（Samples = 3）五个滤波器之后，调节图像明暗对比度（Contrast Control）的

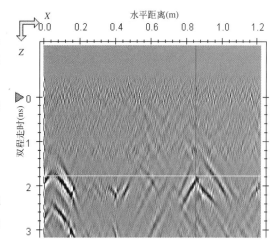

图 5.30　浆液可能流向的区域

滑条至左端第二格，至此，可以较清晰地追踪到浆液的流向（图 5.30）。

从图 5.30 可见，在水平距离为 0.05m 和 0.83m 的地方，电磁波反射信号比较明显，可能是浆液充填的区域。

第三次雷达检测是 2005 年 11 月 21 日，灌浆 4 个月后。参数设置为：样点数 232，

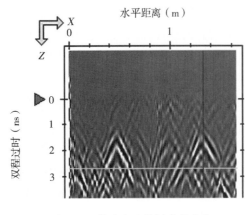

图 5.31　浆液在地仗层内的分布

采样频率 25685.728516MHz，触发间距 0.009518m，时窗 9.032253ns。零点地标所对应的样点数为 48。

数据经自动增益控制（Scale = 100000，Window = 21）、直流校正（Start = 154，End = 231）、删除均道（Use entire data）、有限脉冲响应（Background = 15，Lowpass = 5）和均值平滑（Samples = 3）五个滤波器之后，调节图像的明暗对比度（Contrast Control）至第三格，浆液在地仗层内的分布情形在雷达图像中清晰可见（图 5.31）。

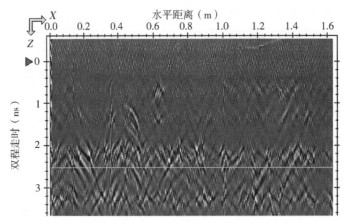

图 5.32　壁画地仗层和支撑墙体中的层状结构

　　图 5.31 所示，在双程走时约 1.5ns 的时间深度上，水平距离为 0.42m 和 1.3m 两处呈现清晰的抛物线雷达图像，很可能是开设注浆孔的部位。

　　第四次雷达检测是 2006 年 7 月 10 日，灌浆 1 年后。参数设置为：样点数 312，采样频率 60779.929688MHz，触发间距 0.003885m，时窗 5.133274ns。零点地标所对应的样点数为 32。

　　数据经自动增益控制（Scale = 500000，Window = 21）、直流校正（Start = 207，End = 311）、删除均道（Use entire data）、有限脉冲响应（Background = 15，Lowpass = 5）和均值平滑（Samples = 3）五个滤波器之后，调节图像的明暗对比度（Contrast Control）至左端第二格，壁画地仗层和墙体中的层状结构在雷达图像中表现得较为明显（图 5.32）。

　　从图 5.32 可以清晰地看出，在双程走时为 2.2ns 和 3.2ns 的时间深度上存在着两个界面，极有可能是灌浆材料充填黏结壁画空鼓区域的两侧后才形成的新界面，这充分表明灌浆加固的效果良好。

2. 西大殿

检测区域位于布达拉宫西大殿南壁中部（图 5.33）。从左到右共预设五个边长为 80cm 的正方形检测区，第一区和第二区是间距为 10cm 的正交网格测线（图 5.34）；第三区、第四区和第五区是从下至上的 9 条长 80cm 的垂直测线，其水平间距为 10cm。因此，每个正方形检测区域的面积为 0.64m²。

图 5.33　西大殿探地雷达测试区域

图 5.34　正交网格测线布置图

2006 年 7 月 10 日首次对此区壁画进行空鼓病害的检测，随后开展针对空鼓壁画的保护修复工作；2006 年 8 月 24 日对灌浆加固后的壁画再次进行检测；2007 年 7 月 6 日对同一壁画区域进行第三次检测。

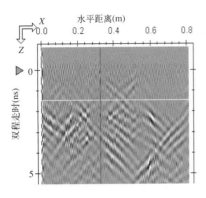

图 5.35　地仗内的空鼓及其
与墙体的界面

（1）壁画保护修复前的检测

第一次雷达检测是 2006 年 7 月 10 日。参数设置为：样点数 312，采样频率 28363. 966797MHz，触发间距 0.003885m，时窗 10. 999872ns。零点地标所对应的样点数为 31。

数据经自动增益控制（Scale = 500000，Window = 21）、直流校正（Start = 207，End = 311）、删除均道（Use entire data）、有限脉冲响应（Background = 15，Lowpass = 5）和均值平滑（Samples = 3）五个滤波器之后，调节图像的明暗对比度（Contrast Control）至最左端，壁画地仗层后块石墙体的电磁波反射信号在雷达图像中显现得比较清楚（图 5.35）。

从图 5.35 可以看出，在电磁波双程走时接近 2ns 的时间深度处，块石墙体的反射信号较为强烈。同样的道理，当假设电磁波在壁画地仗层中的传播速度为 0.1m/ns 时，地仗层的厚度就为 10cm。另外，在水平距离为 0.42m 的地方，电磁波信号显得比较异常，这很可能是空鼓病害发育的区域。

我们只对所采集到雷达数据进行有限脉冲响应（Background = 15，Lowpass = 5）滤波处理之后，调节图像的明暗对比度（Contrast Control）至三分之二的地方，检测区域内横木梁的长度在 Easy 3D 软件的主视图（Main View）中清晰可见（图 5.36），同时，横木梁的宽度在软件的右视图（Side View）中亦非常易辨（图 5.37）。

从图 5.36 和图 5.37 可知，横梁距离壁画表面的时间深度为 0.8 ns，而且可以得出横梁的宽度为 0.28 m。

雷达检测的结果表明，检测区的壁画空鼓集中在木质横梁顶部与壁画地仗层之间，因此，针对空鼓病害的灌浆加固也在木梁周围（图 5.38）。

第二次雷达检测是 2006 年 8 月 24 日，灌浆 1 个月后。参数设置为：样点数 344，采样频率 28363. 966797MHz，触发间距 0.003885m，时窗 12. 128064ns。零点地标所对应的样点数为 34。

数据经自动增益控制（Scale = 200000，Window = 21）、直流校正（Start = 229，End = 343）、删除均道（Use entire data）、有限脉冲响应（Background = 15，Lowpass = 5）和均值平滑（Samples = 3）五个滤波器之后，调节图像的明暗对比度（Contrast Control）至第二格，雷达图像在地仗层内显得比较干净（图 5.39）。

如图 5.39 所示，在水平距离为 0.42m 的地方基本上再也看不到电磁波的强反射信号，这表明灌浆材料已经充填于壁画空鼓部位，并且两者黏结紧密。

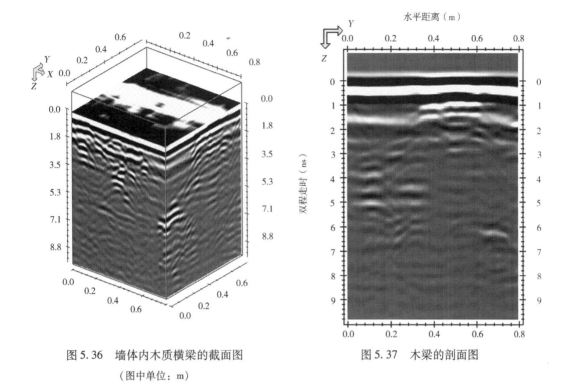

图 5.36 墙体内木质横梁的截面图　　　　图 5.37 木梁的剖面图
（图中单位：m）

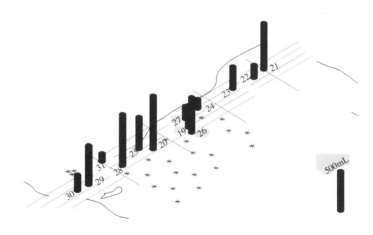

图 5.38 雷达检测区的注浆孔分布及灌浆量柱状图

第三次雷达检测是 2007 年 7 月 6 日，灌浆 1 年后。参数设置为：样点数 336，采样频率 60779.929688MHz，触发间距 0.001942m，时窗 5.528141ns。零点地标所对应的样点数为 33。

与图 5.36 和图 5.37 的软件处理方法相同，对所采集到的雷达数据只经有限脉冲响应（Background=15，Lowpass=5）这一滤波器之后，调节图像的明暗对比度（Contrast

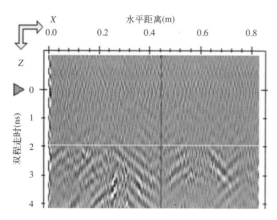

图5.39　灌浆加固一个月后的雷达图像

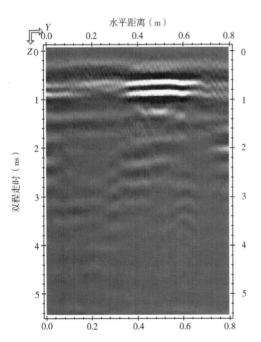

图5.40　灌浆加固1年后横梁处的雷达图像

Control）至二分之一处，在雷达图像的右视图（Side View）中再也见不到因空鼓而在层与层之间产生的电磁波反射信号。此外，因为木材与土体的电磁特性相差较大，木横梁的宽度在雷达图像上依然非常明显（图5.40）。

对比图5.37和图5.40，木质横梁与壁画地仗层之间的空鼓部位已经被灌浆材料紧密地黏结成一体，因此，图5.40中的木梁两侧再也没有强烈的电磁波反射界面。

3. 七世灵塔殿

检测区域位于布达拉宫七世灵塔殿的南壁东侧，从下至上布设间距为10cm的9条垂直测线，每条测线长约160cm，检测面积为1.28m²。2006年8月2日先检测此区域壁画的空鼓部位，随后开始壁画的保护修复工作。

雷达检测的参数设置为：样点数232，采样频率60779.929688MHz，触发间距0.001942m，时窗3.817050ns。零点地标所对应的样点数为36。

数据经自动增益控制（Scale＝100000，Window＝21）、直流校正（Start＝154，End＝231）、删除均道（Use entire data）、有限脉冲响应（Background＝15，Lowpass＝5）和均值平滑（Samples＝3）五个滤波器之后，调节图像的明暗对比度（Contrast Control）至第三格，地仗层内的空鼓区域在雷达图像上显示得较为清晰（图5.41）。

从图5.41可以看出，在双程走时为0.9ns和1.7ns的时间深度上存在着两个界面层，特别是在水平距离为0.84～1.42m的区间范围内，电磁波反射信号更加强烈，这表明此区域的壁画空鼓病害严重。

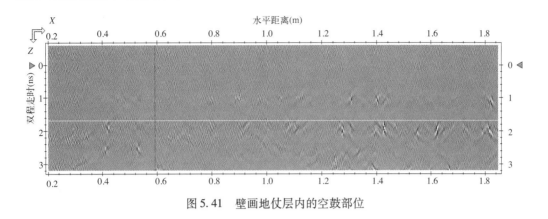

图5.41　壁画地仗层内的空鼓部位

第四节　小结

内窥镜在空鼓壁画保护修复工程中具有独特的作用，它可探测出空鼓部位的真实状况，为制定适宜的修复工艺和方法提供依据，大大提高了空鼓壁画灌浆加固的效果。尽管如此，若要使内窥镜的应用更加完美，仍有两点是日后需要注意的：一是由于壁画保护修复范围比较大，它在平面上是延伸的，而内窥镜所提供的信息相对来说具有点状性，有必要将点状的内窥镜照片和面状的壁画照片彼此关联，因此，在进行内窥镜检测之前，可以先用数码相机拍摄一张全景图，再拍一张探孔周围的局部图。二是应该充分挖掘与探孔相关的信息，诸如壁画地仗层的厚度以及壁画支撑墙体的类型。

低频探地雷达已被广泛用于地下异常地质体的探测，其检测尺度通常较大。现今将探地雷达引进到壁画空鼓病害的检测当中，除了要求配备有高频天线的雷达系统具有较大的动态范围之外，还应该加强浅层雷达数据的解译。客观上，壁画空鼓区域较为零星，空鼓的厚度也仅仅只有几个毫米，而且空气和地仗的电磁特性差异不是很大，这些都造成了检测上的困难。尽管如此，借助先进的 RAMAC 探地雷达，检测人员在西大殿的南壁清晰地探测出一根水平向的横梁，修复人员据此改用泥浆灌注加固此区域的空鼓。因此，如果能够找到一套针对壁画空鼓病害的算法，雷达图像的解译结果就会更加直观。

值得指出的是，由于空气、地仗和水的相对介电常数分别近似为 1、9 和 30，所以，相对辨识空鼓区域来说，从雷达图像中更易区分出富集的湿气带，这也是利用探地雷达追踪含水浆液充黏之处的基本理论。

此外，超声波检测、X 射线 CT 检测、激光全息检测以及热红外检测等方法在实验室中对缺陷样品的无损检测是非常成功的，因此，这些潜在的技术手段在理论上也是可以应用到壁画保护修复领域的，关键是要找到一台灵敏度足够高的设备，而这又牵涉到产品型号和市场渠道等诸多因素。就目前所掌握的信息资料而言，除了高频探地雷达之外，红外热像技术最有可能被运用到壁画检测之中，其最大的优势是红外热像仪无需直接紧贴壁画就可以进行大面积的检测，而且有些厂家生产的几款红外热像仪的精度非常高，值得探索。

保护修复篇

第六章　壁画保护修复工程
设计方案说明书

（一）设计依据

（1）《中华人民共和国文物保护法》、《中华人民共和国文物保护法实施条例》、《中国文物古迹保护准则》、《文物保护工程管理办法》、《中华人民共和国建筑法》等法律法规。

（2）国家文物局批准的"全国重点文物保护单位西藏布达拉宫壁画保护修复方案"。

（3）敦煌研究院完成的"前期实验研究报告"以及"西藏萨迦寺、布达拉宫和罗布林卡壁画保护修复研究中期评估报告"、"西藏拉萨布达拉宫空鼓壁画现场灌浆加固试验评估意见"等。

（4）国家文物局以及西藏三大重点文物保护维修工程领导小组办公室、布达拉宫维修工程指挥部对壁画保护修复工程的指导意见。

（二）设计原则

（1）遵循"保护为主，抢救第一，合理利用，加强管理"的文物工作方针。

（2）文物保护的国际准则与一般原则，如"不改变文物原状"以及"最小介入、最大兼容"等。

（3）依据壁画病害的类型和病害严重程度，优先治理严重病害的壁画，并根据情况分步实施。

（4）按照布达拉宫二期维修工程的总体安排，处理好与古建筑维修的关系，确实做好壁画保护修复工作。

（三）工程规模与计划进度

工程设计范围包括布达拉宫白宫、红宫及其附属建筑中 20 个殿堂的 1722.68m² 各种病害壁画的保护修复，其中空鼓壁画占 75% 以上。工程计划 2003 年 5 月开工，

表 6.1　工程计划进度安排表

年度	2003 ~ 2004	2004 ~ 2005	2005 ~ 2006
工作内容	东大殿 坛城殿 二回廊 白宫门厅 八世灵塔殿 朗杰扎仓南壁 朗杰扎仓门厅	强庆塔朗门厅 黄房子 药师殿 五世灵塔殿 持明佛殿 时轮殿	十三世灵塔殿 红宫南门正厅 观世音本生殿 西大殿 圣观音殿室外 七世灵塔殿

表 6.2　工程年度计划投资表

项目		年度			合计
		2003 ~ 2004	2004 ~ 2005	2005 ~ 2006	
前期工作	勘察费	/	/	/	/
	设计费	/	/	/	/
	现场试验费	/	/	/	/
后期工作	红宫	/	/	/	/
	白宫	/	/	/	/
	附属建筑	/	/	/	/
合计		/	/	/	/

2006 年 12 月竣工（表 6.1、6.2）。

（四）材料与工艺

1. 材料

对于所有的消耗型修复材料，都应制定相应的质量标准，并注明最佳贮存条件。除了按批次检测原液和原料的质量之外，在每次复工之前都应进行再检，唯有质检合格的材料才可以用于壁画保护修复工程。

（1）空鼓壁画灌浆材料

保护修复空鼓病害壁画的材料有：PS 水液、粉煤灰、氟硅酸钠、白色阿嘎土和红色阿嘎土。

　　PS 材料：敦煌研究院研发的一种无机胶体材料，其化学成分以高模数硅酸钾（模数为 3.8~4.0、代号为 PS）为主，原液浓度一般为 25%~29%，高纯度时呈无色透明状。现场使用 PS 材料之前，必须参考中华人民共和国《工业硅酸钠》标准（GB/T 4209-1996）检测 PS 材料的模数和浓度，若 PS 模数达不到设计要求，应该重新调配 PS 材料，直到再检时合格。

　　粉煤灰：用于配制 PS-F 系列灌浆材料的粉煤灰由河北省唐山陡河火力发电厂提供，敦煌研究院应该委托相关部门鉴定每批粉煤灰的质量，并依据中华人民共和国《用于水泥和混凝土中的粉煤灰》标准（GB/T 1596-2005）确定粉煤灰的质量等级。在现场使用粉煤灰之前，应确保粉煤灰没有受潮，其天然含水率不能超过 0.25%。

　　氟硅酸钠：在水灰比为 0.58，由于氟硅酸钠（$NaSiF_6$）试剂在配制 PS-F 系列灌浆材料过程中的消耗量较少，因此，依据 1990 年版《化学工业标准汇编·化学试剂》（第 13 册）将氟硅酸钠的质量标准提高至优级纯（Guaranteed Reagent）。开封试剂的时候，应该确认氟硅酸钠没有受潮，并且呈白色粉末状，否则不得用作灌浆材料的固化剂。

　　阿嘎土：空鼓壁画灌浆加固修复材料中掺加的白色阿嘎土和红色阿嘎土都是经北京凯莱斯（CANNEX）建筑技术有限责任公司按一定的工序对附近的阿嘎石进行粉磨加工，其产品的化学成分和颗粒级配都应相对稳定。

　　（2）修补裂隙、注浆孔、锚孔和与地仗已脱落墙面泥浆

　　将白色阿嘎土、红色阿嘎土和澄板土以质量比 4∶2∶1 混合均匀，再用 3% 的丙烯酸乳液调制成泥浆。

　　（3）起甲壁画修复材料

　　修复起甲壁画的材料包括：丙酮、Paraloid B72、有机硅丙烯酸乳液及丙烯酸乳液。

　　先用丙酮软化壁画表面的清漆层或桐油层，如果壁画的涂层较厚未能被丙酮软化时，则改用 Paraloid B72 的丙酮溶液软化涂层。通常情况下，用 1%~3% 的 Paraloid B72 丙酮溶液，若软化清漆层或桐油层的效果较差时，可适当提高溶液的浓度。

　　（4）酥碱壁画修复材料

　　修复酥碱壁画的材料有：澄板土、白色阿嘎土、红色阿嘎土、丙烯酸乳液、丙酮和硅丙乳液。

　　（5）烟熏壁画修复材料

　　在清洗修复烟熏壁画中，曾选用过的试剂有：碳酸钠（Na_2CO_3）溶液、碳酸氢钠（$NaHCO_3$）溶液、碳酸氢铵（NH_4HCO_3）溶液、柠檬酸（$C_6H_8O_7$）溶液、双氧水（H_2O_2）以及蒸馏水。

2. 修复器具

壁画保护修复方案中要求的修复器具包括：毛刷、针锥、浆液搅拌器、注浆软管、电钻、无针注射器、洗耳球、针式滴管、不锈钢修复刀、木质修复刀、棉球以及画笔。此外，辅助性修复器具有：疏通钢条、盛料容器、天平、壁板和支顶架。

3. 修复加固工艺

（1）起甲壁画修复

在起甲病害或酥碱病害较严重的殿堂之中，根据建筑结构、所处层位以及开放与否，挑选有代表性的殿室进行环境监测，然后在现状调查完成之后立即布设温湿度探头。

起甲壁画的修复工艺大致可分六个程序：

①清除起甲壁画表面尘土

用软毛排笔或小的吹吸尘器轻轻地将起甲壁画表面的尘土清除干净，然后用洗耳球将起甲撬起的小片颜料层之下、裂隙间的尘土清理干净。对大片撬起、不易用洗耳球处，先将撬起的颜料层边沿注射3%的丙烯酸乳液回贴固定，然后用洗耳球将内部的尘土吹吸干净。这一工序必须细心，不能在起甲部位留下尘土，否则将会影响起甲颜料层与地仗的黏接。若出现这种情况时，当进行第四步修复程序，即用棉球拍压注射过胶接剂的画面时，非常容易将颜料带下脱落，而且修复加固过的壁画颜料层过若干年后还会再次起甲。

②起甲颜料层软化、注射黏合剂

先用丙酮或1%～3%的Paraloid B72丙酮溶液软化壁画表面的清漆层或桐油层，再向起甲壁画注射2%～3%的聚丙烯酸乳液或硅丙乳液。向起甲壁画注射黏合剂时，注射部位一般选在壁画起甲的裂口处，注意注射器的针头不能停在画面表层，应伸进起甲画面的底部。如画面上有鼓起的小泡，应在不重要的部位将针头插入泡内注射黏合剂。但若遇到起甲面积比较大时，只靠裂口处注射黏合剂达不到全部渗透起甲壁画的目的。这时，就需在适当的部位用注射器的针头新刺小孔，通过小孔眼向起甲颜料层下部注射黏合剂。

注射黏合剂的过程要特别注意，应在画面上划分小块（约10cm²），按次序一块一块地注射，每块注射2～3遍，每遍注射黏合剂要适量。若注射黏合剂过多，一方面黏合剂会流在画面上污染壁画，另一方面，起甲颜料层因注射黏合剂的过程中会瞬间软化而掉下。若注射黏合剂过少，起甲颜料层渗透不充分，会影响修复加固效果。若有小片颜料层掉下，一定设法将其贴回原处。若有黏合剂流在画面上，应立即用柔软的棉纸吸附干净。

③不锈钢（或木质）刀轻压起甲壁画

待上述注射的黏合剂被地仗层吸收后，用竹、木刀或不锈钢刀将起甲画面轻轻压贴回地仗层。压贴一定要用力适当，若用力过大，会压碎颜料层或使画面局部凹下而变形；若用力过小，起甲的颜料层不能与地仗层紧密黏接。

④用棉球排压起甲壁画

将上述用不锈钢刀或木刀局部压过的起甲壁画再用棉球排压。棉球是用质地细而白的绸缎包扎脱脂棉制成，直径一般以5cm左右为宜。棉球谨防用纱布、粗纹布或塑料膜包扎。纱布、粗纹布会在壁画上留下纹印，塑料布因光滑不透气，容易把小片起甲的颜料层黏吸下来。

在排压壁画时，要注意棉球的起落方向，最好是从壁画未开裂处向开裂处轻轻滚压，这样能将起甲内的空气排出，不会出现气泡，另外，壁画也不会被压出皱褶。

⑤壁画表面再喷涂黏合剂

将上述用棉球排压过的壁画均匀喷涂一遍2%的聚丙烯酸乳液。这一工序有两种作用：其一是对还没有起甲的颜料层进行加固。因为经过调查，同一殿堂或同一壁面的壁画若起甲病害一旦发生，会蔓延很快。修复起甲壁画时，对还未起甲颜料层的加固十分重要。其二是检查起甲壁画有无未注射黏合剂的遗漏处，因有些起甲壁画虽已脱离地仗层，但未出现起翘现象，所以从外表不易发现。这种壁画当表面喷涂黏合剂后，因颜料层软化而会鼓起一个个小泡。若有这种情况，需再向鼓泡的颜料层下注射黏合剂。

喷涂工具采用小型空气压缩机，工作压力一般是0.7~0.8 MPa。喷涂时要注意喷头的方向与画面保持垂直，距画面30~40 cm，喷涂速度适中，这样才会获得理想的喷涂效果。小型空气压缩机喷涂的优点是工作效率高，喷涂均匀，操作简便等。

⑥软胶滚滚压画面

壁画表面喷涂黏合剂的画面达到70%的干燥程度后，将白绸（与包棉球材料相同）铺在壁画上，用软胶滚慢慢滚压。滚压时用力要均匀，以防壁画出现滚痕或将颜料层黏在白绸上。画面的干燥程度不能超过80%，否则，会压裂或压碎画面使颜料层脱落。

（2）空鼓壁画灌浆加固

若空鼓壁画的画面上有起甲壁画，应先行修复起甲壁画，而后再对空鼓壁画灌浆加固（图6.1）。

空鼓壁画的灌浆加固程序如下：

①钻注浆孔

用手敲击空鼓部位，检查空鼓程度及范围，从而确定开孔部位。尽可能选在裂缝、地仗或颜料脱落处，以保证壁画画面的完整。钻孔尽量用手术刀或手摇钻，不可用电

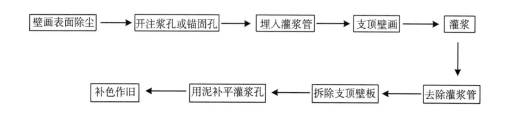

图 6.1　空鼓壁画灌浆修复加固工艺流程

钻，确保壁画安全。孔径以 1～1.5 cm 为宜，孔深以穿过壁画表面到空鼓部位为准。

　　注浆孔的数量视壁画空鼓程度而定，一般遵循每平方米以 1～4 个为宜。为了观察浆液在空鼓壁画内的灌注情况，必须在壁画上预留观察孔。若只有一个注浆孔，就必须在其之上选壁面上无主要画面的合适部位再钻一注浆孔，然后在注浆孔中安置注浆管。若有两个以上的注浆孔，则在一个注浆孔里灌注浆液时，在其之上的另一个注浆孔就可做观察孔或排气孔。这种情况下，钻注浆孔时一定要布局好注浆孔的位置，若情况允许，注浆孔的分布尽量呈不规则三角形，一方面可实现顺利灌浆，另一方面也便于观察注浆状况，同时能保证壁画与墙体黏结牢固，提高壁画的整体稳定性。

　　②埋注浆管

　　注浆孔开好后，就要埋设注浆管。埋设注浆管时应注意以下四个问题：一是要用自制的长锥等工具将空鼓部位内部的碎石、沙子等尽量清除干净，必要时借助内窥镜进行检查。二是注浆管的埋设深度：主要视灌浆范围大小，一般情况下，注浆管插入空鼓壁画内约 15～20cm，外留约 10cm。注浆管与壁画地仗间用 15% 的聚醋酸乙烯乳液调制的泥固定在壁画地仗上。三是注浆管埋设的数量和方位：一般情况下在一个注浆孔内以不同的方位埋 1～3 根注浆管，这样有利于灌浆和浆液的流动，提高灌浆效果。四是注浆管管径要略小于注浆孔孔径，尽量采用透明柔软的塑料胶管，便于观察注浆状况。

　　③支顶壁板

　　对空鼓壁画灌注浆液时会产生较大的向外压力，因此注浆之前必须先用壁板支顶壁画，支顶的范围同于壁画空鼓的范围。若壁画画面不平整，壁板可适当小点；反之，壁板则适当大点。支顶壁板前先在壁板上开孔，孔眼的位置要和注浆孔重合，以便注浆管穿过壁板。

　　支顶壁板时，其上要先铺衬一层厚约 0.3cm 的棉毡或厚约 0.5cm 质地较致密的泡沫塑料，之上再铺一层光滑柔性的纸衬面。然后将注浆管穿过壁板并使之紧贴壁画面，用固定在钢架上可前后移动的螺杆水平方向支顶。螺杆头上设置一个可活动的 10cm × 10cm ×0.5cm 钢板，上面焊接一些小钉，这是为了使螺杆支顶壁板牢固，以免注浆时壁板滑脱而严重损伤壁画。另外，支顶壁画时要用力适当，用力过大时会压伤壁画，因注浆后壁画地仗有一个软化过程；用力过小时则起不到支顶的作用，因注浆后壁画地仗会局部膨胀鼓起。

④灌注浆液

灌浆加固空鼓壁画首先要配制浆液。布达拉宫空鼓壁画以 PS –（F + A + B）浆液进行灌浆加固，配制浆液的程序为：

a. 填料配制：以 4∶1∶1 的质量比混合粉煤灰、白色阿嘎土和红色阿嘎土作填料。

b. 主剂——PS 配制：将模数为 3.80 的 PS 原液（一般浓度在 25% ~29%）稀释至10%。稀释 PS 时，先将量好稀释用水的一半加入 PS 原液搅拌均匀，另一半留作浸润填料。

c. 浆液配制：按设定的水灰比量取已配制好的填料，用留存的稀释水充分浸润。再量取已配制好的 PS，边加入到已浸润好的填料中，边缓慢搅拌，同时加入占 PS 水液质量 1.5% 的氟硅酸钠粉末（事先将氟硅酸钠分散在少量温水中），强烈搅拌 10 ~15 分钟，使固化剂、填料在 PS 中均匀分散、混合后即可供灌浆使用。

水灰比是浆液配制中极为重要的一个环节，根据西藏壁画的实际情况，一般选用0.55∶1 ~0.65∶1 的水灰比可获得理想的灌浆效果。

浆液配制好后即可灌浆。空鼓壁画灌浆一定要采用常压人工灌浆，不可用电动注浆机灌浆，因为电动注浆机难于控制，不小心会对壁画造成严重破坏。灌浆时采用类似注射器一样的小型注浆器，其容量为 150 ~1000 毫升。

在注浆之前，先向空鼓部位喷渗 5% PS，以加固空鼓部位的无法清除的沙尘或碎石。如果遇到夯土墙，适当增大 PS 的喷渗量和喷渗次数。

做好上述工作后，再连接注浆孔中的注浆管与注浆器即可开始注浆。注浆一定分几次逐渐灌注，其原则是待前次灌注的浆液初凝后，间隔一定时间之后方可进行下次注浆，尤其是对空鼓部位较大的壁画一定要注意这一点，因为浆液在初凝前有很大压力，不注意浆液就会冲开地仗，严重毁坏壁画。另外注意在注浆非常顺畅且注浆量大于预计空鼓部位的空间时，要停止灌浆，检查空鼓部位处的墙体上是否有空洞或块石墙上是否有大的砌缝。若出现这种情况，就应适当降低浆液的水灰比，实施点状灌浆，并同时增加木质锚杆的锚固力度；否则，灌注过多的浆液会使固凝干燥过程缓慢，壁画地仗长时间处于一个潮湿环境而引起画面颜料层起甲。注浆时一定要注意将观察孔中的注浆管向上，不可让浆液流出，同时密切观察，当浆液在透明塑胶管中逆向回流时，立即停止注浆，并将注浆孔堵牢，以防浆液流在画面上。按上述程序，依注浆孔的高低位置，从下向上依次分步注浆。同时，在注浆过程中，不断增大螺杆的支顶力，挤压浆液，使其尽量向墙面和壁画地仗细小的孔隙中填充。这样注浆密实，从而使空鼓壁画很好的回贴于墙面。

⑤拆除壁板，修补注浆孔、锚孔和裂缝

待浆液完全固化稳定后，拆除壁板，同时切除注浆管（切除面略低于壁画面），然后用与壁画地仗相兼容的材料修补平注浆孔、观察孔、锚孔和裂缝。

⑥补色作旧

补色的范围仅限于维修工程中对壁画分割的锯缝、注浆孔、锚固孔等。按照文物保护修复的理论与实践，补色应遵循"不改变文物原状"及最小介入的原则。补色作旧必须在填补的泥浆完全干透后进行，补色所用的颜料等材料必须与原壁画的制作材料基本相同，以防补色后颜料的变色影响壁画修复效果。

（3）小木锚杆锚固补强

壁画保护修复工程中适宜采取小木锚杆锚固补强措施的情况有两种：一是壁画已产生空鼓病害，而空鼓的原因只是墙体和地仗间存在疏松层，层间已丧失黏结作用。这种情况下无法实施灌浆，因此选择锚固处理。用自制的直径15mm、长约150mm的硬木质小锚杆锚固，防止空鼓病害的扩延。锚孔通常以三角形分布，使植入锚杆数量最少而控制的面积达到最大。另一种情况是由于壁画灌浆时采用人工常压灌浆，对于2 mm以下裂隙的灌浆效果会比较差。因此，对这种空鼓壁画注浆后，应采用适量小木制锚杆锚固补强。

锚固一定要在完成灌浆之后，待浆液凝固并达到一定强度时进行。为了尽量在壁画少开孔，一般情况下，选注浆孔作锚孔。有时为了达到有效的锚固补强作用，注浆孔又无法作锚孔时，也有在其他适当部位开设少量锚孔。所使用的木质锚杆都经过化学防虫、防腐处理，确保木质锚杆的耐久性。

（4）裂隙、注浆孔、锚孔和地仗已脱落墙面的修补

在用泥浆修补之前，先将裂隙两侧和地仗已脱落墙面喷涂5% PS渗透加固，然后用调制好的泥浆分几次填补。每次填补应有一定的间隔时间，间隔时间长短以前一次填补的泥浆基本凝固后再进行下一次填补，最后一次填补的泥浆基本凝固后，注浆孔、锚孔的修补方法同裂隙的。用木刀压抹平整。同时注意填补的泥浆应与墙面保持在一个平面。

（5）酥碱壁画修复

壁画地仗层和支撑墙体中的易溶盐可以随液态水或高湿气态水迁移富积在壁画地仗的表层。当壁画所处的环境湿度增大时，可溶盐溶解并连同地仗层膨胀；当环境湿度变小时，可溶盐结晶收缩，这样可溶盐始终处于反复溶解—结晶—再溶解—再结晶，即反复膨胀—收缩—再膨胀—再收缩的循环状态。这一过程会对壁画画面造成非常严重的破坏，致使壁画酥碱。

酥碱壁画的病害部位是地仗层，因此，如果酥碱病害处的画面颜料层已经脱落，则

可以用新制的泥浆替换掉酥碱地仗；若酥碱处仍残留有颜料层，此时不能将酥碱地仗层连同颜料层一起掏弃，而只能对其表面进行渗透加固，这种情况的修复工艺类似于起甲壁画。

（6）烟熏壁画修复

修复烟熏壁画的基本思路是先以物理机械的手段减薄烟熏层，再采用化学的方法清洗掉完全或未完全燃烧的残物。待烟熏层清除干净后，再修复颜料层。

（五）施　工

1. 组织机构

表 6.3　布达拉宫工程勘察设计小组成员情况表

单位		姓名	行政、专业职务	项目职务
施工单位	敦煌研究院	李最雄	副院长、博士生导师、研究员	项目总负责
		汪万福	副所长、研究员	项目负责
		樊再轩	副研究员	成员
		马赞峰	馆员	成员
		张鲁	高级工程师	成员
		乔兆福	助理馆员	成员
		柴勃隆	助理馆员	成员
		刘涛	馆员	成员
		杨韬	馆员	成员
		付有旭	馆员	成员
		李璐	修复技师	成员
		乔海	修复技师	成员
		王华国	修复技师	成员
		胡晓军	修复技师	成员
合作单位	西藏三大重点文物保护维修工程领导小组，西藏布达拉宫维修工程指挥部，西藏自治区文物局	强巴格桑	处长	成员
		丁长征	副处长	成员
		甲央曲扎	副主任	成员

2. 施工程序

（1）先核实面积，再按程序施工。施工前经建设单位核定工程量，报西藏三大重点文物保护维修工程办公室核准后，严格按照施工设计程序组织施工。

（2）搭设施工脚手架在保证施工安全的同时，还必须满足壁画保护及环境安全的要求；严禁任何施工设备借文物本体支撑来达到平衡。

（3）施工前应进行施工勘察。

（4）由于壁画病害的复杂性，勘察工作很难完善，因此，在壁画保护修复工程的实施过程中，施工单位可以根据现场的实际情况对原施工方案作出适当的调整，但必须上报工程指挥部，并征求相关部门的意见。

（5）各项工程材料应符合质量要求，必须经检验合格方可使用；施工用浆液应随配制、随使用，严禁使用久置 PS 浆液；各项施工工序经检验合格后方可进行下一道工序，确保工程质量。

（6）各施工部位应有施工前、后的工程照片；地仗加固、锚杆锚固、注浆施工，应按照隐蔽工程施工的要求做好施工记录及质量检查记录。

（7）工程施工前应认真进行现场核对，如发现壁画遭受到新的破坏，现场状况与设计不符时，应及时联系设计单位，进行设计变更后方可进行施工。

（8）工程施工应除符合本设计要求外，应符合国家现行的有关规范、规则的要求。

3. 施工安全

根据壁画病害的空间分布，以安全和稳固为原则搭设脚手架，必要时报请相关职能部门将预定工作区内的文物藏品和展陈设施暂时转移到安全地方。在脚手架上铺设木板，并在木板之上铺垫防尘土工布，同时架设安全防护网。在此过程中，施工单位不得损坏殿内的文物，亦不得危及殿内其他人员的安全。

按照消防安全的要求，向施工区布设电源线。壁画保护修复工程用电不得超出线路的最大负荷，工程设备在运转过程中产生的震动和噪音应该控制在最低水平。

配制 PS 浆液和其他修复材料的工作现场要用塑料布封闭隔离。同时对地面和靠近的墙面也要用塑料布封护，以防造成污染。

（六）附则：壁画病害图示

布达拉宫壁画病害类型包括：空鼓、起甲、酥碱、颜料褪色、画面污染、大面积脱落、裂隙以及烟熏。各病害的标准图示如下（图 6.2）：

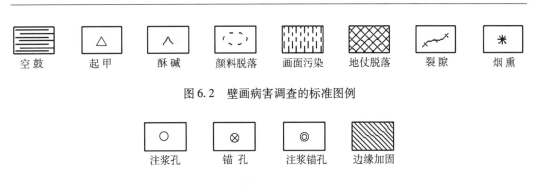

空鼓　　起甲　　酥碱　　颜料脱落　　画面污染　　地仗脱落　　裂隙　　烟熏

图 6.2　壁画病害调查的标准图例

注浆孔　　锚孔　　注浆锚孔　　边缘加固

图 6.3　修复图中的标准图例

　　对保护修复前后的壁画进行拍照，除此之外，须将保护修复的全部信息按图例反映在修复图中，并附每个注浆孔的灌浆量（图6.3）。

第七章　壁画保护修复工程技术总结

　　布达拉宫壁画保护修复工程不仅是对病害壁画实施单纯技术措施的过程，而是对整个壁画文物科学、有序的实施《中国文物古迹保护准则》的过程。以《中国文物古迹保护准则》的程序，布达拉宫壁画保护修复工作的主要程序有：壁画的保存现状调查；价值评估（历史、艺术、科学）；壁画赋存环境监测及环境质量评价；壁画制作材料分析，主要包括壁画地仗制作材料和壁画颜料分析；病害机理研究；壁画修复，主要包括壁画修复材料及修复工艺的室内和现场筛选、修复过程的实施等。在实施壁画修复过程中，必须严格按照准则的程序开展工作，同时，在实施准则的过程中，加强每一项工作程序的日常管理及修复后的维护。

　　在整个的保护程序中，保护实施阶段是最重要也是关键的阶段，所采用的保护手段、措施及所使用的材料（包括传统材料、新材料及与之相适应的工艺方法）除对病害的治理有针对性外，材料的兼容性、工艺上的可操作性、可再处理性等都是必须满足的条件，同时所采用的材料工艺还要有通用性，有推广的价值。文物保护科学的发展是循序渐进的过程，与保护者的保护理念和科学技术的发展息息相关。不论是传统材料、传统工艺的使用，还是新材料、新技术的开发及高科技的应用，必须保证这些手段在目前是最好的，而且对文物来说是安全可行的。同时允许新的方法在保护实施过程中的尝试，但必须经过前期的可行性研究实验。只有试用成熟的技术才可大范围的使用、推广，能经得起实践和时间的检验，在此基础上可代替传统的技术手段。

　　西藏三大重点文物保护维修工程是国家"十·五"期间的重点项目。对布达拉宫壁画保护维修项目的实施，除严格遵循和贯彻《中国文物古迹保护准则》的原则和程序外，同时还要按照国家文物局要求加大科技含量，重视基础研究和新材料、新工艺的研究与推广应用的指示精神，从传统的修复材料的使用到新材料、新工艺的研发，从前期的实验/试验研究到保护工程的具体实施，经历了室内实验研究和现场可行性试验两个关键阶段。对西藏寺院空鼓壁画的灌浆加固修复是一个新的突破，同时两项新的检测技术首次成功应用，不但提高了壁画修复的效果，同时也拓展了文物保护发展的空间，大大提高了壁画修复的科学水平。现就此次壁画保护修复工程中的关键技术总结如下。

（一）对壁画空鼓病害的治理

对壁画空鼓病害的治理，传统的方法有锚杆锚固及揭取—加固修复—回贴等。锚固是对严重空鼓病害实施抢救性修复的一种方法，以前曾用带十字架锚头的锚杆锚固。这种方法可以控制空鼓面积的扩大和延伸，防止壁画地仗大面积脱落。最初十字架锚头用金属薄板制作，保证了加固的强度，但由于金属锚头在空气中易锈蚀，同时又遮盖壁画，后来又改用透明的有机玻璃板，能够达到同样的加固效果，且能看到遮盖在十字架锚头下面的壁画。在 20 世纪 60 ~ 90 年代，采用这种带十字架锚头的锚杆锚固大面积空鼓壁画，在抢救保护敦煌莫高窟的壁画中发挥了重要的作用。但这类锚杆体量较大，不仅影响画面的完整性，而且会对壁画造成伤害。另外，锚杆在松散的砂砾岩岩体中稳定性差，与壁画地仗的结合性不好，耐久性也差。

随着科学技术的飞速发展，在 20 世纪 90 年代末，敦煌研究院与美国盖蒂保护研究所合作保护莫高窟第 85 窟壁画项目实施中，以灌浆回贴加固的修复方法对第 85 窟局部空鼓壁画进行了试验研究，并取得了成功。应用这种方法治理壁画的空鼓病害，通过选择与壁画制作材料兼容性好的填充材料和主剂（即黏接材料），使壁画地仗、浆液结石体、墙体三者很好的结合，控制空鼓面积的发展及延伸，防止空鼓壁画大面积脱落。

莫高窟壁画属石窟壁画，石窟所处的环境、石窟壁画的制作材料、工艺方法及附着的墙体完全不同于西藏寺院。布达拉宫整体建筑为土、木、石结构，承载壁画的墙体以块石墙为主，也有部分夯土墙和笤玛草制作的篱笆轻质墙体。壁画地仗材料为当地的阿嘎土（有白色阿嘎土和红色阿嘎土两种）制作而成，含沙量很高，这种材料制作的地仗硬而脆，遇水立即变得松散。这种壁画地仗一旦与墙体分离（即空鼓），在地仗自身作用下，极容易开裂、破碎，处理难度很大。同时，布达拉宫壁画病害中，主要是壁画空鼓。当空鼓病害发展到一定程度时，就会造成壁画大面积坠落，严重毁坏壁画。因此，此次对布达拉宫壁画修复的重点是治理壁画空鼓病害。过去，对空鼓病害壁画采取揭取—加固—回贴的方法进行抢救修复。由于布达拉宫壁画地仗硬而脆，若采取分块揭取，锯缝时地仗易碎，严重损伤画面，不但费工、费时，修复效果也不理想。同时壁画揭取后要进行加固，免不了要用一些水性材料，稍不小心，就会使壁画地仗散开而遭到损伤。敦煌研究院在现场勘察及现状调查的基础上，针对布达拉宫第一期维修工程中壁画揭取回贴存在的问题，首先提出了采取灌浆回贴加固修复空鼓病害壁画的新构想。这种方法能够做到最大限度的保护画面，若操作得当，不但施工快，而且能获得好的修复效果。但是，过去从未做过西藏寺院壁画的修复工作，采用什么样的灌浆材料和工艺方法，完全心中无数，因此，敦煌研究院向国家文物局申报了关于西藏萨迦寺、布达拉宫和罗布林卡壁画保护修复研究的课题，进行前期可行性研究。

布达拉宫空鼓病害的治理，经历了灌浆材料及工艺方法的室内筛选实验、灌浆加固效果的现场试验和实施修复三个阶段。针对布达拉宫壁画空鼓病害及地仗制作材料特征，确定对空鼓壁画采用灌浆回贴加固的方法进行修复，同时以适量小木锚杆锚固补强。灌浆材料以PS（高模数的硅酸钾）为主剂，粉煤灰掺加适量阿嘎土做填料，氟硅酸钠为固化剂。灌浆材料具备了无毒、无味、无腐蚀、比重小、透气性好、收缩率小、强度可调、初凝和终凝速度适中、流动性以及可灌性好等特点。特别是灌浆材料中以当地壁画地仗材料红色阿嘎土或白色阿嘎土为填充料，与壁画地仗能很好地兼容。灌浆材料的强度可通过调整主剂PS的浓度和水灰比来控制，保证了灌浆材料的强度接近或略低于壁画地仗强度，并且满足了可再处理的原则。这样不但更符合不同殿堂的具体情况，而且方便了现场施工，做到了因地制宜，提高了壁画修复效果和工作效率。

在灌浆设备和工艺上，为了防止灌浆时压力过大而造成对壁画的损坏，采用人工常压灌浆的方法，具体工艺流程：1）除尘，2）用探地雷达探测空鼓范围及空鼓程度，3）钻注浆孔，4）用内窥镜观察空鼓壁画内部状况并清除碎石等，5）埋设注浆管，6）灌浆前支顶壁板，7）灌浆，8）灌浆后回压支顶，9）锚杆补强，10）用探地雷达检测灌浆效果，11）封堵裂缝及注浆孔，12）补色。

在操作过程中要注意几个关键问题总结如下。

①对注浆孔的选择：注浆孔选择画面单一或有破损的部位。

②裂缝修补：在埋设注浆管的同时，对需处理壁画边缘的裂缝作填泥封堵处理，防止注浆过程中浆液从裂缝渗出。

③埋设注浆管：选用直径合适的透明软塑胶管做注浆管，在每个注浆孔内尽量多插入几根注浆管，并呈上下左右分布，灌浆的同时可排出内部的空气，也有利于浆液流动并确保均匀分布。

④壁板的支顶：灌浆前对空鼓部位进行支顶，主要是防止灌浆过程中在浆液重力和空气压力作用下挤落壁画，特别灌浆后的支顶，一方面使壁画地仗、浆液、墙体三者充分结合，另一方面保证回贴后的壁画与原壁画保持在同一平面。同时可适当延长支顶的时间，使浆液中的水分尽量从墙体或排气孔中散发，避免画面的壁画颜料层因潮湿而产生起甲。另外，注意壁板上开孔，以利浆液凝固过程中的水分散发。壁板接触画面的一面要铺一层柔软的棉毯，其上铺一层棉纸，防止壁板压伤壁画、防止棉毯粘下颜料层。

⑤锚固：锚固措施在两种情况下实施，一是壁画已产生空鼓病害，而这种空鼓只是墙体和地仗间存在疏松层，层间已丧失黏结作用，这种情况下无法实施灌浆措施，因此选择锚固处理。用自制的直径15mm、长约150mm的硬木质小锚杆锚固，防止空鼓病害的扩延。锚杆通常以三角形分布，使植入锚杆数量最少而控制的面积达到最大。另一种情况是由于壁画灌浆时采用人工常压灌浆，2mm以下的裂隙灌浆效果会比较差。为防

止随着时间的推移，壁画裂隙的变化甚至不断增大，在完成灌浆后，待浆液凝固并达到一定强度时，还要辅助于小木锚杆锚固补强。一般情况下，选择注浆孔作锚孔，有时为了达到有效的锚固补强作用，也在其他适当部位开设少量锚孔。所使用的木质锚杆都经过化学防虫、防腐处理，确保木质锚杆的耐久性。

⑥补色：按照文物保护"修旧如旧"、"不改变原状"的原则，只对修补后的灌浆孔或锚孔、修补后的裂缝做补色处理。补色所用的颜料材料必须与原壁画的颜料一致，补色后的效果要做到与原画面协调一致。

采用灌浆回贴、锚杆锚固或灌浆并辅助以小木锚杆锚固补强的方法，修复加固了布达拉宫占病害壁画总面积75%以上的空鼓壁画。这种对空鼓病害壁画的修复方法不仅提高了地仗与墙体的黏结力，而且增强了壁画的整体稳定性，达到了预期的效果。

（二）起甲壁画的修复

对于起甲壁画的修复材料和修复工艺，在壁画保护领域中已经有了很好的应用基础，通常采用注射黏合剂加固回贴的方法和工艺。所选择的修复材料和修复工艺与壁画制作时使用的材料和工艺有关，因此针对现存的起甲病害，选择合适的修复材料和修复工艺是关键的环节。在选择修复材料之前，首先要对壁画绘制时所使用的颜料、胶结材料及工艺、起甲的类型和起甲病害形成的原因进行研究。经过室内筛选实验及现场修复效果的试验，确定最佳的修复材料和修复工艺。

布达拉宫壁画起甲病害的形成，一是由于胶结材料的老化引起；二是由于壁画在绘制完成后表面通常涂刷一层桐油、清漆之类的涂层，表面涂层在干燥过程中收缩引起壁画产生龟裂、起甲；三是由于屋面漏雨，雨水冲刷壁画表面，诱发了地仗层的酥碱，从而导致壁画的酥碱起甲。起甲病害产生后，起甲层硬脆，而且部分起甲呈卷曲状。对于起甲呈卷曲状的颜料层，若按照常规修复石窟起甲壁画的方法修复处理极易破碎，在这种情况下首先要解决表面涂层的柔软化问题，即选用适当的有机溶剂对表面清漆涂层进行软化处理。通过现场的取样和室内的实验研究，在分析研究表面涂层的性质及可能引起起甲的原因、表面涂层在不同有机溶剂中的溶解性、不同浓度的黏合剂在壁画表面的渗透性等的基础上，我们确定使用丙酮作为软化表面涂层的材料、耐老化性强、黏结性好的丙烯酸乳液及渗透性好的硅丙乳液作黏结剂修复起甲壁画。黏结剂丙烯酸乳液和硅丙乳液有时单独使用，有时混合使用，这主要视起甲颜料层和地仗的特征而定。有时需增强黏结剂的渗透性，有时需增强黏结剂的黏结性，也有时需黏结剂的两种特性互补，这时就混合使用。

颜料层有表面涂层的起甲壁画，颜料层厚度在 0.4mm 以上的选用 1% ~ 3% 的 Paraloid B72 丙酮溶液，对表面涂层软化的同时，对起甲壁画的颜料层注射 2% ~ 3% 的聚丙烯酸乳液和硅丙乳液的混合液回贴加固；对颜料层厚度在 0.4mm 以下的用丙酮溶液软化表面涂层，待丙酮溶液挥发后，对起甲壁画再注射 3% 的聚丙烯酸乳液和硅丙乳液的混合液回贴加固。对颜料层表面没有涂层的起甲壁画，选用 2%～3% 的聚丙烯酸乳液和硅丙乳液的混合液对起甲壁画的颜料层回贴加固。具体工艺流程为：1）表面除尘，2）软化表面涂层，3）注射黏合剂，4）回压，5）检查。

操作过程中应注意的事项：

（1）表面除尘时：对只有颜料层起甲的，除去表面尘土。对颜料层起甲且又带起地仗表层的，还需除去起甲层背面地仗土的颗粒，同时要对地仗层作加固处理。

（2）表面涂层软化：注射的软化剂不可过量，否则会软化过度，回压时表面涂层会出现褶皱，从而影响回贴的效果。

（3）起甲回贴：用白色绸缎包脱脂棉绑扎的棉球，对起甲壁画进行滚压，使颜料层和地仗层进一步结合牢固。滚压的方向最好是从壁画未开裂口处向裂口处轻轻滚动，这样能将起甲内的空气排出，不会出现气泡，另外，壁画也不会被压出皱褶。

（4）殿堂温湿度环境受外界影响大的殿堂，注射黏合剂前可先对黏合剂做水浴加热处理，回贴后的区域必要时用壁板支顶，以延长颜料层与地仗的结合时间，减少环境因素对黏结过程的影响，避免回贴后又重新起甲。

（三）壁画揭取回贴技术

建筑需落架维修或墙体需更换的壁画，只能事先揭取。待建筑完工或墙体更换后，将揭取下的壁画修复加固后进行回贴。壁画采取揭取回贴技术是对壁画干预、损伤比较大的一项技术手段，因此只能在万不得已的情况下采用。是否采用此项技术，对壁画保存现状的调查十分重要，如壁画与墙体结合的牢固程度、揭取对壁画造成的损伤程度、壁画所处局部环境对实施揭取的可行性、采取临时性保护措施可否不揭取等，都需要进行评估，然后决定是否揭取。同时也要对揭取的工艺方法及使用的机械设备进行事先试验和评估，这样才能将揭取过程对壁画造成的损伤降到最小。

在布达拉宫壁画保护修复实施中，我们对黄房子东壁和药师殿西壁的壁画使用了揭取技术，由于承载壁画的墙体属轻质墙体，已出现了部分的糟朽，加上建筑顶部漏雨、基础下沉等的原因，需做墙体更换和建筑的顶部及屋面处理；另外对于壁画产生空鼓病害后出现局部小范围地仗破碎错位的现象，只能采取揭取整形回贴措施，这种情况在多数殿堂都有出现。

具体实施的揭取回贴工艺及工序如下：

①用羊排刷除去揭取部位壁画表层灰尘及污物，修复起甲壁画，并对画面的颜料层进行加固。若画面有裂缝或破碎处要进行可逆性的临时加固。

②壁画分块：在壁画的画面次要部位或有裂缝部位开设锯缝，划分一般以局部较为完整的壁画为一块（如一个佛像或一个完整的场景）。锯缝宽度为 0.15～0.3cm，深度至墙体。

③用适当浓度提取面筋的浆糊在壁画表面粘贴一层宣纸，再将白纱布贴到宣纸上，对表面颜料层实施临时性保护。同时在纱布上作标记、编号，以备回贴时使壁画准确回复原位，并做好拍照、记录。

④分块揭取：支顶壁板后，用特制工具（小型铁锤、小型扁铲、铁锥、小型钢钳、平铲等）沿锯缝或裂缝等部位小心震动，使地仗层与墙体间产生小裂缝，然后用扁铲深入裂缝缓慢而谨慎地向里面微震；对黏结比较牢固的地方，用平铲使壁画块完全脱离墙体。

⑤地仗的减薄加固：将揭取下来的壁画地仗厚度减薄到 1.5cm，然后用 10% 的 PS 溶液进行加固，并在地仗上粘贴条状纱布，增加地仗强度。

⑥回贴：在回贴壁画的部分墙体上抹一层较稠的泥浆，并尽量增大所抹泥浆的厚度，以缩小灌浆的空间。然后将壁画按照原先做好的标记回贴到墙体之上，并用带有保护层的壁板支顶壁画。

⑦灌浆：将注浆管插入壁画与墙体之间，进行灌浆（步骤、材料与空鼓壁画加固修复相同）。

⑧修补：待浆液凝固且达到一定强度后，拆除壁板，用干净毛巾蘸温水拓敷的方法揭除壁画表面的纱布和宣纸。然后用泥（配比同裂缝修复时所用）填补锯缝及裂缝等破损处，修补的同时调整壁画表面的平整度。

⑨作旧、补色。

揭取回贴过程中需把握的几点：

①在壁画地仗层背面的加固材料和墙体上敷抹的泥浆完全干燥再进行回贴。

②回贴后让内部的水分尽量从分块锯缝处运移挥发，待一段时间后再作灌浆处理。

③待浆液完全凝固且达到一定强度后拆除壁板。

④锯缝是浆液中水分挥发的途径，待灌浆回贴的壁画干燥后再用与地仗相同的泥浆修补平锯缝。

（四）两项监测、检测技术的应用

在对布达拉宫空鼓壁画实施灌浆回贴加固过程中，所采用的两项检测技术是这次壁画保护修复工程实施过程中的一大突破，这两项技术都是过去壁画修复中亟待而一直没有解决的难题。一项是采用美国韦林意威特（Everest VIT）工业内窥镜有限公司生产的 XL PRO 型内窥镜，探测壁画空鼓部位的真实状况，以制定适宜的空鼓壁画灌浆回贴加固的工艺及方法。另一项是采用瑞典 MALÅ GeoScience 公司研发的 RAMAC/GPR 高频探地雷达对灌浆效果进行检测。

（1）内窥镜的使用

壁画的空鼓部位往往会有一些碎石或地仗碎块，如果这些碎块不清除，在实施灌浆回贴加压时会压伤画面，而且会影响灌浆后的效果。为了详细了解空鼓壁画背后的真实状况，引进了美国韦林意威特工业内窥镜有限公司生产的 XL PRO 型内窥镜。

通过内窥镜的检查，探测空鼓壁画背后的真实状况，使保护工作者做到心中有数，制订适宜的修复方案。必要时在适当部位开孔，及时取出壁画背后的碎块，大大降低了灌浆时实际操作的难度。这一检测技术的应用，也大大提高了空鼓壁画灌浆回贴修复的效果。

（2）使用探地雷达检测壁画空鼓状况及灌浆加固前后的效果

传统检测空鼓的手段是用手敲击感觉，耳朵贴近壁画倾听灌浆前后发出的不同声音来辨别灌浆的密实度。这种方法经验占绝对的优势，不同人的检测结果会不一样，从而影响实际操作的效果。

鉴于这种情况，我们引进了瑞典 MALÅ GeoScience 公司研发的 RAMAC/GPR 高频探地雷达，检测壁画空鼓的状况及灌浆效果的评价。高频探地雷达可检测壁画空鼓范围，并根据不同深度的雷达切片图像来评估空鼓的严重程度。实施灌浆后，探地雷达的检测可定量标示出浆液结石体在空鼓区充填的部位，并与灌浆前的空鼓形成明显对比，以评价灌浆效果。探地雷达也可检测出浆液结石体内水分的运移过程，给出结石体强度随时间变化趋势图。同时探地雷达也能明显标示出块石墙的砌缝，以便使起补强作用的小木锚杆锚入合适的位置。探地雷达还可检测标示出松散的夯土墙经 PS 渗透加固后，与浆液结石体黏接的状况等等。

对这两项技术的应用虽然还在研究和探索阶段，但从东大殿、黄房子、西大殿等殿堂病害壁画保护实施过程中的使用情况来看，已经取得了很好的效果。随着检测技术在壁画保护领域的不断成熟和完善，应用空间的不断拓展，将会发挥越来越重要的作用。

第八章　壁画保护修复工程实施

布达拉宫壁画保护修复工程是依据国家文物局批准的《全国重点文物保护单位西藏布达拉宫壁画保护修复方案》和敦煌研究院制定的《布达拉宫壁画保护修复方案设计说明》组织实施的。工程从 2003 年 5 月至 2007 年 6 月，历时 4 年时间，按照合同约定，共完成 22 处殿堂的各种病害壁画 1807.49m² 的保护修复任务，超合同计划 84.81m²，占 4.9%。现将对白宫、红宫及附属建筑等各单项工程的具体实施情况总结于下。

第一节　白宫

白宫，是达赖喇嘛的冬宫，也曾是原西藏地方政府办事机构所在地，高七层。位于第四层中央的东有寂圆满大殿（措庆夏司西平措），是布达拉宫白宫最大的殿堂，面积 717m²，是达赖嘛嘛坐床、亲政大典等重大宗教和政治活动的场所。第五、六两层是摄政的办公和生活用房等。最高处第七层有两套达赖喇嘛冬季的起居宫。由于这里终日阳光普照，故称东、西日光殿。

（一）白宫门厅

（1）价值评估

白宫门厅的壁画系清代（1903 年）门堂画派之作。门厅四周绘满壁画，大门两侧为大幅的四大天王像，南壁绘有论经图、三士护法图、五世达赖喇嘛的诰令和十三世达赖喇嘛的手印，北壁绘有 7 世纪大昭寺修建前的湖泊和修建大昭寺的情景，以及 7 世纪布达拉宫风貌图，同时绘有吐蕃使者迎接文成公主进藏图和唐朝皇帝五试婚使图。

（2）壁画病害现状

壁画空鼓病害主要发生在梁架的周围，梁的两侧较严重。北壁东侧上部及北壁门北侧上部空鼓范围大，局部已鼓起脱离墙体。裂缝多集中在上半部，裂缝宽度由上至下逐渐变窄，部分已经错位。空鼓严重的部位墙体裂隙比较严重。

东壁门北侧大面积空鼓，顶部有 0.02m² 壁画已脱落，现有 0.04m² 壁画有脱落危险。北侧空鼓壁画长 2.77m、高 5.8m，面积 12.74 m²。南侧中上部空鼓壁画长 2.72m、高 2.94m，面积 8.00 m²（图 8.1）。北侧、南侧都分布有裂隙，有修复的痕迹。

南壁西侧上部分布有纵向裂缝，周围壁画空鼓严重，长 3.04m、高 1.89m，面积 5.78m²（图 8.2）。

西壁门北侧壁画空鼓严重（图 8.3），空鼓壁画长 3.6m、高 2.83m，面积为 10.19m²。

北壁整壁空鼓，画面上有数条裂缝并错位。西侧顶部空鼓十分严重。空鼓壁画长 9m、高 5.75m，面积 41.4m²（图 8.4）。

图 8.1　东壁门南侧壁画空鼓裂隙

图 8.2　南壁西侧上部壁画空鼓裂隙

图 8.3　西壁门北侧壁画空鼓开裂

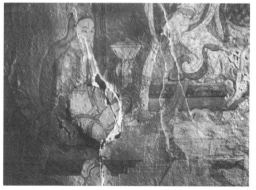

图 8.4　北壁中部壁画裂缝空鼓

（3）工程完成情况

白宫门厅壁画保护修复工作始于 2003 年 8 月 26 日，至 2004 年 6 月 6 日结束，历时 446 个工作日。对白宫门厅的空鼓壁画和裂隙，按照布达拉宫壁画保护修复工程设计方案说明中的材料与工艺进行修复加固，共计完成病害壁画修复 124.59m²（合同面积

98.95m²），加固空鼓壁画 101.91m²，植入小木锚杆 99 根，钻注浆孔 124 个，注浆量 240 544ml（表 8.1～8.4），修补画面裂缝总长折合面积 22.68m²。由于屋面的椽、檩和壁画相连，游人在上面行走时会引起椽檩震动，导致壁画空鼓，因此，将椽檩与壁画之间开约 3～5mm 锯缝，白宫门厅共开锯缝 9.9m（彩版一四至一六；彩版一七，1、2）。

壁画病害现状与修复情况见图 8.5～8.8。

表 8.1　白宫门厅东壁注浆孔、注浆量及锚孔一览表

编号	开孔位置（m）	注浆量（ml）	有无锚杆	PS 量（ml）	编号	开孔位置（m）	注浆量（ml）	有无锚杆	PS 量（ml）
1	(0.66，1.62)		有	40	24	(1.10，4.67)	4900	无	60
2	(1.67，1.48)		有	40	25	(1.33，4.55)	2700	无	30
3	(1.04，1.11)		有	60	26	(1.53，4.74)	1700	无	20
4	(1.88，1.06)		有	40	27	(1.61，4.55)	4500	无	50
5	(2.47，1.56)	800	无	10	28	(1.90，5.04)	3500	无	40
6	(1.77，2.54)	300	无	10	29	(1.99，4.73)	1900	无	20
7	(1.80，2.77)	450	无	10	30	(2.36，5.33)	500	无	10
8	(1.55，3.02)	200	无	10	31	(2.36，5.12)	200	无	10
9	(1.44，3.33)	560	无	10	32	(2.36，4.81)	1700	无	30
10	(1.39，3.49)	700	无	10	33	(1.29，4.10)	300	无	10
11	(1.26，3.77)	650	无	10	34	(1.51，4.22)	3500	无	40
12	(1.99，3.31)	1100	无	20	35	(1.34，4.41)	2400	无	30
13	(1.68，3.57)	6000	无	60	36	(1.27，4.77)	80	无	10
14	(1.32，4.24)	3600	无	40	37	(1.10，5.46)	200	无	10
15	(0.44，2.50)		有	40	38	(0.96，5.02)	1600	无	30
16	(0.63，3.63)		有	20	39	(1.47，5.24)	900	无	20
17	(0.84，3.01)		有	20	40	(5.24，4.12)	80	无	10
18	(1.16，2.33)		有	40	41	(9.30，4.10)	240	无	20
19	(2.22，2.33)		有	10	42	(9.70，3.84)	2720	有	40
20	(2.42，3.00)		有	60	43	(10.23，3.48)	1840	有	20
21	(0.24，5.32)	300	无	10	44	(10.65，3.89)	960	有	20
22	(0.58，5.32)	900	无	20	45	(8.84，3.84)		有	40
23	(0.93，5.30)	4000	无	50	46	(9.38，3.39)		有	40

编号	开孔位置（m）	注浆量（ml）	有无锚杆	PS量（ml）	编号	开孔位置（m）	注浆量（ml）	有无锚杆	PS量（ml）
47	(8.87, 2.82)		有	40	49	(10.67, 2.73)		有	20
48	(9.79, 2.79)		有	20	合计		55 980		1330

注：开孔位置表示以殿堂某一壁的左下角为坐标原点，向右为横坐标，向上为纵坐标，该孔的坐标位置，如 (0.70, 1.64)，表示该孔位于东壁离左下角水平距离0.70m、垂直距离1.64m的位置。有无锚杆栏中有些个别情况下即灌浆又有锚杆，这种情况出现在开的注浆孔由于浆液灌不进去或灌进去极少量的浆液，为了达到壁画整体的稳定，又打了锚杆，原先的注浆孔也就成了最终的锚孔。以后此类表格，如无特别说明，均与此同。

表 8.2　白宫门厅南壁注浆孔、注浆量及锚孔一览表

编号	开孔位置（m）	注浆量（ml）	有无锚杆	PS量（ml）	编号	开孔位置（m）	注浆量（ml）	有无锚杆	PS量（ml）
1	(6.52, 4.24)	80	无	20	10	(7.08, 5.50)	80	无	20
2	(7.04, 4.50)	2880	无	40	11	(7.34, 5.31)	240	无	20
3	(7.24, 3.88)	1360	无	20	12	(7.77, 5.52)		有	20
4	(7.41, 4.72)	4160	无	60	13	(8.57, 5.52)		有	20
5	(7.45, 4.24)	4160	无	60	14	(8.13, 4.86)		有	20
6	(7.88, 4.15)	1840	无	80	15	(8.53, 4.24)		有	40
7	(6.39, 3.92)	80	无	20	16	(7.16, 4.51)		有	20
8	(6.71, 4.84)	1760	无	30	17	(6.89, 4.36)		有	30
9	(6.73, 5.13)	240	无	20	合计		16 880		490

表 8.3　白宫门厅西壁注浆孔、注浆量及锚孔一览表

编号	开孔位置（m）	注浆量（ml）	有无锚杆	PS量（ml）	编号	开孔位置（m）	注浆量（ml）	有无锚杆	PS量（ml）
1	(10.67, 2.17)		有	20	7	(8.56, 2.36)		有	40
2	(10.58, 3.15)		有	20	8	(8.90, 3.11)		有	20
3	(9.99, 3.59)		有	40	9	(8.98, 3.70)		有	20
4	(10.19, 2.85)		有	10	10	(8.51, 3.62)		有	20
5	(9.99, 2.29)		有	20	11	(8.12, 2.85)		有	20
6	(9.04, 2.05)		有	60	12	(9.29, 3.17)	3800	无	40

编号	开孔位置（m）	注浆量（ml）	有无锚杆	PS 量（ml）	编号	开孔位置（m）	注浆量（ml）	有无锚杆	PS 量（ml）
13	(9.08, 3.25)	3200	无	40	19	(9.12, 4.90)		有	20
14	(10.77, 4.20)	500	无	10	20	(9.90, 5.05)		有	40
15	(10.71, 4.60)	1600	无	30	21	(8.42, 4.46)		有	40
16	(10.68, 4.93)	880	有	20	22	(9.09, 4.05)		有	20
17	(10.50, 5.34)	1200	无	30	23	(9.92, 4.13)		有	20
18	(7.51, 4.87)	320	无	10	合计		11 500		610

表 8.4　白宫门厅北壁注浆孔、注浆量及锚孔一览表

编号	开孔位置（m）	注浆量（ml）	有无锚杆	PS 量（ml）	编号	开孔位置（m）	注浆量（ml）	有无锚杆	PS 量（ml）
1	(0.84, 1.10)		有	20	20	(4.85, 2.68)	580	无	10
2	(0.84, 1.66)		有	20	21	(4.98, 2.86)	500	无	10
3	(1.84, 1.08)		有	20	22	(4.98, 2.56)	760	无	10
4	(2.46, 1.74)		有	20	23	(6.52, 2.96)	1800	无	20
5	(3.12, 1.62)		有	20	24	(6.82, 3.14)	3500	无	40
6	(3.85, 1.08)		有	10	25	(7.03, 3.44)	3800	无	40
7	(4.58, 1.62)		有	20	26	(7.20, 3.10)		有	20
8	(5.32, 1.10)		有	20	27	(6.68, 2.17)	4300	无	50
9	(6.00, 1.52)		有	20	28	(7.07, 2.77)		有	20
10	(6.54, 1.10)		有	20	29	(7.20, 2.00)	200	无	10
11	(6.88, 1.76)		有	20	30	(7.26, 2.08)	400	无	10
12	(7.30, 1.10)		有	10	31	(7.25, 2.30)	500	无	15
13	(7.30, 1.53)	1500	无	20	32	(7.22, 2.49)	420	无	15
14	(8.00, 1.75)	800	无	10	33	(7.22, 2.68)	400	无	15
15	(8.07, 1.10)		有	10	34	(7.27, 2.76)	600	无	15
16	(4.78, 1.90)	1600	无	20	35	(7.24, 2.84)	750	无	15
17	(7.49, 1.55)	1800	无	20	36	(7.28, 2.98)	950	无	15
18	(7.90, 1.40)		有	10	37	(6.12, 3.27)	5100	无	40
19	(4.98, 2.66)	1000	无	15	38	(5.76, 3.00)	3000	无	40

编号	开孔位置（m）	注浆量（ml）	有无锚杆	PS量（ml）	编号	开孔位置（m）	注浆量（ml）	有无锚杆	PS量（ml）
39	(5.64, 3.42)	800	无	15	68	(3.38, 2.40)		有	20
40	(5.34, 3.20)	1900	有	20	69	(4.70, 3.16)		有	20
41	(6.96, 2.63)	400	无	10	70	(4.42, 3.68)		有	20
42	(6.68, 2.18)	200	无	10	71	(4.90, 2.20)		有	30
43	(2.96, 1.90)	300	无	10	72	(5.36, 2.83)		有	20
44	(2.96, 2.30)	2200	无	30	73	(5.70, 2.20)		有	20
45	(3.08, 3.62)	3400	无	40	74	(7.56, 2.00)		有	20
46	(2.30, 3.74)	2560	有	40	75	(7.58, 2.84)		有	20
47	(0.52, 3.98)	2800	无	30	76	(8.16, 3.28)		有	20
48	(0.40, 3.10)	1900	无	20	77	(8.45, 3.00)		有	20
49	(0.28, 3.56)	4500	无	40	78	(8.22, 2.28)		有	20
50	(0.74, 2.36)		有	20	79	(6.72, 3.74)	850	无	10
51	(7.63, 3.48)	750	无	10	80	(5.42, 3.62)	3300	无	40
52	(1.15, 2.61)		有	20	81	(2.98, 3.68)	150	无	10
53	(1.08, 3.30)		有	20	82	(3.64, 3.60)		无	60
54	(1.71, 2.93)		有	20	83	(8.30, 5.16)	2000	无	30
55	(1.73, 3.73)		有	10	84	(8.36, 4.84)	1500	无	20
56	(1.93, 2.31)		有	20	85	(8.20, 4.60)	3000	无	40
57	(2.26, 3.06)		有	20	86	(8.00, 5.02)	600	无	10
58	(2.45, 2.56)		有	20	87	(7.82, 4.62)	3700	无	50
59	(1.93, 2.31)		有	20	88	(7.66, 5.02)	2600	无	30
60	(2.70, 3.69)		有	20	89	(7.68, 4.34)	5000	无	60
61	(3.12, 3.08)		有	20	90	(8.30, 5.00)		无	40
62	(2.95, 2.72)		有	20	91	(7.40, 4.70)	7200	无	80
63	(3.44, 2.88)		有	20	92	(7.28, 4.50)	7600	无	80
64	(3.86, 2.10)		有	20	93	(7.18, 4.20)	4200	无	50
65	(3.96, 2.78)		有	10	94	(6.98, 4.48)	2700	无	30
66	(3.47, 3.56)		有	10	95	(6.96, 4.82)	3000	无	40
67	(4.20, 3.14)		有	20	96	(7.06, 5.16)		无	60

续表8.4

编号	开孔位置（m）	注浆量（ml）	有无锚杆	PS量（ml）	编号	开孔位置（m）	注浆量（ml）	有无锚杆	PS量（ml）
97	（6.80，5.00）	2000	无	30	113	（1.73，4.87）	2880	无	40
98	（6.67，4.57）	100	无	10	114	（2.04，4.72）	9680	有	80
99	（6.79，4.15）	6000	无	70	115	（1.10，4.93）	3680	有	50
100	（7.96，4.41）	1500	无	20	116	（1.80，5.60）	3040	有	50
101	（4.76，2.20）	1000	无	20	117	（1.45，5.20）	1360	有	30
102	（5.16，2.70）	150	无	10	118	（0.73，5.27）	1480	无	30
103	（5.14，2.76）	1200	无	20	119	（0.65，4.37）	1760	无	30
104	（5.19，2.78）	100	无	10	120	（3.86，5.35）	320	有	20
105	（5.10，3.00）		无	40	121	（3.85，5.00）	320	无	20
106	（7.86，5.57）		无	20	122	（4.77，5.28）	640	有	20
107	（8.17，2.80）		无	20	123	（0.80，5.02）		有	20
108	（1.73，3.92）	2880	无	40	124	（1.23，4.08）		有	20
109	（2.14，4.01）	560	无	10	125	（3.48，4.48）		有	10
110	（2.50，4.37）	1220	无	20	126	（4.29，4.50）		有	10
111	（1.74，4.14）	7744	无	110	127	（5.01，4.50）		有	10
112	（2.10，4.50）	3200	无	50	128	（5.85，4.50）		有	10
					合计		156 184		3240

（4）工程重点、难点及存在的问题

在对白宫门厅空鼓壁画的锚固加固过程中使用了两种锚杆。2003年8月下旬至10月初用铁质锚杆，锚孔采用水泥、沙子1:2的质量比和12%的PS溶液进行封孔。

2004年5月在东大殿现场拉力测试结果表明，木质锚杆强度已达到锚固壁画的设计要求，在白宫门厅改用木制锚杆进行锚固，锚孔采用粉煤灰、阿嘎土4:1的质量比和12%的PS溶液进行封孔，木制锚杆采用当地铁木制作，并经中国林业科学院在拉萨的木材防腐场的防腐处理。

白宫门厅空鼓壁画的后期灌浆加固是在2003年10月初，由于气候的原因，一般在10月中旬壁画保护修复工程需停工，随后工作人员撤离现场。但为了对后期处理的壁画进行跟踪观察，通常有一位经验丰富的技术人员在保护现场多呆1个月左右。在10月16日拆除支顶壁板1周后发现，北壁东侧上部及西侧中部壁画灌浆部位出现少量颜

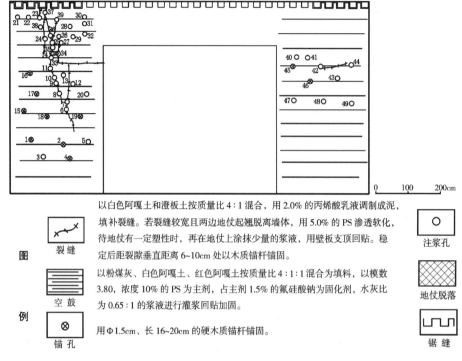

图 8.5　白宫门厅东壁壁画病害现状与修复图

以白色阿嘎土和澄板土按质量比4:1混合，用2.0%的丙烯酸乳液调制成泥，填补裂缝。若裂缝较宽且两边地仗起翘脱离墙体，用5.0%的PS渗透软化，待地仗有一定塑性时，再在地仗上涂抹少量的浆液，用壁板支顶回贴。稳定后距裂隙垂直距离6~10cm处以木质锚杆锚固。

以粉煤灰、白色阿嘎土、红色阿嘎土按质量比4:1:1混合为填料，以模数3.80，浓度10%的PS为主剂，占主剂1.5%的氟硅酸钠为固化剂，水灰比为0.65:1的浆液进行灌浆回贴加固。

用Φ1.5cm、长16~20cm的硬木质锚杆锚固。

图例：裂缝　空鼓　锚孔　注浆孔　地仗脱落　锯缝

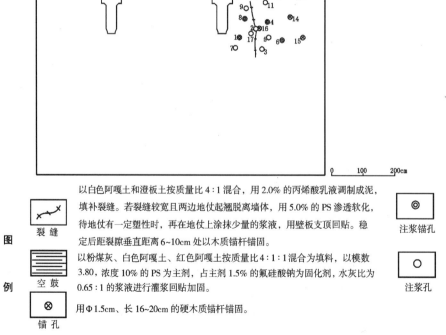

图 8.6　白宫门厅南壁壁画病害现状与修复图

以白色阿嘎土和澄板土按质量比4:1混合，用2.0%的丙烯酸乳液调制成泥，填补裂缝。若裂缝较宽且两边地仗起翘脱离墙体，用5.0%的PS渗透软化，待地仗有一定塑性时，再在地仗上涂抹少量的浆液，用壁板支顶回贴。稳定后距裂隙垂直距离6~10cm处以木质锚杆锚固。

以粉煤灰、白色阿嘎土、红色阿嘎土按质量比4:1:1混合为填料，以模数3.80，浓度10%的PS为主剂，占主剂1.5%的氟硅酸钠为固化剂，水灰比为0.65:1的浆液进行灌浆回贴加固。

用Φ1.5cm、长16~20cm的硬木质锚杆锚固。

图例：裂缝　空鼓　锚孔　注浆锚孔　注浆孔

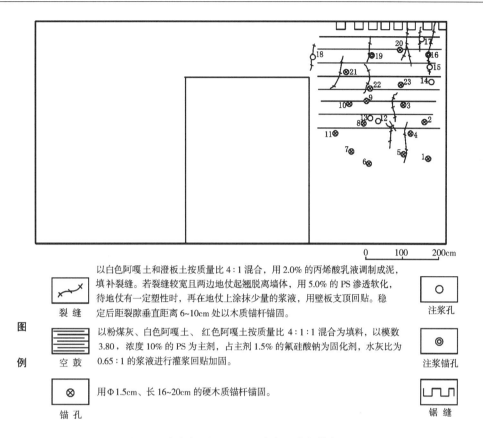

图例

| | 裂缝 | 以白色阿嘎土和澄板土按质量比 4:1 混合，用 2.0% 的丙烯酸乳液调制成泥，填补裂缝。若裂缝较宽且两边地仗起翘脱离墙体，用 5.0% 的 PS 渗透软化，待地仗有一定塑性时，再在地仗上涂抹少量的浆液，用壁板支顶回贴。稳定后距裂隙垂直距离 6~10cm 处以木质锚杆锚固。 |

注浆孔

| | 空鼓 | 以粉煤灰、白色阿嘎土、红色阿嘎土按质量比 4:1:1 混合为填料，以模数 3.80，浓度 10% 的 PS 为主剂，占主剂 1.5% 的氟硅酸钠为固化剂，水灰比为 0.65:1 的浆液进行灌浆回贴加固。 |

注浆锚孔

| | 锚孔 | 用 Φ1.5cm、长 16~20cm 的硬木质锚杆锚固。 |

锯缝

图 8.7 白宫门厅西壁壁画病害现状与修复图

料层起甲，甚至个别部位有脱落现象。经过认真的对比分析，主要原因是：（1）灌浆前空鼓严重，灌浆量过大；（2）水灰比过大。一般为 0.5～0.6，实际施工时使用的水灰比为 0.65；（3）灌浆时环境温度太低，灌浆后又立即进入寒冷的冬天，壁画地仗长时间处于潮湿状态，这样很容易引起壁画表面颜料层的起甲；（4）壁板拆除过早。由于白宫门厅通风较好，致使水分在运移至壁画表面时受到表面涂层的阻挡，从而引起颜料层起甲甚至脱落。针对存在的问题，采取了以下措施进行了补救，并对修复工艺做了适当调整。一是及时修复了颜料层起甲，对少量颜料层脱落部位进行了补色；二是降低了浆液的水灰比；三是 10 月份一般不做灌浆施工；四是延长对灌浆部位壁板支顶的时间，并及时更换吸水垫，使水分快速通过吸水垫带出。

（5）工程验收情况

2004 年 6 月 1 日，在敦煌研究院自检、布达拉宫维修工程指挥部初验合格的基础上，西藏三大重点文物保护维修工程领导小组办公室组织工程办、布达拉宫维修工程指挥部、中咨监理公司西藏三大文物工程监理办公室等单位的相关专家进行了竣工验收，

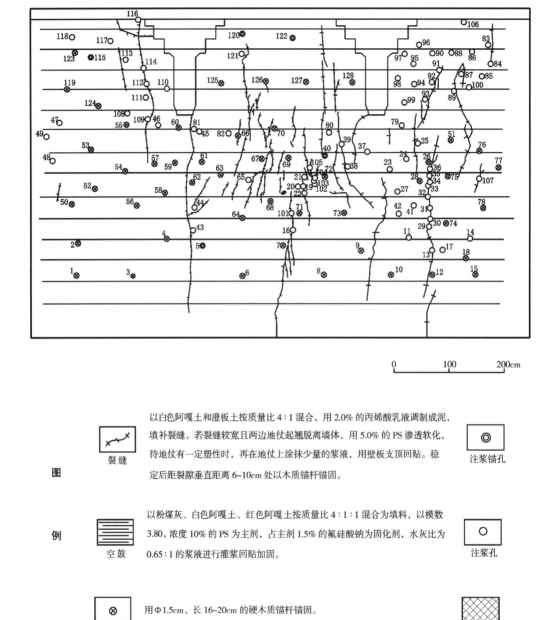

以白色阿嘎土和澄板土按质量比 4:1 混合，用 2.0% 的丙烯酸乳液调制成泥，填补裂缝。若裂缝较宽且两边地仗起翘脱离墙体，用 5.0% 的 PS 渗透软化，待地仗有一定塑性时，再在地仗上涂抹少量的浆液，用壁板支顶回贴。稳定后距裂隙垂直距离 6~10cm 处以木质锚杆锚固。

裂缝

注浆锚孔

以粉煤灰、白色阿嘎土、红色阿嘎土按质量比 4:1:1 混合为填料，以模数 3.80，浓度 10% 的 PS 为主剂，占主剂 1.5% 的氟硅酸钠为固化剂，水灰比为 0.65:1 的浆液进行灌浆回贴加固。

空鼓

注浆孔

图

例

用 Φ1.5cm、长 16~20cm 的硬木质锚杆锚固。

锚孔

地仗脱落

图 8.8　白宫门厅北壁壁画病害现状与修复图

敦煌研究院和苏州香山—拉萨古建联营体的部分代表也参加了验收会。国家文物局专家组成员黄克忠、陆寿麟、马家郁和陈进良等也参加了验收会，验收会由工程办常务副主任陈锦同志主持。专家组认为，壁画加固修复工程方法科学、工艺精湛、效果良好，符合"不改变文物原状"的原则，达到《全国重点文物保护单位西藏布达拉宫壁画保护修复工程设计方案》以及《前期研究报告》的预期目标和要求，可以通过验收。

（6）参加施工人员

白宫门厅壁画保护修复项目由李最雄研究员、段修业副研究员为现场技术负责，参加人员有樊再轩、李四存、刘涛、杨韬、柴勃隆、傅鹏、乔兆福、李璐、孙军永、黄伟、乔兆广、王辉、蔺金强、张伟、王旭阳、王长太、郝腾飞等。

（二）东大殿

（1）价值评估

东大殿建于 1645~1648 年，位于白宫第四层中央，是白宫内最大的殿堂之一，壁画总面积达 670m²。清朝驻藏大臣曾经在这里为达赖喇嘛主持过坐床、亲政大典等仪式，也是宣读皇帝诏书、任命高级官员的场所。殿门上悬挂着清政府赐给的"振赐绥疆"匾额。大殿四周绘有精美壁画，包含藏族的起源、吐蕃赞普的世袭、雪域传佛等情景，还有吐蕃赞普赤松德赞像，藏民族文化及宗教的产生以及历史发展过程，吐蕃王朝简史，一世、二世、三世、四世达赖喇嘛肖像等。这些壁画多是依照五世达赖喇嘛的授意创作的，并由当时以全藏最著名的画师、后藏人曲印嘉措为首的众多名画师利用三年的时间绘制完成，具有独特的民族特色，反映了门萨派的独特风格，是门萨派的代表作之一，也是研究西藏历史和美术的重要实物资料。五世达赖喇嘛阿旺罗桑嘉措执掌西藏政教合一政权后，命第司·索朗绕登于 1645 年重修布达拉宫白宫，东大殿就是那时建成的白宫主要殿堂。

（2）壁画病害现状

东大殿壁画主要病害为大面积空鼓、颜料层及地仗层开裂、地仗层脱落、人为造成的机械损伤、雨水冲刷、烟熏以及颜料层起甲等，病害分布于四壁，以西壁和北壁最为严重，并且同一处壁画有多种病害并存的情况。

东壁墙体为块石墙，壁画病害主要有空鼓、开裂、烟熏和污染等。病害壁画总面积 142.84m²，其中，空鼓壁画 53.79m²，烟熏壁画 53.79m²，画面污染 35.26m²。东壁壁画为两个不同时期所绘制，北门左侧为清代壁画，没有表面涂层，而右侧为近代壁画，表面有涂层保护。东壁北侧空鼓严重，整壁烟熏、污染严重，画面已模糊不清。南门两侧大面积被雨水冲刷，有灰白相间的条纹和点状斑痕，中上部尤为严重，边缘污染物呈棕色斑点

图 8.9　东壁中部下侧壁画开裂

图 8.10　东壁南侧门上部壁画雨痕污染

图 8.11　南壁东侧中部壁画起甲

图 8.12　南壁中上部破碎壁画

状，下部壁画已变色，脱落部位呈白色。壁画开裂主要在北门南侧，其上有 10 条大的纵向裂缝，总长 37.3m，裂缝有修补过的痕迹，周围又重新开裂（图 8.9、8.10）。

南壁墙体为块石墙，壁画主要病害有空鼓、起甲、开裂等。东门东侧壁画空鼓、起甲严重，两种病害面积均为 9.86m²。此处壁画以前做过修复，对画面有多处脱落的部位重新补绘了绿色和蓝色，整个画面呈现灰、黑、绿、蓝相间的效果。重新补绘的部分保存较好，只有零星起甲，而以前绘制的壁画起甲现象比较严重。空鼓病害主要分布在梁檐下且不集中，东门上部壁画空鼓严重。壁画空鼓面积 4.25m²（图 8.11、8.12）。

西壁墙体为夯土墙，主要壁画病害有起甲、空鼓、开裂、污染等。起甲分布在梁檐以下和垂幔部位，面积为 6.4m²。门上及两侧大面积空鼓，右侧较为严重，并有一条大的横向裂缝，长约 2m，地仗层离开墙体 12cm，有脱落的危险。空鼓部位存有大量的地仗和墙体碎块。整壁壁画开裂也很严重，大的纵向裂缝有 5 条，共计长约 25m，横向裂缝一条，长 2m，小的裂缝有数十条。空鼓总面积为 74.47m²。壁画为两个时期绘制，北侧为清代壁画，表面没有涂层，局部画面已模糊不清，画面有不同程度的污染和雨水

图 8.13 西壁门右侧壁画空鼓
破损

图 8.14 西壁壁画空鼓开裂

图 8.15 西壁中部壁画破损空鼓开裂

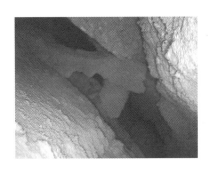

图 8.16 用内窥镜探测西壁中部地仗

冲刷的痕迹，壁画地仗破损处有环氧树脂残留（图 8.13~8.16）。

北壁为清代壁画，没有表面涂层。墙体为块石墙，西侧开有一小门，门内是地垄，地垄很窄且与外界通风良好，在长期的风蚀作用下，墙体结构受到严重损坏，局部已出现大的裂缝。从地垄内可以看到北壁墙体背后的状况，墙体背面呈"井"字状，且厚度不均。中部离地面 2m 处，有一 5m 长的圆木横在墙体内。壁画整壁大面积空鼓、开裂，一期维修时曾做过修复，壁画表面裂缝及破损处有棕色环氧树脂，修补后的裂缝与原壁画颜色差异较大，局部画面已模糊不清。梁檐下部的壁画有自东向西的通长裂缝，地仗层都有不同程度的隆起和破损，有残片保留的，有完全脱落的。整壁大的纵向裂缝有 15 条，长约 60m，小的裂缝广泛分布。整壁壁画空鼓面积为 111.28m^2（图 8.17、8.18）。

（3）工程完成情况

东大殿壁画保护修复工作始于 2003 年 5 月 10 日，至 2004 年 6 月 8 日结束，历时 1600 个工作日。对东大殿的空鼓、起甲、烟熏、裂隙和破损壁画，按照布达拉宫壁画保护修复工程设计方案说明中的材料和工艺进行修复加固，并对空鼓十分严重的西壁采

图 8.17　北壁上部壁画破损开裂

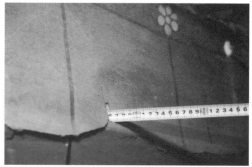

图 8.18　北壁上部壁画空鼓开裂

取了特殊的加固方法。共修复病害壁画面积为 445.21m² (合同面积 352.56m²)。其中完成空鼓壁画修复面积为 277.00m²,开设注浆孔 (含锚孔) 501 眼,总注浆量 445 960ml,植入小木锚杆 256 根 (表 8.5~表 8.8);修复起甲壁画面积为 16.26m²;清除壁画画面污物面积为 151.95m² (彩版一七,3~6;彩版一八、一九)。

壁画病害现状与修复情况见图 8.19~8.22。

表 8.5　东大殿东壁注浆孔、注浆量及锚孔一览表

编号	开孔位置 (m)	注浆量 (ml)	有无锚杆	PS 量 (ml)	编号	开孔位置 (m)	注浆量 (ml)	有无锚杆	PS 量 (ml)
1	(0.85, 1.63)	80	有	30	15	(2.06, 3.10)	880	有	50
2	(0.90, 0.89)	160	有	30	16	(2.06, 2.83)	80	有	30
3	(1.52, 2.08)	80	有	30	17	(2.52, 3.87)	1200	有	30
4	(1.69, 0.93)	2400	有	90	18	(2.68, 3.55)	720	有	30
5	(2.79, 1.04)	1200	有	60	19	(2.88, 3.10)	240	有	30
6	(3.05, 2.10)	1680	有	50	20	(3.05, 3.43)	440	有	30
7	(4.12, 1.81)	80	有	20	21	(3.27, 3.94)	1200	有	60
8	(4.01, 1.13)	480	有	20	22	(3.31, 2.66)	1120	有	60
9	(3.93, 0.39)	3200	有	120	23	(3.37, 3.39)	960	有	30
10	(3.42, 1.72)	1440	有	90	24	(3.49, 3.09)	80	有	30
11	(3.26, 2.43)	80	有	30	25	(3.74, 4.02)	1020	有	60
12	(0.85, 3.06)	880	有	30	26	(3.78, 2.75)	880	有	30
13	(1.60, 2.99)	240	有	30	27	(4.19, 2.96)	480	有	30
14	(1.61, 4.32)	640	有	30	28	(3.75, 1.54)	880	无	30

编号	开孔位置（m）	注浆量（ml）	有无锚杆	PS 量（ml）	编号	开孔位置（m）	注浆量（ml）	有无锚杆	PS 量（ml）
29	（1.33，1.34）	720	无	30	58	（11.15，1.02）	2800	无	60
30	（3.63，2.24）	480	无	30	59	（11.52，1.65）	2080	无	90
31	（3.88，3.44）	1120	有	60	60	（8.05，0.69）	3120	有	90
32	（4.57，3.38）	80	有	30	61	（12.02，0.35）	1380	有	90
33	（6.65，3.10）	880	有	60	62	（7.35，2.03）	480	无	30
34	（5.58，3.34）	960	有	30	63	（11.29，1.20）	1600	有	60
35	（6.90，2.51）	560	有	30	64	（11.76，1.41）	1840	有	60
36	（5.28，2.82）	560	有	30	65	（11.58，1.84）	2640	无	90
37	（6.47，3.75）	4610	有	120	66	（7.30，3.30）	140	无	30
38	（6.88，3.53）	80	有	30	67	（7.39，3.13）	640	无	30
39	（7.61，0.47）	440	无	30	68	（7.54，3.57）	2800	无	60
40	（9.20，0.67）	3360	有	120	69	（7.86，2.72）	800	有	30
41	（9.80，0.65）	2320	有	90	70	（7.87，3.99）	4800	有	30
42	（11.28，0.65）	1350	无	90	71	（7.98，3.16）	640	无	30
43	（11.95，0.79）	4560	无	150	72	（8.04，3.33）	480	无	30
44	（11.81，1.03）	2680	有	120	73	（8.33，4.04）	240	无	30
45	（7.53，0.92）	2400	有	90	74	（8.42，3.50）	880	有	30
46	（7.40，1.86）	3600	无	90	75	（8.52，2.32）	240	无	30
47	（7.50，1.28）	4240	无	120	76	（8.61，2.87）	160	有	30
48	（7.94，1.24）	3580	无	120	77	（8.62，4.02）	400	无	30
49	（8.58，1.16）	2560	有	90	78	（8.69，4.10）	240	无	30
50	（8.58，1.81）	2160	有	90	79	（8.82，2.51）	80	无	30
51	（7.72，2.08）	4200	有	120	80	（8.84，3.30）	480	有	30
52	（9.00，1.88）	2800	有	60	81	（8.97，4.30）	800	无	30
53	（9.20，1.43）	3300	有	90	82	（9.04，4.17）		有	120
54	（9.65，1.72）	3600	有	90	83	（9.06，3.00）	200	无	60
55	（9.65，1.07）	4820	有	120	84	（9.13，3.99）	700	无	30
56	（11.35，0.30）	3840	有	90	85	（9.24，4.37）	1600	无	60
57	（11.00，0.83）	3300	无	90	86	（9.32，4.04）	3300	无	90

编号	开孔位置（m）	注浆量（ml）	有无锚杆	PS量（ml）	编号	开孔位置（m）	注浆量（ml）	有无锚杆	PS量（ml）
87	（9.54，3.20）	2180	无	60	111	（11.76，3.12）	200	有	30
88	（9.56，3.92）	1500	有	30	112	（8.37，2.59）	240	有	30
89	（9.82，3.06）		有	120	113	（18.17，3.04）	1060	有	60
90	（9.97，3.88）	480	无	30	114	（11.76，3.57）	3000	无	90
91	（10.12，3.96）	1100	无	30	115	（11.87，3.29）	1210	无	90
92	（10.18，3.69）	1300	无	60	116	（11.84，1.82）		有	150
93	（10.33，2.70）	880	有	30	117	（11.54，4.09）	500	无	30
94	（10.32，4.04）	960	无	30	118	（12.04，2.40）	240	无	30
95	（10.50，4.14）	1120	无	60	119	（11.35，1.45）	1440	无	60
96	（10.81，4.01）	1040	无	30	120	（12.05，1.80）	160	无	30
97	（10.90，3.67）	2660	无	60	121	（12.13，1.56）	800	无	30
98	（10.93，4.25）	1080	无	60	122	（12.02，4.23）	760	无	30
99	（11.48，4.31）	2000	无	60	123	（12.04，1.27）		无	150
100	（9.90，2.10）		有	80	124	（7.66，1.69）		有	120
101	（10.21，1.54）		有	120	125	（8.50，0.66）	160	无	30
102	（10.25，0.73）		有	150	126	（18.19，3.26）	160	有	30
103	（10.73，1.82）		有	120	127	（18.22，2.69）	3900	有	90
104	（11.22，3.51）		有	120	128	（22.54，3.59）		有	30
105	（10.71，2.53）		有	150	129	（22.57，2.91）		有	30
106	（11.17，2.50）		有	80	130	（23.11，3.25）		有	30
107	（11.39，3.07）		有	120	131	（23.06，2.45）		有	30
108	（10.72，3.15）	2580	有	90	132	（22.81，1.39）		有	30
109	（10.41，3.71）	480	有	30	合计		161 580		7920
110	（7.61，3.13）	850	有	30					

表 8.6　东大殿南壁注浆孔、注浆量及锚孔一览表

编号	开孔位置（m）	注浆量（ml）	有无锚杆	PS量（ml）	编号	开孔位置（m）	注浆量（ml）	有无锚杆	PS量（ml）
1	(4.72, 3.27)	320	无	70	13	(5.42, 2.59)	1200	无	120
2	(4.89, 2.70)	180	无	50	14	(12.88, 3.67)	80	无	20
3	(5.31, 2.34)	200	无	80	15	(16.24, 2.92)	100	无	40
4	(5.41, 2.79)		有	30	16	(16.38, 2.79)	80	无	20
5	(5.53, 3.35)	300	无	60	17	(16.66, 2.72)	60	无	50
6	(5.84, 2.81)		有	30	18	(16.82, 2.84)	120	无	30
7	(5.86, 2.42)		有	30	19	(14.80, 3.46)	80	无	10
8	(6.23, 3.04)		有	30	20	(16.72, 3.45)		有	30
9	(5.60, 3.00)	400	无	30	21	(21.15, 3.62)		有	40
10	(5.09, 2.98)	800	无	50	22	(22.76, 3.60)		有	70
11	(5.05, 2.71)		有	20	23	(24.73, 3.65)		有	80
12	(5.67, 2.54)	1600	无	100	24	(25.81, 3.12)	600	无	60
					合计		6120		1150

表 8.7　东大殿西壁注浆孔、注浆量及锚孔一览表

编号	开孔位置（m）	注浆量（ml）	有无锚杆	PS量（ml）	编号	开孔位置（m）	注浆量（ml）	有无锚杆	PS量（ml）
1	(14.92, 3.19)	300	有	250	13	(14.40, 3.30)	540	无	70
2	(14.94, 2.78)		有	160	14	(14.08, 3.50)	440	有	80
3	(15.57, 3.34)		无	100	15	(13.78, 3.50)		有	70
4	(15.75, 3.53)		有	60	16	(13.40, 3.56)	250	有	30
5	(16.85, 2.82)	70	无	20	17	(13.07, 3.54)	160	有	30
6	(17.10, 3.18)	160	无	130	18	(12.86, 3.56)	240	有	100
7	(18.18, 2.00)		有	200	19	(13.80, 3.14)	940	无	100
8	(18.09, 3.17)	560	有	200	20	(12.52, 3.28)	470	无	120
9	(17.99, 3.28)	480	无	340	21	(12.50, 3.94)	420	有	235
10	(14.98, 3.30)	240	有	20	22	(11.20, 3.43)	640	有	240
11	(14.78, 3.30)	420	无	120	23	(15.80, 3.27)	740	有	280
12	(15.28, 3.10)		无	100	24	(10.55, 3.49)	1240	有	300

编号	开孔位置（m）	注浆量（ml）	有无锚杆	PS 量（ml）	编号	开孔位置（m）	注浆量（ml）	有无锚杆	PS 量（ml）
25	(11.85, 2.92)	180	无	60	54	(19.34, 3.88)		有	70
26	(11.92, 3.04)	580	无	200	55	(19.72, 4.13)		有	50
27	(16.19, 4.05)	140	有	100	56	(15.37, 3.14)	1860	无	200
28	(15.73, 4.25)	200	有	100	57	(15.62, 3.05)	960	无	150
29	(15.23, 4.05)	1840	无	210	58	(20.12, 4.00)		有	40
30	(14.78, 3.96)	720	无	200	59	(22.58, 4.00)		有	60
31	(14.53, 4.03)	380	有	165	60	(16.60, 3.30)	4080	无	150
32	(13.85, 4.03)	1380	有	750	61	(3.80, 3.70)	480	无	60
33	(13.35, 4.03)	210	无	40	62	(2.35, 3.90)	840	有	60
34	(12.72, 4.03)		有	60	63	(1.77, 3.92)	20	无	60
35	(12.23, 4.05)	380	有	180	64	(0.40, 3.19)		有	300
36	(11.56, 4.00)	120	有	50	65	(0.38, 2.91)		无	100
37	(11.19, 3.95)	1620	有	100	66	(0.20, 2.64)		无	100
38	(10.92, 4.07)	1345	有	50	67	(26.13, 2.79)		有	100
39	(10.54, 4.07)	1020	无	50	68	(0.18, 1.49)		无	240
40	(10.11, 4.07)	490	有	50	69	(0.32, 1.73)		有	40
41	(11.49, 3.46)	600	无	80	70	(0.25, 2.34)		有	30
42	(10.92, 3.59)	1320	有	80	71	(15.32, 3.60)	530	无	100
43	(10.14, 3.55)	1140	有	80	72	(13.96, 3.51)	480	无	120
44	(10.73, 3.57)	45	有	40	73	(13.47, 3.72)	660	无	130
45	(9.53, 3.90)		有	40	74	(12.38, 3.87)	120	有	120
46	(8.28, 4.15)		无	20	75	(11.66, 3.91)	80	无	120
47	(11.89, 3.50)	530	无	80	76	(9.79, 3.45)	60	有	100
48	(3.45, 2.86)	100	有	30	77	(8.90, 3.84)	100	无	100
49	(2.89, 4.05)	40	无	30	78	(14.38, 3.85)	480	有	150
50	(17.76, 3.90)		有	50	79	(15.40, 3.92)	840	有	150
51	(18.00, 4.13)		有	50	80	(15.80, 3.66)	240	有	100
52	(18.37, 4.00)		有	30	81	(10.93, 3.50)	240	无	200
53	(18.90, 4.14)		有	20	82	(10.00, 3.93)	80	有	180

编号	开孔位置（m）	注浆量（ml）	有无锚杆	PS量（ml）	编号	开孔位置（m）	注浆量（ml）	有无锚杆	PS量（ml）
83	（9.63，3.95）		无	80	109	（10.39，3.71）		有	30
84	（9.30，3.97）	130	无	120	110	（7.57，3.11）		有	30
85	（25.52，1.10）		有	30	111	（11.76，3.12）	240	无	60
86	（25.50，0.76）		有	20	112	（11.82，3.29）	1040	无	90
87	（9.91，3.68）		有	30	113	（21.82，2.03）	640	有	120
88	（10.20，3.84）		有	20	114	（11.74，3.55）	1200	有	80
89	（12.10，3.41）		有	20	115	（8.37，2.61）	1360	无	40
90	（7.95，3.88）	120	无	60	116	（20.56，1.99）	800	有	40
91	（7.31，3.84）	80	有	60	117	（11.51，3.32）	1200	无	70
92	（0.40，4.06）	300	有	120	118	（11.99，2.39）		有	30
93	（3.19，1.70）	1360	无	100	119	（11.32，1.44）	2320	有	70
94	（2.89，1.70）	240	有	100	120	（12.01，1.79）	1240	有	40
95	（4.03，1.72）	100	有	40	121	（12.08，1.55）	1200	无	80
96	（3.76，1.52）	420	无	100	122	（11.99，4.22）	1040	有	80
97	（3.76，3.30）	80	有	40	123	（11.99，1.29）	2400	无	80
98	（8.74，3.97）	120	无	40	124	（22.34，2.69）	1440	有	100
99	（11.78，3.74）	120	有	50	125	（18.17，3.05）	4000	有	120
100	（12.58，3.86）	100	无	60	126	（18.15，3.25）	2960	无	100
101	（13.02，3.83）	120	有	50	127	（18.18，2.69）	1840	有	120
102	（14.96，3.25）	480	有	60	128	（22.52，3.57）	3200	无	160
103	（11.33，3.77）	480	有	70	129	（22.54，2.91）	1120	有	100
104	（10.66，3.54）	60	无	40	130	（23.07，3.26）	1680	无	120
105	（10.46，3.76）	2800	有	180	131	（23.02，2.46）	3200	无	180
106	（11.43，2.98）	4690	无	180	132	（22.78，1.41）	4160	有	180
107	（11.35，3.06）		有	20	合计		83 560		13 400
108	（10.68，3.17）		有	20					

表 8.8 东大殿北壁注浆孔、注浆量及锚孔一览表

编号	开孔位置（m）	注浆量（ml）	有无锚杆	PS量（ml）	编号	开孔位置（m）	注浆量（ml）	有无锚杆	PS量（ml）
1	(10.04，1.00)	4530	有	260	30	(22.23，1.78)	1800	有	40
2	(6.38，1.87)	800	有	20	31	(22.86，1.34)	760	有	60
3	(6.92，1.93)	400	有	20	32	(24.88，1.97)		有	30
4	(7.39，1.64)	480	有	90	33	(6.56，1.54)	2200	有	20
5	(7.76，2.07)	1500	无	60	34	(7.73，1.48)		有	20
6	(8.11，1.96)	400	无	60	35	(8.40，1.37)		有	70
7	(8.43，2.00)	1480	无	60	36	(10.19，2.16)	1360	无	70
8	(10.33，1.63)		有	20	37	(11.14，1.49)	1820	有	80
9	(10.79，1.71)	3060	无	60	38	(11.05，1.91)	1360	有	100
10	(10.81，1.32)	960	有	60	39	(11.34，0.97)	1320	无	120
11	(13.57，1.09)		有	20	40	(4.65，0.80)		有	100
12	(11.69，1.05)	1040	无	80	41	(5.24，0.88)		有	50
13	(13.98，1.58)	1760	有	100	42	(11.89，0.53)	1800	无	120
14	(13.90，1.90)	1540	无	40	43	(16.15，0.71)		无	20
15	(10.74，1.64)	2080	无	80	44	(17.53，0.79)	720	无	50
16	(10.86，2.11)		有	30	45	(17.91，0.55)	640	无	60
17	(1.28，2.60)		有	20	46	(21.76，2.11)	720	无	70
18	(13.39，1.44)	2160	无	50	47	(21.88，0.73)	1040	有	40
19	(13.84，2.01)	1820	有	40	48	(22.86，0.85)	720	有	50
20	(13.61，1.76)	960	无	60	49	(24.11，0.49)	220	有	50
21	(14.61，2.23)	720	有	40	50	(4.04，0.56)	1100	无	40
22	(16.37，1.38)	2000	有	110	51	(4.14，0.40)	1020	无	80
23	(17.53，1.46)	720	有	40	52	(4.09，1.26)	2240	无	100
24	(17.34，1.64)	1020	有	20	53	(4.30，1.46)		有	20
25	(17.43，1.84)	1560	有	50	54	(7.98，1.57)	2400	有	50
26	(16.84，2.01)	180	无	40	55	(1.19，0.55)	1440	无	100
27	(19.37，0.87)	1120	有	50	56	(1.78，0.58)	1120	无	100
28	(19.37，1.62)	180	有	40	57	(7.31，1.88)	240	有	80
29	(22.37，0.89)	4540	有	210	58	(14.53，1.82)	480	有	60

编号	开孔位置（m）	注浆量（ml）	有无锚杆	PS量（ml）	编号	开孔位置（m）	注浆量（ml）	有无锚杆	PS量（ml）
59	(15.93, 2.01)	1160	无	60	88	(22.13, 4.18)	320	无	80
60	(15.13, 2.19)	160	无	60	89	(21.57, 4.12)	320	无	70
61	(12.90, 2.11)	2240	无	75	90	(21.11, 3.69)	1520	有	80
62	(8.78, 1.77)	1680	有	60	91	(21.21, 4.12)	960	无	120
63	(6.11, 1.49)	1120	无	60	92	(20.84, 3.95)	700	无	100
64	(15.62, 2.17)	640	无	40	93	(20.56, 4.18)		有	20
65	(16.76, 1.58)	880	无	70	94	(20.30, 3.95)	240	无	60
66	(17.33, 2.08)	2580	无	140	95	(20.05, 4.17)		有	10
67	(19.18, 1.28)	1100	有	50	96	(19.81, 3.95)	460	无	70
68	(19.86, 2.35)	100	无	60	97	(19.52, 4.17)	2160	无	120
69	(18.41, 2.29)	2760	有	150	98	(19.30, 3.91)	640	无	100
70	(18.73, 1.48)	480	无	120	99	(19.12, 4.17)	760	无	110
71	(22.27, 1.34)	2450	无	70	100	(18.91, 3.69)	2000	无	120
72	(10.81, 1.89)	1080	无	50	101	(18.70, 4.12)	300	无	60
73	(8.10, 1.22)	1360	无	60	102	(18.36, 4.13)	960	无	140
74	(16.98, 2.35)	2080	无	120	103	(18.03, 4.04)	320	无	80
75	(16.58, 2.39)	640	无	100	104	(17.67, 3.95)	1640	有	170
76	(22.46, 1.78)	180	无	70	105	(17.33, 3.95)	1600	有	120
77	(7.05, 1.70)	2200	无	90	106	(16.84, 4.12)	1280	无	70
78	(25.55, 4.07)	480	无	110	107	(16.48, 4.12)		有	20
79	(25.21, 3.89)	120	有	80	108	(16.10, 3.77)	700	无	70
80	(24.88, 4.12)	320	无	70	109	(16.10, 4.12)	720	无	100
81	(24.66, 3.81)	480	有	110	110	(15.68, 4.12)	460	无	70
82	(24.41, 4.17)	880	无	120	111	(15.19, 3.95)	240	无	60
83	(24.18, 3.73)	560	无	100	112	(14.78, 4.12)	1040	有	90
84	(23.92, 4.00)	560	无	100	113	(14.46, 4.05)	640	无	120
85	(22.93, 3.97)	1000	有	100	114	(14.15, 4.05)	1200	有	80
86	(22.62, 4.08)	1040	无	110	115	(13.40, 4.05)	1360	无	40
87	(22.39, 3.95)	1200	有	190	116	(13.40, 3.64)	800	有	40

编号	开孔位置（m）	注浆量（ml）	有无锚杆	PS量（ml）	编号	开孔位置（m）	注浆量（ml）	有无锚杆	PS量（ml）
117	(12.99, 4.17)	1200	无	70	146	(3.95, 4.17)	240	无	80
118	(12.69, 4.10)		有	50	147	(3.84, 3.70)	1000	无	50
119	(12.61, 3.73)	2320	无	70	148	(4.00, 3.34)		有	20
120	(12.19, 3.95)	1040	无	40	149	(3.57, 3.86)	480	无	60
121	(11.91, 3.91)	1200	有	80	150	(3.07, 3.75)	260	无	50
122	(11.53, 3.94)	1040	有	80	151	(2.75, 3.98)	1000	无	60
123	(11.13, 3.83)	2400	无	80	152	(2.29, 4.17)		有	10
124	(10.78, 3.92)	1440	无	100	153	(2.10, 3.82)		有	30
125	(10.46, 3.88)	4000	有	120	154	(1.98, 4.08)	480	无	80
126	(9.84, 3.91)	2960	无	100	155	(1.60, 4.08)	480	无	80
127	(9.58, 3.91)	1840	无	120	156	(0.93, 4.11)		有	160
128	(9.09, 3.97)	3200	有	160	157	(0.39, 4.02)		有	50
129	(8.75, 3.52)	1120	无	100	158	(24.67, 3.02)		有	20
130	(8.64, 3.95)	1680	无	120	159	(23.50, 3.24)		有	30
131	(8.18, 4.02)	3200	无	180	160	(19.11, 3.01)		有	10
132	(8.21, 3.65)	4160	有	180	161	(17.76, 2.39)	880	无	120
133	(8.10, 3.27)	1120	无	120	162	(16.92, 2.88)	400	无	70
134	(7.88, 3.68)	240	无	40	163	(16.03, 2.39)	1280	无	120
135	(7.72, 4.14)	80	有	40	164	(15.70, 2.62)		有	20
136	(7.49, 3.78)	1600	无	90	165	(15.13, 2.52)		有	10
137	(7.30, 4.01)	2240	无	120	166	(14.82, 2.52)	1680	无	130
138	(6.86, 4.05)	2200	无	100	167	(13.36, 2.66)	2000	无	120
139	(6.45, 4.05)		有	80	168	(13.05, 2.89)	640	无	100
140	(6.41, 3.22)	80	无	40	169	(10.63, 2.69)	1040	无	70
141	(6.12, 4.05)	400	无	60	170	(3.17, 3.18)		有	20
142	(5.68, 4.10)	1040	无	90	171	(2.68, 2.73)		有	60
143	(5.33, 4.13)	480	无	60	172	(1.72, 3.49)		有	90
144	(4.83, 3.92)		有	20	173	(1.28, 3.15)		有	35
145	(4.21, 3.97)	560	无	80	174	(1.11, 3.66)		有	10

续表8.8

编号	开孔位置（m）	注浆量（ml）	有无锚杆	PS量（ml）	编号	开孔位置（m）	注浆量（ml）	有无锚杆	PS量（ml）
175	（4.15，2.72）	1760	无	120	181	（22.96，2.76）		有	40
176	（6.54，2.29）	2560	无	160	182	（23.35，4.00）		有	20
177	（8.97，3.46）		有	180	183	（3.32，3.28）	2160	无	220
178	（10.14，3.44）		有	80	184	（3.23，2.90）	1760	无	120
179	（13.93，3.48）	1240	无	50	185	（3.70，2.90）		有	30
180	（19.65，2.86）		有	75	合计		182 580		14 115

（4）工程重点与难点及其存在的问题

东大殿西壁门北侧上部约有4m^{2}壁画空鼓十分严重。此处壁画画面线条细腻，是东大殿乃至布达拉宫最重要的壁画之一。为了防止壁画脱落，布达拉宫管理处采取了临时支顶的措施。2003年5月开工之初，经布达拉宫维修工程指挥部的安排，首先选择在东大殿西壁进行施工。经专家现场借助内窥镜等设备进行多次观察分析，在充分讨论的基础上，确定了具体修复方案，把修复工艺的选取作为工作的关键点予以考虑，通过实施后取得了较好的修复加固效果。修复加固工艺为：

1）清除画面灰尘后，用10%团粉将白纱布贴到壁画表面（图8.23），以保证壁画的整体性，防止在操作过程中可能造成的壁画残块掉落，并对颜料层进行保护。

2）在壁画地仗破损处，用内窥镜探察壁画地仗与墙体之间空鼓区域的杂物及内部结构（图8.24），为下一步清理内部杂物、保证壁画复位做准备。

图8.23　以团粉粘贴纱布对空鼓
壁画进行初步保护

图8.24　内窥镜检查空鼓区域状况

3）在画面破损、裂隙或次要部位，用手术刀切开大小适度的方孔，用专用修复工具将空鼓区域的沙、土、破碎地仗残块及碎石等杂物清理干净（图 8.25）。

4）在裂缝或破损处，用针管滴渗 6% ～8% PS 溶液，软化地仗。

5）待地仗干燥具有塑性时，用固定在工作架上的可调丝杆，将包有垫层的壁板置于空鼓壁画处，小心支顶并逐渐推压整形，使凸出的壁画复位平整。

6）待加固的部位完全干燥后，揭去壁画表面的纱布，并清除团粉。

7）视壁画空鼓程度及面积，选择注浆孔（图 8.26）。一般应选在裂缝或颜料脱落处，以保证壁画画面的完整性。注浆孔孔径在 1～1.5cm。用手摇钻在壁画表面开注浆孔，在同一壁面上，孔的分布应呈不规则三角形，一方面可实现顺利灌浆，另一方面保证了壁画与墙体黏结更牢固，以提高壁画整体的稳定性。

8）选用直径合适的透明塑胶管做注浆管，在每个注浆孔内尽量多插入几根注浆管，并呈上下左右分布，灌浆的同时可排出内部的空气，以利于浆液流动并确保均匀分布（图 8.27）。

图 8.25　取出空鼓区域的碎块

图 8.26　选择注浆孔

图 8.27　埋设注浆管

图 8.28　灌浆

9）在灌浆前，先用注射器通过注浆管注入模数 3.80、浓度为 5% 的 PS 溶液，对空鼓内松散的壁画地仗和墙面进行加固。待 PS 完全凝固后，进行灌浆（图 8.28）。用 100ml 注射器吸取配制好的浆液，由下向上依次注浆。通过手敲以及注射浆液时的压力可判断浆液是否填满。灌浆时，还需用壁板支顶壁画（图 8.29）以防止壁画鼓起甚至脱落。壁板要等到浆液完全凝固干燥后，经过认真检查方可移去。

10）为确保空鼓壁画加固效果，结合灌浆，必要时锚固补强（图 8.30、8.31）。在具体操作时，应视壁画空鼓状况而定，一般通过灌浆能够解决的就尽可能少用或不用锚杆，以免影响壁画的完整性。

11）浆液凝固后，先用 2.5% 丙烯酸乳液渗透加固孔沿，然后使用澄板土、白色阿嘎土以质量比 2∶1 配制的泥浆封孔，待半干燥后，压平表面，使其和壁画地仗处于同一平面。

12）用洗耳球清除裂缝及损伤部位表面的尘土和污物后，用注射器将 2.5% 的丙烯酸乳液沿裂缝两侧进行渗透加固，用修复刀将泥填入裂缝（一般需 1～3 次完成），刮

图 8.29　支顶壁板

图 8.30　开设锚孔

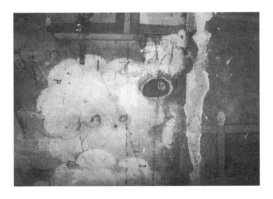

图 8.31　植入锚杆

图 8.32　补色

去多余泥浆后压实。待泥浆稍干后，用修复刀抹平表面。如裂隙较宽且两边的地仗翘起脱离墙体，可用5%的PS滴渗软化，待地仗土有一定塑性时，再在地仗上填充浆液，用壁板支顶推压回贴，清理干净裂缝两边的泥痕。

13）补色一般限于所修补的注浆孔和裂缝（图8.32），对于脱落的壁画则不应进行还原性补色。选用与壁画相同的矿物颜料调配补色，做到"修旧如旧"时亦应有所区别。

14）前已述及，壁画的空鼓与不同材质，如黏土、石、木之间的不同理化性质有很大的关系，因此，在不同材质的结合界面易产生空鼓。另外，由于建筑物本身的荷载及自身的重量直接通过梁、椽等传递到壁画地仗，因而，在处理完成时，对椽眼间的壁画地仗作锯缝处理（图8.33），以阻隔震动的直接传递而导致壁画空鼓，达到保护壁画的目的。

另外，敦煌研究院技术人员在东大殿东壁进行自检时发现，对地仗层与墙体之间的间隙小于2mm的部位及地仗下层已松散的部位，即使经过稀释的PS溶液也不易渗入，常压下无法注入浆液。但在凭借传统的用手敲击时发出"砰砰"的声音，给人的印象是空鼓依然存在。通过认真分析，并经过锚固后的拉拔试验结果，认为采用小木锚杆锚固补强，完全可以达到稳固壁画的目的。

壁画画面污染物清除是东大殿壁画修复工程的重要内容之一。由于壁画表面的涂层

图8.33　椽眼开锯缝

有好的耐水性，因此可先用湿毛巾轻轻擦洗壁画表面，除去黏附在表面的泥土及污染物，并及时用干毛巾擦干壁画表面。对无法擦去的污物用铁质或木质工具轻轻剔除，使画面干净清晰。而烟熏壁画清洗是一大难题。技术人员通过对东大殿东壁的清洗实验，也取得了一定的进展。但对烟熏壁画的清洗，在壁画修复专家中是一个争议较大的问题，因此，经和维修办商量，此项工作没有大面积开展，尚需进一步的深入研究，这也是该殿修复工程中存在的主要问题。

（5）工程验收情况

东大殿病害壁画面积大，病害种类多，成因复杂，修复难度大，工程持续时间长，先后根据修复工程进展进行过4次竣工验收。2003年6月17日，西藏三大重点文物保护维修工程领导小组办公室主任李国勇主持东大殿西壁壁画保护修复工程竣工验收，工程办常务副主任陈锦、副主任甲央及布达拉宫维修工程指挥部指挥长强巴格桑等出席验收会，验收顺利通过。8月11日，工程办常务副主任陈锦主持对北壁壁画修复工程进

行了竣工验收，并顺利通过。2004 年 6 月 5 日，工程办常务副主任陈锦主持对东壁、南壁壁画修复工程进行竣工验收，国家文物局专家组成员黄克忠、陆寿麟、马家郁和陈进良等也参加了验收会，验收组认为工程达到壁画修复方案设计要求和文物保护的目的，同意验收（图 8.34 ~ 8.37）。

图 8.34　负责人向验收组专家汇报
工程的实施情况

图 8.35　负责人向验收组专家
现场介绍修复情况

图 8.36　消防武警安全检察

图 8.37　专家现场验收

需要指出的是在 2003 年 9 月 26 日布达拉宫维修工程指挥部组织的初验中，东大殿东壁和南壁未能通过验收。随后，敦煌研究院根据验收组提出的灌浆不实、存在漏修等问题有针对性地进行了补充和完善。通过敦煌研究院自查，指挥部再次初验通过，于 2004 年 6 月 5 日通过了工程办统一组织的竣工验收。

（6）参加施工人员

东大殿壁画保护修复项目由李最雄研究员、汪万福研究员和付有旭馆员等现场具体负责，先后参加工作的有王旭东、苏伯民、樊再轩、张鲁、段修业、李四存、马赞峰、孙洪才、刘涛、杨韬、赵林毅、于宗仁、柴勃隆、王华国、李璐、乔兆福、孙志军、孙军永、胡晓军、黄伟、唐伟、王旭阳、吴庆昌、吴林平、李青起、唐会杰、陈会忠、单增、阿旺等。

第二节　红宫

红宫是达赖喇嘛的灵塔殿和各类佛殿，共有 8 座存放各世达赖喇嘛法体的灵塔，其中以五世达赖喇嘛灵塔殿为最大。西有寂圆满大殿（措庆努司平措）是五世达赖喇嘛灵塔殿的享堂，也是布达拉宫最大的殿堂，面积 725m²，内壁绘满壁画。五世达赖喇嘛去京觐见清顺治皇帝的壁画是最著名的。殿内达赖喇嘛宝座上方高悬清乾隆皇帝御书"涌莲初地"匾额。法王洞（曲吉竹普）等部分建筑是吐蕃时期遗存的布达拉宫最早的建筑物，内有松赞干布、文成公主、尺尊公主和禄东赞等人的塑像。殊胜三界殿，是红宫最高的殿堂，现供有清乾隆皇帝画像及十三世达赖喇嘛花费万余两白银铸成的一尊十一面观音像。十三世达赖喇嘛灵塔殿是布达拉宫最晚的建筑。此外还有上师殿、普贤追随殿、响铜殿、时轮殿、释迦能仁殿、释迦百行殿、花师殿、菩提道次第殿、持明佛殿、世袭殿（观世音本生殿）等殿堂。

（一）红宫南门正厅

（1）价值评估

红宫南门正厅壁画系清代（约1690年）门堂画派之作。该门厅的北墙正中绘有右手持法幛、左手握吐宝鼠的北方多闻天王和右手握长蛇、左手持宝塔的西方广目天王，门厅东绘有手持琵琶的东方持国天王，门厅西面绘有手持宝剑的南方增长天王像等。

（2）壁画病害现状

壁画存在大面积空鼓、起甲、裂缝等多种病害，并且同一处壁画多种病害并存。

东壁整壁空鼓、起甲。有数条纵向的大裂缝，裂缝两侧空鼓。颜料层脱落严重，已露出白粉层或地仗层。空鼓壁画面积达 12.50m²，起甲壁画为 12.50m²（图 8.38、8.39）。

西壁中上部壁画空鼓严重，壁画颜料层起甲、脱落严重。北侧颜料层脱落尤为严重，有数条纵向大的裂缝，周围空鼓，局部已脱落。空鼓壁画面积 14.43m²，起甲壁画面积 11.83m²（图 8.40、8.41）。北部西壁壁画空鼓严重，有裂缝数条。空鼓壁画面积 11.05m²。

北壁壁画空鼓、起甲严重。中上部空鼓、起甲尤为严重。空鼓壁画面积为 41.01m²；起甲壁画面积为 27.34m²。

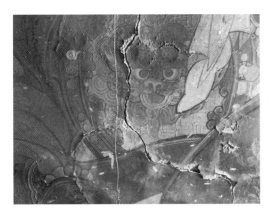

图 8.38　东壁壁画裂缝

图 8.39　东壁起甲壁画

图 8.40　西壁起甲壁画

图 8.41　西壁壁画裂缝

（3）工程完成情况

红宫南门正厅壁画修复工程始于 2005 年 7 月 6 日，2006 年 5 月 13 日结束，历时 618 个工作日。对红宫门厅的空鼓、起甲、污染画面和裂隙等病害，按照布达拉宫壁画保护修复工程设计方案说明中的材料与工艺进行修复加固，共计完成病害壁画修复 139.66m² （合同面积 130.66m²），其中加固空鼓壁画 75.99m²，注浆量 109 640ml，开设注浆孔 86 个，植入小木锚杆 40 根（图 8.42~8.47；表 8.9~8.13）；修复起甲壁画 51.67m²（图 8.48、8.49）；清理壁画表面污物 12.00m²；修补壁画表面裂缝 22.68m（彩版二〇、二一；彩版二二，1、2）。

壁画病害现状与修复情况见图 8.50~8.52。

图 8.42　开注浆孔

图 8.43　埋设注浆管

图 8.44　支顶壁板

图 8.45　注浆

图 8.46　补色

图 8.47　开设好的锚固孔

图 8.48　注射黏合剂

图 8.49　用修复刀压平壁画表面

表 8.9　红宫南门正厅东壁注浆孔、注浆量及锚孔一览表

编号	开孔位置（m）	注浆量（ml）	有无锚杆	PS量（ml）	编号	开孔位置（m）	注浆量（ml）	有无锚杆	PS量（ml）
1	(2.07, 1.18)	320	无	10	17	(0.81, 4.24)	80	无	20
2	(2.53, 1.48)	2080	无	20	18	(0.58, 4.07)	560	无	
3	(1.78, 1.35)	3840	无	10	19	(0.49, 4.36)	80	无	
4	(1.17, 1.23)	4240	无	10	20	(0.90, 4.57)	240	无	
5	(0.00, 1.27)		无		21	(0.28, 3.71)	1200	无	
6	(0.76, 2.02)	2040	无	20	22	(0.92, 3.83)	320	无	
7	(0.35, 2.24)	5520	无	20	23	(1.75, 3.24)	2480	无	
8	(1.17, 2.98)	1280	无	10	24	(0.86, 2.47)	1220	无	
9	(0.84, 3.34)	2400	无	10	25	(1.58, 2.52)	560	无	
10	(1.29, 3.52)	3200	无	10	26	(2.21, 1.99)	720	无	
11	(1.93, 4.03)	720	无	10	27	(1.80, 0.98)	1200	无	
12	(0.94, 1.72)	2960	无		28	(1.78, 2.05)		有	
13	(2.31, 1.15)	1600	有		29	(0.48, 3.30)		有	
14	(2.30, 1.46)	1440	无		30	(1.42, 3.84)		有	
15	(1.92, 4.30)	4400	无	20	31	(1.86, 4.52)		有	
16	(2.06, 4.64)	240	无		32	(0.54, 1.31)		有	
					合计		44 940	170	

表 8.10　红宫南门正厅西部南壁注浆孔、注浆量及锚孔一览表

编号	开孔位置（m）	注浆量（ml）	有无锚杆	PS 量（ml）	编号	开孔位置（m）	注浆量（ml）	有无锚杆	PS 量（ml）
1	(1.46, 4.23)		有		2	(2.71, 4.47)		有	

表 8.11　红宫南门正厅南部西壁注浆孔、注浆量及锚孔一览表

编号	开孔位置（m）	注浆量（ml）	有无锚杆	PS 量（ml）	编号	开孔位置（m）	注浆量（ml）	有无锚杆	PS 量（ml）
1	(0.15, 2.70)	320	无		10	(1.23, 3.81)	1440	无	20
2	(0.06, 3.27)	1120	无	15	11	(0.42, 1.23)	400	有	
3	(0.54, 3.46)	320	无		12	(1.25, 1.17)	480	无	
4	(0.81, 3.76)	1520	有		13	(1.94, 1.67)	480	有	
5	(1.10, 4.19)	2720	无	20	14	(0.97, 2.32)	320	有	
6	(0.75, 4.38)	2400	无	20	15	(1.84, 3.17)	320	有	
7	(1.00, 4.61)	1680	无	20	16	(2.24, 2.60)	160	无	
8	(0.19, 3.68)	720	无		17	(2.35, 4.39)		有	
9	(2.72, 3.62)	320	无		18	(2.43, 0.93)		有	
					合计		14 720		95

表 8.12　红宫南门正厅北部西壁注浆孔、注浆量及锚孔一览表

编号	开孔位置（m）	注浆量（ml）	有无锚杆	PS 量（ml）	编号	开孔位置（m）	注浆量（ml）	有无锚杆	PS 量（ml）
1	(1.76, 0.23)	2000	无	20	9	(0.46, 1.47)	120	无	
2	(1.80, 0.63)	1440	无		10	(0.56, 1.41)		有	
3	(1.93, 0.87)	1040	无		11	(0.64, 2.58)		有	
4	(1.84, 1.26)	1880	无		12	(1.74, 3.23)		有	
5	(2.07, 1.80)	1580	有		13	(1.16, 4.02)		有	
6	(2.14, 2.22)	3520	无		14	(0.53, 4.69)		有	
7	(1.18, 1.48)	1920	有		15	(2.11, 4.86)		有	
8	(0.80, 1.50)	400	无		合计		13 900		20

表8.13　红宫南门正厅北壁注浆孔、注浆量及锚孔一览表

编号	开孔位置（m）	注浆量（ml）	有无锚杆	PS量（ml）	编号	开孔位置（m）	注浆量（ml）	有无锚杆	PS量（ml）
1	(10.52, 0.55)	800	无		27	(6.86, 4.61)	880	无	
2	(10.53, 0.93)	640	无		28	(7.34, 4.54)	1000	无	
3	(5.32, 0.46)	240	无		29	(8.04, 4.31)	5280	无	
4	(5.39, 0.80)	1040	无		30	(8.38, 4.67)	800	无	
5	(5.51, 1.12)	480	无		31	(8.88, 4.72)	3280	无	
6	(4.82, 0.31)	800	无		32	(9.53, 4.62)	2560	无	
7	(5.00, 0.47)	960	无		33	(10.30, 4.31)	1760	有	
8	(4.47, 1.11)	800	无		34	(1.94, 4.61)	320	无	
9	(4.60, 0.67)	1040	无	15	35	(4.84, 2.53)		有	
10	(3.65, 0.53)	320	无		36	(9.41, 3.97)		有	
11	(3.62, 0.96)	240	无		37	(7.84, 4.50)		有	
12	(10.27, 1.73)	100	无		38	(12.53, 1.81)		有	
13	(9.82, 1.64)	770	有		39	(13.59, 3.16)		无	
14	(9.64, 1.80)	80	无		40	(11.74, 3.87)		有	
15	(9.32, 1.65)	80	无		41	(13.29, 4.72)		无	
16	(9.97, 2.73)	400	无		42	(7.24, 2.24)		无	
17	(9.65, 2.72)	960	无		43	(0.94, 3.03)		有	
18	(9.49, 3.00)	420	无		44	(5.01, 3.84)		有	
19	(9.27, 2.74)	30	无		45	(3.14, 3.51)		有	
20	(9.17, 3.30)	320	无		46	(5.61, 3.05)		有	
21	(5.43, 1.29)	2240	无		47	(9.27, 2.89)		有	
22	(5.11, 1.86)	1860	无		48	(10.45, 4.79)		有	
23	(4.81, 2.16)	480	无		49	(9.58, 4.15)		有	
24	(4.47, 2.26)	1200	无		50	(9.02, 4.68)		有	
25	(4.04, 2.15)	2800	无		51	(8.07, 4.64)		有	
26	(3.53, 1.41)	1100	无		52	(7.05, 4.34)		有	
					合计		36 080		15

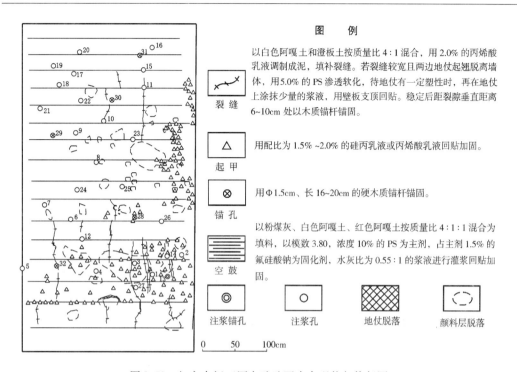

图例

以白色阿嘎土和澄板土按质量比 4:1 混合，用 2.0% 的丙烯酸乳液调制成泥，填补裂缝。若裂缝较宽且两边地仗起翘脱离墙体，用 5.0% 的 PS 渗透软化，待地仗有一定塑性时，再在地仗上涂抹少量的浆液，用壁板支顶回贴。稳定后距裂隙垂直距离 6~10cm 处以木质锚杆锚固。

裂缝

用配比为 1.5%~2.0% 的硅丙乳液或丙烯酸乳液回贴加固。

起甲

用 Φ1.5cm、长 16~20cm 的硬木质锚杆锚固。

锚孔

以粉煤灰、白色阿嘎土、红色阿嘎土按质量比 4:1:1 混合为填料，以模数 3.80，浓度 10% 的 PS 为主剂，占主剂 1.5% 的氟硅酸钠为固化剂，水灰比为 0.55:1 的浆液进行灌浆回贴加固。

注浆锚孔   注浆孔   地仗脱落   颜料层脱落

图 8.50 红宫南门正厅东壁壁画病害现状与修复图

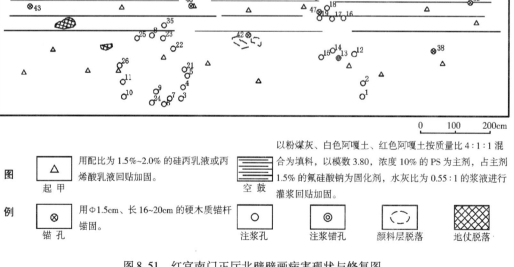

图例

起甲 用配比为 1.5%~2.0% 的硅丙乳液或丙烯酸乳液回贴加固。

锚孔 用 Φ1.5cm、长 16~20cm 的硬木质锚杆锚固。

空鼓 以粉煤灰、白色阿嘎土、红色阿嘎土按质量比 4:1:1 混合为填料，以模数 3.80，浓度 10% 的 PS 为主剂，占主剂 1.5% 的氟硅酸钠为固化剂，水灰比为 0.55:1 的浆液进行灌浆回贴加固。

注浆孔   注浆锚孔   颜料层脱落   地仗脱落

图 8.51 红宫南门正厅北壁壁画病害现状与修复图

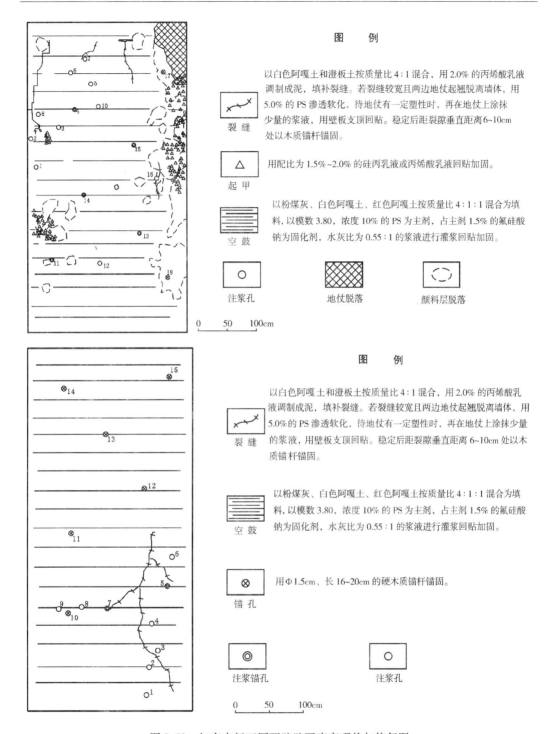

图 8.52　红宫南门正厅西壁壁画病害现状与修复图

上：南部　下：北部

（4）工程重点、难点及存在的问题

对红宫门厅东壁和西壁起甲壁画的修复是 2005 年 9 月完成的，次年 5 月开工后发现原修复后的起甲又有部分起翘现象。由于壁画颜料层较厚，起甲呈小片状，并且将表层的地仗带起，起甲层厚且硬度较大，修复过程中使用了 3% 的聚丙烯酸乳液。门厅相对殿堂通风好，温湿度与外界交换频繁，9 月份以后，室内温度相对较低，达不到黏结剂的黏接强度，又重新起翘。次年对此处的重新起甲的壁画做了处理，处理过程中对乳液采用水浴加热，水浴的温度控制在 40℃ 左右，回压的同时用电吹风加热提高墙体表面的温度。由于起甲层较厚，回压时采用小锤子轻轻敲击修复刀增加回压力度，使起甲层与地仗层充分结合。采用以上措施后，回压后的起甲层没有出现修复后的起翘现象。

（5）工程验收情况

2006 年 7 月 27 日，在敦煌研究院自检、布达拉宫维修工程指挥部初验合格的基础上，西藏三大重点文物保护维修工程领导小组办公室组织工程办、布达拉宫维修工程指挥部、中咨监理公司西藏三大文物工程监理办公室等单位的相关专家进行了竣工验收，敦煌研究院和苏州香山－拉萨古建联营体的部分代表也参加了验收会。验收组认为，壁画加固修复工程方法科学、工艺精湛、效果良好，符合"不改变文物原状"的原则，达到了《全国重点文物保护单位西藏布达拉宫壁画保护修复工程设计方案》以及《前期研究报告》的预期目标和要求，可以通过验收。

（6）参加施工的人员

红宫南门正厅壁画保护修复单项工程由汪万福研究员、樊再轩副研究员现场负责，刘涛、杨韬、付有旭、李四存、杨涛、傅鹏、崔强、王旭阳、乔海、杨金建、王辉、张吉红、王业宏、陈世维、华亮、孙军永、乔兆广、李志强、唐伟、杨金礼、胡晓军、李新锁、秦禄山、吕长伟等先后参加。

（二）圣观音殿室外

（1）价值评估

圣观音殿建于 7 世纪吐蕃第三十三代藏王松赞干布时期，距今有 1300 多年的历史。门口右侧壁画绘制于清代中期，主要内容为七世达赖喇嘛格桑嘉措的画像及举行坐床典礼时邻国使者和官员敬献礼品等场景。

（2）壁画病害现状

圣观音殿室外北壁西侧壁画上部烟熏，有裂缝数条，中上部空鼓壁画长 2.52m、高 2.92m，面积 7.33m²。在距地面 1.75m 处的壁画空鼓严重，局部已脱落（图 8.53）。

图 8.53　北壁西侧空鼓错位壁画，局部脱落

壁画病害现状与修复情况见图 8.54。

（3）工程完成情况

圣观音殿室外壁画修复工程始于 2006 年 8 月 13 日，至 2007 年 6 月 26 日结束，历时 120 工作日。对圣观音殿室外壁画的空鼓、起甲、裂隙，按照布达拉宫壁画保护修复工程设计方案说明中的材料与工艺进行修复加固，共计完成壁画病害修复 9.17m² （合同面积 9.09m²），其中加固空鼓壁画 8.63m²，注浆量 7355ml，开设注浆孔 24 个（表 8.14）；修复起甲及脱落壁画 0.54m²（彩版二二，3~6；彩版二三、二四）。

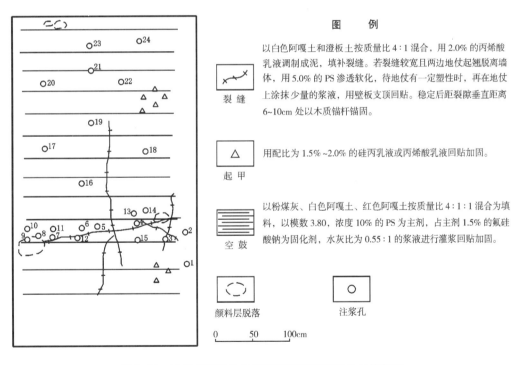

图　例

裂缝：以白色阿嘎土和澄板土按质量比 4:1 混合，用 2.0% 的丙烯酸乳液调制成泥，填补裂缝。若裂缝较宽且两边地仗起翘脱离墙体，用 5.0% 的 PS 渗透软化，待地仗有一定塑性时，再在地仗上涂抹少量的浆液，用壁板支顶回贴。稳定后距裂隙垂直距离 6~10cm 处以木质锚杆锚固。

起甲：用配比为 1.5% ~2.0% 的硅丙乳液或丙烯酸乳液回贴加固。

空鼓：以粉煤灰、白色阿嘎土、红色阿嘎土按质量比 4:1:1 混合为填料，以模数 3.80，浓度 10% 的 PS 为主剂，占主剂 1.5% 的氟硅酸钠为固化剂，水灰比为 0.55:1 的浆液进行灌浆回贴加固。

颜料层脱落　　　注浆孔

0　　50　　100cm

图 8.54　圣观音殿室外北壁西侧壁画病害现状与修复图

（4）工程的重点、难点及存在的问题

在对圣观音殿室外壁画的保护维修中，中部一块壁画，由于墙体内中部有一横向木梁，在震动等作用下地仗与木梁脱离形成了壁画空鼓。由于 PS 系列灌浆材料与木材不

表 8.14　圣观世音殿室外北壁注浆孔、注浆量及锚孔一览表

编号	开孔位置（m）	注浆量（ml）	有无锚杆	PS量（ml）	编号	开孔位置（m）	注浆量（ml）	有无锚杆	PS量（ml）
1	（2.37，1.08）	320（泥浆）	无		13	（1.65，1.75）	480（泥浆）	无	
2	（2.35，1.50）	480（泥浆）	无		14	（1.81，1.79）	560（泥浆）	无	
3	（2.08，1.41）	480（泥浆）	无		15	（1.70，1.40）	220（泥浆）	无	
4	（1.69，1.62）	520（泥浆）	无		16	（0.94，2.15）	60（泥浆）	无	
5	（1.15，1.58）	320（泥浆）	无		17	（0.44，2.61）	80（泥浆）	无	
6	（0.94，1.56）	440（泥浆）	无		18	（1.81，2.57）	80（泥浆）	无	
7	（0.54，1.44）	560（泥浆）	无		19	（1.07，2.95）	55（泥浆）	无	
8	（0.35，1.46）	1000（泥浆）	无		20	（0.42，3.47）	60（泥浆）	无	
9	（0.20，1.41）	320（泥浆）	无		21	（1.07，3.64）	70（泥浆）	无	
10	（0.20，1.52）	480（泥浆）	无		22	（1.48，3.49）	50（泥浆）	无	
11	（0.55，1.55）	300（泥浆）	无		23	（1.05，3.97）	60（泥浆）	无	
12	（0.88，1.43）	280（泥浆）	无		24	（1.73，4.03）	80（泥浆）	无	
					合计		7355		

能很好地黏接，修复加固效果不佳。因此，采用以聚醋酸乙烯乳液为主作为黏结材料，并配合泥浆，用16#针头的注射器注射回贴加固，既保证了壁画与木头很好的黏接，同时对壁画的伤害也减到最小。还有一类比较特殊的起甲壁画，在最初产生起甲病害后，没有进行必要的加固处理，而是在表面涂刷了一层表面涂层，后又重新起甲，表层局部脱落（图8.55）。对这种起甲壁画，我们采用丙烯酸乳液渗透加固，或先用酒精软化渗透，再注射3%丙烯酸乳液回贴加固，取得较好的修复效果。

图8.55 圣观音殿室外北壁的起甲脱落壁画

圣观音殿与七世灵塔殿、八世灵塔殿相邻，是主要开放的殿堂，也是游客过多集中的区域，施工过程中的安全特别重要。因此，在施工过程中，施工区和参观区隔离，现场配备了灭火器、安全网等防护措施和消防安全设施，确保了壁画和游客的安全。

圣观音殿室外顶部直接与外界相连，下雨时雨水可直接落到室外的地面，因此温度变化大，雨天湿度较大，且通风良好，壁画的保存环境较差。

（5）工程验收情况

2007年6月25日通过验收。验收情况同红宫南门正厅。

（6）参加施工的人员

圣观音殿室外壁画保护修复工程现场由付有旭馆员具体负责，先后参加的人员有王华国、王辉、杨金礼、周河、赵新荣等。

（三）二回廊

（1）价值评估

二回廊西壁南侧壁画绘制于清代中期，中部内容为第司·桑杰嘉措和蒙古固始汗画像及会晤场景。南部主要绘有五世达赖喇嘛在仁青岗给大师扎西嘉措和崇·壤巴群授《白琉璃》的疑问解答。另绘有大昭寺供奉的释迦牟尼佛，还有释迦牟尼佛对蛰蚌寺密宗殿里的大威德金刚等数尊佛进行供品施食及对民众布施的场景，以及在色拉寺给两万一千一百八十名僧人进行佛学及格言传授等场景。

（2）壁画病害现状

二回廊西壁南侧门两侧壁画空鼓严重，门南侧空鼓最宽处已离开墙体3cm，空鼓壁

画长 1.32m、高 1.5m，面积为 1.98m² （图 8.56）。门北侧空鼓壁画长 1.91m、高
1.3m，面积为 2.48m² （图 8.57）。壁画表面有涂层保护，画面清晰，门两侧空鼓壁画
用木栏杆支护，石膏临时加固。

（3）工程完成情况

图 8.56　西壁南侧门南侧壁画空鼓开裂　　　　图 8.57　西壁南侧门北侧壁画空鼓开裂

二回廊壁画修复工程始于 2003 年 7 月 21 日，8 月 1 日结束，历时 180 个工作日。
对二回廊壁画的空鼓、裂隙，按照布达拉宫壁画保护修复工程设计方案说明中的材料
与工艺进行修复加固，共修复病害壁画总面积为 6.14m² （合同面积 4.46m²） （图
8.58）。

（4）工程的重点

工程实施中主要对西壁南侧门两侧的空鼓严重壁画做了加固处理（图 8.59、
8.60）。配合苏州古建队对北壁木椽进行更换的同时，我们对椽与椽之间的壁画，能保
留的尽量原地保留，部分采取了揭取回贴措施。

φ（5）工程验收情况

2003 年 8 月 6 日通过验收。验收情况同红宫南门正厅。

需要特别说明的是，2007 年 6 月，在对整个壁画保护修复工程检查过程中发现西
壁门南侧一块壁画又出现了空鼓现象，部分壁画地仗与所依托的墙体分离。分析原因，
在维修门上的木结构建筑时由于震动过大，造成了壁画与墙体的分离。敦煌研究员副院

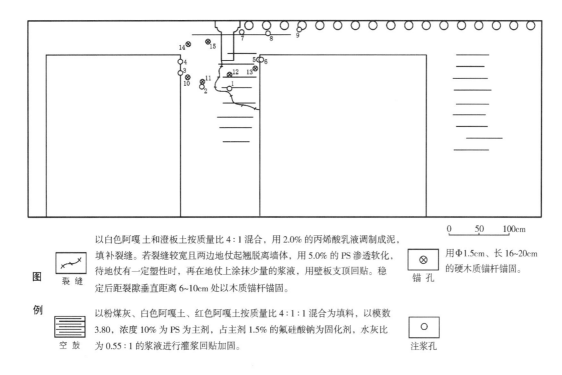

图例

裂缝　以白色阿嘎土和澄板土按质量比 4:1 混合，用 2.0% 的丙烯酸乳液调制成泥，填补裂缝。若裂缝较宽且两边地仗起翘脱离墙体，用 5.0% 的 PS 渗透软化，待地仗有一定塑性时，再在地仗上涂抹少量的浆液，用壁板支顶回贴。稳定后距裂隙垂直距离 6~10cm 处以木质锚杆锚固。

空鼓　以粉煤灰、白色阿嘎土、红色阿嘎土按质量比 4:1:1 混合为填料，以模数 3.80，浓度 10% 为 PS 为主剂，占主剂 1.5% 的氟硅酸钠为固化剂，水灰比为 0.55:1 的浆液进行灌浆回贴加固。

0　　50　　100cm

⊗ 锚孔　用 Φ1.5cm、长 16~20cm 的硬木质锚杆锚固。

○ 注浆孔

图 8.58　二回廊西壁南侧壁画病害现状与修复图

长李最雄研究员、项目负责汪万福研究员、布达拉宫管理处处长强巴格桑等经过现场的查看和讨论后确定了修复方案。采取掏去墙体与地仗间的碎土和杂物，局部实施了灌浆回贴、锚固措施，修复工作于 7 月 28 日完工。

图 8.59　埋设注浆管支顶壁板

图 8.60　空鼓壁画灌浆

（6）参加施工的人员

二回廊壁画保护修复工程由汪万福研究员、付有旭馆员现场负责，先后参加人员有王旭东、苏伯民、段修业、刘涛、王华国、王旭阳、王长太、唐会杰、柴勃隆、多吉、郎杰、白杨、孙志军、乔兆福、吴鹳琴、孙军永等。

（四）坛城殿

（1）价值评估

1789 年，由七世达赖喇嘛格桑嘉措晚年时亲自设计，并召集能工巧匠精心制作了三座藏传佛教密宗坛城。北侧壁画绘制于清代中期，内容为七世达赖喇嘛格桑嘉措在四世班禅罗桑确吉坚赞前削发入僧的场面，四世达赖喇嘛的本生传记及克珠杰在山南葛丹山宫殿里长期进行显、密宗传授情况等。

（2）壁画病害现状

北壁西侧上部由于漏雨，壁画表面渗出白色污染物，且表面酥碱、空鼓。空鼓壁画长 5.05m、高 1.6m，面积为 8.1m^2。下部壁画起甲、脱落，面积为 3.08m^2。中上部空鼓严重，有脱落危险。西侧边缘有一横向裂缝，裂缝周边空鼓。

（3）工程完成情况

坛城殿壁画修复工程始于 2003 年 7 月 21 日，8 月 1 日结束，历时 50 个工作日。对坛城殿壁画的空鼓、起甲、裂隙，我们按照布达拉宫壁画保护修复工程设计方案说明中的材料与工艺进行修复加固，共计完成坛城殿病害壁画总面积 16.20m^2（合同面积 11.18m^2），完成空鼓壁画修复加固 8.10m^2，钻注浆孔 5 个；起甲壁画修复 8.10m^2；对空鼓缝隙很小不宜灌浆的部位进行渗透加固；上沿开锯缝 12.35m。

壁画病害现状与修复情况见图 8.61。

（4）工程的重点和难点

坛城殿北壁最难处理的病害壁画是西侧中部的一块空鼓壁画，面积约 0.4m^2，壁画地仗已经破碎，而且严重错位，有脱落的危险。对这块壁画的处理采取了软化—整形—回贴的修复工艺。首先在破碎壁画表面粘贴镜头纸临时加固，除去地仗背面的碎土，然后注射 3% 丙烯酸乳液软化地仗层，支顶灌浆后，再次整形，使突起的部位归位，完成了病害壁画的修复加固（图 8.62～8.64；彩版二九）。

（5）工程验收情况

2003 年 8 月 6 日通过验收。验收情况同红宫南门正厅。

（6）参加施工的人员

坛城殿壁画保护修复工程由汪万福研究员具体现场负责，参加人员有付有旭、乔海、陈会杰、柴勃隆、丹增等。

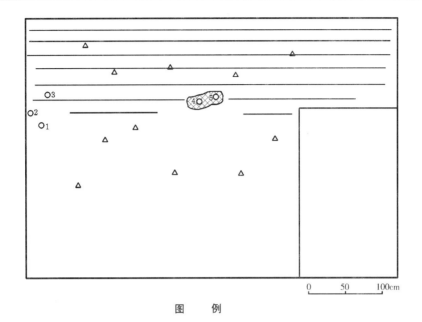

图　　例

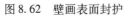

用配比为 1.5%~2.0% 的硅丙乳液或丙烯酸乳液回贴加固。

起甲

注浆孔

以粉煤灰、白色阿嘎土、红色阿嘎土按质量比 4:1:1 混合为填料，以模数 3.80，浓度 10% 的 PS 为主剂，占主剂 1.5% 的氟硅酸钠为固化剂，水灰比为 0.55:1 的浆液进行灌浆回贴加固。

空　鼓

地仗脱落

图 8.61　坛城殿北壁壁画病害现状与修复图

图 8.62　壁画表面封护

图 8.63　埋设注浆管

（五）五世灵塔殿

（1）价值评估

五世达赖喇嘛灵塔殿，建于 1690 ~ 1693 年，位于红宫西大殿西侧。壁画系清代门堂画派（约 1853 年）之作。除了东北侧墙壁上绘有十二世达赖喇嘛成烈嘉措本人及随从彩绘画像外，其余四壁为百尊素绘的无量寿佛像。画面整洁，线条流畅，具有较高的历史、科学价值。

图 8.64　灌浆回贴

（2）壁画病害现状

东壁整壁壁画空鼓，颜料层和地仗层严重开裂。壁面中部裂隙较为密集，并伴有颜料层或地仗层脱落（图 8.65）；北侧门旁有一裂隙自下而上，长达 7m。较为严重的空鼓主要分布在门窗或大的裂隙附近（图 8.66）。病害壁画面积为 100m²。

（3）工程完成情况

五世灵塔殿壁画修复工程始于 2005 年 6 月 18 日，8 月 7 日结束，历时 680 个工作日。对五世灵塔殿壁画的空鼓、起甲、裂隙等病害，按照布达拉宫壁画保护修复工程设计方案说明中的材料与工艺进行修复加固，共计完成病害壁画修复 196m²（合同面积 100m²）。其中修复空鼓壁画 196m²，钻注浆孔 340 个，注浆量 529 980ml，植入小木锚杆 94 根（图 8.67 ~ 8.71；表 8.15）；椽子下沿开锯缝 48m（图 8.72；彩版二五）。

壁画病害现状与修复情况见图 8.73。

图 8.65　东壁北侧上部壁画开裂脱落

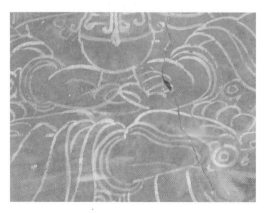

图 8.66　东壁中部壁画空鼓开裂

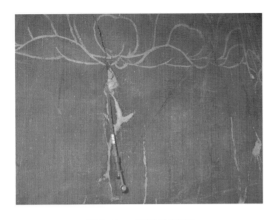

图 8.67　埋设注浆管

图 8.68　支顶壁板

图 8.69　灌浆

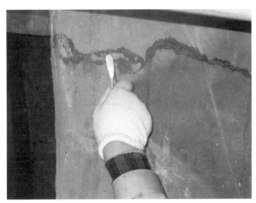

图 8.70　修补裂缝

图 8.71　补色

图 8.72　椽头锯缝

表 8.15　五世灵塔殿东壁注浆孔、注浆量及锚孔一览表

编号	开孔位置（m）	注浆量（ml）	有无锚杆	PS量（ml）	编号	开孔位置（m）	注浆量（ml）	有无锚杆	PS量（ml）
1	(32.64, 0.93)	3360	无	140	28	(33.26, 2.70)		有	
2	(32.09, 0.47)		有		29	(32.20, 3.25)		有	
3	(33.06, 0.55)		有		30	(34.94, 5.41)		有	
4	(33.88, 1.02)		有		31	(34.43, 5.85)		有	
5	(34.49, 0.62)		有		32	(34.37, 5.50)	1520	无	20
6	(34.34, 1.95)	2080	有	60	33	(33.63, 5.06)		有	
7	(33.41, 1.90)		有		34	(32.12, 5.88)	10 160	无	80
8	(32.60, 2.28)	400	有	20	35	(28.37, 5.28)		有	
9	(33.91, 3.12)		有		36	(27.98, 5.84)	5040	无	80
10	(32.56, 3.00)		有		37	(28.90, 5.64)	1400	无	140
11	(33.84, 2.52)		有		38	(28.90, 6.43)	2720	无	20
12	(34.93, 3.98)	4240	无	40	39	(24.31, 5.03)		有	
13	(34.54, 3.62)		有		40	(38.32, 6.59)		有	
14	(33.87, 4.40)		有		41	(37.91, 7.54)	3900	有	20
15	(32.98, 3.68)		有		42	(37.14, 7.19)		有	
16	(32.48, 4.23)	3040	无	120	43	(36.01, 6.82)		有	
17	(31.70, 4.43)		有		44	(34.74, 6.77)	500	无	20
18	(31.46, 3.60)		有		45	(33.77, 7.35)		有	
19	(30.11, 3.60)		有		46	(33.81, 6.28)		有	
20	(28.57, 2.48)	2360	无	80	47	(32.41, 7.33)		有	
21	(27.57, 3.25)		有		48	(31.22, 6.77)	2300	无	20
22	(27.42, 3.85)	2000	有	40	49	(28.19, 7.32)	3920	无	80
23	(26.55, 2.29)		有		50	(24.77, 6.35)	4800	无	20
24	(25.81, 2.99)		有		51	(28.44, 6.70)	4000	无	60
25	(24.62, 2.67)		有		52	(28.33, 7.60)	4120	无	20
26	(24.24, 3.88)	2720	无	80	53	(27.72, 7.20)	2000	无	40
27	(34.21, 3.42)		有		54	(24.01, 7.30)	4460	无	20

编号	开孔位置（m）	注浆量（ml）	有无锚杆	PS量（ml）	编号	开孔位置（m）	注浆量（ml）	有无锚杆	PS量（ml）
55	(38.20, 9.15)		有		82	(10.85, 3.68)		有	
56	(37.13, 8.27)		有		83	(11.19, 3.60)		无	
57	(37.04, 9.46)		有		84	(9.60, 3.20)		有	
58	(36.01, 8.79)		有		85	(8.70, 3.50)		有	
59	(35.91, 9.37)		有		86	(7.70, 3.70)		无	
60	(34.91, 8.59)		有		87	(13.87, 3.58)		无	
61	(35.11, 9.67)		有		88	(16.67, 4.01)		无	
62	(33.71, 8.10)		有		89	(16.62, 3.62)		无	
63	(34.11, 9.23)		有		90	(16.63, 3.15)		无	
64	(32.67, 8.96)		有		91	(16.03, 3.07)		无	
65	(31.61, 8.15)		有		92	(11.72, 4.17)	3760	无	60
66	(31.55, 9.60)		有		93	(11.94, 4.24)	800	无	40
67	(28.37, 8.10)	7520	无	40	94	(12.35, 4.34)	1200	无	40
68	(28.37, 8.90)	4960	有	20	95	(11.84, 4.68)	3360	无	60
69	(24.13, 8.20)	1280	无	40	96	(11.81, 5.13)	1040	无	40
70	(24.21, 9.80)	3200	无	40	97	(11.81, 5.35)	2720	无	60
71	(28.48, 9.55)	6480	有	80	98	(12.45, 4.87)		无	
72	(24.11, 8.75)		有		99	(12.79, 4.95)	1520	无	80
73	(21.40, 3.72)		有		100	(12.84, 5.23)	1560	无	80
74	(20.30, 3.70)		有		101	(11.55, 5.61)	880	有	40
75	(17.80, 3.72)		有		102	(14.28, 5.80)	2400	无	40
76	(16.50, 3.73)		有		103	(13.11, 5.35)	1760	有	40
77	(14.30, 4.10)		无		104	(14.28, 5.04)	3280	有	40
78	(12.30, 2.94)		有		105	(14.84, 5.29)	3200	无	60
79	(12.50, 3.80)	8560	无	40	106	(12.31, 5.47)	3200	无	60
80	(12.00, 3.80)	9200	无	40	107	(10.99, 4.87)	1440	有	40
81	(9.13, 3.20)		无		108	(14.56, 4.73)	3120	无	60

续表 8.15

编号	开孔位置（m）	注浆量（ml）	有无锚杆	PS 量（ml）	编号	开孔位置（m）	注浆量（ml）	有无锚杆	PS 量（ml）
109	(11.58, 7.72)	2480	无	20	136	(15.85, 4.77)	1040	无	20
110	(12.12, 6.07)		无		137	(16.48, 4.96)	800	无	20
111	(12.20, 6.79)		无		138	(11.52, 5.33)	480	无	10
112	(12.43, 6.42)	3120	无	40	139	(11.51, 5.77)	1280	无	30
113	(12.79, 6.20)	6880	无	40	140	(15.00, 4.49)	4640	无	80
114	(12.89, 6.87)	2800	有	30	141	(13.63, 5.04)	80	无	10
115	(13.20, 6.43)	5080	无	40	142	(13.80, 4.96)	160	无	10
116	(13.42, 6.55)	2720	无	20	143	(13.38, 4.25)	2000	无	20
117	(13.56, 6.55)	2400	无	20	144	(12.30, 5.84)		无	
118	(14.91, 6.43)	3380	无	40	145	(11.42, 4.67)	80	无	10
119	(15.86, 8.06)	5040	无	20	146	(11.88, 5.76)	880	无	10
120	(16.21, 6.83)	1120	无	40	147	(12.11, 5.59)	240	无	20
121	(16.11, 6.16)	3100	无	40	148	(12.46, 5.00)	400	无	20
122	(16.24, 8.06)	2400	无	20	149	(14.28, 4.77)	640	无	20
123	(15.42, 7.53)	1040	有	20	150	(14.57, 4.68)	640	无	20
124	(14.40, 7.33)	4160	无	40	151	(11.38, 1.94)		无	
125	(14.00, 7.62)	4320	有	50	152	(11.97, 1.03)		无	
126	(14.03, 7.98)	640	无	10	153	(12.16, 1.32)		无	
127	(13.68, 7.99)	2240	无	10	154	(12.66, 1.31)		无	
128	(13.19, 7.90)	1520	无	10	155	(12.39, 1.39)		无	
129	(14.35, 6.90)	8160	无	40	156	(12.71, 0.61)		无	
130	(11.05, 7.58)	1340	无	10	157	(11.39, 1.32)		无	
131	(15.19, 5.25)		有		158	(12.00, 1.86)		无	
132	(15.09, 4.99)	320	无	20	159	(11.49, 1.15)		有	
133	(15.21, 4.68)	1280	无	40	160	(11.54, 1.70)		无	
134	(15.78, 5.24)	160	无	10	161	(11.66, 6.44)	5840	无	40
135	(15.48, 5.09)	2560	无	60	162	(15.38, 6.39)	1120	无	20

编号	开孔位置（m）	注浆量（ml）	有无锚杆	PS量（ml）	编号	开孔位置（m）	注浆量（ml）	有无锚杆	PS量（ml）
163	(16.36, 6.59)	1840	无	20	190	(22.85, 0.46)	4160	无	80
164	(16.01, 7.48)	3520	无	40	191	(15.59, 7.20)	3440	无	40
165	(12.02, 8.01)	1280	无	20	192	(14.87, 6.81)	2720	无	20
166	(14.95, 8.06)	880	无	40	193	(11.09, 6.89)	4000	无	40
167	(15.51, 8.06)	1280	无	20	194	(14.39, 7.85)	2080	无	20
168	(15.81, 6.13)	3360	无	40	195	(15.81, 7.58)	1840	无	10
169	(10.79, 6.20)	400	无	40	196	(11.75, 7.66)	1440	有	10
170	(8.57, 6.57)	2560	无	40	197	(12.17, 7.66)	160	无	10
171	(14.53, 4.33)	160	无	10	198	(12.67, 7.98)		有	
172	(14.30, 6.03)		无		199	(13.29, 7.04)	2640	无	20
173	(23.70, 0.91)	720	无	10	200	(12.48, 8.27)	2160	无	50
174	(23.99, 0.64)	1600	有	20	201	(11.68, 7.30)		无	
175	(24.08, 0.69)	480	无	10	202	(7.74, 8.16)	2240	无	20
176	(24.62, 0.86)	400	无	10	203	(7.89, 8.71)	4480	无	40
177	(24.64, 0.57)	3120	有	30	204	(6.85, 8.38)	2400	无	20
178	(25.06, 0.84)	800	无	20	205	(6.83, 8.76)	5040	无	60
179	(25.12, 0.38)	1360	无	60	206	(7.05, 9.30)	7360	无	80
180	(25.71, 0.35)	640	无	20	207	(7.74, 9.19)	640	无	10
181	(13.48, 1.24)		无		208	(6.06, 8.92)	4880	无	40
182	(13.83, 1.31)		无		209	(6.04, 9.63)	7840	无	40
183	(11.16, 1.95)		无		210	(5.35, 8.72)	3440	无	20
184	(15.97, 2.11)		无		211	(24.62, 1.06)	2000	无	30
185	(25.53, 1.00)	960	无	30	212	(28.02, 1.82)	160	无	10
186	(23.26, 0.99)	1920	无	40	213	(25.74, 0.93)	480	无	20
187	(23.22, 0.74)		无		214	(27.56, 0.59)	1280	有	60
188	(25.52, 0.72)	480	无	20	215	(28.01, 1.55)	160	无	10
189	(26.68, 0.83)	2560	无	60	216	(27.62, 0.90)	160	无	10

编号	开孔位置（m）	注浆量（ml）	有无锚杆	PS 量（ml）	编号	开孔位置（m）	注浆量（ml）	有无锚杆	PS 量（ml）
217	(27.61，1.45)	80	无	10	244	(14.68，9.60)	1440	无	20
218	(26.65，0.45)		有		245	(15.10，9.26)	880	无	20
219	(26.57，1.12)		无		246	(14.64，8.51)	720	无	20
220	(25.83，0.63)		无		247	(15.30，8.43)	1440	无	20
221	(13.84，1.62)		无		248	(13.54，9.78)	240	无	10
222	(13.89，1.15)		有		249	(13.19，9.90)	2400	无	30
223	(12.91，1.27)		有		250	(12.54，9.72)	1120	无	25
224	(15.31，2.10)		无		251	(12.33，9.39)	1520	无	30
225	(14.52，2.16)		无		252	(11.74，9.43)	720	无	60
226	(28.77，9.96)		无		253	(11.36，9.77)	5360	无	100
227	(28.51，9.36)		无		254	(12.09，9.81)	4320	无	60
228	(25.43，0.94)		有		255	(13.90，9.78)	240	无	10
229	(24.28，1.64)		有		256	(13.99，9.19)	2240	无	25
230	(26.18，1.76)		有		257	(14.13，8.45)	960	无	20
231	(11.07，8.88)	80	有	10	258	(15.89，8.55)	2960	无	50
232	(11.24，9.27)	2400	无	40	259	(15.96，9.38)	2080	无	40
233	(11.53，8.95)	2640	无	70	260	(15.93，9.68)	2080	无	40
234	(11.97，8.50)	1040	无	40	261	(7.67，8.45)	2320	无	10
235	(12.33，8.57)	2320	无	60	262	(7.55，8.52)	2240	无	20
236	(12.03，9.03)	2400	无	40	263	(7.29，9.81)	6560	无	40
237	(12.48，9.00)	1840	无	60	264	(5.24，9.40)		无	
238	(12.98，9.55)		无		265	(4.95，9.81)	2000	无	40
239	(13.40，9.39)	800	无	20	266	(7.06，8.25)	560	无	10
240	(13.46，9.04)	880	无	20	267	(4.60，9.87)	1440	无	20
241	(13.21，8.83)	4480	无	60	268	(8.12，9.57)	160	无	10
242	(13.47，8.61)	1680	无	30	269	(3.77，9.96)	3360	无	20
243	(14.41，9.32)	1680	无	30	270	(3.27，9.99)	9600	无	20

编号	开孔位置（m）	注浆量（ml）	有无锚杆	PS量（ml）	编号	开孔位置（m）	注浆量（ml）	有无锚杆	PS量（ml）
271	(12.98, 9.13)	2080	无	30	299	(29.06, 9.65)	2400	无	20
272	(14.42, 9.70)	720	无	10	300	(30.84, 9.50)		无	
273	(16.56, 8.86)	960	无	20	301	(2.52, 9.82)	12 160	无	50
274	(16.47, 9.53)	1280	有	20	302	(1.74, 9.85)	1040	无	20
275	(16.47, 9.98)	3920	无	30	303	(1.05, 9.87)	1040	无	10
276	(11.40, 8.65)	2240	无	20	304	(6.32, 8.24)	2160	无	20
277	(15.74, 8.82)	3840	无	40	305	(8.63, 10.02)	640	无	20
278	(13.65, 9.46)	240	无	10	306	(6.97, 8.68)	4160	无	20
279	(10.93, 9.85)	5600	无	30	307	(6.98, 8.97)	1920	无	30
280	(15.72, 8.98)	1920	无	20	308	(3.00, 9.08)	5280	无	40
281	(12.30, 8.92)	560	有	20	309	(7.96, 9.91)	640	无	10
282	(23.97, 8.88)		无		310	(7.99, 9.19)	160	无	10
283	(23.28, 8.51)	720	无	20	311	(28.69, 9.87)	3840	无	30
284	(23.36, 8.98)	1200	无	20	312	(24.92, 9.52)	400	无	10
285	(23.06, 9.25)	640	无	10	313	(28.93, 9.80)	480	无	10
286	(23.24, 9.46)	2400	无	30	314	(24.35, 9.58)	320	无	10
287	(22.40, 9.62)	1280	无	10	315	(24.83, 9.69)		无	
288	(22.29, 9.73)	1440	无	15	316	(10.75, 9.66)	640	无	10
289	(23.05, 9.62)		无		317	(10.75, 9.53)	240	无	10
290	(23.07, 9.84)	480	无	10	318	(14.81, 8.80)	2400	无	20
291	(20.38, 10.53)	960	无	20	319	(16.33, 7.91)	3120	无	20
292	(20.47, 10.54)	720	无	10	320	(16.40, 7.68)	2800	无	20
293	(24.07, 9.07)	2800	无	30	321	(4.66, 9.39)	3040	无	20
294	(23.86, 9.42)	2080	无	30	322	(3.54, 10.02)	560	无	10
295	(24.44, 9.91)	640	无	10	323	(3.09, 8.83)	800	无	10
296	(28.39, 9.16)	1680	无	40	324	(4.70, 9.54)	2560	无	10
297	(28.13, 9.68)	720	无	30	325	(1.68, 10.02)	480	无	10
298	(29.46, 9.25)	4000	无	20	326	(1.25, 9.81)	1200	无	10

编号	开孔位置（m）	注浆量（ml）	有无锚杆	PS量（ml）	编号	开孔位置（m）	注浆量（ml）	有无锚杆	PS量（ml）
327	(12.85, 9.43)		有		335	(11.49, 6.90)	1200	无	10
328	(13.54, 8.42)		有		336	(12.56, 8.02)	880	无	20
329	(14.32, 9.59)		有		337	(11.35, 5.60)		有	
330	(14.66, 8.82)		有		338	(12.21, 4.99)		有	
331	(17.56, 10.33)		有		339	(13.31, 4.46)		有	
332	(7.65, 7.75)	560	无	10	340	(15.18, 5.46)		有	
333	(8.10, 7.76)	640	无	10	341	(15.40, 5.56)		有	
334	(7.97, 6.73)	4480	无	20	342	(16.52, 4.63)	7760	有	70
					合计		529 980		7195

（4）工程的重点、难点及存在的问题

五世灵塔殿殿内主要供奉五世达赖喇嘛的灵塔，还有塑像、经书架等，作为主要的开放殿堂，供游人参观的空间相对狭小（图8.74），通道的宽度也只有3m左右。东壁墙体高度在9m以上，病害部位多在墙体的中上部位，因此需要搭设较高的脚手架。具体操作中，在治理壁画病害的同时保证其他附属文物及游人的安全是工程实施过程中的重中之重。

（5）工程验收情况

2005年7月5日通过验收（图8.75）。验收情况同红宫南门正厅。

（6）参加施工的人员

图8.74 游客参观场景　　　　　　　图8.75 验收现场

五世灵塔殿壁画保护修复工程由汪万福研究员、杨韬馆员现场负责，先后参加的人员有李四存、刘涛、付有旭、傅鹏、崔强、杨涛、孙军永、胡晓军、张伟、张吉红、王业宏、李胜强、王旭阳、乔兆广、王辉、王华国、郝腾飞、蔺金强、陈世维、郎杰、旺姆、杨金建等。

（六）观世音本生殿

（1）价值评估

观世音本生殿（冲绕拉康、世袭殿）建于 1690～1693 年，位于红宫西大殿北侧。壁画系清代门堂画派之作。西壁主要绘有十一世达赖喇嘛克珠嘉措、宗喀巴三师徒、三怙主、无量寿佛、尊圣母、观世音及吉祥天母等上师、菩萨、护法神等的画像，其余三壁（东、南、北）为素绘百尊无量寿佛像。

（2）壁画病害现状

南壁壁画为白描画，底色为白色，画面线条为红色。底色由于年久而沉积了一层黑色污染物，主要为烟熏所致。整壁壁画空鼓严重，并有多处起甲脱落（图 8.76、8.77）。南壁门东侧有两条纵向大裂缝，四周开裂。门西侧有六条大裂缝，周边开裂。病害壁画面积为 116.74m^2。

（3）工程完成情况

观世音本生殿壁画修复工程始于 2006 年 5 月 13 日，至 7 月 20 日结束，历时 520 个

图 8.76　南壁东侧壁画空鼓开裂　　　　图 8.77　南壁西侧壁画空鼓裂缝

工作日。对观世音本生殿壁画的空鼓、起甲、裂隙，按照布达拉宫壁画保护修复工程设计方案说明中的材料与工艺进行修复加固，共计修复病害壁画 125.50m² （合同面积116.74m²）。其中，修复加固空鼓壁画 124.96m²（图 8.78~8.86），注浆量 300 130ml，植入小木锚杆 63 根（表 8.16、8.17）；修复起甲壁画 0.54m²（彩版二六，1~4；彩版二七，3、4）。

壁画病害现状与修复情况见图 8.87、8.88。

（4）工程的重点、难点及存在的问题

观世音本生殿南壁主要病害是空鼓、裂隙，并伴有地仗破损等病害。因此工程的重点是对空鼓壁画的灌浆回贴，裂隙的修补及破碎壁画的整形回贴。观世音本生殿是主要

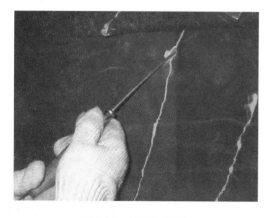

图 8.78　开设注浆孔

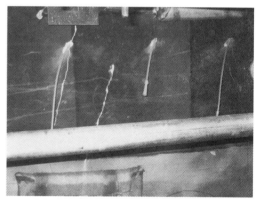

图 8.79　埋设注浆管

图 8.80　灌浆前支顶壁板

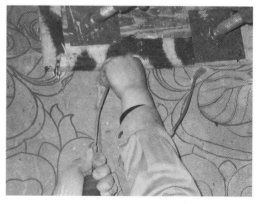

图 8.81　灌浆

图 8.82　灌浆后支顶回贴

图 8.83　开设锚孔

图 8.84　植入锚杆

图 8.85　修补锚孔

图 8.86　补色

的开放殿堂，供游客参观的通道相对狭窄。施工在 5~7 月间正是旅游的旺季，每天游客的流量都很大，施工过程中必须保证游客的安全。为此，我们在搭设的脚手架周围设置了必要的防护栏，底层是供游客参观的通道，同时设置安全标志，配备现场的安全员，配合管理处人员及时疏通参观人群，保证了参观的顺畅有序。

工程实施过程中，补色是一大难题。观世音本生殿南壁壁画主画面是用白描手法绘制的，所使用的颜色主要以白色和红色为主，白色打底，红色描绘线条，只有很少的蓝

表 8.16 观世音本生殿东壁注浆孔、注浆量及锚孔一览表

编号	开孔位置（m）	注浆量（ml）	有无锚杆	PS量（ml）	编号	开孔位置（m）	注浆量（ml）	有无锚杆	PS量（ml）
1	（6.31，5.04）	320	无	10	11	（5.36，5.08）	240	无	10
2	（6.23，5.34）	240	无	10	12	（5.44，5.18）	400	无	10
3	（6.37，5.72）	400	无	10	13	（5.57，5.39）	640	无	20
4	（6.39，5.97）	320	无	10	14	（5.67，5.57）	80	无	40
5	（6.50，6.28）	320	无	20	15	（5.64，5.85）	160	无	10
6	（6.14，6.09）	240	无	15	16	（5.39，6.20）	320	无	20
7	（5.96，6.20）	240	无	5	17	（5.21，6.22）	240	无	20
8	（5.97，5.86）	240	无	20	18	（5.04，6.22）	320	无	15
9	（5.93，5.50）	320	无	10	19	（5.17，5.22）	560	无	5
10	（5.84，5.04）	120	无	10	20	（5.33，5.22）	240	无	10
					合计		5960		280

表 8.17 观世音本生殿南壁注浆孔、注浆量及锚孔一览表

编号	开孔位置（m）	注浆量（ml）	有无锚杆	PS量（ml）	编号	开孔位置（m）	注浆量（ml）	有无锚杆	PS量（ml）
1	（17.84，1.33）	840	无	20	15	（17.94，4.12）	160	无	5
2	（20.96，1.34）	40	无	80	16	（17.97，2.31）	320	无	5
3	（25.91，1.64）	120	有	60	17	（18.62，2.62）	640	无	10
4	（21.36，0.78）	1120	无	80	18	（19.13，2.59）	400	无	20
5	（18.03，1.78）	180	无	20	19	（20.96，3.89）	1680	无	20
6	（17.35，3.03）	80	无	10	20	（21.09，3.77）	1520	无	60
7	（17.73，3.85）	480	无	20	21	（21.66，3.73）	1120	无	40
8	（18.21，3.06）	160	无	10	22	（21.84，3.52）	80	无	20
9	（17.65，3.52）	800	无	10	23	（24.03，2.86）	1760	无	20
10	（18.25，3.33）	260	无	5	24	（24.22，3.38）	2640	无	40
11	（16.92，3.39）	160	无	10	25	（24.63，3.81）	80	无	5
12	（17.36，3.22）	80	无	10	26	（24.87，4.07）	1120	无	30
13	（17.81，3.19）	2480	无	20	27	（25.18，4.21）	1750	无	20
14	（18.07，3.67）	160	无	10	28	（25.83，3.19）	6220	无	100

续表 8.17

编号	开孔位置（m）	注浆量（ml）	有无锚杆	PS 量（ml）	编号	开孔位置（m）	注浆量（ml）	有无锚杆	PS 量（ml）
29	(22.06, 3.58)	480	无	40	57	(24.88, 6.19)	2000	无	110
30	(28.09, 3.38)	160	无	20	58	(24.88, 5.52)	1140	无	50
31	(28.17, 3.14)	1600	无	20	59	(24.93, 5.37)	480	无	50
32	(17.66, 4.08)	440	无	20	60	(24.94, 5.72)	2100	无	100
33	(24.17, 2.50)	80	无	10	61	(25.06, 4.78)	1120	无	30
34	(17.70, 4.47)	80	无	10	62	(25.08, 4.62)	240	无	10
35	(16.64, 3.55)	240	无	10	63	(25.09, 5.07)	400	无	20
36	(21.90, 3.17)	880	有	20	64	(25.08, 5.97)	400	无	10（丙烯酸）
37	(22.20, 3.34)	560	无	20	65	(25.15, 4.52)	1200	无	
38	(25.50, 3.72)	1280	无	20	66	(25.18, 4.36)	80	无	20
39	(25.70, 3.86)	540	无	20	67	(25.39, 6.22)	80	无	20
40	(26.27, 3.23)	480	无	20	68	(25.40, 4.92)	720	无	10
41	(25.56, 2.79)	1160	无	40	69	(25.46, 4.65)	160	无	5
42	(17.28, 3.35)	800	无	60	70	(25.49, 5.88)	1520	无	80
43	(24.43, 3.83)	240	无	20	71	(25.78, 5.85)	1200	无	60
44	(24.73, 4.00)	240	无	20	72	(25.76, 5.57)	160	无	20
45	(29.24, 3.00)	720	无	40	73	(25.92, 6.07)	560	无	40
46	(29.56, 3.24)	800	无	60	74	(26.64, 6.27)	880	无	20
47	(20.34, 2.52)	1120	无	50	75	(25.28, 5.85)	400	无	10
48	(23.92, 4.17)	1200	无	20	76	(25.42, 5.71)	160	无	5
49	(24.06, 4.39)	160	无	10	77	(21.15, 6.22)	400	无	10
50	(23.92, 5.80)	720	无	20	78	(21.43, 6.22)	80	无	5
51	(23.92, 6.01)	720	无	10	79	(21.71, 6.22)	80	无	5
52	(24.16, 4.64)	960	无	20	80	(21.94, 6.22)	240	无	10
53	(24.21, 5.63)	160	无	20	81	(22.32, 6.22)	640	无	20
54	(24.33, 4.42)	480	无	20	82	(22.88, 6.38)	400	无	20
55	(24.42, 6.04)	960	无	10	83	(23.34, 6.22)	1140	无	20
56	(24.65, 5.83)	560	无	50	84	(23.83, 6.22)	240	无	20

续表 8.17

编号	开孔位置（m）	注浆量（ml）	有无锚杆	PS量（ml）	编号	开孔位置（m）	注浆量（ml）	有无锚杆	PS量（ml）
85	（17.45，6.26）	560	无	10	114	（24.60，4.62）	2000	无	60
86	（19.79，6.26）	560	无	20	115	（24.41，4.96）	1120	无	60
87	（19.79，6.01）	400	无	20	116	（25.55，4.86）	240	无	40
88	（17.54，6.01）	1200	无	20	117	（20.55，5.63）	240	无	20
89	（17.48，5.81）	400	无	20	118	（19.85，5.34）	80	无	10
90	（17.32，5.77）	1200	无	20	119	（20.66，6.02）	1120	无	30
91	（17.48，5.61）	1760	无	40	120	（20.79，6.35）	400	无	20
92	（17.51，5.58）	1280	无	40	121	（20.66，6.35）	480	无	10
93	（17.52，5.51）	640	无	40	122	（20.56，6.35）	560	无	20
94	（17.56，5.60）	400	无	20	123	（20.36，6.34）	320	无	10
95	（17.58，5.69）	1360	无	20	124	（20.22，6.34）	800	无	20
96	（17.52，5.75）	160	无	10	125	（20.16，6.48）	160	无	10
97	（17.74，6.30）	160	无	10	126	（19.46，5.96）	400	有	20
98	（17.75，6.21）	400	无	10	127	（19.64，5.96）	160	无	10
99	（17.78，6.22）	480	无	10	128	（19.70，6.11）	400	无	20
100	（17.87，6.24）	400	无	10	129	（17.76，6.37）	640	无	20
101	（19.94，5.93）	1840	无	60	130	（19.46，6.40）	240	无	20
102	（20.16，5.95）	160	无	5	131	（20.73，4.48）	400	无	20
103	（17.78，6.34）	160	无	10	132	（20.69，4.72）	640	无	20
104	（18.08，6.24）	400	无	20	133	（20.74，5.07）	720	无	20
105	（20.42，5.95）	1140	无	20	134	（20.71，5.14）	800	无	20
106	（18.42，6.15）	160	无	5	135	（20.72，5.47）	400	无	10
107	（18.32，6.25）	640	无	20	136	（27.10，6.52）	2500	无	20
108	（18.42，6.14）	480	无	20	137	（28.22，6.51）	3000	无	10
109	（17.56，5.51）	1520	无	40	138	（30.15，6.51）	4200	无	80
110	（17.57，4.85）	240	无	5	139	（13.42，0.58）	960	无	60
111	（17.28，4.47）	2480	无	100	140	（13.43，0.89）	3280	无	140
112	（17.70，4.35）	960	无	20	141	（13.42，1.31）	1520	无	40
113	（17.28，4.68）	480	无	20	142	（13.40，1.61）	1840	无	40

编号	开孔位置（m）	注浆量（ml）	有无锚杆	PS量（ml）	编号	开孔位置（m）	注浆量（ml）	有无锚杆	PS量（ml）
143	(13.37，1.80)	2880	无	140	172	(10.66，2.78)	1600	无	100
144	(13.34，2.06)	2800	无	60	173	(10.30，2.76)	560	无	10
145	(13.12，1.34)	3920	无	140	174	(11.11，3.87)	160	无	10
146	(12.60，0.86)	880	无	40	175	(10.00，3.29)	200	无	40
147	(12.59，1.62)	2560	无	80	176	(9.96，3.61)	1040	无	80
148	(12.69，1.96)	2720	无	60	177	(8.27，3.79)	80	无	40
149	(12.29，1.23)	1760	无	40	178	(7.48，3.64)	800	无	100
150	(11.68，1.28)	560	无	40	179	(7.58，3.01)	960	无	20
151	(11.66，1.77)	3680	无	240	180	(7.50，2.47)	100	无	20
152	(11.10，1.64)	4080	无	120	181	(7.09，2.96)	80	无	60
153	(13.53，2.23)	400	无	10	182	(7.06，2.48)	720	无	20
154	(13.59，2.55)	580	无	20	183	(6.87，3.02)	1440	无	80
155	(13.58，3.05)	960	无	60	184	(5.75，2.46)	640	无	80
156	(13.45，3.13)	960	无	60	185	(5.50，2.61)	160	无	40
157	(13.42，3.34)	720	无	80	186	(4.76，2.60)	200	无	80
158	(13.23，2.72)	2000	无	100	187	(4.72，2.85)	880	无	60
159	(12.96，2.46)	2350	无	120	188	(4.61，2.85)	1040	无	20
160	(12.80，2.87)	240	无	40	189	(4.55，3.79)	240	无	5
161	(12.88，3.23)	1200	无	80	190	(2.15，2.61)	80	无	10
162	(12.52，2.52)	1360	无	60	191	(2.39，2.77)	2080	无	100
163	(12.99，3.11)	960	无	60	192	(1.48，3.92)	160	无	20
164	(12.44，3.06)	2000	无	20	193	(1.17，4.12)	2000	无	50
165	(12.44，3.35)	1320	无	40	194	(1.81，3.67)	60	无	10
166	(11.52，3.12)	320	无	40	195	(1.77，4.12)	1440	无	80
167	(11.38，2.70)	2480	无	60	196	(0.96，4.05)	260	无	5
168	(11.55，3.53)	320	无	80	197	(2.94，3.66)	3200	无	30
169	(11.94，2.48)	1600	无	80	198	(5.42，4.07)	2500	无	20
170	(10.54，3.57)	880	无	40	199	(5.78，4.29)	240	无	60
171	(11.10，2.61)	720	无	80	200	(5.96，4.10)	800	无	140

续表 8.17

编号	开孔位置（m）	注浆量（ml）	有无锚杆	PS量（ml）	编号	开孔位置（m）	注浆量（ml）	有无锚杆	PS量（ml）
201	(6.31, 4.14)	1120	无	80	230	(6.05, 5.45)	160	无	60
202	(6.35, 4.42)	400	无	60	231	(6.43, 5.46)	960	无	180
203	(4.98, 3.23)	320	无	80	232	(6.15, 5.10)	1840	无	20
204	(5.12, 2.85)	380	无	80	233	(6.09, 5.11)	640	无	60
205	(3.63, 3.84)	1200	无	100	234	(6.34, 5.01)	1600	无	20
206	(3.89, 3.41)	1120	无	80	235	(6.57, 5.07)	1140	无	240
207	(4.45, 3.61)	1280	无	80	236	(6.48, 4.96)	320	无	80
208	(7.90, 3.26)	1000	无	20	237	(6.58, 4.72)	1840	无	20
209	(8.15, 2.61)	900	无	5	238	(5.99, 6.48)	480	无	60
210	(8.74, 2.61)	800	无	20	239	(6.20, 6.42)	1120	无	20
211	(8.78, 3.24)	1040	有	60	240	(6.43, 6.42)	400	无	10
212	(8.96, 3.65)	2080	无	80	241	(6.59, 6.42)	240	无	10
213	(9.52, 3.50)	2000	无	60	242	(6.73, 5.43)	480	无	10
214	(9.70, 2.81)	2700	无	60	243	(6.92, 6.12)	240	无	20
215	(10.97, 3.28)	560	无	40	244	(6.97, 6.03)	1640	无	10
216	(12.11, 3.74)	280	无	20	245	(7.02, 5.58)	1140	无	20
217	(12.77, 3.79)	400	无	10	246	(6.96, 4.95)	2080	无	80
218	(13.75, 3.16)	640	无	80	247	(7.37, 6.12)	800	无	20
219	(14.00, 2.73)	400	无	100	248	(7.40, 6.09)	1040	无	10
220	(14.22, 3.43)	1140	无	60	249	(7.40, 6.00)	230	无	10
221	(13.78, 3.55)	2240	无	130	250	(7.42, 5.78)	1120	无	20
222	(5.42, 5.99)	240	无	20	251	(7.42, 5.46)	2000	无	20
223	(5.36, 5.27)	480	无	10	252	(7.46, 5.24)	400	无	5
224	(5.40, 5.27)	720	无	10	253	(7.42, 5.07)	1280	无	10
225	(5.56, 5.27)	320	无	60	254	(7.43, 4.84)	2080	无	180
226	(5.71, 6.18)	320	无	60	255	(7.44, 4.62)	80	无	20
227	(5.74, 5.81)	480	无	40	256	(7.43, 4.42)	400	无	10
228	(6.09, 5.74)	480	无	10	257	(5.79, 4.68)	320	无	5
229	(6.19, 5.76)	480	无	40	258	(5.72, 5.24)	480	无	20

编号	开孔位置（m）	注浆量（ml）	有无锚杆	PS 量（ml）	编号	开孔位置（m）	注浆量（ml）	有无锚杆	PS 量（ml）
259	(6.06, 5.94)	250	无	10	288	(11.31, 5.43)	320	无	5
260	(5.56, 4.91)	1680	无	80	289	(11.32, 5.13)	160	无	20
261	(5.16, 5.48)	560	无	60	290	(11.37, 4.88)	560	无	20
262	(4.90, 5.17)	320	无	40	291	(11.37, 4.68)	800	无	10
263	(4.88, 5.43)	1400	无	20	292	(12.62, 6.06)	2400	无	15
264	(5.16, 5.55)	320	无	40	293	(11.93, 5.36)	2260	无	20
265	(5.12, 5.87)	2640	无	20	294	(13.39, 5.80)	1600	无	40
266	(4.25, 5.81)	320	无	60	295	(13.05, 6.10)	1360	无	20
267	(4.25, 6.09)	880	无	90	296	(12.53, 4.63)	1440	无	20
268	(3.99, 6.52)	240	无	20	297	(12.69, 4.63)	480	无	20
269	(3.47, 6.46)	160	无	20	298	(12.89, 4.63)	880	无	10
270	(2.14, 6.14)	320	无	10	299	(13.22, 4.63)	160	无	5
271	(2.12, 6.37)	400	无	10	300	(13.38, 4.69)	320	无	15
272	(1.77, 6.42)	160	无	10	301	(13.55, 5.03)	200	无	10
273	(1.61, 6.02)	160	无	10	302	(13.67, 5.40)	1760	无	20
274	(1.20, 6.30)	160	无	10	303	(13.48, 5.39)	2000	无	20
275	(11.26, 6.34)	640	无	10	304	(13.77, 6.14)	320	无	10
276	(10.81, 6.31)	2400	无	10	305	(14.00, 5.84)	160	无	10
277	(12.40, 5.79)	3600	无	10	306	(14.00, 6.03)	160	无	10
278	(11.11, 5.80)	1140	无	5	307	(14.25, 6.38)	80	无	20
279	(10.59, 5.90)	2000	无	10	308	(14.74, 6.31)	1620	无	20
280	(10.60, 5.76)	2400	无	10	309	(15.21, 6.32)	320	无	10
281	(10.60, 5.50)	640	无	10	310	(18.00, 0.90)	30	有	
282	(10.60, 5.26)	2640	无	20	311	(19.06, 1.61)	30	有	
283	(10.66, 5.00)	1760	无	20	312	(18.95, 0.71)	30	有	
284	(10.99, 5.03)	5040	无	10	313	(19.99, 0.81)	30	有	
285	(10.91, 5.30)	1040	无	10	314	(21.01, 1.21)	30	有	
286	(10.97, 6.03)	880	无	10	315	(22.33, 0.78)	30	有	
287	(11.52, 5.74)	1760	无	20	316	(23.16, 1.60)	30	有	

编号	开孔位置（m）	注浆量（ml）	有无锚杆	PS量（ml）	编号	开孔位置（m）	注浆量（ml）	有无锚杆	PS量（ml）
317	(29.28, 1.89)	30	有		343	(12.59, 0.55)	30	有	
318	(24.66, 0.85)	30	有		344	(11.52, 0.72)	30	有	
319	(25.87, 0.53)	30	有		345	(10.83, 1.06)	30	有	
320	(26.07, 1.62)	30	有		346	(10.75, 2.02)	30	有	
321	(21.16, 0.51)	30	有		347	(1.18, 3.41)	30	有	
322	(23.09, 0.47)	30	有		348	(1.57, 4.02)	30	有	
323	(13.50, 2.52)	30	有		349	(2.12, 3.25)	30	有	
324	(12.65, 2.56)	30	有		350	(3.26, 3.37)	30	有	
325	(11.86, 3.46)	30	有		351	(3.91, 3.92)	30	有	
326	(10.86, 3.02)	30	有		352	(4.88, 3.98)	30	有	
327	(9.62, 3.11)	30	有		353	(5.57, 4.28)	30	有	
328	(8.11, 2.74)	30	有		354	(6.07, 2.57)	30	有	
329	(13.25, 3.92)	30	有		355	(6.37, 3.91)	30	有	
330	(20.55, 5.40)	30	有		356	(6.91, 3.42)	30	有	
331	(20.02, 5.40)	30	有		357	(7.89, 2.51)	30	有	
332	(19.46, 5.53)	30	有		358	(10.71, 3.37)	30	有	
333	(18.81, 5.53)	30	有		359	(11.01, 2.86)	30	有	
334	(17.96, 5.55)	30	有		360	(12.75, 5.46)	30	有	
335	(18.71, 4.84)	30	有		361	(12.14, 5.58)	30	有	
336	(19.91, 4.36)	30	有		362	(11.75, 4.68)	30	有	
337	(18.73, 6.15)	30	有		363	(6.45, 5.23)	30	有	
338	(22.12, 2.09)	30	有		364	(5.61, 4.76)	30	有	
339	(26.22, 6.07)	30	有		365	(5.43, 5.80)	30	有	
340	(26.25, 4.42)	30	有		366	(1.79, 5.37)	30	有	
341	(24.72, 5.33)	30	有		367	(0.99, 5.38)	30	有	
342	(25.78, 5.38)	30	有		368	(0.77, 6.01)	30	有	
					合计		294 170		11 085

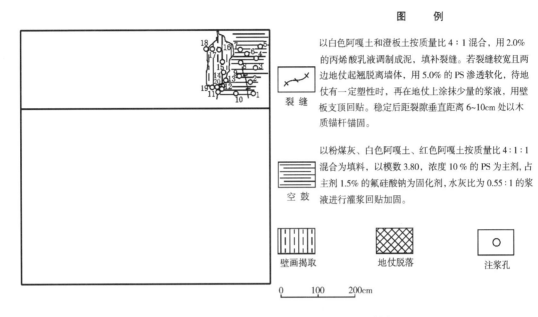

图 例

以白色阿嘎土和澄板土按质量比 4：1 混合，用 2.0% 的丙烯酸乳液调制成泥，填补裂缝。若裂缝较宽且两边地仗起翘脱离墙体，用 5.0% 的 PS 渗透软化，待地仗有一定塑性时，再在地仗上涂抹少量的浆液，用壁板支顶回贴。稳定后距裂隙垂直距离 6~10cm 处以木质锚杆锚固。

裂　缝

以粉煤灰、白色阿嘎土、红色阿嘎土按质量比 4：1：1 混合为填料，以模数 3.80，浓度 10% 的 PS 为主剂，占主剂 1.5% 的氟硅酸钠为固化剂，水灰比为 0.55：1 的浆液进行灌浆回贴加固。

空　鼓

壁画揭取　　　　**地仗脱落**　　　　**注浆孔**

0　　　100　　　200cm

图 8.88　观世音本生殿东壁壁画病害现状与修复图

色和黑色。修复过程中，在对裂隙修复后要进行必要的补色，以达到与原有画面的协调一致。而画面表面有一层涂层，还有酥油灯的油烟沉积物，所使用的补色矿物颜料很难与原有色调保持一致。

（5）工程验收情况

2006 年 7 月 27 日通过验收。验收情况同红宫南门正厅。

（6）参加施工的人员

观世音本生殿壁画保护修复工程由樊再轩副研究员、付有旭馆员为现场技术负责，参加人员有刘涛、乔海、杨金建、唐伟、孙军永、蔺金强、王辉、王旭阳、王业宏、杨金礼、胡晓军、李新锁、华亮、周河、陈世维、傅鹏、杨金礼等。

（七）持明佛殿

（1）价值评估

持明佛殿（仁增拉康）主供藏传佛教宁玛派祖师莲花生银铸塑像，其东侧为 8 尊莲花生传承祖师塑像，西侧为 8 尊莲花生变身塑像。殿内尚有 8 座银铸善逝佛塔，经书架上存放着第司·桑杰嘉措时精刻的甘珠尔经。殿内壁画以白描佛像为主，底色为白色，线条刚劲流畅，有很高的艺术价值。

（2）壁画病害现状

北壁为白描画，底色为白色，画面线条为红色。底色由于年久而沉积了一层污染物。部分画像及壁面经过了前期维修，并有雨水泥痕，壁面上部裂隙较为密集，并伴有颜料层或地仗层脱落，整壁壁画空鼓严重，并有多处脱落（图 8.89）。裂缝有修补痕迹。空鼓壁画面积 114.10m²。西侧上部约 4.5m² 的壁画有随时坠落的危险，2004 年 12 月曾进行了抢救性支顶防护。

（3）工程完成情况

持明佛殿壁画修复工程始于 2005 年 4 月 11 日，7 月 28 日结束，历时 625 个工作日。对持明佛殿北壁壁画的空鼓、起甲、裂隙，按照布达拉宫壁画保护修复工程设计方案说明中的材料与工艺进行修复加固，共计完成空鼓壁画面积 126.08m²（合同面积 114.10m²），开注浆孔 143 眼，注浆量 388 120ml，植入锚杆 61 根，其中注浆锚孔 14 眼（图 8.90 ~ 8.97；表 8.18）；椽头锯缝约 15.36m（图 8.98；彩版二六，5、6；彩版二七，1、2）。

壁画病害现状与修复情况见图 8.99。

图 8.89　北壁西侧上部空鼓壁画

图 8.90　开注浆孔

图 8.91　埋设注浆管

图 8.92　支顶壁板

图 8.93 注浆

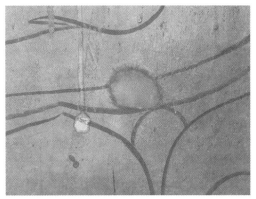

图 8.94 封孔

图 8.95 补色

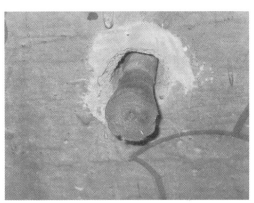

图 8.96 植入锚杆

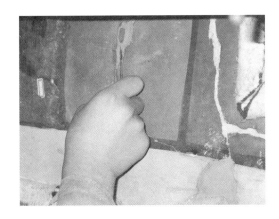

图 8.97 修补裂缝

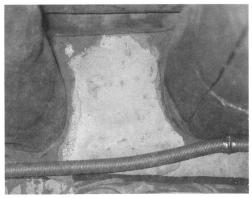

图 8.98 橡眼锯缝

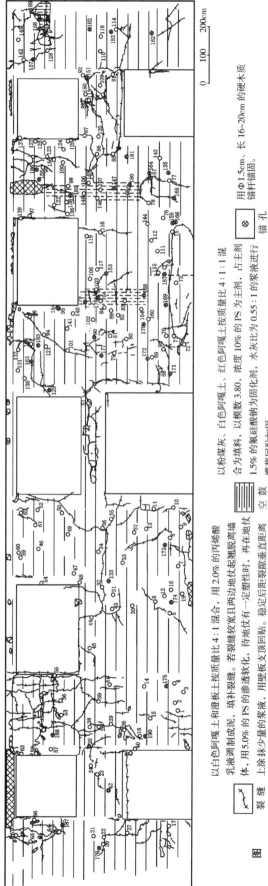

图 8.99　持明佛殿北壁壁画病害现状与修复图

表 8.18　持明佛殿北壁注浆孔、注浆量及锚孔一览表

编号	开孔位置（m）	注浆量（ml）	有无锚杆	PS 量（ml）	编号	开孔位置（m）	注浆量（ml）	有无锚杆	PS 量（ml）
1	(6.17, 0.65)	480	无	120	30	(9.83, 2.59)	4240	无	60
2	(6.44, 0.64)	400	无	80	31	(10.23, 3.29)	7920	无	20
3	(6.84, 0.33)	1080	无	200	32	(10.56, 3.70)	720	无	20
4	(6.14, 0.64)	960	有	140	33	(11.44, 2.59)	960	无	40
5	(8.58, 0.84)	1040	有	60	34	(11.63, 3.50)	4320	无	20
6	(10.13, 1.38)	480	有	70	35	(12.92, 2.96)	6880	无	20
7	(11.37, 0.54)	3840	无	120	36	(12.59, 3.33)	6240	无	40
8	(12.31, 0.81)	1040	有	50	37	(12.45, 2.14)	2800	无	20
9	(12.62, 0.46)	1600	无	20	38	(5.58, 3.80)	1680	无	50
10	(13.31, 0.64)	3840	有	20	39	(6.46, 3.48)	4640	有	20
11	(13.28, 1.42)	1680	无	30	40	(4.78, 2.14)	1280	无	40
12	(10.20, 1.10)	160	无	30	41	(7.13, 2.99)	480	无	20
13	(12.56, 1.62)	4400	有	40	42	(3.42, 3.02)	1600	有	40
14	(7.00, 1.80)		有	60	43	(9.74, 2.97)	240	无	40
15	(5.85, 1.52)		有	100	44	(9.44, 3.74)	1080	无	20
16	(10.42, 0.83)	560	无	20	45	(8.33, 3.80)	2400	无	40
17	(2.25, 0.91)	1600	无	100	46	(11.98, 5.73)	4080	无	30
18	(5.22, 1.97)	2480	无	40	47	(11.04, 4.56)	3840	无	40
19	(10.27, 0.44)	2240	有	40	48	(10.78, 4.22)	6960	无	20
20	(1.51, 3.31)	1760	无	50	49	(12.39, 4.60)	4000	无	40
21	(1.76, 3.66)	80	有	20	50	(13.25, 4.81)	4080	无	30
22	(1.71, 3.29)	1440	无	30	51	(16.21, 3.99)	4800	无	20
23	(3.92, 3.52)	2960	无	30	52	(13.45, 5.70)	480	无	20
24	(4.22, 3.75)	1440	无	20	53	(6.13, 5.02)	1080	无	30
25	(4.87, 3.79)	6560	有	120	54	(10.75, 5.58)	2400	无	20
26	(5.45, 2.52)	1760	有	60	55	(7.48, 5.09)	5600	无	20
27	(1.86, 2.37)	1920	无	40	56	(6.48, 4.88)	480	无	20
28	(5.60, 3.46)	7040	无	80	57	(4.87, 5.20)	2400	无	30
29	(5.66, 3.04)	1760	无	30	58	(4.60, 5.78)	4800	无	20

编号	开孔位置（m）	注浆量（ml）	有无锚杆	PS 量（ml）	编号	开孔位置（m）	注浆量（ml）	有无锚杆	PS 量（ml）
59	(11.66, 6.35)	8000	无	40	88	(27.57, 3.85)	3600	无	20
60	(11.76, 6.35)	7200	无	20	89	(20.23, 2.97)	1120	无	20
61	(12.82, 5.86)	7600	无	20	90	(19.25, 3.59)	880	有	30
62	(13.23, 6.32)	1080	无	20	91	(28.43, 2.99)	2960	无	20
63	(4.73, 6.42)	1600	无	30	92	(28.42, 4.05)	800	无	20
64	(2.04, 5.13)	3920	无	20	93	(18.85, 1.04)	1120	无	20
65	(1.54, 5.99)	960	无	20	94	(19.34, 5.45)	3280	无	30
66	(2.26, 5.87)	240	无	20	95	(20.26, 4.92)	880	无	20
67	(1.73, 6.55)	3200	无	20	96	(19.94, 6.00)	960	无	20
68	(18.10, 1.14)	2080	无	20	97	(23.56, 6.01)	2720	无	20
69	(18.58, 1.39)	3360	无	20	98	(24.56, 4.58)	2720	无	20
70	(19.35, 0.94)	3660	无	10	99	(25.20, 5.52)	1440	无	20
71	(19.36, 0.61)	3280	无	20	100	(25.40, 4.76)	8240	无	20
72	(19.02, 0.35)	4560	无	60	101	(18.79, 4.61)	1120	无	20
73	(21.15, 0.66)	2480	无	20	102	(19.87, 3.65)		无	20
74	(21.70, 1.05)	1680	无	20	103	(20.93, 3.52)	4900	无	20
75	(23.00, 0.77)	4560	无	30	104	(20.53, 3.35)	18 000	无	20
76	(23.43, 1.09)	2400	无	20	105	(21.33, 3.75)		无	20
77	(24.71, 0.88)	5600	无	20	106	(24.67, 3.80)		无	20
78	(23.99, 1.65)	3280	无	30	107	(24.45, 3.38)	8000	无	20
79	(18.72, 2.86)	2320	无	30	108	(24.56, 2.35)		无	20
80	(19.18, 2.43)	2880	无	20	109	(28.07, 3.40)	2080	无	20
81	(19.32, 3.03)	3360	无	20	110	(29.26, 3.41)		无	20
82	(20.06, 2.75)	8760	无	30	111	(22.30, 1.30)	1040	无	20
83	(20.53, 2.50)	13 200	无	40	112	(22.67, 1.54)	1280	无	20
84	(20.33, 3.22)	2480	无	20	113	(27.57, 3.83)		无	20
85	(25.67, 2.95)	2640	无	30	114	(30.04, 2.83)	2160	无	20
86	(25.67, 3.51)	1040	无	20	115	(21.53, 1.29)		无	10
87	(26.33, 3.99)	2400	无	20	116	(22.97, 3.38)		无	20

编号	开孔位置（m）	注浆量（ml）	有无锚杆	PS 量（ml）	编号	开孔位置（m）	注浆量（ml）	有无锚杆	PS 量（ml）
117	(21.63, 3.51)	1120	无	20	146	(24.14, 3.56)	160	无	20
118	(29.81, 3.38)		无	20	147	(24.47, 2.87)		有	
119	(22.82, 3.87)		无	20	148	(24.29, 4.00)	320	无	20
120	(26.30, 3.41)	2400	无	20	149	(24.88, 3.73)		有	
121	(18.93, 5.33)		无	20	150	(27.77, 3.94)		有	
122	(23.93, 5.03)	2480	无	20	151	(28.35, 3.88)		有	
123	(25.58, 5.36)	640	无	20	152	(29.95, 3.02)		有	
124	(25.76, 4.78)		无	20	153	(21.46, 3.13)		有	
125	(26.03, 5.44)	3040	无	20	154	(20.25, 1.88)		有	
126	(26.18, 4.57)	880	无	20	155	(24.78, 5.65)		有	
127	(26.19, 5.83)	3680	无	40	156	(25.46, 5.09)		有	
128	(29.27, 5.31)	8400	无	20	157	(28.97, 5.86)		有	
129	(17.39, 5.27)	8240	有	20	158	(30.05, 5.63)		有	
130	(17.78, 6.21)	2080	无	20	159	(23.27, 0.79)		有	
131	(18.10, 6.42)	880	无	20	160	(19.90, 1.62)		有	
132	(18.84, 6.39)	1520	无	20	161	(24.83, 1.55)		有	
133	(10.76, 3.06)		有		162	(29.90, 1.52)		有	
134	(18.99, 5.89)	3360	无	20	163	(18.40, 5.91)		有	
135	(25.03, 0.92)		有		164	(25.01, 1.61)		有	
136	(23.58, 4.59)	560	无	20	165	(24.15, 0.73)		有	
137	(26.24, 6.35)	2720	无	20	166	(23.33, 0.67)		有	
138	(24.01, 4.63)	2640	无	20	167	(21.47, 1.05)		有	
139	(23.42, 6.32)	4240	无	20	168	(20.72, 1.79)		有	
140	(20.09, 4.39)	3440	无	20	169	(20.39, 1.00)		有	
141	(19.54, 4.61)	560	无	20	170	(19.72, 1.80)		有	
142	(28.96, 6.19)	3680	无	20	171	(17.97, 0.85)		有	
143	(25.56, 1.20)	800	无	20	172	(18.50, 1.65)		有	
144	(23.25, 1.64)	400	无	20	173	(11.98, 1.01)		有	
145	(29.70, 6.38)	3680	无	20	174	(10.07, 0.78)		有	

编号	开孔位置（m）	注浆量（ml）	有无锚杆	PS量（ml）	编号	开孔位置（m）	注浆量（ml）	有无锚杆	PS量（ml）
175	(7.05, 0.95)		有		183	(18.96, 5.66)		有	
176	(1.38, 3.37)		有		184	(20.28, 4.95)		有	
177	(18.61, 3.34)		有		185	(24.22, 4.50)		有	
178	(20.64, 3.47)		有		186	(25.12, 5.74)		有	
179	(20.49, 3.95)		有		187	(2.18, 2.88)		有	
180	(24.59, 2.33)		有		188	(5.32, 5.09)		有	
181	(25.58, 2.44)		有		189	(30.66, 5.94)		有	
182	(30.04, 3.80)		有		190	(5.29, 1.71)		有	
					合计		388 120		4570

（4）工程的重点和难点

持明佛殿主要病害是空鼓、裂隙，工程的重点就在对空鼓和裂隙的处理上。

应布达拉宫保护维修工程指挥部的要求在工程正式开始之前，我们对北壁西侧上部严重空鼓的 6.8m² 壁画于 2004 年 12 月做了临时支顶。此处壁画地仗离开墙体最宽处达 9.5cm，且裂缝较多。由于当时殿堂内的温度较低，不利于灌浆加固处理，只采取了临时支顶措施。

在对空鼓壁画采用灌浆加固处理时，灌浆孔的位置选取遵循"最小介入"的修复原则，多选取颜料或地仗层开裂处，尽量不开孔或少开孔。锚孔位置选在不影响壁画稳定的部位，尽量利用灌浆孔或无画面的位置。灌浆过程中，注浆管的插入要最大限度地利用灌浆孔，尽量在同一位置不同方向多插、深插（深度可达 40cm），保证灌浆质量。北壁中上部裂隙密集，墙体裂隙是造成壁画开裂的主要原因，灌浆时适当调整浆液的水灰比，尽量使浆液填充墙体裂隙。

持明佛殿一直未间断开放，为不影响游人参观，我们在进行底层空鼓壁画灌浆施工期间，一方面将工作时间选在无人参观时段，另一方面在支顶壁画时没有采用常规的支顶架方式，而采用插入楔形木块的方法支顶，该方式占地小、易拆卸，且不影响支顶效果。在修复现场，严格按照施工安全规定，做好各项安全防范措施，确保游客与工作人员的安全。

持明佛殿系布达拉宫重要殿堂之一，上层有游人参观，为减少震动对壁画的损害，采取椽头壁画锯缝处理。

（5）工程验收情况

2005年8月4日通过验收。验收情况同红宫南门正厅。

（6）参加施工的人员

持明佛殿北壁壁画保护修复工程由汪万福研究员、付有旭馆员现场具体负责，先后参加的人员有李四存、崔强、傅鹏、柴勃隆、杨涛、李璐、王华国、王辉、蔺金强、陆立诚、李月伯、赵俊荣、何卫、陈世维、郎杰、阿旺、旺姆、洛桑等。

（八）西大殿

（1）价值评估

西大殿位于红宫四层中央，面积达776.2m²，是五世达赖喇嘛的享堂。壁画系清代（约1700年）门堂画派之作。四周壁画主要讲述五世达赖喇嘛的生平事迹。四壁绘有历史人物，东有松赞干布和赤松德赞；西有释迦能仁佛；北有无量光佛和千手观音；南有仲敦巴和俄大酿等。

（2）壁画病害现状

东壁南侧梁周围壁画空鼓，面积为1.6m²。

南壁西侧和东侧壁画空鼓严重，局部画面污染。空鼓壁画面积达51.61m²（图8.100、8.101）。

图8.100 南壁中部壁画空鼓裂缝

图8.101 南壁壁画起甲

（3）工程完成情况

西大殿壁画修复工程始于2006年7月4日，8月26日结束，历时276个工作日。对西大殿壁画的空鼓、起甲、裂隙、表面污染，我们按照布达拉宫壁画保护修复工程设计方案说明中的材料与工艺进行修复加固，共计修复病害壁画57.86m²（合同面积53.21m²）。其中加固空鼓壁画29.25m²，开注浆孔49个，注浆量12 880ml（图8.102~

8.106；表8.19）；修复加固起甲壁画16.47m^2（图8.107~8.109），清理污染12.14m^2（彩版二八至三〇）。

壁画病害现状与修复情况见图8.110、8.111。

图8.102　开设注浆孔

图8.103　埋设注浆管

图8.104　支顶壁板

图8.105　灌浆

图8.106　补色

图8.107　清除表面尘土

表 8.19　西大殿南壁注浆孔、注浆量及锚孔一览表

编号	开孔位置（m）	注浆量（ml）	有无锚杆	PS 量（ml）	编号	开孔位置（m）	注浆量（ml）	有无锚杆	PS 量（ml）
1	(2.32, 4.25)	200	无		18	(9.51, 4.35)	160	无	40
2	(2.46. 4.09)	180	无		19	(12.51, 3.17)	280（泥浆）	无	
3	(2.82, 4.07)	200	无		20	(11.97, 3.16)	680（泥浆）	无	
4	(3.11, 4.22)	560	无		21	(13.82, 3.34)	590（泥浆）	无	
5	(3.19, 4.33)	150	无		22	(13.64, 3.31)	160（泥浆）	无	
6	(4.68, 4.40)	80	无	40	23	(13.34, 3.33)	280（泥浆）	无	
7	(4.84, 4.43)	240	无	60	24	(12.82, 3.34)	120（泥浆）	无	
8	(5.74, 4.29)	160	无	80	25	(11.87, 3.27)	400（泥浆）	无	
9	(6.59, 4.40)	100	无	50	26	(12.47, 3.08)	450（泥浆）	无	
10	(6.91, 4.59)	80	无	20	27	(12.60, 3.30)	160（泥浆）	无	
11	(7.25, 4.58)	80	无	20	28	(11.53, 3.18)	650（泥浆）	无	
12	(7.57, 4.58)	80	无	20	29	(11.03, 3.19)	500（泥浆）	无	
13	(7.84, 4.45)	480	无	60	30	(10.87, 3.20)	200（泥浆）	无	
14	(13.57, 4.32)	80	无	40	31	(11.43, 3.39)	100（泥浆）	无	
15	(13.87, 4.33)	240	无	40	32	(15.38, 4.19)	320	无	20
16	(14.02, 4.18)	400	无	60	33	(23.16, 3.66)	480（泥浆）	无	
17	(14.42, 4.32)	240	无	20	34	(23.53, 3.70)	80（泥浆）	无	

编号	开孔位置（m）	注浆量（ml）	有无锚杆	PS 量（ml）	编号	开孔位置（m）	注浆量（ml）	有无锚杆	PS 量（ml）
35	(23.92, 3.84)	120（泥浆）	无		43	(22.45, 4.02)	120（泥浆）	无	
36	(22.99, 3.70)	150（泥浆）	无		44	(30.95, 4.32)	300	无	100
37	(21.92, 3.89)	320	无	40	45	(31.29, 4.44)	450（泥浆）	无	
38	(21.70, 3.86)	240	无	40	46	(31.80, 4.28)	230（泥浆）	无	
39	(21.29, 3.96)	350	无	60	47	(32.32, 4.30)	360（泥浆）	无	
40	(20.98, 3.76)	40	无	40	48	(32.95, 4.23)	420（泥浆）	无	
41	(21.69, 4.19)	320	无	30	49	(30.83, 3.52)	200（泥浆）	无	
42	(21.25, 4.33)	100	无	20	合计		12 880		900

图 8.108　注射黏合剂

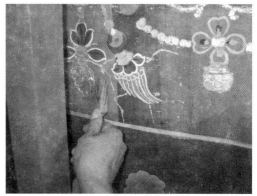

图 8.109　回贴起甲壁画

（4）工程的重点、难点及存在的问题

西大殿主要病害为空鼓，东壁南侧梁头周围壁画受梁体重力的影响，造成梁周围约 2.5m² 壁画不同程度凸起变形空鼓，对变形严重的壁画我们采取揭取、整形、加固、回贴，用 16# 不锈钢针头注射器注浆加固回贴的方法。

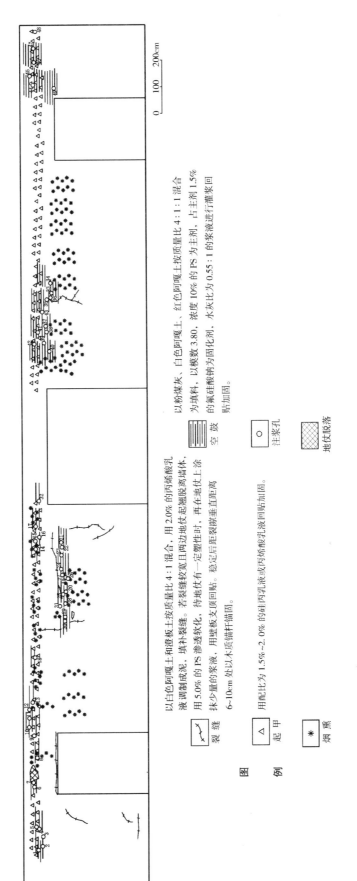

以白色阿嘎土和潺板土按质量比 4 : 1 混合，用 2.0% 的丙烯酸乳液调制成泥。若裂缝较宽且两边地仗起翘脱离端体，用 5.0% 的 PS 渗透软化，待地仗有一定塑性时，再在地仗上涂抹少量的浆液，用壁板支顶回贴。稳定后距裂缝垂直距离 6~10cm 处以木质锚杆锚固。

裂 缝

用配比为 1.5%~2.0% 硅丙乳液或丙烯酸乳液回贴加固。

起 甲

烟 熏

以粉煤灰、白色阿嘎土、红色阿嘎土按质量比 4 : 1 : 1 混合为填料，以模数 3.80，浓度 10% 的 PS 为主剂，占主剂 1.5% 的氟硅酸钠为固化剂，水灰比为 0.55 : 1 的浆液进行灌浆回贴加固。

空 鼓

注浆孔

地仗脱落

图 例

0   100   200cm

图 8.110　西大殿南壁壁画病害现状与修复图

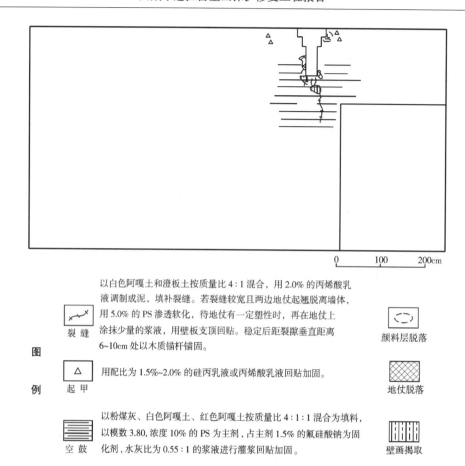

图例

裂 缝　以白色阿嘎土和澄板土按质量比 4∶1 混合，用 2.0% 的丙烯酸乳液调制成泥，填补裂缝。若裂缝较宽且两边地仗起翘脱离墙体，用 5.0% 的 PS 渗透软化，待地仗有一定塑性时，再在地仗上涂抹少量的浆液，用壁板支顶回贴。稳定后距裂隙垂直距离 6~10cm 处以木质锚杆锚固。

起 甲　用配比为 1.5%~2.0% 的硅丙乳液或丙烯酸乳液回贴加固。

空 鼓　以粉煤灰、白色阿嘎土、红色阿嘎土按质量比 4∶1∶1 混合为填料，以模数 3.80，浓度 10% 的 PS 为主剂，占主剂 1.5% 的氟硅酸钠为固化剂，水灰比为 0.55∶1 的浆液进行灌浆回贴加固。

颜料层脱落

地仗脱落

壁画揭取

图 8.111　西大殿东壁壁画病害现状与修复图

图 8.112　空鼓壁画探地雷达检测现场

南壁空鼓壁画主要分布在上部垂幔及中部，局部已脱落（东侧门梁上部）。由于空鼓部位墙体中有木梁，我们采用与木材粘贴效果较好的聚醋酸乙烯乳液（8%），配制 1.8∶0.8 质量比的澄板土和乳液作为空鼓灌浆的材料粘贴。使用 16# 不锈钢针头注射器注射，这种注射加固对壁画造成的伤害小，同时能达到理想的加固效果。

在对西大殿空鼓壁画的修复实施过程中，引进了瑞典 MALÅ GeoScience 公司研发的 RAMAC/GPR 高频探地雷达系统，对南壁东侧的空鼓壁画做了修复前后的灌浆效果的检测（图 8.112）。

西大殿为敞开式开放殿堂，每天的游客量较大，而且其东边的菩提道次第殿、南边的持明佛殿、西边的五世灵塔殿、北边的观世音本生殿四个开放殿堂相邻。在施工过程中，施工人员根据殿堂布局和每天游客参观的规律，严格按照工程办和指挥部的要求，对施工步骤、施工程序、施工时间严格控制，专人负责每天的工地用电、用工安全，确保了施工过程中的文物和人员安全。

（5）工程验收情况

2007年6月25日通过验收。验收情况同红宫南门正厅。

（6）参加施工的人员

西大殿壁画保护修复工程由汪万福研究员为现场技术负责，参加的人员有樊再轩、李四存、付有旭、刘涛、乔海、唐伟、王辉、秦禄山、王业宏、杨金礼、李新锁、周河、朗杰、旺姆等。

（九）十三世灵塔殿

（1）价值评估

十三世达赖喇嘛灵塔殿位于红宫的最西侧，是布达拉宫最晚的建筑，1933年开始动工，3年后落成。灵塔通高14m，所用黄金多达590kg，表面镶嵌各种珠宝4万余颗。十三世达赖喇嘛土登嘉措像前还陈设有一座由20万颗珍珠串成的曼陀罗（坛城）。殿内壁画属清代门堂画派风格，内容均为十三世达赖喇嘛土登嘉措的生平传记，主要有他坐床、赴京、逃亡印度等重大历史事件以及1908年到北京觐见慈禧太后和光绪皇帝的场面。另外，还绘有密宗本尊像、圣乐本尊像、大威德本尊像、四臂观音像等。灵塔殿内的经书架上，存放着十三世达赖生前主持印刷的拉萨版《甘珠尔》全套经卷。

（2）壁画病害现状

东壁墙体为块石墙，现存壁画病害有裂缝、空鼓、错位。大裂缝5条，小裂缝9条，累计总长14.4m；空鼓主要集中在北部横梁南侧，壁画地仗与墙体有脱离的危险，空鼓面积4.81m²（图8.113）。画面上分布有大量的裂缝，有些裂缝几乎贯穿整壁，错位较为严重（图8.114）。

西壁墙体为块石墙，病害有裂缝、空鼓、错位。空鼓病害分布较散，特别是南部横梁西段顶部最为严重，壁画已多处开裂；空鼓面积7.65m²（图8.115）。裂缝主要分布在门左侧上部及门底部，整壁大的裂缝有16条，折合面积3.68m²（图8.116）。

（3）工程完成情况

十三世达赖喇嘛灵塔壁画修复工程始于2005年9月3日，2006年7月28日结束，历时198个工作日。对十三世灵塔壁画的空鼓、裂隙，我们按照布达拉宫壁画保护修复

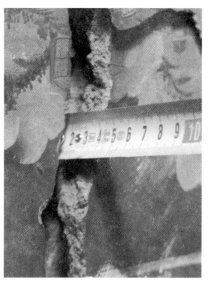

图 8.113　东壁顶部壁画空鼓翘起　　　　图 8.114　东壁壁画裂缝且错位

图 8.115　西壁壁画空鼓开裂　　　　　图 8.116　西壁壁画裂缝且错位

工程设计方案说明中的材料与工艺进行修复加固，共计完成空鼓病害壁画修复 24.20m^2（合同面积 52.09m^2），钻注浆孔 5 眼，植入木质锚杆 9 根，注浆量 20 440ml；修复裂缝总长 31m（图 8.117～8.123；表 8.20、8.21；彩版三一至三二）。

　　壁画病害现状与修复情况见图 8.124、8.125。

图 8.117　裂缝两侧加固

图 8.118　裂缝填泥

图 8.119　揭取破损壁画

图 8.120　壁画地仗剪薄

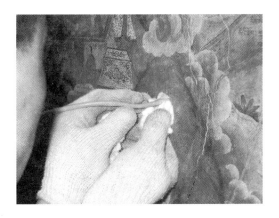

图 8.121　埋设注浆管并封闭注浆孔

图 8.122　注浆

（4）工程的重点

十三世灵塔殿壁画病害主要以墙体裂隙为主，且错位比较严重，主要集中在梁的周围及梁以下；空鼓多集中在裂缝的周围，特点是几乎所有的裂缝都错位，裂缝宽度在0.5mm 左右。因此工程的重点是对墙体、地仗错位的扶正，裂缝的修补及部分空鼓开裂壁画的修复。

（5）工程验收情况

2006 年 7 月 27 日通过验收。验收情况同红宫南门正厅。

图 8.123　植入锚杆

（6）参加施工的人员

十三世灵塔殿壁画保护修复工程由刘涛馆员为现场技术负责，参加人员有孙军永、蔺金强、王业宏、秦禄山、阿旺、洛桑等。

表 8.20　十三世灵塔殿东壁注浆孔、注浆量及锚孔一览表

编号	开孔位置（m）	注浆量（ml）	有无锚杆	PS 量（ml）	编号	开孔位置（m）	注浆量（ml）	有无锚杆	PS 量（ml）
1	(3.13，4.18)	3200	无		4	(2.64，2.20)		有	100
2	(2.84，4.45)	1200	无		5	(3.80，2.82)		有	30
3	(3.53，0.64)		有	80	6	(3.84，3.93)	3600	无	
					合计		8000		210

表 8.21　十三世灵塔殿西壁注浆孔、注浆量及锚孔一览表

编号	开孔位置（m）	注浆量（ml）	有无锚杆	PS 量（ml）	编号	开孔位置（m）	注浆量（ml）	有无锚杆	PS 量（ml）
1	(3.57，4.23)	2200	无		6	(2.93，2.62)		有	80
2	(3.60，2.56)	2240	无		7	(3.60，4.20)		有	100
3	(3.68，2.44)	4500	无		8	(7.26，4.14)		有	20
4	(7.94，1.74)		有	70	9	(8.62，4.13)		有	20
5	(7.19，2.68)		有	50	10	(7.78，0.57)	3500	无	
					合计		12 440		340

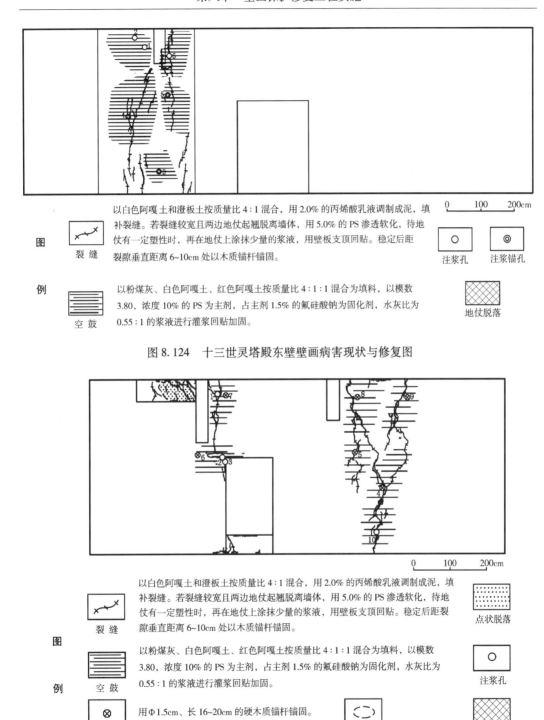

以白色阿嘎土和澄板土按质量比 4:1 混合，用 2.0% 的丙烯酸乳液调制成泥，填补裂缝。若裂缝较宽且两边地仗起翘脱离墙体，用 5.0% 的 PS 渗透软化，待地仗有一定塑性时，再在地仗上涂抹少量的浆液，用壁板支顶回贴。稳定后距裂隙垂直距离 6~10cm 处以木质锚杆锚固。

以粉煤灰、白色阿嘎土、红色阿嘎土按质量比 4:1:1 混合为填料，以模数 3.80，浓度 10% 的 PS 为主剂，占主剂 1.5% 的氟硅酸钠为固化剂，水灰比为 0.55:1 的浆液进行灌浆回贴加固。

图
例

裂　缝

空　鼓

0　　　100　　　200cm

注浆孔　　　注浆锚孔

地仗脱落

图 8.124　十三世灵塔殿东壁壁画病害现状与修复图

以白色阿嘎土和澄板土按质量比 4:1 混合，用 2.0% 的丙烯酸乳液调制成泥，填补裂缝。若裂缝较宽且两边地仗起翘脱离墙体，用 5.0% 的 PS 渗透软化，待地仗有一定塑性时，再在地仗上涂抹少量的浆液，用壁板支顶回贴。稳定后距裂隙垂直距离 6~10cm 处以木质锚杆锚固。

以粉煤灰、白色阿嘎土、红色阿嘎土按质量比 4:1:1 混合为填料，以模数 3.80，浓度 10% 的 PS 为主剂，占主剂 1.5% 的氟硅酸钠为固化剂，水灰比为 0.55:1 的浆液进行灌浆回贴加固。

用 Φ1.5cm、长 16~20cm 的硬木质锚杆锚固。

图
例

裂　缝

空　鼓

锚　孔

点状脱落

注浆孔

颜料层脱落

地仗脱落

0　　　100　　　200cm

图 8.125　十三世灵塔殿西壁壁画病害现状与修复图

（一〇）八世灵塔殿

（1）价值评估

八世达赖喇嘛灵塔殿建于 1804 年，位于红宫最高层北侧，中央供奉八世达赖喇嘛真身法体。壁画系清代（约 1820 年）门堂画派之作。该殿北壁绘有五种姓佛，其余三壁上下两层绘有千尊五种姓佛。画工精细，线条流畅，具有非常明显的门堂画派特征和较高的历史价值。

（2）壁画病害现状

①八世达赖喇嘛灵塔殿一层

东壁空鼓壁画分布在南侧，面积为 8.31m²。起甲主要是金粉层，即藏文画边部位，面积为 1.5m²。北侧离地面 30cm 处地仗层大面积脱落，面积 1.05m²。在壁画脱落部位的墙体中有 1m² 的方木（图 8.126、8.127）。

图 8.126　一层东壁下部开裂空鼓壁画

图 8.127　一层东壁下部大面积脱落壁画

图 8.128　一层南壁脱落及裂缝壁画

南壁壁画面积较小，其中壁画空鼓面积 2.27m²，地仗脱落 0.09m²，裂缝长 0.5m（图 8.128）。

西壁南北两侧壁画空鼓严重，南侧地仗已离开墙体 2cm，且裂缝分布较多；北侧有数条裂缝且空鼓，西北角有通长裂缝一条，整壁空鼓面积为 11.68m²。起甲主要是下部金粉层，即藏文画边部位，面积为 3.56m²。裂缝分布在南北两侧，大的裂缝有 3 条，长约 6m，小的裂缝有数条。整壁壁画污染严

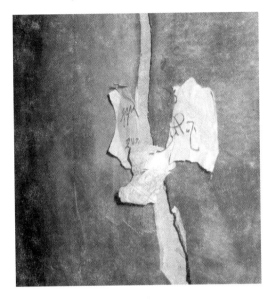
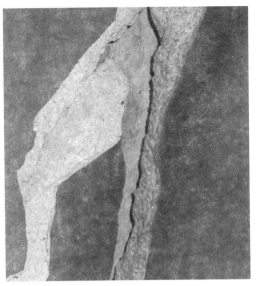

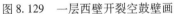

图 8.129　一层西壁开裂空鼓壁画　　　　　图 8.130　一层西壁空鼓开裂壁画

重，主要是雨水冲刷和烟油的污染，画面已模糊不清（图 8.129、8.130）。

北壁为块石墙，整壁壁画空鼓、烟熏，空鼓面积为 32.40m²，大的纵向裂缝有 3 条，长约 6.8m，小的裂缝数条。西侧上部有零星起甲，面积为 1m²，中部屋檐下地仗层脱落，面积为 0.5m²，整个画面有雨水冲刷的痕迹，呈现出灰白相间的条纹状和斑点状。

②八世达赖喇嘛灵塔殿二层

东壁为块石墙，壁画病害有酥碱、空鼓、起甲、地仗层脱落、颜料层脱落、污染等。上部壁画脱落、酥碱、起甲比较严重。地仗层脱落面积达 0.66 m²，起甲壁画 4.35m²，颜料层脱落 1m²，酥碱壁画 1.3m²。空鼓集中在北侧，空鼓壁画 6.15m²。整壁雨水污染严重，呈灰白相间的条纹状，壁画表面附着一层烟油，佛像面部模糊不清，绿色颜料层大面积脱落（图 8.131、8.132）。

南壁上部壁画大面积脱落、空鼓，有纵向裂缝数条；壁画表面烟熏，有白色流痕状污染物。空鼓壁画面积达 12.88m²，脱落壁画 1.02m²，起甲壁画 3.05m²，裂缝长 14m（图 8.133～8.136）。

西壁为块石墙，地仗层厚约 1.5cm。壁画病害主要为颜料层起甲、墙体开裂错位、地仗层脱落及雨水冲刷、油烟污染等。起甲壁画在屋檐下垂幔部位，面积达 1.2m²。墙体错位分布在南北两侧，北侧纵向裂缝由底通顶，长约 5m、宽约 5cm。南侧纵向裂缝有两条，累计长 11m，裂缝周边有环氧树脂，表面粗糙并且有许多小的裂缝。中部上层屋檐下有 0.1m² 地仗层脱落。整壁壁画的上层颜料层大面积脱落，人物画面模糊；整壁壁画受雨水冲刷污染严重，画面已模糊不清，并且有灰白相间的条纹和斑点。千佛像

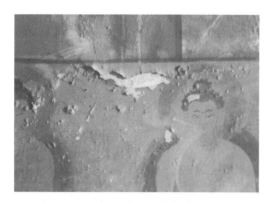

图 8.131　二层东壁起甲壁画

图 8.132　二层东壁起甲脱落壁画

图 8.133　二层南壁空鼓开裂壁画

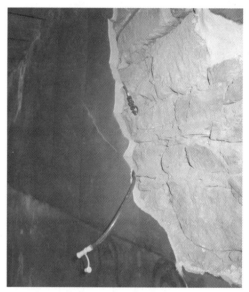

图 8.134　二层南壁地仗层脱落壁画

图 8.135　二层南壁起甲壁画

图 8.136　二层南壁脱落开裂壁画

画面上多有白色油污，污染壁画面积有 29.82m²。空鼓壁画面积 13.5m²（图 8.137、8.138）。

北壁为块石墙，壁画病害主要为墙体开裂、地仗层脱落、壁画酥碱、起甲及雨水冲刷污染等。地仗大面积脱落，主要是在屋檐下和西侧距西壁 2m 处，面积达 2.7m²；地基下沉是墙体开裂的主要原因，大的裂缝有 4 条，长约 15m，裂缝周边有很多小的裂缝，东北角有一条通长裂缝。西侧大面积壁画酥碱、起甲，有部分壁画表面皱褶，呈疱疹状；整壁壁画受烟熏污染（图 8.139、8.140）。

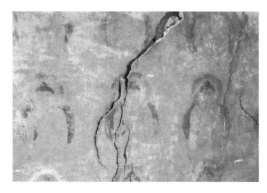

图 8.137　二层西壁壁画空鼓

图 8.138　二层西壁壁画表面污染

图 8.139　二层北壁酥碱脱落开裂壁画

图 8.140　二层北壁脱落壁画

（3）工程完成情况

八世灵塔殿壁画修复工程始于 2004 年 5 月 5 日，10 月 17 日结束，历时 750 个工作日。对八世灵塔殿壁画的空鼓、起甲、裂隙、污染等的病害，我们按照布达拉宫壁画保护修复工程设计方案说明中的材料与工艺进行修复加固，共计完成病害壁画修复148.35m²（合同面积 122.65m²）。其中加固空鼓壁画面积 87.19m²，开设注浆孔 43 眼，注浆量 15 860ml，植入木质锚杆 13 根；修复起甲壁画 13.46m²；清洗壁画表面污物面积 29.82m²；揭取回贴壁画 8.88m²；壁画表面裂缝修补 18m，折合面积 9m²，椽头开锯缝长 11m（图 8.141 ~ 8.152；表 8.22 ~ 8.25）。

图 8.141　开设注浆孔

图 8.142　埋设注浆管

图 8.143　支顶壁板

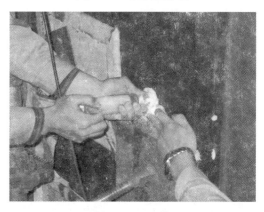
图 8.144　注浆

图 8.145　补色

图 8.146　壁画揭取前锯缝处理

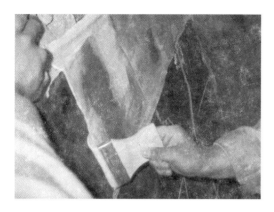

图 8.147　壁画揭取前粘贴纱布保护

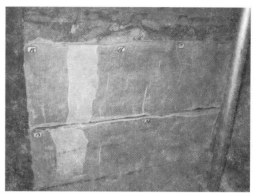

图 8.148　壁画揭取前编号

图 8.149　壁画揭取前震动

图 8.150　壁画揭取后编号

图 8.151　壁画背面涂抹黏结材料

图 8.152　回贴壁画

表 8.22　八世灵塔殿一层南壁注浆孔、注浆量及锚孔一览表

编号	开孔位置（m）	注浆量（ml）	有无锚杆	PS 量（ml）	编号	开孔位置（m）	注浆量（ml）	有无锚杆	PS 量（ml）
1	(0.70, 0.45)	1000	无	20	4	(0.32, 0.68)	1200	无	30
2	(0.51, 0.23)	400	无	20	5	(6.63, 3.82)	880	无	20
3	(0.48, 0.82)	1500	无	20	6	(6.28, 3.86)	1200	无	40
					合计		6180		150

表 8.23　八世灵塔殿一层北壁注浆孔、注浆量及锚孔一览表

编号	开孔位置（m）	注浆量（ml）	有无锚杆	PS 量（ml）	编号	开孔位置（m）	注浆量（ml）	有无锚杆	PS 量（ml）
1	(0.58, 2.45)		有	20	8	(5.93, 3.15)		有	20
2	(0.67, 3.85)		有	10	9	(6.24, 4.31)		有	40
3	(0.79, 0.65)		有	10	10	(7.00, 3.20)		有	20
4	(0.96, 3.22)		有	30	11	(7.41, 0.85)		有	20
5	(1.61, 2.55)		有	20	12	(7.58, 4.09)		有	15
6	(2.01, 4.04)		有	30	13	(7.74, 2.45)		有	30
7	(4.99, 4.61)		有	20	合计				285

表 8.24　八世灵塔殿二层东壁注浆孔、注浆量及锚孔一览表

编号	开孔位置（m）	注浆量（ml）	有无锚杆	PS 量（ml）	编号	开孔位置（m）	注浆量（ml）	有无锚杆	PS 量（ml）
1	(1.45, 3.65)	1760	无	60	3	(1.32, 3.47)	480	无	40
2	(1.14, 3.70)	560	无	40	4	(1.68, 3.51)	1120	无	100
					合计		3920		240

表 8.25　八世灵塔殿二层南壁注浆孔、注浆量及锚孔一览表

编号	开孔位置（m）	注浆量（ml）	有无锚杆	PS量（ml）	编号	开孔位置（m）	注浆量（ml）	有无锚杆	PS量（ml）
1	(5.60, 4.44)	400	无	30	7	(2.60, 3.94)	400	无	20
2	(5.59, 4.26)	160	无	20	8	(3.12, 4.37)	240	无	20
3	(5.63, 4.15)	240	无	20	9	(6.17, 4.46)	480	无	20
4	(5.70, 3.94)	1360	无	40	10	(6.26, 4.24)	400	无	20
5	(1.89, 4.04)	720	无	100	11	(6.67, 4.20)	480	无	40
6	(2.32, 4.02)	880	无	120	合计		5760		450

壁画病害现状与修复情况见图 8.153～8.160（彩版三三，1、2）。

（4）工程的重点

八世灵塔殿壁画病害主要表现为空鼓开裂、地仗大面积脱落、壁画表面污染等。因此工程的重点是对这些病害的治理，对空鼓破损有脱落危险的壁画采取揭取整形回贴的方法；对地仗已经脱落的区域，做边缘加固处理。为了配合苏州古建对二层建筑墙体的更换，按照布达拉宫工程指挥部的要求，对需更换墙体的壁画揭取，墙体更换后再回

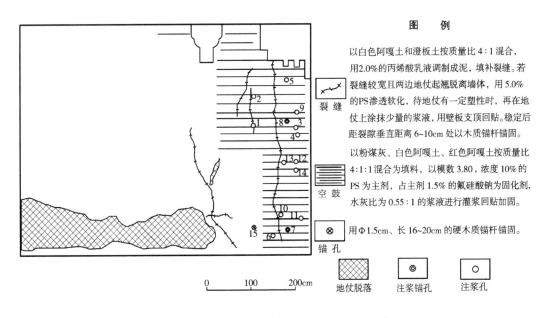

图例

裂缝　以白色阿嘎土和澄板土按质量比4:1混合，用2.0%的丙烯酸乳液调制成泥，填补裂缝。若裂缝较宽且两边地仗起翘脱离墙体，用5.0%的PS渗透软化，待地仗有一定塑性时，再在地仗上涂抹少量的浆液，用壁板支顶回贴。稳定后距裂隙垂直距离6~10cm处以木质锚杆锚固。

空鼓　以粉煤灰、白色阿嘎土、红色阿嘎土按质量比4:1:1混合为填料，以模数3.80、浓度10%的PS为主剂，占主剂1.5%的氟硅酸钠为固化剂，水灰比为0.55:1的浆液进行灌浆回贴加固。

锚孔　用Φ1.5cm、长16~20cm的硬木质锚杆锚固。

0　　100　　200cm

地仗脱落　注浆锚孔　注浆孔

图 8.153　八世灵塔殿一层东壁壁画病害现状与修复图

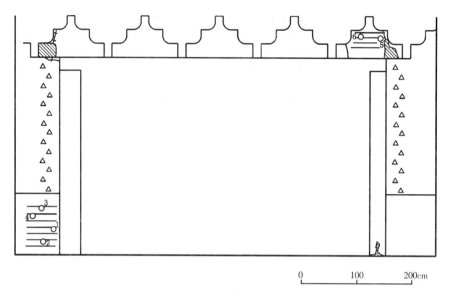

裂 缝	以白色阿嘎土和澄板土按质量比 4:1 混合,用 2.0% 的丙烯酸乳液调制成泥,填补裂缝。若裂缝较宽且两边地仗起翘脱离墙体,用 5.0% 的 PS 渗透软化,待地仗有一定塑性时,再在地仗上涂抹少量的浆液,用壁板支顶回贴。稳定后距裂隙垂直距离 6~10cm 处以木质锚杆锚固。
起 甲	用配比为 1.5% ~2.0% 的硅丙乳液或丙烯酸乳液回贴加固。
边缘加固	以白色阿嘎土、澄板土按质量比 4:1 混合,用 2.0% 的丙烯酸乳液调制成泥,进行地仗脱落部位的边缘加固。
空 鼓	以粉煤灰、白色阿嘎土、红色阿嘎土按质量比 4:1:1 混合为填料,以模数 3.80,浓度 10% 的 PS 为主剂,占主剂 1.5% 的氟硅酸钠为固化剂,水灰比为 0.55:1 的浆液进行灌浆回贴加固。
注浆孔	

图例

图 8.154 八世灵塔殿一层南壁壁画病害现状与修复图

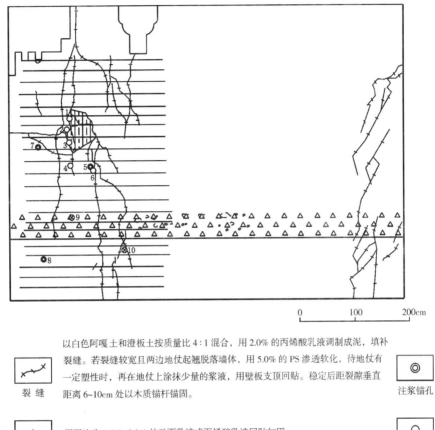

图

例

裂　缝	以白色阿嘎土和澄板土按质量比 4:1 混合，用 2.0% 的丙烯酸乳液调制成泥，填补裂缝。若裂缝较宽且两边地仗起翘脱落墙体，用 5.0% 的 PS 渗透软化，待地仗有一定塑性时，再在地仗上涂抹少量的浆液，用壁板支顶回贴。稳定后距裂隙垂直距离 6~10cm 处以木质锚杆锚固。
起　甲	用配比为 1.5%~2.0% 的硅丙乳液或丙烯酸乳液回贴加固。
锚　孔	用 Φ1.5cm、长 16~20cm 的硬木质锚杆锚固。
边仗加固	以白色阿嘎土、澄板土按质量比 4:1 混合，用 2.0% 的丙烯酸乳液调制成泥，进行地仗脱落部位的边缘加固。
空　鼓	以粉煤灰、白色阿嘎土、红色阿嘎土按质量比 4:1:1 混合为填料，以模数 3.80，浓度 10% 的 PS 为主剂，占主剂 1.5% 的氟硅酸钠为固化剂，水灰比为 0.55:1 的浆液进行灌浆回贴加固。

注浆锚孔

注浆孔

颜料层脱落

壁画揭取

图 8.155　八世灵塔殿一层西壁壁画病害现状与修复图

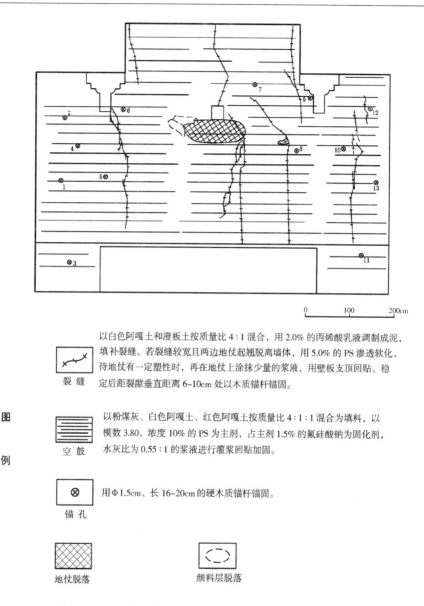

图 例

裂 缝
以白色阿嘎土和澄板土按质量比 4:1 混合，用 2.0% 的丙烯酸乳液调制成泥，填补裂缝。若裂缝较宽且两边地仗起翘脱离墙体，用 5.0% 的 PS 渗透软化，待地仗有一定塑性时，再在地仗上涂抹少量的浆液，用壁板支顶回贴。稳定后距裂隙垂直距离 6~10cm 处以木质锚杆锚固。

空 鼓
以粉煤灰、白色阿嘎土、红色阿嘎土按质量比 4:1:1 混合为填料，以模数 3.80，浓度 10% 的 PS 为主剂，占主剂 1.5% 的氟硅酸钠为固化剂，水灰比为 0.55:1 的浆液进行灌浆回贴加固。

锚 孔
用 Φ1.5cm、长 16~20cm 的硬木质锚杆锚固。

地仗脱落　　　　　颜料层脱落

图 8.156　八世灵塔殿一层北壁壁画病害现状与修复图

贴。对表面污染物的清除过程中，可先用湿毛巾轻轻擦洗壁画表面，除去黏附的泥土及污染物，并及时用干毛巾擦干壁画表面；对无法擦去的污物用铁质或木质工具轻轻剔除，使画面干净清晰。

　　验收期间，古建维修人员在屋顶施工，由于未及时采取措施，大量水污流到壁画表层，致使壁画颜料层产生起甲病害。因此，对于顶层建筑来说，屋顶防漏是保证壁画免受伤害的措施之一。

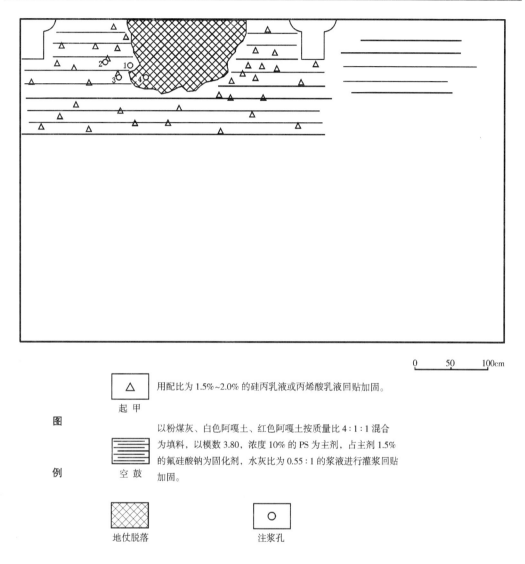

图
例

起 甲
△
用配比为 1.5%~2.0% 的硅丙乳液或丙烯酸乳液回贴加固。

空 鼓
以粉煤灰、白色阿嘎土、红色阿嘎土按质量比 4:1:1 混合为填料，以模数 3.80，浓度 10% 的 PS 为主剂，占主剂 1.5% 的氟硅酸钠为固化剂，水灰比为 0.55:1 的浆液进行灌浆回贴加固。

地仗脱落

注浆孔 ○

图 8.157　八世灵塔殿二层东壁壁画病害现状与修复图

八世灵塔殿系红宫大殿之一，且布达拉宫每天的游客量很大，八世灵塔殿上层又是游人参观的必经通道，因此上面的震动和压力很大，对壁画有不同程度的损害，为了减小压力和震动对壁画的影响，采取椽眼处壁画锯缝措施。

（5）工程验收情况

2004 年 10 月 27 日通过验收。验收情况同红宫南门正厅。

（6）参加施工的人员

八世灵塔壁画保护修复工程由李最雄研究员为现场技术负责，参加人员有王旭东、

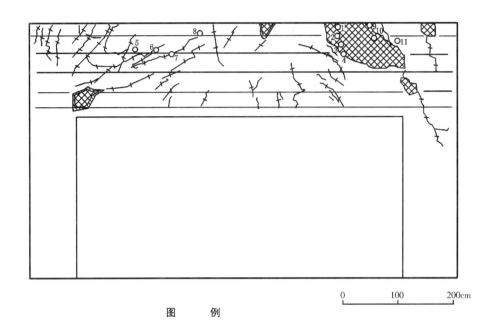

图　　例

以白色阿嘎土和澄板土按质量比 4∶1 混合，用 2.0%
的丙烯酸乳液调制成泥，填补裂缝。若裂缝较宽
且两边地仗起翘脱离墙体，用 5.0% 的 PS 渗透软
化，待地仗有一定塑性时，再在地仗上涂抹少量的
浆液，用壁板支顶回贴。稳定后距裂隙垂直距离
6~10cm 处以木质锚杆锚固。

裂　缝

以白色阿嘎土、澄板土按质量比 4∶1 混合，用
2.0% 的丙烯酸乳液调制成泥，进行地仗脱落部
位的边缘加固。

边缘加固

用配比为 1.5%~2.0% 的硅丙乳液或丙烯酸乳液回
贴加固。

起　甲

以粉煤灰、白色阿嘎土、红色阿嘎土按质量比 4∶1∶1
混合为填料，以模数 3.80，浓度 10% 的 PS 为主剂，
占主剂1.5%的氟硅酸钠为固化剂，水灰比为0.55∶1
的浆液进行灌浆回贴加固。

空　鼓

注浆孔

地仗脱落

图 8.158　八世灵塔殿二层南壁壁画病害现状与修复图

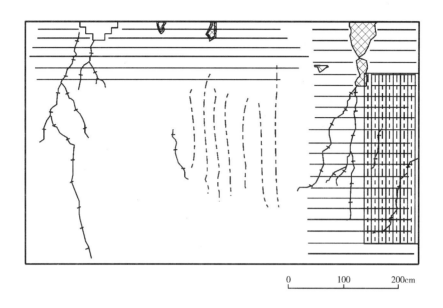

以白色阿嘎土和澄板土按质量比4∶1混合，用2.0%的丙烯酸乳液调制成泥，填补裂缝。若裂缝较宽且两边地仗起翘脱离墙体，用5.0%的PS渗透软化，待地仗有一定塑性时，再在地仗上涂抹少量的浆液，用壁板支顶回贴。稳定后距裂隙垂直距离6~10cm处以木质锚杆锚固。

裂　缝

图

以白色阿嘎土、澄板土按质量比4∶1混合，用2.0%的丙烯酸乳液调制成泥，进行地仗脱落部位的边缘加固。

例

边缘加固

以粉煤灰、白色阿嘎土、红色阿嘎土按质量比4∶1∶1混合为填料，以模数3.80、浓度10%的PS为主剂，占主剂1.5%的氟硅酸钠为固化剂，水灰比为0.55∶1的浆液进行灌浆回贴加固。

空　鼓

地仗脱落　　　壁画揭开　　　雨水划痕

图8.159　八世灵塔殿二层西壁壁画病害现状与修复图

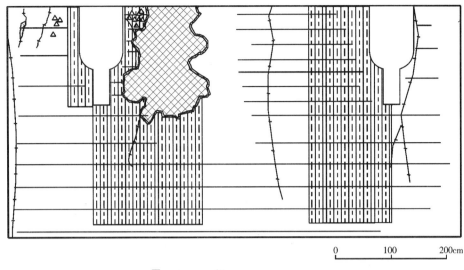

图　　例

裂　缝

以白色阿嘎土和澄板土按质量比4∶1混合，用2.0%
的丙烯酸乳液调制成泥，填补裂缝。若裂缝较宽且
两边地仗起翘脱离墙体，用5.0%的PS渗透软化，
待地仗有一定塑性时，再在地仗上涂抹少量的浆
液，用壁板支顶回贴。稳定后距裂隙垂直距离6~
10cm处以木质锚杆锚固。

边缘加固

以白色阿嘎土、澄板土按质量比4∶1混合，用
2.0%丙烯酸乳液调制成泥，进行地仗脱落部
位的边缘加固。

起　甲

用配比为1.5%~2.0%的硅丙乳液或丙烯酸乳液
回贴加固。

空　鼓

在粉煤灰、白色阿嘎土、红色阿嘎土按质量比4∶1∶1
混合为填料，以模数3.80，浓度10%的PS为主
剂，占主剂1.5%的氟硅酸钠为固化剂，水灰比
为0.55∶1的浆液进行灌浆回贴加固。

壁画揭取

地仗脱落

图8.160　八世灵塔殿二层北壁壁画病害现状与修复图

付有旭、刘涛、柴勃隆、傅鹏、王华国、孙军永、王辉、李璐、郝腾飞、胡晓军、旺
姆、朗杰等。

（一）药师殿

（1）价值评估

壁画系清代门堂画派之作。南壁绘有药师益喜旺杰等九十六尊药师传承像。北壁绘
有药师玉托传承的祖师像七十三尊、五世达赖喇嘛画像、著名医师玉托云丹公布等画

像，还有印藏历代著名药师的画像。北壁有五世达赖喇嘛的鲜血绘制的护法神像，具有极高的历史价值。

（2）壁画病害现状

东壁为笈玛草墙体，地基下沉，造成壁画空鼓错位。整壁壁画空鼓，有8条裂缝，其中有6条为自上而下的大裂缝。壁画脱落多处曾做过修补，又重新开裂（图8.161、8.162）。顶部经雨水冲刷的画面有多处污染。空鼓壁画面积20.79m²；起甲壁画20.79m²。

南壁东侧有雨水冲刷污染、烟熏严重。中部壁画空鼓，画面为近代补绘。窗西侧中上部空鼓较严重，壁画面积达3m²（图8.163）。

北壁壁画表面烟熏、空鼓严重。下部有横向裂缝。左侧有一纵向裂缝，壁画空鼓，面积37.24m²（图8.164）。

图8.161　东壁壁画裂隙空鼓现状

图8.162　东壁壁画裂隙空鼓、局部脱落

图8.163　南壁空鼓壁画现状

图8.164　北壁壁画烟熏、空鼓现状

（3）工程完成情况

药师殿壁画修复工程始于 2005 年 9 月 3 日，2006 年 9 月 27 日结束，历时 560 个工作日。对药师殿壁画的空鼓、起甲、裂隙，我们按照布达拉宫壁画保护修复工程设计方案说明中的材料与工艺进行修复加固，共计完成壁画病害修复 30.03m² （合同面积 81.82m²）。其中，修复加固空鼓壁画 19.66m²，注浆量 18 800ml，植入锚杆 3 根；更换墙体时揭取回贴壁画 10.37m² （图 8.165 ~ 8.177；表 8.26、8.27；彩版三三，3、4；彩版三四；彩版三五，1、2）。

壁画病害现状与修复情况见图 8.178 ~ 8.180。

（4）工程的重点和难点

图 8.165　揭取前壁画分块锯缝

图 8.166　揭取前壁画表面用宣纸保护

图 8.167　揭取前壁画表面用纱布保护

图 8.168　揭取前壁画分块标记

图 8.169　壁画揭取过程

图 8.170　壁画揭取下来后编号

图 8.171　揭取下来的壁画地仗剪薄

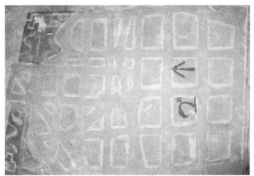

图 8.172　壁画地仗加固后

图 8.173　重新制作的笆玛草墙体

图 8.174　墙体表面加固

图 8.175　按标记回贴壁画

图 8.176　回贴后支顶壁板

药师殿东壁为轻质（笈玛草）墙体，中间有木质柱子承重。由于建筑顶部的压力作用，支撑柱下沉，轻质墙体变形，造成壁画地仗开裂、错位，局部空鼓，其中以北侧最为严重。同时由于木质结构建筑年代已久，屋顶木质已经糟朽，顶部漏雨，壁画上部靠近屋顶处已有雨水冲刷的痕迹，对壁画的保存形成很大的威胁，需更换木构件。壁画维修工程

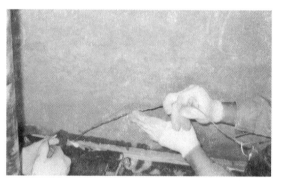

图 8.177　回贴后灌浆加固壁画地仗

的重点是配合建筑顶部的维修，抬升支撑柱子回原位，更换承载壁画的墙体，对壁画采取揭取、整形回贴的措施。

由于壁画地仗较厚，最厚处在 10cm 左右，因此揭取有一定的困难。在对壁画分块时，分割块过大，壁画体量会很大；分割块小则会对画面造成破坏。但是，揭取回贴必须遵循既定的原则，即分块线尽量选择在壁画裂缝处或画面相对分散单一的区域，使对壁画的伤害减到最小。在实际揭取时我们根据原则选择了较大的分割块，但由于地仗很厚，部分地仗泥渗在笈玛草间缝隙中，揭取时壁画分块都比较重，增加了揭取的难度和风险性。

对揭取后的壁画地仗进行剪薄以减小自重，并对地仗采用 10% 的 PS 渗透加固，提高强度。在对古建更换后的墙体以泥整平的同时于墙体内加筋（见图 8.173），并以 10% 的 PS 喷洒墙面渗透加固，增加墙体的强度，也可使回贴后的地仗和墙体紧密结合。在对更换后的墙体抹泥时要把握好厚度，保证回贴后的壁画与未揭取部分保持在同一平面。

表8.26 药师殿东壁注浆孔、注浆量及锚孔一览表

编号	开孔位置（m）	注浆量（ml）	有无锚杆	PS量（ml）	编号	开孔位置（m）	注浆量（ml）	有无锚杆	PS量（ml）
1	(4.94, 2.33)	6400	无		3	(6.67, 1.77)	3600	无	
2	(4.91, 1.81)	2400	无		4	(6.49, 0.95)	2400	无	
					合计		14 800		

表8.27 药师殿西壁注浆孔、注浆量及锚孔一览表

编号	开孔位置（m）	注浆量（ml）	有无锚杆	PS量（ml）	编号	开孔位置（m）	注浆量（ml）	有无锚杆	PS量（ml）
1	(9.00, 1.44)	2400	无	40	3	(8.16, 1.07)		有	
2	(8.70, 1.00)	1600	有	60	4	(8.61, 1.69)		有	
					合计		4000		

（5）工程验收情况

2007年6月25日通过验收。验收情况同红宫南门正厅。

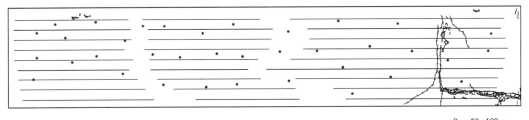

0　50　100cm

图例

裂缝：以白色阿嘎土和澄板土按质量比4:1混合，用2.0%的丙烯酸乳液调制成泥，填补裂缝。若裂缝较宽且两边地仗起翘脱离墙体，用5.0%的PS渗透软化，待地仗有一定塑性时，再在地仗上涂抹少量的浆液，用壁板支顶回贴。稳定后距裂隙垂直距离6~10cm处以木质锚杆锚固。

空鼓：以粉煤灰、白色阿嘎土、红色阿嘎土按质量比4:1:1混合为填料，以模数3.80，浓度10%的PS为主剂，占主剂1.5%的氟硅酸钠为固化剂，水灰比为0.55:1的浆液进行灌浆回贴加固。

烟熏　　颜料层脱落　　地仗脱落

图8.178 药师殿北壁壁画病害现状与修复图

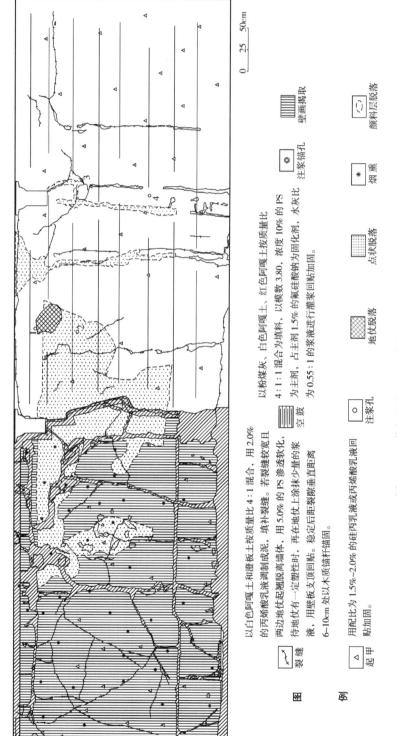

图例

以白色阿嘎土和澄板土按质量比 4∶1 混合，用 2.0%
的丙烯酸乳液调制成泥。若裂缝较宽且
两边地仗起翘脱离端体，用 5.0% 的 PS 渗透软化，
待地仗有一定塑性时，再在地仗上涂抹少量的浆
液，用壁板支顶回贴。稳定后距裂隙垂直距离
6~10cm 处以木质锚杆锚固。

以粉煤灰、白色阿嘎土、红色阿嘎土按质量比
4∶1∶1 混合为填料，以模数 3.80，浓度 10% 的 PS
为主剂，占主剂 1.5% 的氟硅酸钠为固化剂，水灰比
为 0.55∶1 的浆液进行灌浆加固。

用配比为 1.5%~2.0% 的硅丙乳液或丙烯酸乳液回
贴加固。

图例
- 裂缝
- 起甲
- 空鼓
- 注浆孔
- 注浆锚孔
- 烟黑
- 壁画揭取
- 地仗脱落
- 点状脱落
- 颜料层脱落

图 8.179 药师殿东壁壁画病害现状与修复图

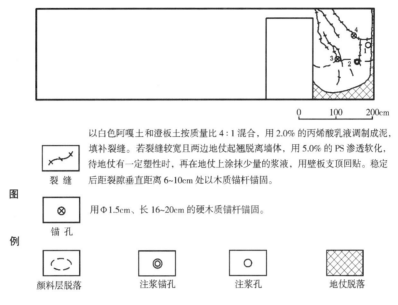

以白色阿嘎土和澄板土按质量比 4:1 混合，用 2.0% 的丙烯酸乳液调制成泥，
填补裂缝。若裂缝较宽且两边地仗起翘脱离墙体，用 5.0% 的 PS 渗透软化，
待地仗有一定塑性时，再在地仗上涂抹少量的浆液，用壁板支顶回贴。稳定
后距裂隙垂直距离 6~10cm 处以木质锚杆锚固。

用 Φ1.5cm、长 16~20cm 的硬木质锚杆锚固。

图例

裂缝

锚孔

颜料层脱落　　　注浆锚孔　　　注浆孔　　　地仗脱落

图 8.180　药师殿西壁壁画病害现状与修复图

（6）参加施工的人员

药师殿壁画保护修复工程由李最雄研究员、汪万福研究员具体负责，参加人员有李
四存、付有旭、崔强、李璐、王华国、王辉、蔺金强、何卫、王业宏、郝腾飞、郭萍、
何晓、阿旺、洛桑、朗杰、旺姆等。

（一二）时轮殿

（1）价值评估

时轮殿位于红宫六层回廊东侧，面积 108.57m²。壁画系清代门堂画派之作。四周
墙壁主要绘有时轮双身佛、释迦牟尼、金刚佛、松赞干布、文成公主、五世达赖喇嘛以
及一百多位上师高僧的画像。

（2）壁画病害现状

西壁整壁烟熏，已看不到画面；壁画空鼓严重，面积 15.97m²。

南壁整壁烟熏，画面模糊不清；空鼓严重，面积 20.39m²（图 8.181、8.182）。

北壁整壁烟熏、空鼓严重，画面几乎不可分辨。空鼓壁画面积为 23.30m²。

（3）工程完成情况

时轮殿壁画修复工程始于 2006 年 8 月 22 日，9 月 30 日结束，历时 186 个工作日。对时
轮殿壁画的空鼓、起甲、裂隙、烟熏等病害，我们按照布达拉宫壁画保护修复工程设计方案
说明中的材料与工艺进行修复加固，修复病害壁画总面积 28.09m²（合同面积 59.66m²）。
其中修复加固空鼓壁画 25.73m²，钻注浆孔 88 眼，注浆量 69 160ml（图 8.183~8.186；

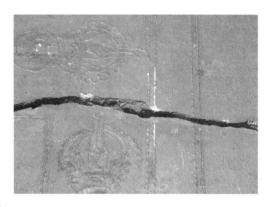

图 8.181　南壁壁画烟熏、裂缝现状

图 8.182　南壁壁画烟熏、起甲现状

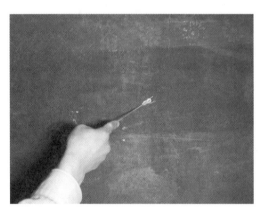

图 8.183　开注浆孔

图 8.184　埋设注浆管

图 8.185　支顶壁板

图 8.186　注浆

表8.28、8.29）；修复加固起甲壁画2.36m²（彩版三六，5、6；彩版三七，1、2）。

壁画病害现状与修复情况见图8.187、8.188。

表8.28 时轮殿南壁注浆孔、注浆量及锚孔一览表

编号	开孔位置（m）	注浆量（ml）	有无锚杆	PS量（ml）	编号	开孔位置（m）	注浆量（ml）	有无锚杆	PS量（ml）
1	(1.90, 1.35)	880	无	20	27	(3.39, 2.07)	640	无	20
2	(1.90, 1.58)	560	无	30	28	(3.39, 2.27)	3200	无	20
3	(2.32, 1.72)	1280	无	20	29	(3.41, 2.43)	880	无	30
4	(2.17, 1.37)	1280	无	30	30	(2.72, 2.43)	400	无	30
5	(2.73, 1.16)	160	无	30	31	(4.79, 2.07)	2240	无	50
6	(2.61, 0.89)	2080	无	40	32	(4.79, 2.34)	640	无	20
7	(2.63, 0.74)	880	无	20	33	(4.79, 2.43)	800	无	30
8	(8.46, 0.51)	480	无	20	34	(4.75, 2.58)	480	无	20
9	(8.46, 0.37)	1080	无	30	35	(4.70, 2.70)	640	无	20
10	(1.88, 1.24)	480	无	20	36	(4.65, 2.80)	240	无	20
11	(1.83, 1.99)	1080	无	40	37	(4.58, 2.86)	320	无	20
12	(1.83, 2.05)	480	无	40	38	(4.46, 3.02)	480	无	30
13	(1.85, 2.25)	720	无	20	39	(4.99, 2.46)	1260	无	30
14	(1.85, 2.36)	1600	无	30	40	(5.03, 3.03)	720	无	20
15	(1.71, 2.42)	800	无	20	41	(5.59, 2.46)	1200	无	30
16	(1.43, 2.42)	240	无	40	42	(5.49, 2.82)	1120	无	20
17	(1.79, 2.74)	800	无	30	43	(6.02, 2.99)	1600	无	20
18	(1.90, 3.02)	480	无	20	44	(6.32, 2.84)	1040	无	20
19	(2.26, 2.07)	560	无	20	45	(6.58, 2.31)	1200	无	20
20	(2.26, 2.48)	1200	无	20	46	(6.54, 2.60)	2080	无	20
21	(2.37, 3.12)	800	无	20	47	(6.65, 2.91)	480	无	20
22	(2.54, 2.65)	720	无	20	48	(6.91, 2.90)		无	30
23	(2.64, 1.93)	1120	无	30	49	(7.11, 2.73)	1200	无	20
24	(2.99, 2.37)	960	无	30	50	(7.27, 3.30)	400	无	20
25	(2.99, 2.55)	2000	无	20	51	(7.49, 2.31)	720	无	20
26	(3.19, 2.49)	480	无	20	52	(7.74, 2.86)	480	无	20

编号	开孔位置（m）	注浆量（ml）	有无锚杆	PS 量（ml）	编号	开孔位置（m）	注浆量（ml）	有无锚杆	PS 量（ml）
53	(8.38, 2.58)	1440	无	20	59	(4.75, 1.61)	480	无	30
54	(7.11, 2.98)	640	无	30	60	(4.67, 1.37)	160	无	40
55	(8.13, 0.78)	800	无	40	61	(5.36, 0.98)	480	无	40
56	(1.66, 1.76)	480	无	60	62	(5.84, 0.75)	200	无	20
57	(3.63, 1.58)	800	无	20	63	(6.20, 1.51)	320	无	20
58	(3.83, 1.37)	640	无	20	合计		54 100		1640

表 8.29　时轮殿西壁注浆孔、注浆量及锚孔一览表

编号	开孔位置（m）	注浆量（ml）	有无锚杆	PS 量（ml）	编号	开孔位置（m）	注浆量（ml）	有无锚杆	PS 量（ml）
1	(1.90, 0.65)	1200	无	20	14	(2.07, 2.06)	160	无	30
2	(1.98, 0.41)	840	无	20	15	(2.05, 2.26)	960	无	30
3	(2.02, 0.20)	480	无	20	16	(2.38, 2.25)	160	无	40
4	(1.58, 0.65)	1000	无	20	17	(2.39, 2.45)	320	无	20
5	(1.77, 0.27)	320	无	20	18	(2.38, 2.63)	240	无	20
6	(1.67, 1.17)	640	无	20	19	(2.10, 2.60)	480	无	20
7	(0.37, 0.89)	1120	无	20	20	(1.81, 2.84)	800	无	20
8	(0.13, 1.11)	160	无	20	21	(2.58, 2.63)	960	无	20
9	(1.08, 1.47)	480	无	20	22	(1.12, 1.34)	80	无	40
10	(2.17, 1.14)	900	无	30	23	(0.61, 2.48)	480	无	20
11	(2.17, 1.32)	480	无	40	24	(0.62, 1.87)	640	无	20
12	(2.16, 1.68)	1200	无	20	25	(1.07, 2.34)	800	无	20
13	(2.35, 1.80)	160	无	30	合计		15 060		600

（4）工程的重点、难点及存在的问题

时轮殿壁画病害主要有空鼓、裂隙及烟熏，因此工程的重点是对这些病害的治理上。我们对空鼓壁画采取灌浆回贴、锚固补强的措施；而对烟熏壁画的清洗是目前壁画保护中的一项难题，首先要明确燃烧物类型及燃烧产物的化学成分，从而选择适当的清洗材料。通常情况下，由于燃烧物的类型和燃烧后的产物都比较复杂，在选择清洗材料

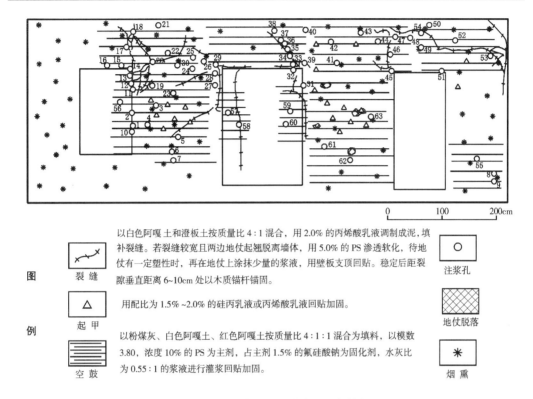

图例

裂缝：以白色阿嘎土和澄板土按质量比 4:1 混合，用 2.0% 的丙烯酸乳液调制成泥，填补裂缝。若裂缝较宽且两边地仗起翘脱离墙体，用 5.0% 的 PS 渗透软化，待地仗有一定塑性时，再在地仗上涂抹少量的浆液，用壁板支顶回贴。稳定后距裂隙垂直距离 6~10cm 处以木质锚杆锚固。

起甲：用配比为 1.5%~2.0% 的硅丙乳液或丙烯酸乳液回贴加固。

空鼓：以粉煤灰、白色阿嘎土、红色阿嘎土按质量比 4:1:1 混合为填料，以模数 3.80，浓度 10% 的 PS 为主剂，占主剂 1.5% 的氟硅酸钠为固化剂，水灰比为 0.55:1 的浆液进行灌浆回贴加固。

注浆孔

地仗脱落

烟熏

图 8.187　时轮殿南壁壁画病害现状与修复图

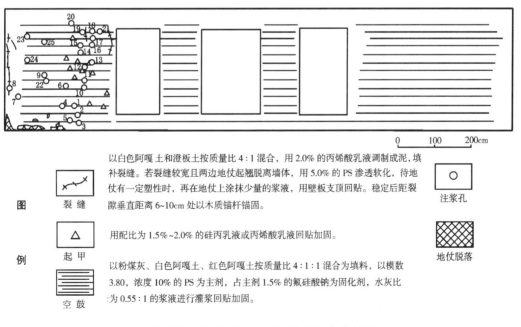

图例

裂缝：以白色阿嘎土和澄板土按质量比 4:1 混合，用 2.0% 的丙烯酸乳液调制成泥，填补裂缝。若裂缝较宽且两边地仗起翘脱离墙体，用 5.0% 的 PS 渗透软化，待地仗有一定塑性时，再在地仗上涂抹少量的浆液，用壁板支顶回贴。稳定后距裂隙垂直距离 6~10cm 处以木质锚杆锚固。

起甲：用配比为 1.5%~2.0% 的硅丙乳液或丙烯酸乳液回贴加固。

空鼓：以粉煤灰、白色阿嘎土、红色阿嘎土按质量比 4:1:1 混合为填料，以模数 3.80，浓度 10% 的 PS 为主剂，占主剂 1.5% 的氟硅酸钠为固化剂，水灰比为 0.55:1 的浆液进行灌浆回贴加固。

注浆孔

地仗脱落

图 8.188　时轮殿西壁壁画病害现状与修复图

上还存在一定的困难。在时轮殿我们做了清洗试验,选择了南壁西侧上部一小块烟熏相对严重的区域,采用碳酸钠溶液、柠檬酸及双氧水做了清洗,效果比较好,但还不能做大面积的清洗,仍需进一步的室内和现场的试验。

（5）工程验收情况

2007 年 6 月 25 日通过验收。验收情况同红宫南门正厅。

（6）参加施工的人员

时轮殿壁画保护修复工程由刘涛馆员为现场技术负责,参加人员有付有旭、杨金建、王华国、孙军永、王辉、王业宏、杨金礼等。

（一三）七世灵塔殿

（1）价值评估

七世达赖喇嘛灵塔殿建于 1757 年,位于红宫最高层西北角。壁画系清代门堂画派之作。西壁正中绘有三世佛,其余三壁绘有千尊释迦佛像。

（2）壁画病害现状

南壁壁画烟熏、空鼓严重,有裂缝数条。壁画表面多处有用石膏修补的痕迹。空鼓壁画面积达 30.25m²。

西壁墙体用块石砌筑,整壁壁画空鼓、烟熏严重。壁画表面有雨水冲刷痕迹,残留物为白色。壁面有 4 条大裂缝,周边空鼓。空鼓壁画长 14.27m、高 4m,面积为 57.08m²。

（3）工程完成情况

七世灵塔殿壁画修复工程始于 2006 年 7 月 16 日,8 月 6 日结束,历时 123 个工作日。对七世灵塔壁画的空鼓、起甲、裂隙,我们按照布达拉宫壁画保护修复工程设计方案说明中的材料与工艺进行修复加固,共计修复病害壁画总面积 23.76m²（合同面积 87.33 m²）。其中修复加固空鼓壁画 23.76m²,钻注浆孔 46 眼,注浆量 17 260ml（表 8.30、8.31）；修补裂缝 17.1m（彩版三五,3、4；彩版三六,1、2）。

壁画病害现状与修复情况见图 8.189、8.190。

（4）工程的重点和难点

七世灵塔殿主要病害为空鼓、裂隙,因此工程的重点是空鼓壁画的灌浆回贴和裂缝的修补。南壁墙体为后砌筑的隔墙,墙体为木质、土坯、石块结合砌筑,结构较为复杂,因此在对空鼓壁画的处理上有难度,灌浆时浆液会沿木构件、土坯、块石间的缝隙入渗,影响地仗回贴的效果。实际操作中我们采用稠度较大的泥浆灌浆回贴（泥浆采用澄板土与白色阿嘎土质量比 3∶1 混合,主剂为 5% 丙烯酸乳液,水灰比 0.5）,增加了地仗与墙体的兼容性。

（5）工程验收情况

2006 年 7 月 27 日通过验收。验收情况同红宫南门正厅。

（6）参加施工的人员

七世灵塔殿壁画保护修复工程由樊再轩副研究员为现场技术负责，参加人员有刘涛、付有旭、王华国、孙军永、王辉、周河等。

表 8.30　七世灵塔殿东壁注浆孔、注浆量及锚孔一览表

编号	开孔位置（m）	注浆量（ml）	有无锚杆	PS 量（ml）	编号	开孔位置（m）	注浆量（ml）	有无锚杆	PS 量（ml）
1	(0.93, 0.56)	880（泥浆）		10（丙烯酸）	12	(0.72, 2.01)	400（泥浆）		
2	(0.59, 0.87)	400（泥浆）		10（丙烯酸）	13	(0.72, 2.15)	480（泥浆）		
3	(0.93, 0.87)	1120（泥浆）		10（丙烯酸）	14	(0.71, 2.31)	240（泥浆）		
4	(0.83, 1.13)	640（泥浆）		10（丙烯酸）	15	(0.40, 2.27)	480（泥浆）		
5	(0.59, 1.79)	880（泥浆）		10（丙烯酸）	16	(0.71, 2.45)	720（泥浆）		
6	(0.91, 1.43)	720（泥浆）			17	(0.38, 2.53)	640（泥浆）		
7	(0.73, 1.51)	400（泥浆）			18	(0.70, 2.64)	560（泥浆）		
8	(0.92, 1.64)	560（泥浆）			19	(0.40, 2.70)	420（泥浆）		
9	(0.95, 1.80)	800（泥浆）			20	(0.70, 2.83)	560（泥浆）		
10	(0.72, 1.79)	400（泥浆）			21	(0.42, 2.94)	400（泥浆）		
11	(0.94, 1.95)	480（泥浆）			22	(0.53, 3.30)	240（泥浆）		
					合计		12 420（泥浆）		50（丙烯酸）

说明：此表中坐标以右下角为坐标原点。

表 8.31　七世灵塔殿南壁注浆孔、注浆量及锚孔一览表

编号	开孔位置（m）	注浆量（ml）	有无锚杆	PS量（ml）	编号	开孔位置（m）	注浆量（ml）	有无锚杆	PS量（ml）
1	（3.26，3.64）	200（泥浆）	无		14	（7.94，2.48）	320（泥浆）	无	
2	（5.56，3.00）	240（泥浆）	无		15	（8.51，2.74）	240（泥浆）	无	
3	（5.44，3.35）	320（泥浆）	无		16	（6.03，3.14）	100（泥浆）	无	
4	（5.47，3.86）	240（泥浆）	无		17	（5.46，2.71）	160（泥浆）	无	
5	（5.47，4.19）	160（泥浆）	无		18	（5.11，3.13）	400（泥浆）	无	
6	（8.36，3.89）	300（泥浆）	无		19	（4.28，3.05）	320（泥浆）	无	
7	（8.51，3.32）	100（泥浆）	无		20	（4.59，2.41）	180（泥浆）	无	
8	（4.54，3.85）	120（泥浆）	无		21	（6.35，2.49）	80（泥浆）	无	
9	（4.38，3.78）	400（泥浆）	无		22	（3.24，3.52）	80（泥浆）	无	
10	（9.21，3.85）	100（泥浆）	无		23	（3.25，2.40）	160（泥浆）	无	
11	（9.50，3.97）	180（泥浆）	无		24	（2.51，2.84）	240（泥浆）	无	
12	（9.45，3.71）	40（泥浆）	无		合计		4840（泥浆）		
13	（7.86，3.49）	160（泥浆）	无						

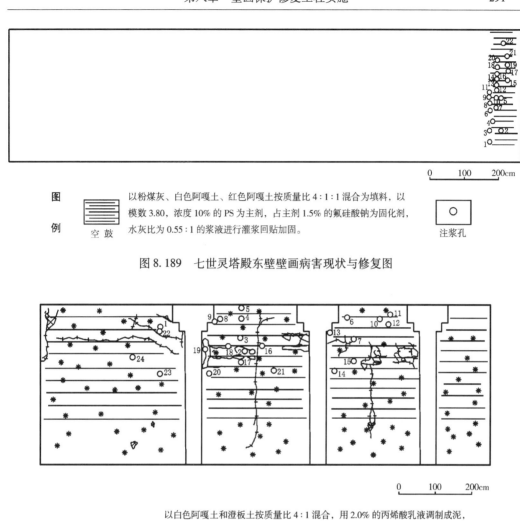

以粉煤灰、白色阿嘎土、红色阿嘎土按质量比 4：1：1 混合为填料，以模数 3.80，浓度 10% 的 PS 为主剂，占主剂 1.5% 的氟硅酸钠为固化剂，水灰比为 0.55：1 的浆液进行灌浆回贴加固。

图 8.189　七世灵塔殿东壁壁画病害现状与修复图

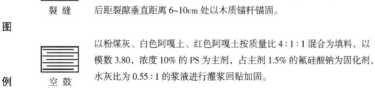

以白色阿嘎土和澄板土按质量比 4：1 混合，用 2.0% 的丙烯酸乳液调制成泥，填补裂缝。若裂缝较宽且两边地仗起翘脱离墙体，用 5.0% 的 PS 渗透软化，待地仗有一定塑性时，再在地仗上涂抹少量的浆液，用壁板支顶回贴。稳定后距裂隙垂直距离 6~10cm 处以木质锚杆锚固。

以粉煤灰、白色阿嘎土、红色阿嘎土按质量比 4：1：1 混合为填料，以模数 3.80，浓度 10% 的 PS 为主剂，占主剂 1.5% 的氟硅酸钠为固化剂，水灰比为 0.55：1 的浆液进行灌浆回贴加固。

图 8.190　七世灵塔殿南壁壁画病害现状与修复图

（一四）强巴佛殿

（1）价值评估

强巴佛殿存放着十三世达赖生前主持印刷的拉萨版《甘珠尔》全套经卷。

（2）壁画病害现状

壁画病害主要以裂缝为主，多出现在土块墙体有立柱的部位，墙体比较薄。在屋面部位，建筑不稳定，造成墙体出现多处裂缝。

南部横梁在强巴佛殿内弥勒佛像南侧北向面。病害有裂缝、孔洞。裂缝累计长14.4m。有些裂缝已经穿透墙体（图8.191、8.192）。

北部横梁在强巴佛殿内弥勒佛像北侧南向面。病害基本与南部横梁相同，有裂缝、孔洞。裂缝累计总长12.48m。除了裂缝之外，还有两个孔洞穿透墙体（图8.193、8.194）。

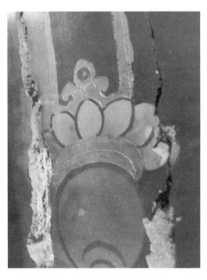 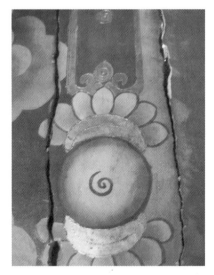

　　图8.191　南部横梁顶部裂缝　　　　　　图8.192　南部横梁底部裂缝

（3）工程完成情况

强巴佛殿壁画修复工程始于2005年9月26日，9月30日结束，历时50个工作日。对强巴佛殿壁画的空鼓、裂隙，我们按照布达拉宫壁画保护修复工程设计方案说明中的材料与工艺进行修复加固，修复开裂及空鼓破损壁画8.00m²（图8.195、8.196；彩版三七，3~6）。

（4）工程的重点

强巴佛殿壁画的病害主要有壁画裂隙、错位等，工程的重点是在对此类病害修复。修复前配合屋面的更换，我们对危险病害壁画实施了临时支顶措施，保证了壁画的安全。

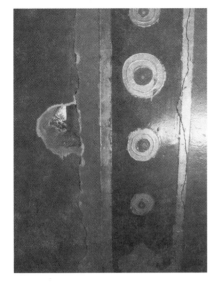
图 8.193　北部横梁孔洞

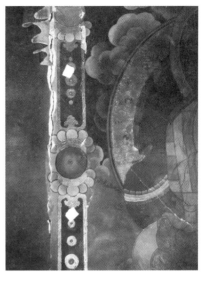
图 8.194　北部横梁壁画裂缝

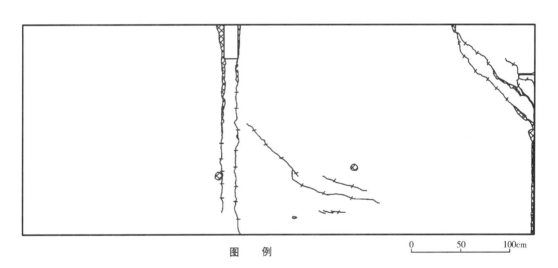

图　例

裂　缝

以白色阿嘎土和澄板土按质量比 4:1 混合，用 2.0% 的丙烯酸乳液调制成泥，填补裂缝。若裂缝较宽且两边地仗起翘脱离墙体，用 5.0% 的 PS 渗透软化，待地仗有一定塑性时，再在地仗上涂抹少量的浆液，用壁板支顶回贴。稳定后距裂隙垂直距离 6~10cm 处以木质锚杆锚固。

地仗脱落

图 8.195　弥勒佛像北侧横梁修复图

（5）工程验收情况

2006 年 7 月 27 日通过验收。验收情况同红宫南门正厅。

（6）参加施工的人员

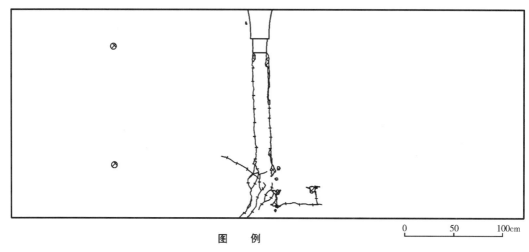

图　例

以白色阿嘎土和澄板土按质量比 4:1 混合，用 2.0% 的丙烯酸乳液调制成泥，填补裂缝。若裂缝较宽且两边地仗起翘脱离墙体，用 5.0% 的 PS 渗透软化，待地仗有一定塑性时，再在地仗上涂抹少量的浆液，用壁板支顶回贴。稳定后距裂隙垂直距离 6~10cm 处以木质锚杆锚固。

裂　缝　　　　　　　　　　　　　　　　　　　　　　　　地仗脱落

图 8.196　弥勒佛像南侧横梁修复图

强巴佛殿壁画保护修复工程由付有旭馆员为现场技术负责，参加人员有刘涛、李四存、孙军永、蔺金强、李胜强、王辉、王华国、陈世维等。

第三节　附属建筑

（一）强庆塔朗门厅

（1）价值评估

强庆塔朗门厅位于白宫底层最南侧。壁画系清代（1690 年）门堂画派之作。大门北侧绘有吉祥天母，南侧绘有地母像。门厅北壁绘有右手持发幪、左手握吐宝鼠的北方多闻天王和右手握长蛇、左手持宝塔的西方广目天王；门厅南壁绘有手持宝剑的南方增长天王和手持琵琶的东方持国天王像。画工精细，线条流畅，具有非常明显的门堂画派特征和较高的历史价值。

（2）壁画病害现状

现状调查结果表明，壁画存在大面积空鼓、酥碱、起甲、颜料层及地仗层开裂、烟熏、鸟粪污染以及人为造成的机械损伤等多种病害，并且同一处壁画多种病害并存。

西壁为块石墙体，南北两侧中上部壁画大面积空鼓，且北侧空鼓更为严重。同时，在空鼓部位伴有多条裂缝，大的纵向裂缝有两条，长约 6m，空鼓面积为 18.5m^2。垂幔部位红色颜料有零星脱落，屋檐下壁画破损严重。门两边鸟粪污染严重，呈纵向分布，有的地方鸟粪已完全覆盖画面，污染面积为5m²（图8.197～8.199）。西壁北侧空鼓严重，壁画地仗层离开墙体约5cm，且局部裂缝错位达1.5cm。

图8.197　西壁上部破损壁画

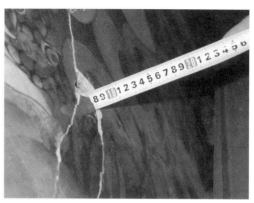

图8.198　西壁北侧空鼓开裂壁画

图8.199　西壁南侧鸟粪污染壁画

图8.200　北壁东侧起甲壁画，起甲周围污染

北壁为块石墙，壁画病害有空鼓、起甲、颜料层脱落、污染等。空鼓分布在梁周围，主要是木结构跟墙体黏结不牢固，空鼓面积为23.95m²；起甲分布在东西两侧，起甲面积为4.00m²。整壁有不同程度的污染，画面呈灰白相间的条纹状（图8.200）。

（3）工程完成情况

强庆塔朗门厅的壁画修复工程始于2004年8月26日，于同年9月30日结束，历时120个工作日。对强庆塔朗门厅壁画的空鼓、起甲、裂隙、污染等病害，我们按照国家文物局批准的《布达拉宫壁画保护修复工程设计方案》和敦煌研究院编制的《布达拉宫壁画保护修复工程设计说明》中的材料与工艺进行修复加固，共计完成病害壁画修复加固57.65m²（合同面积47.45m²），其中完成空鼓壁画修复加固42.45m²，钻注浆孔 36 眼，灌浆量 75 400ml，植入小木锚杆 12 根（表 8.32、8.33）；修复起甲壁画 4.00m²；修补画面裂缝 6.4m，折合面积 3.20m²；壁画表面污物清理 8.00m²；对椽眼间的壁画锯缝 6.2m（彩版三六，3、4）。

壁画病害现状与修复情况见图 8.201、8.202。

表 8.32　强庆塔朗殿门厅西壁注浆孔、注浆量及锚孔一览表

编号	开孔位置（m）	注浆量（ml）	有无锚杆	PS量（ml）	编号	开孔位置（m）	注浆量（ml）	有无锚杆	PS量（ml）
1	(7.64, 3.62)	2400	无	20	15	(1.14, 5.00)	800	无	20
2	(7.48, 3.90)	3600	无	30	16	(1.56, 5.35)	480	无	20
3	(7.40, 4.08)	1800	无	30	17	(0.54, 5.62)	560	无	20
4	(7.07, 3.66)	1960	无	20	18	(0.84, 5.85)	640	无	30
5	(8.06, 4.06)	2400	无	20	19	(6.18, 5.65)	1760	无	20
6	(6.94, 4.83)	1960	无	20	20	(6.79, 5.93)	5600	无	20
7	(7.30, 5.52)	5400	无	20	21	(7.44, 6.17)	1960	有	20
8	(0.52, 5.90)	4800	有	20	22	(7.13, 6.13)	1960	无	20
9	(1.00, 6.04)	1960	无	20	23	(6.85, 6.31)	5600	无	20
10	(1.43, 6.17)	5600	无	20	24	(6.67, 6.45)	960	无	20
11	(7.22, 4.71)	4800	无	30	25	(7.14, 6.54)	2400	有	20
12	(7.25, 5.76)	4000	无	20	26	(7.75, 6.36)	800	无	20
13	(7.58, 5.25)	5600	无	40	27	(7.72, 6.53)	320	无	30
14	(7.58, 4.77)	4800	有	20	28	(1.15, 5.80)	480	无	100
					合计		75 400		710

表 8.33　强庆塔朗殿门厅北壁注浆孔、注浆量及锚孔一览表

编号	开孔位置（m）	注浆量（ml）	有无锚杆	PS量（ml）	编号	开孔位置（m）	注浆量（ml）	有无锚杆	PS量（ml）
1	(1.10, 6.30)		有	30	5	(4.23, 5.20)		有	20
2	(0.30, 5.55)		有	30	6	(4.65, 5.08)		有	15
3	(1.67, 5.70)		有	30	7	(3.18, 3.37)		有	15
4	(3.43, 5.32)		有	20	8	(6.22, 3.90)		有	20
					合计				180

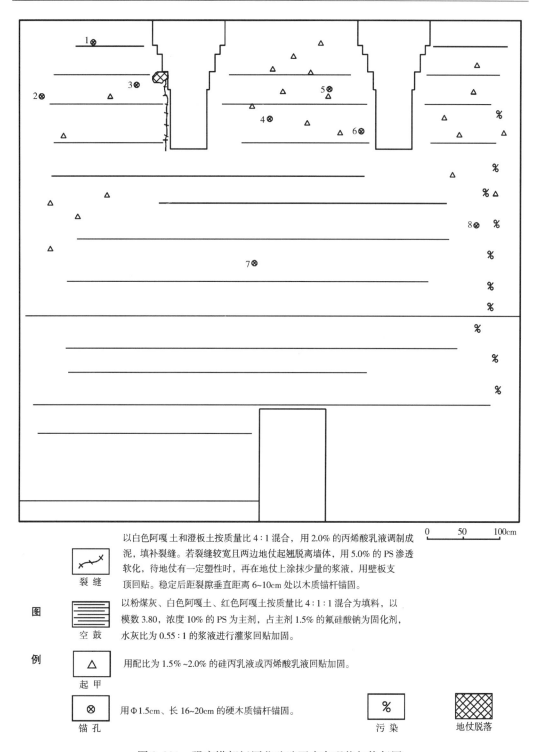

以白色阿嘎土和澄板土按质量比 4:1 混合，用 2.0% 的丙烯酸乳液调制成泥，填补裂缝。若裂缝较宽且两边地仗起翘脱离墙体，用 5.0% 的 PS 渗透软化，待地仗有一定塑性时，再在地仗上涂抹少量的浆液，用壁板支顶回贴。稳定后距裂隙垂直距离 6~10cm 处以木质锚杆锚固。

裂　缝

以粉煤灰、白色阿嘎土、红色阿嘎土按质量比 4:1:1 混合为填料，以模数 3.80，浓度 10% 的 PS 为主剂，占主剂 1.5% 的氟硅酸钠为固化剂，水灰比为 0.55:1 的浆液进行灌浆回贴加固。

空　鼓

用配比为 1.5%~2.0% 的硅丙乳液或丙烯酸乳液回贴加固。

起　甲

用 Φ1.5cm、长 16~20cm 的硬木质锚杆锚固。

锚　孔

污　染

地仗脱落

图 8.201　强庆塔朗门厅北壁壁画病害现状与修复图

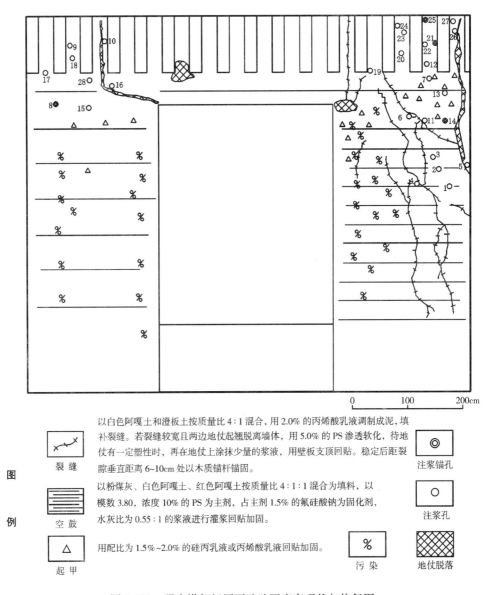

图 8.202　强庆塔朗门厅西壁壁画病害现状与修复图

（4）工程的难点、存在的问题及其今后的保护建议

　　由于雨水冲刷和鸟粪引起的画面污染是强庆塔朗门厅壁画保护修复的难点。对于这两种类型的画面污染，我们根据壁画表面有涂层保护的特点，均采取物理机械的方法进行了清除（图 8.203、8.204），画面上的涂层较好地隔离了壁画与外界湿气的接触，方便实际操作。

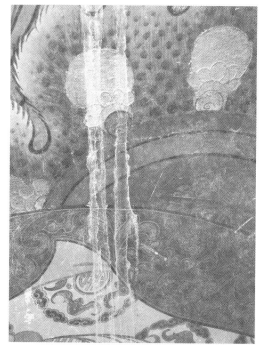
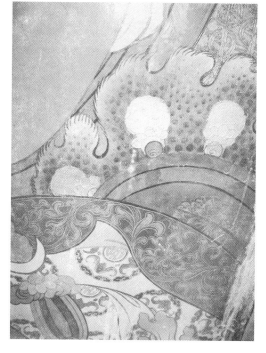

图 8.203　北壁壁画污染物（清理前）　　　图 8.204　北壁壁画污染物（清理后）

目前还存在的问题是，门厅门廊顶部与外界隔离不好，下雨时仍有雨水沿门廊顶部的建筑流向边缘的壁画，造成新的污染，也容易引起新的壁画病害。同时，鸟类仍在门廊筑巢，粪便造成壁画污染的问题依然没有解决。

在今后的日常维护中，建议延伸加宽现有的屋檐以解决降雨时在西风作用下雨水对壁画的淋湿和冲刷作用，通过增加门顶上部的防护措施及鸟类、昆虫等的驱避药剂等措施防治有害生物对壁画的污染。

（5）工程验收情况

2004 年 10 月 27 日通过验收。验收情况同红宫南门正厅。

（6）参加施工的人员

强庆塔朗门厅壁画保护修复工程由汪万福研究员为现场技术负责，先后参加的人员有李四存、付有旭、张国彬、王华国、王辉、蔺金强、王兴龙、柴勃隆、傅鹏、旺姆、朗杰等。

（二）黄房子

（1）价值评估

黄房子始建于八世达赖时期（1758～1804 年），是布达拉宫较早的殿堂之一。西壁绘有布达拉宫初建成时（五世达赖喇嘛时期）的全景图。殿内主供观音菩萨泥塑像、长寿三佛银像、无量寿佛合金铜像。四周置有经书架，存3700多部经书。楼上绘有各种菩萨以及护法神等壁画，是历代达赖的阅览室。

（2）壁画病害现状

南壁壁画起甲、烟熏严重，上部空鼓。由于漏雨，壁画表面有许多雨水冲刷痕迹。画面上有两条裂缝，总长5m，周边开裂。空鼓壁画长2.54m、高0.5m，面积1.27m²；起甲壁画长2.54m、高2.62m，面积6.65m²；烟熏壁画长2.54m、高2.62m，面积为6.65m²（图8.205、8.206）。

图8.205　南壁壁画病害全景　　　　　　　图8.206　南壁起甲壁画

西壁墙体为笆玛草墙。整壁画面烟熏、起甲严重。南侧上部局部脱落，边缘有一破碎性裂缝，有雨水冲刷的痕迹。中部有0.1m²壁画脱落，露出下层笆玛草墙体，外层壁画与内层墙体分开，形成空鼓与脱落。在脱落壁画的周围形成米字形裂缝。北侧墙体开裂，形成1~5cm的断裂面。壁画顶部橡边周围地仗脱落。空鼓壁画长5.38m、高2.6m，面积13.99m²；酥碱壁画面积为1.07m²；起甲壁画长2.5m、高0.6m，面积1.5m²（图8.207、8.208）。

北壁整壁壁画空鼓、烟熏严重。由于漏雨，壁画表面有许多条痕状雨水冲刷痕迹。壁画表面脱落、划痕。西侧下部脱落后，重新做过边沿加固。东、西两侧各有一裂缝；中、上部雨水冲刷严重。空鼓壁画长4.05m、高2.6m，面积10.53m²；烟熏壁画长4.05m、高2.6m，面积10.53m²（图8.209、8.210）。

图 8.207　西壁壁画病害全景

图 8.208　西壁南侧空鼓脱落
（篯玛草墙体外露）和裂缝

图 8.209　北壁西侧烟熏壁画

图 8.210　北壁东侧烟熏壁画、颜料层脱落

（3）工程完成情况

黄房子壁画修复工程始于 2004 年 10 月 4 日，经过 2 年多的时间，于 2006 年 7 月 27 日结束，累计 680 个工作日。对黄房子壁画的空鼓、起甲、裂隙、酥碱等病害，我们按照布达拉宫壁画保护修复工程设计方案说明中的材料与工艺进行修复加固，共计完成病害壁画修复 24.22m²（合同面积 52.19m²），其中完成空鼓壁画修复 5.53m²，钻注浆孔 19 眼，植入小木锚杆 2 根，注浆量 48 013ml；起甲壁画 8.15m²；酥碱壁画 1.07m²；揭取回贴壁画 9.47m²（图 8.211～8.218；表 8.34、8.35；彩版三八至四〇）。

壁画病害现状与修复情况见图 8.219 ~ 8.221。

图 8.211　讨论壁画修复方案

图 8.212　讨论壁画揭取方案

图 8.213　揭取前开锯缝

图 8.214　壁画揭取过程

图 8.215　壁画揭取后背面加固

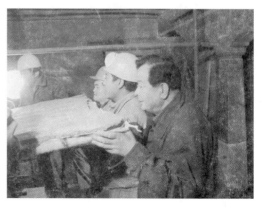

图 8.216　回贴壁画

图 8.217　壁画回贴后灌浆

图 8.218　修复过程中僧人考察

表 8.34　黄房子南壁注浆孔、注浆量及锚孔一览表

编号	开孔位置（m）	注浆量（ml）	有无锚杆	PS量（ml）	编号	开孔位置（m）	注浆量（ml）	有无锚杆	PS量（ml）
1	(2.14，2.30)	700	无		6	(0.13，2.15)	200	无	
2	(2.07，2.20)	1200	无		7	(0.08，1.94)	400	无	
3	(1.62，2.44)	507	无		8	(0.44，2.02)	400	无	
4	(1.74，2.22)	500	无		9	(2.22，2.06)	700	无	
5	(0.32，2.30)	13 006	无		10	(0.67，2.45)	400	无	
					合计		18 013		

表 8.35　黄房子北壁注浆孔、注浆量及锚孔一览表

编号	开孔位置（m）	注浆量（ml）	有无锚杆	PS量（ml）	编号	开孔位置（m）	注浆量（ml）	有无锚杆	PS量（ml）
1	(1.45，2.11)	12 000	无		6	(0.25，2.08)	400	有	
2	(1.45，2.33)	8000	无		7	(0.30，1.76)	900	无	
3	(1.00，2.50)	6000	无		8	(0.35，1.55)	400	无	
4	(2.70，1.92)	700	无		9	(1.07，2.02)		有	
5	(2.95，2.12)	1600	无		合计		30 000		

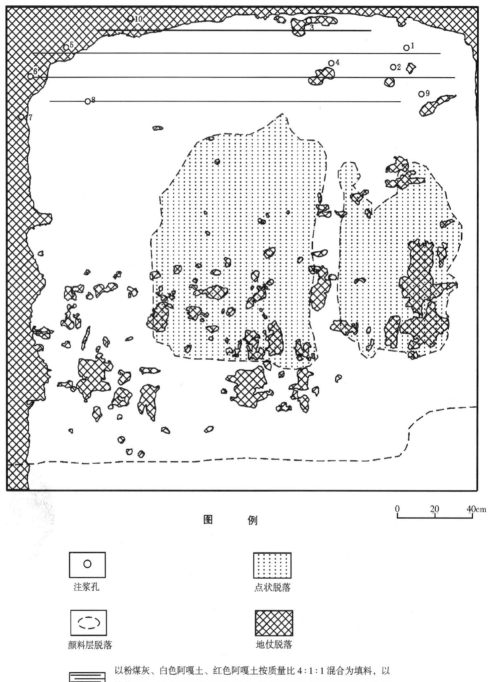

图　例

○　注浆孔

⋯⋯　点状脱落

⊂⊃　颜料层脱落

▨　地仗脱落

以粉煤灰、白色阿嘎土、红色阿嘎土按质量比 4:1:1 混合为填料，以模数 3.80，浓度 10% 的 PS 为主剂，占主剂 1.5% 的氟硅酸钠为固化剂，水灰比为 0.55:1 的浆液进行灌浆回贴加固。

空　鼓

图 8.219　黄房子南壁壁画病害现状与修复图

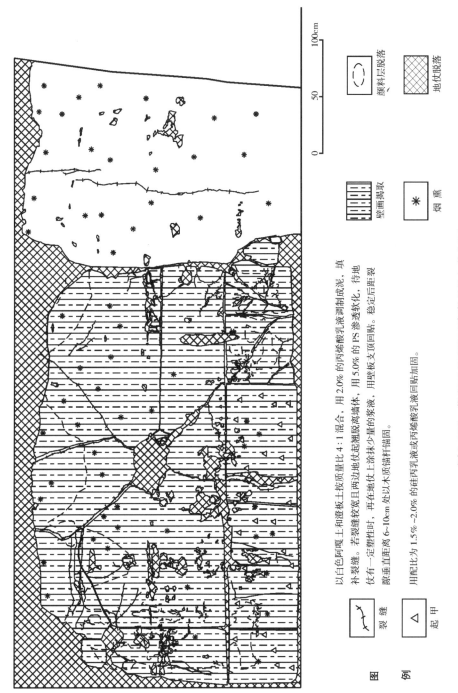

图 8.220　黄房子西壁壁画病害现状与修复图

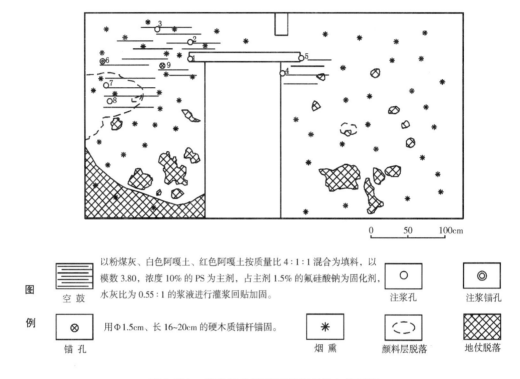

图例

空鼓　以粉煤灰、白色阿嘎土、红色阿嘎土按质量比 4：1：1 混合为填料，以模数 3.80，浓度 10% 的 PS 为主剂，占主剂 1.5% 的氟硅酸钠为固化剂，水灰比为 0.55：1 的浆液进行灌浆回贴加固。

锚孔　用 Φ1.5cm、长 16~20cm 的硬木质锚杆锚固。

注浆孔

注浆锚孔

烟熏

颜料层脱落

地仗脱落

图 8.221　黄房子北壁壁画病害现状与修复图

（4）工程的重点、难点及存在的问题

黄房子壁画修复工程的重点是西壁墙体的更换和壁画的揭取回贴。黄房子西壁与药师殿东壁属同一墙体，由于墙体下沉，壁画出现空鼓错位。要解决墙体的下沉问题，就必须更换墙体，那么对壁画必须采取揭取回贴加固的措施。同时屋顶建筑漏雨造成的雨水冲刷污染及雨水对壁画的侵蚀，使壁画地仗及颜料层产生的酥碱、起甲病害也是壁画修复工程的重点。黄房子壁画揭取与药师殿的先后进行，至于壁画的揭取方法已在技术总结部分做了介绍，此不赘述。

在对壁画揭取之前首先要对酥碱的地仗及表面颜料层的起甲进行处理。对黄房子地仗酥碱的处理方法视酥碱严重程度而定，对地仗层严重酥碱、壁画表面颜料层已完全脱落的，我们将壁画地仗去除，用与地仗制作材料相同的材质进行修复；对壁画表面颜料层尚存的，用 3% 聚丙烯酸乳液对地仗进行渗透加固，再对起甲的颜料层做回贴加固。对起甲壁画的修复采取了注射黏合剂加固回贴的方法，黏合剂选用聚丙烯酸乳液和硅丙乳液按体积比 1：1 混合，浓度 3%，表面涂层用丙酮软化。黄房子西壁墙体为箆玛草墙体，墙面凹凸不平，回贴壁画时，由于在墙面上敷抹了一层较厚的泥层，从而使地仗层长时间处于潮湿状态，颜料层中的胶失去胶结作用，导致回贴的起甲颜料层又重新在边缘出现了轻微的起翘现象。后来我们采取先对乳液用水浴加热的方法（水浴的温度控制在40℃左右），这样可提高乳液的渗透性；回压起甲层时，用电吹风加热，适当提高墙体表面的温度，加快黏结剂的干燥过程，使其在短时间内达到一定黏结强度。采用以上措施后，回压后的颜料层没有出现起翘现象。

黄房子壁画的揭取是在2004年10月进行的，揭取后我们对地仗层做了剪薄和加固处理。由于10月份以后，殿堂温度相对较低，不适宜壁画保护工程的实施，所以对黄房西壁壁画揭取后的回贴选择在第二年5月份气温回升以后进行。回贴后的壁画在揭取壁板后不久，部分区域颜料层出现零星的起甲现象。分析原因是：在对壁画实施回贴的过程中，在墙体上抹一层泥浆以结合墙体和地仗，地仗层背面也要涂抹一层"井"字形的黏结材料（浆液），回贴后为了使地仗和墙体充分接触，还要从壁画揭取分块时的锯缝处做灌浆处理，以填补地仗与墙体间的空隙，这样回贴后黏结材料中的水分在向表面运移的过程中会将壁画表面的颜料层顶起。针对上述情况，我们在回贴过程中采取了以下措施防止回贴后的颜料层起甲：（1）在对壁画地仗层背面涂抹黏结材料和对墙体上敷泥浆后让水分适当挥发一段时间再进行回贴；（2）回贴后让内部的水分尽量从分块锯缝处运移挥发，等待一段时间后再作灌浆处理；（3）适当延长壁板支顶的时间，使水分充分从锯缝处挥发，浆液完全干燥后拆除壁板；（4）壁板拆除后再作锯缝填泥修补，避免锯缝修补后将水分封闭在地仗和墙体间。采取以上措施后，在对药师殿东壁实施揭取回贴过程中没有出现类似的现象。

在对壁画实施揭取回贴后还有一个重要的环节，就是对填泥修复后的锯缝做补色处理，以求画面的完整性。西藏壁画内容丰富，绘画技法独特，在补色过程中我们通过与殿堂僧侣及寺院画师们的沟通，对壁画特别是绘制技法、材料等做到了全面调查和了解，在修复中所用的补色颜料都是在前期实验研究的基础上经过分析与壁画中所使用的颜料一致的矿物颜料，这些材料都由布达拉宫管理处提供。对每个部位的补色尽量做到画面色彩的完整与和谐。黄房子壁画是布达拉宫绘制较早的壁画之一，壁画表面有涂层，画面色彩虽单一，但细节相对细腻，构图复杂，尤其是西壁绘制的五世达赖喇嘛时期的布达拉宫全景

图8.222　验收现场

图，给补色过程带来了很大的困难。为此，敦煌研究院派出了有丰富绘画经验并对西藏壁画绘画技法有深入研究的美术所专家对此处实施了补色，补色后的效果既达到了文物保护修复的原则，也做到了与原画面的协调一致，得到了管理处及殿堂喇嘛的肯定。

（5）工程验收情况

2007年6月25日通过验收（图8.222）。验收情况同红宫南门正厅。

（6）参加施工的人员

黄房子壁画保护修复工程由李最雄研究员、汪万福研究员为现场技术负责，先后参加人员有付有旭、李四存、刘涛、陆立诚、李璐、王华国、王辉、蔺金强、何卫、王业宏、赵俊荣、陈世维、郝腾飞、朗杰、旺姆等。

（三）朗杰扎仓

（1）价值评估

朗杰扎仓位于白宫底层最南侧。壁画系清代（1690～1694 年）门堂画派之作。该殿经堂内主要绘有各大护法神像，如大密马头明王、宝帐护法、罗侯罗护法神像等，经堂门口还绘有祥瑞天母和轮回的根本三毒使六道轮回通过十二因缘无自在地世间轮回的情景，天窗内壁绘有三世佛、密集金刚、胜乐本尊、大威德本尊像和千手千眼观世音；东壁绘有阿底峡、俄列白喜饶和仲敦吧等像；西壁绘有宗喀巴师徒像；北壁绘有五世达赖喇嘛业绩，南壁绘有六臂护法神像等。另外还绘有妖魔将军、妖怪将军、大勇士、长寿五仙女、愤怒金刚等神像。画工精细，线条流畅，具有非常明显的门堂画派特征和较高的历史价值。

（2）壁画病害调查

①朗杰扎仓门厅

南壁为块石墙体，中上部壁画空鼓，局部颜料层起甲、脱落严重。西侧大面积起甲，主要有龟裂起甲和酥碱起甲，且同一位置壁画空鼓、起甲等病害并存。起甲面积为 $4.70m^2$（图 8.223）。屋檐下垂幔部位空鼓严重，同位置有多条纵向裂缝；空鼓面积为 $9.69m^2$，裂缝长为 7.08m（图 8.224）。

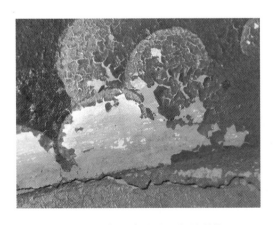 

图 8.223　门厅南壁壁画起甲脱落　　　　图 8.224　门厅南壁东侧壁画空鼓裂缝

②朗杰扎仓殿内

南壁东侧上部有裂缝数条，壁画空鼓严重，局部有脱落。西侧上部壁画空鼓，局部起甲、脱落（图8.225）。空鼓壁画40.37m²（图8.226）。其中右起第二个窗户上沿有蘑菇生长，可见殿内的湿度比较大。

图8.225　殿内南壁起甲壁画　　　　　图8.226　殿内南壁空鼓
开裂、脱落壁画

西壁南侧有两条纵向大裂缝，周边开裂、空鼓。裂隙累计长9m，其中最宽的裂隙达1cm，空鼓壁画20.23m²。中部壁画起甲、脱落严重，起甲壁画长2.57m、高2.7m，面积6.94m²。北侧有一纵向大裂缝，周边空鼓。北侧空鼓壁画长3.47m、高2.15m，面积为7.46m²。

（3）工程完成情况

朗杰扎仓壁画（包括门厅和殿内南壁）修复工程始于2004年7月，9月15日结束，历时210个工作日。对朗杰扎仓（包括门厅和殿内南壁）壁画的空鼓、起甲、裂隙，按照布达拉宫壁画保护修复工程设计方案说明中的材料与工艺进行修复加固。完成朗杰扎仓南壁病害壁画总面积53.21m²（合同面积75.00m²）。其中完成空鼓壁画修复加固40.89m²，钻注浆孔39眼，灌浆量91 640ml，植入小木锚杆12根；完成起甲壁画修复0.50m²；加固酥碱壁画0.01m²；修补画面裂缝12m，折合面积6.00m²；对椽眼间的壁画锯缝19.8m。完成朗杰扎仓门厅南壁病害壁画总面积22.12m²（合同面积9.54m²）。其中完成空鼓壁画修复加固9.02m²，钻注浆孔6眼，灌浆量9800ml，植入小木锚杆4根；修复起甲壁画4.10m²；修补画面裂缝18m，折合面积9.00m²；对椽眼间的壁画锯缝6.2m（图8.227～8.233；彩版四一；彩版四二，1～4）。

壁画病害现状与修复情况见图8.234、8.235。

图 8.227　开设注浆孔

图 8.228　埋设注浆管

图 8.229　支顶壁板

图 8.230　灌浆

图 8.231　开设锚孔

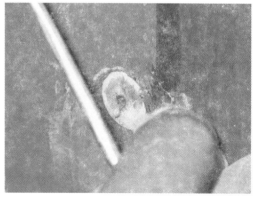

图 8.232　植入锚杆

（4）工程的重点

朗杰扎仓及朗杰扎仓门厅壁画维修的重点是对空鼓、裂缝及起甲等病害壁画的修复。我们对空鼓壁画采取灌浆加固回贴及小木锚杆锚固补强的措施；起甲采取注射黏合剂加固回贴措施，并对局部破损壁画实施了整形回贴措施。

（5）工程验收情况

2004 年 10 月 27 日通过验收。验收情况同红宫南门正厅。

图 8.233 补色

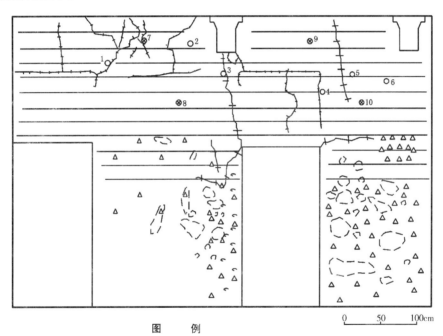

图 例

裂缝

以白色阿嘎土和澄板土按质量比 4：1 混合，用 2.0% 的丙烯酸乳液调制成泥，填补裂缝。若裂缝较宽且两边地仗起翘脱离墙体，用 5.0% 的 PS 渗透软化，待地仗有一定塑性时，再在地仗上涂抹少量的浆液，用壁板支顶回贴。稳定后距裂隙垂直距离 6~10cm 处以木质锚杆锚固。

空鼓

以粉煤灰、白色阿嘎土、红色阿嘎土按质量比 4：1：1 混合为填料，以模数 3.80，浓度 10% 的 PS 为主剂，占主剂 1.5% 的氟硅酸钠为固化剂，水灰比为 0.55：1 的浆液进行灌浆回贴加固。

起甲

用配比为 1.5%~2.0% 的硅丙乳液或丙烯酸乳液回贴加固。

注浆孔

锚孔

用 Φ1.5cm、长 16~20cm 的硬木质锚杆锚固。

颜料层脱落

图 8.234 朗杰扎仓门厅南壁壁画病害现状与修复图

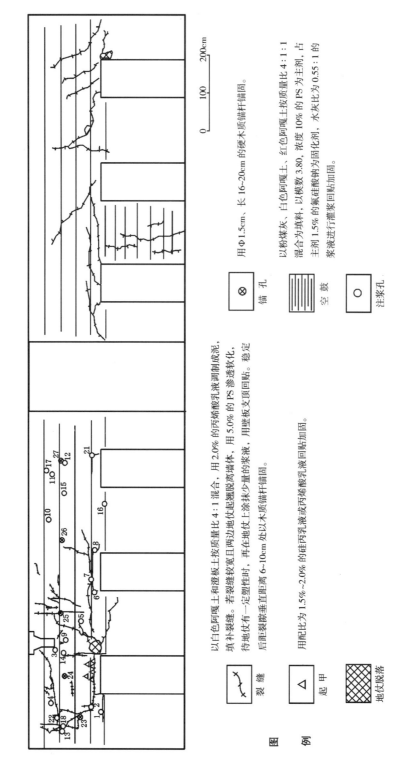

图 8.235 朗杰扎仓殿内南壁壁画病害现状与修复图

以白色阿嘎土和澄板土按质量比 4∶1 混合，用 2.0% 的丙烯酸乳液调制成泥，填补裂缝。若裂缝较宽且两边地仗起翘脱离墙体，用 5.0% 的 PS 渗透软化，待地仗有一定塑性时，再在地仗上涂抹少量的浆液，用壁板支顶回贴。稳定后距裂缝垂直距离 6~10cm 处以木质锚杆锚固。

用配比为 1.5%~2.0% 的硅丙乳液或丙烯酸乳液回贴加固。

⊗ 锚 孔　用 Φ1.5cm，长 16~20cm 的硬木质锚杆锚固。

空 鼓　以粉煤灰、白色阿嘎土、红色阿嘎土按质量比 4∶1∶1 混合为填料，浓度 3.80，以模数 3.80，浓度 10% 的 PS 为主剂，混合 1.5% 的氟硅酸钠为固化剂，占主剂 1.5% 的氟硅酸钠为固化剂，水灰比为 0.55∶1 的浆液进行灌浆加固。

○ 注浆孔。

图

例

⟋⟍ 裂 缝

△ 起 甲

▨ 地仗脱落

（6）参加施工的人员

朗杰扎仓及朗杰扎仓门厅壁画保护修复项目由李最雄研究员为现场技术负责，参加人员有付有旭、马赞峰、王华国、孙军永、蔺金强、柴勃隆、胡晓军、何晓、王兴龙等。

（四）平措堆朗门厅

（1）价值评估

平措堆朗门厅壁画系清代（约1690年）门堂画派之作。大门北侧绘有吉祥天母，南侧绘有地母像。门厅北壁绘有右手持法幢，左手握吐宝鼠的北方多闻天王和右手握长蛇，左手持宝塔的西方广目天王；门厅南壁绘有手持宝剑的南方增长天王和手持琵琶的东方持国天王像。

（2）壁画病害现状

门厅门向西开，主要有东、南、北三壁，壁画绘有天王。由于无门，南北两壁西侧受风蚀、雨水冲刷等因素的影响及鸟、虫类的破坏，壁画病害较多。

东壁北侧壁画整壁空鼓，中部空鼓严重，壁画离开墙体约1cm，有一纵向裂缝。天王服饰部位起甲严重。上部椽头下侧有两条裂缝错位，周围空鼓。门上部北侧空鼓，门北侧有一斜向裂缝，曾做过修补，裂缝周围空鼓。南侧下部有一地垄入口，门南侧壁画脱落，露出块石墙体。天王服饰部位起甲，整壁局部空鼓（图8.236）。

南壁西侧由于长期受风蚀和雨水冲刷的影响，壁画颜料层龟裂起甲严重，部分已脱落，上部梁周边空鼓。整壁多处遗留鸟类粪便和雨水冲刷痕迹。起甲壁画面积达38.95m²。

北壁西侧由于长期受风蚀和雨水冲刷的影响，壁画颜料层龟裂起甲严重，部分已脱落。中部有一纵向裂缝，下部裂缝错位，曾做过修补，裂缝东侧空鼓严重，离开墙体约1cm。上部梁头周边裂缝，裂缝两侧空鼓严重。壁画中部有两处破损，地仗松动。整壁多处遗留鸟类粪便和雨水冲刷痕迹。起甲壁画面积达38.63m²；空鼓壁画面积为23.51m²（图8.237）。

（3）工程完成情况

平措堆朗门厅室外壁画修复工程始于2006年8月27日，至2007年6月28日结束，历时460个工作日。对平措堆朗门厅壁画的空鼓、起甲、裂隙等病害，我们按照布达拉宫壁画保护修复工程设计方案说明中的材料与工艺进行修复加固。共计修复病害壁画总面积165.13m²（合同外殿堂）。其中修复加固空鼓壁画56.41m²，钻注浆孔130眼，注浆量110 450ml，植入小木锚杆48根（图8.238～8.242；表8.36～8.38）。修复加固起甲壁画面积72.71m²；清理污染面积36.01m²（彩版四二，5、6；彩版四三、四四）。

壁画病害现状与修复情况见图8.244～8.246。

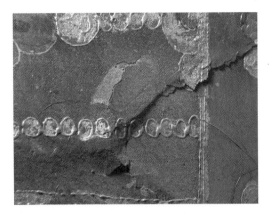

图 8.236　东壁壁画空鼓裂缝现状

图 8.237　北壁壁画起甲现状

图 8.238　开设注浆孔

图 8.239　埋设注浆管

图 8.240　支顶壁板

图 8.241　注浆

图 8.242　在脱落处开设锚固孔

图 8.243　植入锚杆

表 8.36　平措堆朗门厅东壁注浆孔、注浆量及锚孔一览表

编号	开孔位置（m）	注浆量（ml）	有无锚杆	PS量（ml）	编号	开孔位置（m）	注浆量（ml）	有无锚杆	PS量（ml）
1	(0.21, 1.50)	1840	无	60	19	(0.57, 4.27)	1440	有	40
2	(0.37, 1.83)	240	无	100	20	(0.48, 3.16)	2160	无	40
3	(0.13, 1.87)	80	无	100	21	(0.39, 3.50)	1920	无	20
4	(1.15, 1.85)	1840	无	100	22	(0.56, 3.86)	2240	无	20
5	(1.57, 1.95)	1680	无	40	23	(1.82, 3.69)	700	无	40
6	(0.93, 1.89)	1200	无	60	24	(1.46, 3.57)	2560	无	80
7	(0.94, 2.64)	5040	无	120	25	(0.45, 5.68)		有	
8	(0.68, 2.83)	1680	无	40	26	(1.26, 4.92)		有	
9	(0.28, 2.82)	1600	无	20	27	(2.05, 5.75)		有	
10	(1.19, 3.27)	2200	无	40	28	(0.92, 3.90)	3360	无	80
11	(1.56, 3.20)	2160	有	40	29	(1.48, 3.98)	2640	无	40
12	(1.72, 3.58)	1920	无	20	30	(0.99, 4.21)	1600	无	60
13	(1.06, 2.92)	1680	无	20	31	(1.45, 4.33)	1560	无	40
14	(0.39, 0.81)		有		32	(1.85, 4.53)	1680	无	60
15	(1.34, 1.74)		有		33	(1.69, 5.03)	720	无	40
16	(1.97, 1.31)		有		34	(2.03, 4.99)	480	无	20
17	(1.67, 4.10)		有		35	(2.59, 6.01)	1680	无	40
18	(0.69, 3.53)	1440	有	20	36	(1.41, 6.11)	560	无	20

续表 8.36

编号	开孔位置（m）	注浆量（ml）	有无锚杆	PS量（ml）	编号	开孔位置（m）	注浆量（ml）	有无锚杆	PS量（ml）
37	(6.16, 1.87)	960	无	40	48	(8.14, 4.31)	480	无	60
38	(6.61, 1.86)	1280	无	60	49	(8.01, 3.61)	1200	无	80
39	(7.61, 3.92)	560	无	20	50	(6.63, 5.04)	2800	无	40
40	(8.14, 3.91)	1120	无	80	51	(7.83, 4.81)	1280	无	40
41	(8.15, 4.57)	880	无	60	52	(8.15, 5.12)	880	有	60
42	(7.56, 4.75)	240	无	20	53	(6.24, 1.18)	560	无	80
43	(6.38, 4.82)	520	有	40	54	(7.68, 2.59)		有	
44	(6.77, 6.20)	560	无	60	55	(6.52, 3.12)		有	
45	(7.94, 3.36)	960	无	40	56	(7.67, 3.50)		有	
46	(6.31, 2.18)	1680	有	40	57	(7.69, 5.00)		有	
47	(7.96, 3.20)	400	无	40	58	(7.32, 5.91)		有	
					合计		66 260		2280

表 8.37 平措堆朗门厅南壁注浆孔、注浆量及锚孔一览表

编号	开孔位置（m）	注浆量（ml）	有无锚杆	PS量（ml）	编号	开孔位置（m）	注浆量（ml）	有无锚杆	PS量（ml）
1	(0.45, 3.77)	160	无	60	14	(1.41, 1.21)		有	
2	(1.16, 3.36)	160	有	60	15	(2.74, 1.81)		有	
3	(3.20, 3.52)	170	有	60	16	(3.63, 1.04)		有	
4	(2.86, 4.61)	180	无	60	17	(4.46, 1.83)		有	
5	(0.45, 5.51)	880	无	60	18	(5.57, 1.15)		有	
6	(1.25, 6.16)	240	无	60	19	(2.06, 2.82)		有	
7	(2.12, 6.10)	320	无	60	20	(4.83, 2.73)		有	
8	(2.43, 4.83)	560	有	60	21	(5.72, 3.86)		有	
9	(3.57, 6.22)	400	无	40	22	(0.65, 4.74)		有	
10	(4.79, 6.14)	240	无	80	23	(1.30, 5.94)		有	
11	(5.29, 5.62)	320	无	80	24	(3.53, 4.69)		有	
12	(0.17, 2.32)	640	无	60	25	(4.31, 5.63)		有	
13	(0.48, 1.62)		有		26	(5.31, 4.69)		有	
					合计		4270		740

表 8.38　平措堆朗门厅北壁注浆孔、注浆量及锚孔一览表

编号	开孔位置（m）	注浆量（ml）	有无锚杆	PS 量（ml）	编号	开孔位置（m）	注浆量（ml）	有无锚杆	PS 量（ml）
1	(3.04, 1.95)	2240	无	60	24	(4.62, 3.43)	2240	有	40
2	(3.56, 2.06)	1680	无	20	25	(5.64, 4.01)	1020	有	40
3	(4.05, 2.04)	1920	无	60	26	(5.52, 3.46)	120	无	20
4	(4.74, 1.37)	720	无	100	27	(5.47, 3.01)	1600	无	60
5	(5.81, 1.17)	1160	无	80	28	(4.14, 3.50)	100	无	60
6	(4.45, 1.02)	640	无	200	29	(3.81, 2.37)	3040	无	80
7	(3.37, 1.40)	2960	无	140	30	(3.66, 2.73)	1640	无	60
8	(5.98, 0.80)	440	无	120	31	(3.29, 2.49)	1040	无	20
9	(5.61, 1.71)	480	无	60	32	(4.26, 2.75)	1600	无	20
10	(4.86, 1.70)	400	无	40	33	(4.65, 3.14)	1120	无	20
11	(4.42, 1.47)	880	无	40	34	(2.42, 5.25)		有	
12	(4.41, 1.74)	1280	无	40	35	(4.35, 4.92)		有	
13	(3.40, 0.94)	1200	无	40	36	(5.54, 5.60)		有	
14	(3.16, 1.56)	640	无	40	37	(4.82, 4.89)	880	无	40
15	(6.19, 2.17)	720	无	40	38	(4.16, 5.39)	560	无	40
16	(2.75, 1.50)		有		39	(5.28, 5.27)	560	无	30
17	(3.11, 0.77)		有		40	(4.82, 5.41)	960	无	40
18	(3.88, 1.33)		有		41	(5.38, 5.43)	1440	无	60
19	(5.22, 2.04)		有		42	(3.21, 5.21)	880	无	40
20	(5.52, 0.71)		有		43	(5.18, 3.74)	480	无	20
21	(2.44, 3.82)		有		44	(4.60, 2.07)	1200	无	40
22	(2.97, 2.88)		有		45	(4.36, 3.64)	1680	无	40
23	(3.59, 3.90)		有		46	(2.97, 5.79)	400	无	20
					合计		39 920		1870

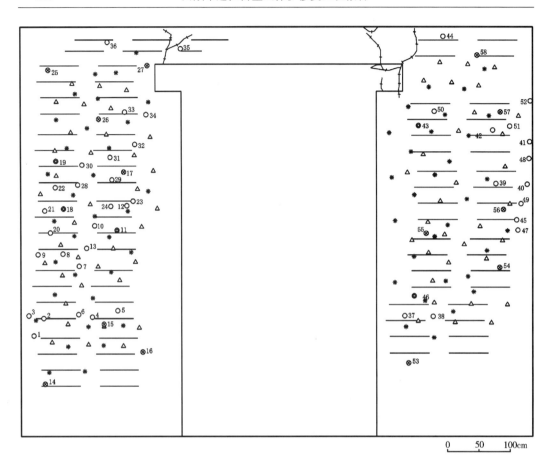

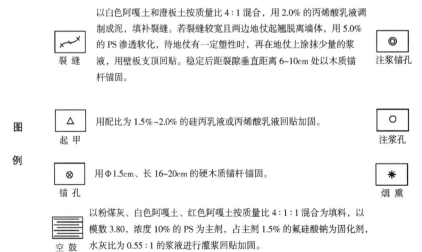

以白色阿嘎土和澄板土按质量比 4∶1 混合，用 2.0% 的丙烯酸乳液调制成泥，填补裂缝。若裂缝较宽且两边地仗起翘脱离墙体，用 5.0% 的 PS 渗透软化，待地仗有一定塑性时，再在地仗上涂抹少量的浆液，用壁板支顶回贴。稳定后距裂隙垂直距离 6~10cm 处以木质锚杆锚固。

裂　缝

注浆锚孔

图

例

起　甲　　用配比为 1.5%~2.0% 的硅丙乳液或丙烯酸乳液回贴加固。

注浆孔

锚　孔　　用 Φ1.5cm、长 16~20cm 的硬木质锚杆锚固。

烟　熏

空　鼓　　以粉煤灰、白色阿嘎土、红色阿嘎土按质量比 4∶1∶1 混合为填料，以模数 3.80、浓度 10% 的 PS 为主剂，占主剂 1.5% 的氟硅酸钠为固化剂，水灰比为 0.55∶1 的浆液进行灌浆回贴加固。

图 8.244　平措堆朗门厅东壁壁画病害现状与修复图

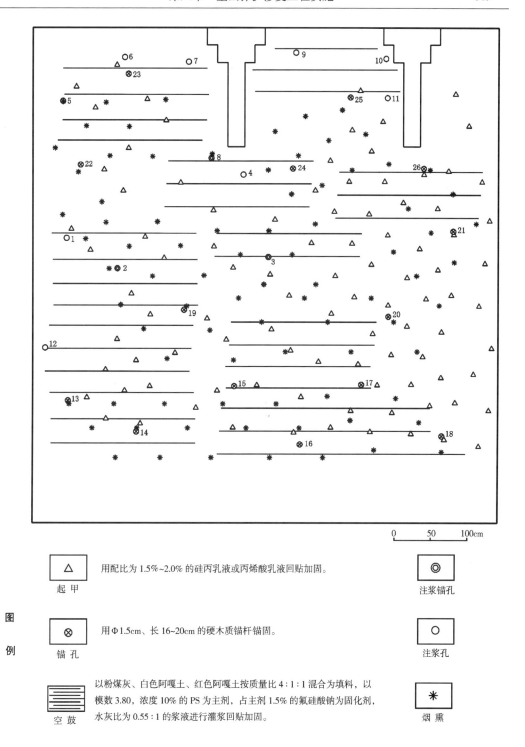

<table>
<tr><td>△
起 甲</td><td>用配比为 1.5%~2.0% 的硅丙乳液或丙烯酸乳液回贴加固。</td><td>◎
注浆锚孔</td></tr>
<tr><td>⊗
锚 孔</td><td>用Φ1.5cm、长 16~20cm 的硬木质锚杆锚固。</td><td>○
注浆孔</td></tr>
<tr><td>空 鼓</td><td>以粉煤灰、白色阿嘎土、红色阿嘎土按质量比 4:1:1 混合为填料，以模数 3.80，浓度 10% 的 PS 为主剂，占主剂 1.5% 的氟硅酸钠为固化剂，水灰比为 0.55:1 的浆液进行灌浆回贴加固。</td><td>✳
烟 熏</td></tr>
</table>

图 例

图 8.245 平措堆朗门厅南壁壁画病害现状与修复图

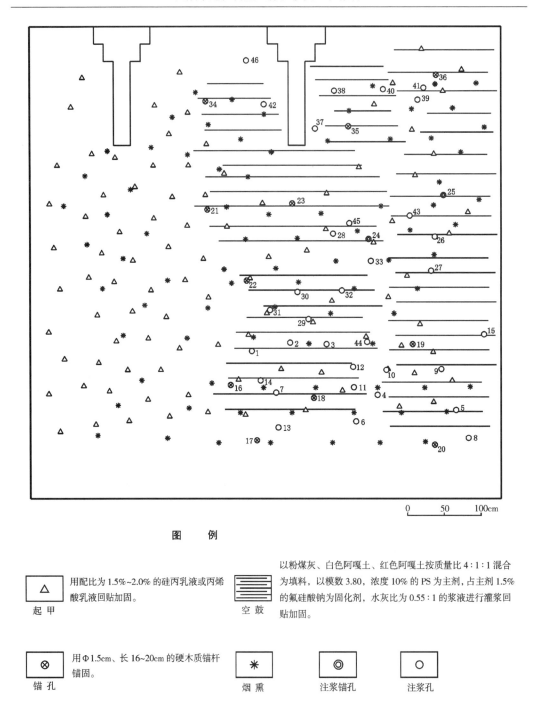

图 例

<table>
<tr><td>△
起甲</td><td>用配比为 1.5%~2.0% 的硅丙乳液或丙烯酸乳液回贴加固。</td><td>空鼓</td><td>以粉煤灰、白色阿嘎土、红色阿嘎土按质量比 4:1:1 混合为填料，以模数 3.80，浓度 10% 的 PS 为主剂，占主剂 1.5% 的氟硅酸钠为固化剂，水灰比为 0.55:1 的浆液进行灌浆回贴加固。</td></tr>
</table>

| ⊗
锚孔 | 用 Φ1.5cm、长 16~20cm 的硬木质锚杆锚固。 | ✳
烟熏 | ◎
注浆锚孔 | ○
注浆孔 |

图 8.246 平措堆朗门厅北壁壁画病害现状与修复图

（4）工程的重点、难点及存在的问题

平措堆朗门厅壁画维修工程的重点是对大面积空鼓、起甲壁画的修复。工程实施是在 8 月到 10 月间，对东壁北侧空鼓壁画的灌浆是在工程停工前实施的，由于空鼓面积较大，灌浆量多，灌浆后壁板支顶时间较短，门厅通风好，昼夜温差大，空气流动快，浆液中的水分在向表面移动过程中，因表面涂层的不透气，水分在颜料层与地仗层间聚积，使地仗层长时间处于潮湿状态，颜料层中的胶失去胶结作用，导致壁画颜料层起甲，局部出现了脱落。次年对此处壁画产生的新的起甲病害进行了处理。从上分析可知，对类似大面积壁画实施空鼓灌浆时，灌浆应分阶段实施，并且延长壁板支顶的时间，尽量让水分从墙体内挥发出，避免水分向表面运移使壁画产生新的起甲病害。

由于门厅环境的温湿度受外界影响较大，修复起甲壁画时，会影响黏接剂的黏接效果，因此可对回贴后的壁画采用壁板支顶，使颜料层和地仗在结合过程中不受外界环境的影响，会回贴的很好。

门廊上部的建筑没有采取必要的遮挡措施，下雨时会有雨水沿顶部的建筑流到壁画边缘，冲刷颜料层；鸟类的粪便造成的污染也是目前亟待解决的问题。

（5）工程验收情况

2007 年 6 月 25 日通过验收。验收情况同红宫南门正厅。

（6）参加施工的人员

平措堆朗门厅壁画保护修复项目由付有旭馆员、杨韬馆员为现场技术负责，先后参加人员有乔海、王辉、王华国、杨金礼、张吉红、李胜强、周河、赵新荣等。

第九章　布达拉宫二期保护维修工程壁画保护修复项目大事记

2001 年

（1）7 月 3 日至 8 月 3 日，遵照国家文物局的指示精神，应西藏自治区区直重点文物保护维修工程领导小组办公室（现为西藏三大重点文物保护维修工程领导小组办公室）及自治区文物局的邀请，敦煌研究院副院长李最雄研究员带领文物保护、考古、测绘、环境、修复、摄影等方面的专家学者 10 余人，重点对西藏布达拉宫、罗布林卡、萨迦寺的壁画保存状况进行了实地考察，并提交考察报告。

（2）8 月 26 日至 9 月 6 日，敦煌研究院保护研究所副所长汪万福副研究员带领李树若、赵林毅和付有旭进行了布达拉宫、罗布林卡和萨迦寺壁画保存状况的补充调查。

2001～2002 年

（3）7 月下旬至 2002 年 3 月，在敦煌研究院副院长李最雄研究员主持下，在对西藏壁画结构、制作材料与工艺分析研究的基础上，在敦煌莫高窟进行了室内模拟实验，整理完成了实验报告。

2002 年

（4）4 月 2 日至 3 日，受国家文物局委托，敦煌研究院邀请国内外著名文物保护专家，对"西藏萨迦寺、布达拉宫和罗布林卡壁画保护修复研究"课题中期试验进行了评估。马家郁研究员担任主任委员，委员有王丹华研究员、陆寿麟研究员、黄克忠高级工程师、张之平高级工程师、郑军副研究员及美国盖蒂保护所内维尔·阿根纽博士，西藏自治区也派区直重点文物保护维修工程领导小组办公室常务副主任甲央，布达拉宫维修工程指挥长强巴格桑，罗布林卡维修工程指挥部指挥长尼玛和萨迦寺维修工程指挥部指挥长格桑等九名代表参加了评估会。敦煌研究院保护研究所汪万福副所长代表课题组做了专题汇报，李最雄副院长、王旭东所长出席并就与会专家提出的问题做了解答。

（5）6月23日至7月2日，应西藏三大重点文物保护维修工程领导小组办公室的邀请，全国政协委员、敦煌研究院院长樊锦诗研究员、保护研究所副所长汪万福副研究员、院长办公室秘书魏丹参加了西藏三大重点文物保护维修工程开工典礼，并前往布达拉宫、罗布林卡和萨迦寺等处进行实地考察。

（6）7月2日，西藏三大重点文物保护维修工程领导小组办公室正式委托敦煌研究院承担西藏布达拉宫、罗布林卡和萨迦寺三大重点文物壁画维修工程。

（7）8月5日至20日，敦煌研究院副院长李最雄研究员带领11名技术人员和后勤管理人员，在布达拉宫指挥部的协助下，选择布达拉宫无量寿佛殿和东大殿进行现场灌浆试验。

（8）12月26日至28日，全国政协委员、敦煌研究院院长樊锦诗研究员和保护研究所副所长汪万福副研究员在北京西藏大厦参加2002年西藏三大重点文物保护维修工程汇报会，国家发展与改革委员会、财政部、建设部、国家文物局、西藏三大重点文物保护维修工程领导小组办公室、三个指挥部以及各设计、施工单位的领导、代表参加了会议。

2003 年

（9）3月15日至20日，敦煌研究院保护研究所所长王旭东副研究员和技术员刘涛检查布达拉宫现场试验灌浆效果。

（10）3月29日至30日，受国家文物局委托，西藏自治区文物局在拉萨主持召开"西藏布达拉宫空鼓壁画现场灌浆加固试验评估会"，马家郁研究员任主任委员，委员有陈进良研究员、张之平高级工程师、谌文武教授、丹巴饶杰教授。西藏自治区文物局局长仁青次仁，西藏自治区发改委副主任李本珍，工程办工程组副组长尚国华，布达拉宫指挥部指挥长强巴格桑，罗布林卡维修工程指挥部指挥长马宜刚以及敦煌研究院副院长李最雄研究员、保护研究所副所长汪万福副研究员等出席了会议。

（11）5月9日，敦煌研究院在布达拉宫东大殿开始搭设脚手架，标志着布达拉宫壁画修复工程正式开始。

（12）7月4日，布达拉宫维修工程指挥部指挥长强巴格桑等陪同自治区人大、文物局、工程办领导及电视台记者等到东大殿视察壁画修复现场。

（13）7月28日，敦煌研究院保护研究所副所长汪万福受樊锦诗院长委托，代表敦煌研究院与西藏三大重点文物保护维修工程领导小组办公室常务副主任陈锦在西藏布达拉宫二期维修壁画保护修复工程合同书上签字，标志着布达拉宫壁画保护修复工程合同文本正式订立。

（14）7月29日，布达拉宫维修工程指挥部指挥长强巴格桑陪同自治区文物局领导到坛城殿壁画修复工作现场视察。

（15）8月4日，布达拉宫维修工程指挥部副指挥长丁长征、布达拉宫管理处副处长旺堆到二回廊壁画修复现场检查指导工作。

（16）8月11日，西藏三大重点文物保护维修工程领导小组办公室组织对布达拉宫东大殿北壁、坛城殿北壁等两处壁画保护修复单项工程进行竣工验收，敦煌研究院保护研究所副所长汪万福副研究员代表敦煌研究院做了"西藏布达拉宫东大殿北壁和坛城殿北壁壁画保护修复单项工程竣工验收报告"，验收顺利通过。参加验收工作的甲方代表有陈锦、尚国华、强巴格桑等，乙方代表有李最雄、樊再轩、张鲁等。

（17）9月12日，敦煌研究院保护研究所副所长苏伯民副研究员陪同指挥部指挥长强巴格桑等到东大殿东壁壁画修复工作现场视察。

（18）9月23日，布达拉宫维修工程指挥部组织相关人员对东大殿东壁进行初验，敦煌研究院保护研究所副所长苏伯民副研究员代表项目组做了"布达拉宫东大殿东壁壁画保护修复竣工报告"，验收未通过。参加人员有强巴格桑、丁长征、曲扎、段修业、李四存和付有旭等。

（19）10月9日，布达拉宫壁画保护修复现场工作停工。

2004 年

（20）5月4日，布达拉宫壁画保护修复工程复工，继续在东大殿和菩提道次第殿开展工作。

（21）5月17日，敦煌研究院副院长李最雄研究员主持在布达拉宫东大殿进行的拉拔试验。

（22）5月21日，布达拉宫维修工程指挥部指挥长强巴格桑陪同新华社记者到八世灵塔殿二层修复现场拍摄。

（23）5月31日，布达拉宫维修工程指挥部指挥长强巴格桑陪同工程办工程组组长尚国华和中国文物研究所高级工程师张之平等到八世灵塔殿二层修复现场协调工作，敦煌研究院副院长李最雄研究员、保护研究所所长王旭东研究员等在现场陪同并汇报壁画修复情况。

（24）6月1日，工程办常务副主任陈锦主持对布达拉宫东大殿东壁、南壁和白宫门厅南壁、北壁壁画修复工程进行验收，敦煌研究院副院长李最雄研究员等对修复工作做了汇报，验收顺利通过。参加人员有马家郁研究员、陆寿麟研究员、黄克忠高级工程师、尚国华组长、强巴格桑指挥长、丁长征副指挥长及王旭东所长等。

（25）6月9日，布达拉宫维修工程指挥部指挥长强巴格桑、副指挥长丁长征等与敦煌研究院副院长李最雄研究员、保护研究所所长王旭东研究员以及古建维修等方面的相关人员在八世灵塔殿二层商讨壁画揭取事宜。

（26）6月16日，布达拉宫维修工程指挥部指挥长强巴格桑陪同工程办工程组组长尚国华等到八世灵塔工作现场检查壁画修复工作。

（27）7月10日，甘肃省文化厅副厅长、省文物局局长苏国庆一行在敦煌研究院副院长李最雄研究员、布达拉宫管理处办公室副主任等的陪同下，考察了壁画修复现场，同时慰问敦煌研究院在藏工作人员。

（28）9月7日，布达拉宫维修工程指挥部副指挥长丁长征等到强庆塔拉姆门厅壁画修复现场检查指导工作。

（29）10月4日，在敦煌研究院副院长李最雄研究员和保护研究所副所长汪万福副研究员主持下，布达拉宫黄房子、药师殿壁画揭取开始实施。

（30）10月12日，布达拉宫壁画保护修复工程停工。

（31）10月27日，西藏三大重点文物保护维修工程领导小组办公室副主任常兴照主持强庆塔朗门厅等三处壁画保护修复工程竣工验收，敦煌研究院保护研究所副所长汪万福代表项目组做了"布达拉宫强庆塔朗门厅、朗杰扎仓殿内南壁和朗杰扎仓门厅等三处壁画修复单项工程竣工验收报告"，验收顺利通过。参加人员有朗杰、马琳、马宜刚、丁长征、觉旦、李四存和付有旭等。

2005 年

（32）3月25日，布达拉宫壁画保护修复工程复工。

（33）4月29日，布达拉宫维修工程指挥部指挥长强巴格桑陪同工程办副主任甲央等视察持明佛殿修复工作现场。

（34）5月30日，布达拉宫维修工程指挥部指挥长强巴格桑和布达拉宫管理处副处长旺堆、维修科科长觉旦等到持明佛殿检查现场工作。

（35）7月5日，西藏三大重点文物保护维修工程领导小组办公室常务副主任陈锦主持对布达拉宫五世灵塔殿壁画修复工程的验收，敦煌研究院保护研究所副所长汪万福副研究员代表项目组做了"布达拉宫五世灵塔殿东壁壁画保护修复单项工程竣工验收报告"，验收顺利通过。参加人员有常兴照、甲央、朗杰、徐飞、强巴格桑、马宜刚、丁长征、觉旦、李四存和付有旭等。

（36）7月27日，应敦煌研究院邀请，北京鑫衡运科贸有限责任公司工程师白雪冰来拉萨，就探地雷达对空鼓病害壁画及其灌浆效果检测等事宜与敦煌研究院保护研究所副所长汪万福副研究员等进行探讨，并在布达拉宫黄房子、药师殿等处进行现场检测试验。

（37）7月31日，甘肃省文物局副局长张正兴一行在敦煌研究院保护研究所副所长

汪万福的陪同下考察了布达拉宫壁画修复现场，并到敦煌研究院西藏三大重点文物保护
维修工程壁画保护修复项目办公室慰问在藏人员。

（38）8月4日，西藏三大重点文物保护维修工程领导小组办公室常务副主任陈锦
主持对布达拉宫持明佛殿壁画修复单项工程的竣工验收，敦煌研究院保护研究所副所长
汪万福副研究员代表项目组做了"布达拉宫持明佛殿壁画保护修复单项工程竣工验收
报告"，验收顺利通过。参加人员有常兴照、甲央、朗杰、徐飞、强巴格桑、马宜刚、
丁长征、觉旦、李四存和付有旭等。

（39）8月27日，工程办副主任常兴照和布达拉宫维修工程指挥部副指挥长丁长征
陪同国家文物局西藏三大重点文物保护维修工程检查组到药师殿壁画修复现场检查指导
工作，检查组成员由国家文物局文物保护司副司长柴晓明及付清远、杜启明、刘华彬
等。敦煌研究院文物保护技术服务中心副主任李四存向检查组做了汇报。

（40）8月28日，敦煌研究院保护研究所副所长汪万福副研究员向国家文物局检查
组柴晓明、付清远、杜启明等汇报了布达拉宫壁画保护修复工程进展情况及存在的
问题。

（41）9月29日，布达拉宫壁画维修工程停工。

2006 年

（42）4月21日，布达拉宫壁画维修工程复工。

（43）6月7日，布达拉宫维修工程指挥部指挥长强巴格桑、副指挥长丁长征陪同
工程办副主任常兴照、甲央等到观世音本生殿修复现场检查指导工作。

（44）7月8日至11日，敦煌研究院订购的瑞典 MALÅ 公司 RAMAC/GPR 地质雷达
在拉萨验货，北京鑫衡运科贸有限责任公司工程师孔祥春当面清点交验，并在敦煌研究
院保护研究所副所长汪万福研究员主持下，孔祥春工程师对敦煌研究院专业技术人员进
行了为期2天的现场培训。

（45）7月21日，在布达拉宫维修工程指挥部副指挥长丁长征等的陪同下，国家文
物局副局长董保华一行5人到西大殿壁画修复工作现场视察。

（46）7月27日，工程办副主任常兴照主持对布达拉宫黄房子、红宫南门正厅、十
三世灵塔殿等五处壁画单项维修工程的竣工验收，敦煌研究院保护研究所副所长汪万福
研究员代表项目组做了"布达拉宫黄房子、红宫门厅、十三世灵塔殿、观世音本生殿
和强巴佛殿等五处殿堂壁画修复单项工程竣工验收报告"，验收顺利通过。参加验收的
有甲央、朗杰、徐飞、尼玛次仁、马宜刚、丁长征、觉丹、李四存、付有旭等。

（47）8月9日，在布达拉宫维修工程指挥部指挥长强巴格桑和工程办综合组组长
尼玛次仁的陪同下，中央统战部部长刘延东一行视察了布达拉宫维修工程现场。

（48）10月16日，布达拉宫壁画保护修复工程停工。

2007年

（49）3月21日至30日，敦煌研究院保护研究所付有旭、赵林毅和张国彬一行在布达拉宫黄房子等殿堂检查壁画修复效果，并对壁画颜料补充取样。

（50）6月25日，工程办常兴照副主任主持对西大殿、药师殿、七世灵塔殿、圣观音殿室外、时轮殿、平措堆朗门厅等五处壁画单项修复工程进行验收。敦煌研究院付有旭和赵林毅分别进行了汇报，验收顺利通过。参加验收工作的还有玉珍、强巴格桑、觉旦、马宜刚、杨涛、王华国等。这次验收通过，标志着布达拉宫壁画保护修复工程全部结束。

（51）6月25日至7月8日，敦煌研究院党委书记兼副院长纪新民同志带领院职能部门负责人一行9人在藏进行慰问考察。期间分别于27、29日对布达拉宫和萨迦寺工作人员进行慰问，表达院党委对西藏工作人员的关怀。慰问考察人员主要有敦煌研究院党委办公室主任韩延军、总务处处长狄会忠、院长办公室副主任白新中等，副院长李最雄研究员和文物保护技术服务中心主任汪万福研究员、副主任李四存陪同慰问考察。

（52）7月2日，敦煌研究院党委书记兼副院长纪新民一行向西藏自治区党委书记张庆黎同志汇报了西藏三大重点文物保护维修工程壁画保护修复项目的进展情况，并表示敦煌研究院会以讲政治的高度进一步做好此项工作。张书记对敦煌研究院能够站在国家的立场承担和开展西藏文化遗产的保护工作表示感谢，也希望敦煌研究院进一步加强组织领导，站在国家和民族利益的角度保质保量完成这项功在千秋的伟大事业，向党和西藏人民交一份满意的答卷。中午张书记宴请了敦煌研究院人员。参加宴请的有敦煌研究院纪新民、李最雄、韩延军、狄会忠、白新中和汪万福，西藏自治区党委常委、秘书长，自治区文化厅厅长江央和布达拉宫管理处处长强巴格桑。

（53）7月7日，工程办常务副主任陈锦同志在自治区文物局会议室主持召开了座谈会，主要就萨迦寺壁画保护修复合同的签署和下一步工作进行了交换。出席座谈会的有敦煌研究院纪新民、狄会忠、汪万福、李四存和赵林毅，工程办常兴照、尼玛次仁和玉珍，萨迦寺维修工程指挥部指挥长格桑。

附录一　国家文物局关于同意将"西藏萨迦寺、布达拉宫、罗布林卡壁画修复研究"课题列入 2001 年度文物保护科研课题的通知

国 家 文 物 局

文物博函[2001]776 号

关于同意列入二〇〇一年度文物科研项目的函

甘肃省文物局：

你局报来敦煌研究院申报的"西藏萨迦寺、布达拉宫和罗布林卡壁画修复研究"（合同编号 200101）课题收悉。经研究，我局同意将该课题列入国家文物局 2001 年度科研项目，科研经费请敦煌研究院另行解决。该课题应与西藏萨迦寺、布达拉宫和罗布林卡文物维修工程中的壁画保护同步进行。

专此。

二〇〇一年七月八日

附录二 西藏布达拉宫二期维修壁画保护修复工程合同书

发包人（全称）：西藏三大重点文物保护维修工程领导小组办公室

承包人（全称）：敦煌研究院

一、本合同订立的论据

1.1 《中华人民共和国合同法》、《中华人民共和国文物保护法》、《中华人民共和国文物保护法实施条例》、《文物保护工程管理办法》、《中国文物古迹保护准则》和《中华人民共和国建筑法》。

1.2 国家及地方有关文物保护管理的法规和规章。

1.3 建设工程批准文件。

二、工程概况

工程名称：西藏布达拉宫二期维修工程壁画保护修复设计和修复

工程地点：西藏拉萨市布达拉宫

工程内容：按照"保护为主，抢救第一"的文物工作方针，在病害壁画保护修复实施中，遵循"先救命，后治病"的原则，按壁画病害的严重程度，对空鼓、起甲、酥碱、烟熏及壁画地仗墙体裂隙等病害分步进行保护修复加固。

本项目的实施是在深入现场进行勘察、壁画保存现状调查、取样、分析、研究，经过室内模拟试验及现场空鼓灌浆加固试验基础上来进行。同时还需要大量翔实的病害机理分析及环境监测数据做依据。

资金来源：文物保护维修专项资金，由国家财政拨款。

三、工程承包范围

承包范围：本工程包括布达拉宫殿堂、回廊、门厅、扎仓及附属建筑等 20 处 1722.68m² 空鼓、起甲、酥碱、烟熏、画面污染等病害壁画的保护修复设计和修复。

四、工程设计

4.1　合同设计项目的名称、阶段、规模投资、内容及标准

序号	项目名称	阶段	规模投资（万元）	设计标准
1	壁画病害现状调查		略	
2	前期实验		略	通过国家文物局专家组评估、鉴定
3	空鼓壁画现场灌浆加固试验	2003 年 5 月	略	通过国家文物局专家组评估
4	壁画修复加固工程	2001 年 10 月	略	达到国家文物局对壁画修复加固工程设计标准

4.2　甲方向乙方提交的有关资料及文件

序号	资料及文件名称	份数	内容要求	提交时间
1	国家文物局、国家发展计划委员会（现已更名为"国家发展和改革委员会"）对三大重点文物保护维修工程方案的批复文件	1		2001 年 9 月 24 日
2	拉萨市水文、气象、地质、地震资料	1		2001 年 9 月 24 日
3	西藏自治区建筑工程预算定额	1		2001 年 9 月 24 日
4	布达拉宫相关的历史文献资料及历史维修记录			2001 年 9 月 24 日
5	布达拉宫建筑维修年度计划			每年 10 月底前提供下一年度工作计划

4.3　乙方向甲方交付的相关文件

序号	资料及文件名称	份数	内容要求	提交时间
1	布达拉宫壁画病害调查报告	2		2001 年 8 月 10 日
2	全国重点文物保护单位西藏布达拉宫壁画保护修复工程设计方案	5	达到国家文物局对设计方案的要求	2001 年 10 月 10 日

序号	资料及文件名称	份数	内容要求	提交时间
3	前期研究报告（包括国家文物局组织专家对中期实验研究的评估意见等）			2003 年 5 月 20 日
4	布达拉宫壁画现状调查图（1∶20 或 1∶100）及照片	2		根据保护修复加固工程进度
5	全国重点文物保护单位西藏布达拉宫与本次维修工程有关的殿堂、回廊壁画保护修复方案	3	达到国家文物局对方案的要求	按照三大重点文物保护维修工程总工期的要求及维修办提供给乙方年度工程计划进行
5	布达拉宫壁画保护修复工程竣工报告	5		全部工程完成后 3 个月内
6	其他相关的资料			

五、施工组织设计和工期

5.1　进度计划

2003 年，完成 500m² 病害壁画的保护修复加固工作；

2004 年，完成 500m² 病害壁画的保护修复加固工作；

2005 年，完成 500m² 病害壁画的保护修复加固工作；

2006 年，完成 222.68m² 病害壁画的保护修复加固工作。

5.2　开工及延期开工

5.2.1　双方约定 2003 年 5 月 1 日为布达拉宫开工日期。

5.2.2　因发包人原因不能按照约定的开工日期开工，发包人应以书面形式通知承包人，推迟开工日期。发包人赔偿承包人因延期开工造成的损失，并相应顺延工期。

5.3　暂停施工

5.3.1　发包人认为确有必要暂停施工时，应当以书面形式要求承包人暂停施工，并在提出要求后 48 小时内提出书面处理意见。承包人应当按发包人要求停止施工，并妥善保护已完工程。发包人未能在规定时间内提出处理意见，或收到承包人复工要求后 48 小时内未予答复，承包人可自行复工。因发包人原因造成停工的，由发包人承担所发生的追加合同价款，赔偿承包人由此造成的损失，相应顺延工期；因承包人原因造成停工的，由承包人承担发生的费用，工期不予顺延。

5.4 工期延误

5.4.1 因以下原因造成工期延误，经发包人确认，工期相应顺延：

（1）发包人未能提供开工条件；

（2）发包人未能按约定日期支付工程预付款、进度款，致使施工不能正常进行；

（3）发包人未按合同约定提供所需指令、批准等，致使施工不能正常进行；

（4）设计变更和工程量增加；

（5）一周内非承包人原因停水、停电、停气造成停工累计超过8小时；

（6）不可抗力；

（7）发包人同意工期顺延的其他情况。

5.5 工程竣工

5.5.1 根据总工期要求，双方约定2006年12月31日为工程竣工日期。

5.5.2 承包人必须按照约定的竣工日期或发包人同意顺延的工期竣工。

5.5.3 因承包人原因不能按照约定的竣工日期或发包人同意顺延的工期竣工的，承包人承担违约责任。

5.5.4 施工中发包人如需提前竣工，双方协商一致后应签订提前竣工协议，作为合同文件组成部分。提前竣工协议应包括承包人为保证工程质量和安全采取的措施、发包人为提前竣工提供的条件以及提前竣工所需的追加合同价款等内容。

六、单项工程质量与检验

6.1 工程质量标准

工程质量标准：达到《文物保护工程管理办法》中对文物抢险加固工程质量的要求，并最终通过发包人和国家文物局组织的专家验收。

6.2 检查和返工

分项（以单独殿、堂为一分项）完成28日内，由承包人提出工程质量申请检查报告；发包人在接到报告1周内通知承包人并安排检查日期，对质量做出初步评定。评定意见作为最终工程验收的主要依据。如发包人在接到报告后1周内没有回复承包人，则视为发包人认可承包人的分项工程质量申请检查报告。

检查中因承包人施工质量问题需要返工的项目，在指定的时间内由承包人完成，由此而产生的一切费用由承包人承担。

6.3 质量保修

6.3.1 质量保修的主要内容包括：

（1）质量保修项目内容及范围：所有承包人承担的保护修复加固项目均作为保修的范围。

（2）质量保修期：从工程竣工验收之日起二年。

（3）质量保修责任：在保修期内，如双方确认被保修项目出现质量问题，承包人免费进行维修；不包括因发包人管理不善或因其他问题出现的质量问题。

（4）质量保修金的支付方法：保修期满 28 日内发包人应付清保修金；如在保修期内产生维修费用，发包人应予扣除，并在 28 日内付清剩余保修金。

七、合同价款及支付

7.1　合同价款

金额（大写）：略（人民币）

¥：略

其中：前期现状调查、室内模拟实验、现场灌浆加固试验费（略）；设计费（略）（设计费总额按双方确认的维修工程概算总额和国家文物局与双方协商确认的 5% 费率收取）；工程费用（略）。

7.2　工程量的确认

7.2.1　发包人收到承包人报告后 7 天内未进行工程计量，从第 8 天起，承包人报告中开列的工程量即视为被确认，作为工程价款支付的依据。

7.2.2　对承包人超出设计范围和因承包人原因造成返工的工程量，发包人不予计量。

7.3　设计费及工程款（进度款）支付

按工程预算，合同签订后十五天内先预付设计和工程费 30%（主要用于购置化学药品、设备材料、进场安排等），即____元（略）；尔后按工程进度分期付款，工程量完成 50%，支付工程费 45%，即____元（略）；工程量完成 80%，支付工程费 75%，即____元（略）；工程量完成 100%，支付工程费 95%，即____元（略）。5% 即____元（略）作为保修金。

发包方应收的工程管理费按工程概算总额的 2% 收取，即____元（略），按付款进度分期扣除。

7.3.1　在确认计量结果后 14 天内，发包人应向承包人支付工程款（进度款）。按约定时间发包人应扣回的预付款，与工程款（进度款）同期结算。

7.3.2　发包人超过约定的支付时间不支付工程款（进度款），承包人可向发包人发出要求付款的通知，发包人收到承包人通知后仍不能按要求付款，可与承包人协商签订延期付款协议，经承包人同意后可延期支付。但从计量结果确认后第 15 天起应支付承包人应付款的贷款利息。

7.3.4　发包人不按合同约定支付工程款（进度款），双方又未达成延期付款协议，导致施工无法进行，承包人可停止施工，由发包人承担违约责任。

八、双方一般权利和义务

8.1 发包人

8.1.1 发包人按本合同 4.2 规定的内容，在规定的时间内向承包人提交资料及文件，并对其完整性、正确性及时限负责。

发包人提交上述资料及文件超过规定期限 15 天以内，承包人按本合同 4.3 规定交付设计文件时间顺延；规定期限超过 15 天以上时，承包人有权重新确定提交设计文件的时间。

8.1.2 发包人不得要求承包人违反文物保护有关规定和技术规范进行设计，承包人变更委托设计项目、规模、条件或因提交的资料错误，或所提资料作较大修改，以致造成承包人设计需返工时，双方除需另行协商签订补充合同（或另订合同）、重新明确有关条款外，发包人应按承包人所耗工作量向承包人支付返工费。

8.1.3 发包人应按本合同 7.3 规定的金额和时间向承包人支付设计和工程费用，每逾期支付一天，应承担支付金额千分之二的逾期违约金。逾期超过 30 天以上时，承包人有权暂停履行下阶段工作，并书面通知发包人。发包人上级对设计文件不审批或本合同项目停缓建，发包人均应支付应付的设计费。

8.1.4 发包人要求承包人比合同规定时间提前提交设计文件或要求提前完工时，发包人应支付赶工费。

8.1.5 设计、研究成果，甲、乙双方共享，甲、乙双方未经协商，不得将设计文件复制向第三方转让或用于本合同外的项目，受害方有权索赔。

8.1.6 发包人负责施工期间的文物安全。

8.1.7 给承包人提供具备现场工作的条件（如水、电、照明设施、必要的交通工具及影响施工的文物搬迁等）。

8.1.8 保证承包人在现场有足够的工作时间。

8.1.9 派专人协调现场工作，并尽一切可能配合承包人工作，为承包人提供方便，确保现场工作质量。

8.1.10 协助承包人解决现场工作可能遇到的其他问题。

8.2 承包人

8.2.1 承包人按本合同 4.3 规定的内容、时间及份数向发包人交付设计文件和其他相关资料。

8.2.2 承包人对设计文件出现的遗漏或错误负责修改补充，由于承包人设计错误造成工程质量事故损失，承包人除负责采取补救措施外，应免收受损失部分的设计费，并根据损失程度向发包人偿付赔偿金，赔偿金最多与免收的设计费金额相等。

8.2.3 由于承包人自身原因，延误了按本合同4.3规定的设计文件交付时间，每延误一天，应减收该项目应收设计费的2‰。

8.2.4 承包人不得向第三方扩散、转让发包人提交的产品图纸等技术经济资料。如发生以上情况，发包人有权索赔。

8.2.5 承包人应严格按照《中华人民共和国文物保护法》、《中华人民共和国文物保护法实施条例》、《中国文物古迹保护准则》和《文物保护工程管理办法》的要求从事文物保护工作，高质量完成协议规定的各项工作。

8.2.6 承包人要根据协议内容，按计划、分阶段完成各项工作，并向发包人提供阶段工作总结报告；

8.2.7 承包人协助发包人培养1~3名壁画保护专业人员。

8.2.8 承包人要遵守国家、发包人及施工所在单位有关文物保护的法律、法规及一系列规章制度。

8.2.9 承包人要指定兼职保安员，协助发包人及施工所在单位做好现场施工期间的文物安全工作。

九、安全施工

9.1 安全施工与检查

9.1.1 承包人应遵守工程建设安全生产有关管理规定，严格按安全标准组织施工，并随时接受行业安全检查人员依法实施的监督检查，采取必要的安全防护措施，消除事故隐患。由于承包人安全措施不力造成事故的责任和因此发生的费用，由承包人承担。

9.1.2 发包人应对其在施工场地的工作人员进行安全教育，并对他们的安全负责。发包人不得要求承包人违反安全管理的规定进行施工。因发包人原因导致的安全事故，由发包人承担相应责任及发生的费用。

9.2 事故处理

9.2.1 发生重大伤亡及其他安全事故，承包人应按有关规定立即上报发包人，同时按政府有关部门要求处理，由事故责任方承担发生的费用。

9.2.2 发包人承包人对事故责任有争议时，应按政府有关部门的认定处理。

9.3 安全防护

承包人在重点文物要害部位、输电线路、地下管道以及临街交通要道附近施工时，施工开始前应向发包人提出安全防护措施，经发包人认可后实施，防护措施费用由发包人承担。

十、竣工验收与结算

10.1　竣工验收

10.1.1　工程具备竣工验收条件,承包人按国家工程竣工验收有关规定,向发包人提供完整竣工资料及竣工验收报告。

10.1.2　发包人收到竣工验收报告后90天内组织有关单位验收,并在验收后14天内给予认可或提出修改意见。承包人须按要求进行修改,并承担由自身原因造成修改的费用。

10.1.3　发包人收到承包人送交的竣工验收报告后90天内不组织验收,或验收后14天内不提出修改意见,视为竣工验收报告已被认可。

10.1.4　工程竣工验收通过,承包人送交竣工验收报告的日期为实际竣工日期。工程按发包人要求修改后通过竣工验收的,实际竣工日期为承包人修改后提请发包人验收的日期。

10.1.5　发包人收到承包人竣工验收报告后90天内不组织验收,从第91天起承担工程保管及一切意外责任。

10.2　竣工结算

10.2.1　工程竣工验收报告经发包人认可后28天内,承包人向发包人递交竣工结算报告及完整的结算资料,双方按照约定的合同价款,进行工程竣工结算。

10.2.2　发包人收到承包人递交的竣工结算报告及结算资料后28天内进行核实,给予确认或者提出修改意见。发包人确认竣工结算报告通知经办银行向承包人支付工程竣工结算价款。

10.2.3　发包人收到竣工结算报告及结算资料后28天内无正当理由不支付工程竣工结算价款,从第29天起按承包人同期向银行贷款利率支付拖欠工程价款的利息,并承担违约责任。

10.2.4　发包人收到竣工结算报告及结算资料后28天内不支付工程竣工结算价款,承包人可以催告发包人支付结算价款。发包人在收到竣工结算报告及结算资料后56天内仍不支付的,承包人可以申请人民法院进行裁决。

10.2.5　工程竣工验收报告经发包人认可后28天内,承包人未能向发包人递交竣工结算报告及完整的结算资料,造成工程竣工结算不能正常进行或工程竣工结算价款不能及时支付,发包人要求交付工程的,承包人应当交付;不要求交付工程的,发包人承担保管责任。

十一、违约、索赔和争议

11.1　违约

11.1.1　发包人违约。当发生下列情况时：

（1）发包人不按时支付工程预付款；

（2）发包人不按合同约定支付工程款，导致施工无法进行；

（3）发包人无正当理由不支付工程竣工结算价款；

（4）发包人不履行合同义务或不按合同约定履行义务的其他情况。

发包人承担违约责任，赔偿因其违约给承包人造成的经济损失，顺延延误的工期。

11.1.2　承包人违约。当发生下列情况时：

（1）因承包人原因不能按照协议书约定的竣工日期或发包人同意顺延的工期竣工；

（2）因承包人原因工程质量达不到协议书约定的质量标准；

（3）承包人不履行合同义务或不按合同约定履行义务的其他情况。

承包人承担违约责任，赔偿因其违约给发包人造成的损失。

11.1.3　一方违约后，另一方要求违约方继续履行合同时，违约方承担上述违约责任后仍应继续履行合同。

11.2　索赔

11.2.1　发包人未能按合同约定履行自己的各项义务或发生错误以及应由发包人承担责任的其他情况，造成工期延误和（或）承包人不能及时得到合同价款及承包人的其他经济损失，承包人可按下列程序以书面形式向发包人索赔：

（1）索赔事件发生后28天内，向发包人发出索赔意向通知；

（2）发出索赔意向通知后28天内，向发包人提出延长工期（或）补偿经济损失的索赔报告及有关资料；

（3）发包人在收到承包人送交的索赔报告和有关资料后，于28天内给予答复，或要求承包人进一步补充索赔理由和证据；

（4）发包人在收到承包人送交的索赔报告和有关资料后28天内未予答复或未对承包人作进一步要求，视为该项索赔已经认可。

11.2.2　承包人未能按合同约定履行自己的各项义务或发生错误，给发包人造成经济损失，发包人可按11.2.1款确定的时限向承包人提出索赔。

11.3　争议

11.3.1　发包人承包人在履行合同时发生争议，可以和解或者要求有关主管部门调解。当事人不愿和解、调解或者和解、调解不成的，双方可以达成仲裁协议，向约定的仲裁委员会申请仲裁；或向有管辖权的人民法院起诉。

十二、合同生效

合同订立时间：2003 年 3 月 28 日
合同订立地点：西藏三大重点文物保护维修工程领导小组办公室
本合同双方约定自双方签字之日即生效。

十三、其他

13.1　工程分包

13.1.1　非经发包人同意，承包人不得将承包工程的任何部分分包。

13.1.2　承包人不得将其承包的全部工程转包给他人，也不得将其承包的全部工程肢解以后以分包的名义分别转包给他人。

13.1.3　工程分包不能解除承包人任何责任与义务。承包人应在分包场地派驻相应管理人员，保证本合同的履行。分包单位的任何违约行为或疏忽导致工程损害或给发包人造成其他损失，承包人承担连带责任。

13.2　不可抗力

13.2.1　不可抗力包括因战争、动乱、空中飞行物体坠落或其他非发包人承包人责任造成的爆炸、火灾，以及风雨、雪、洪、震等自然灾害。

13.2.2　不可抗力事件发生后，承包人应立即通知发包人，在力所能及的条件下迅速采取措施，尽力减少损失，发包人应协助承包人采取措施。不可抗力事件结束后 48 小时内承包人向发包人通报受害情况和损失情况，及预计清理和修复的费用。不可抗事件持续发生，承包人应每隔 7 天向发包人报告一次受害情况。不可抗力事件结束后 14 天内，承包人向发包人提交清理和修复费用的正式报告及有关资料。

13.2.3　因不可抗力事件导致的费用及延误的工期由双方按以下方法分别承担：

（1）工程本身的损害、因工程损害导致第三人人员伤亡和财产损失以及运至施工场地用于施工的材料和待安装的设备的损害，由发包人承担；

（2）发包人承包人人员伤亡由其所在单位负责，并承担相应费用；

（3）承包人机械设备损坏及停工损失，由承包人承担；

（4）停工期间，承包人应发包人要求留在施工场地的必要的管理人员及保卫人员的费用由发包人承担；

（5）工程所需清理、修复费用，由发包人承担；

（6）延误的工期相应顺延。

13.2.4　因合同一方迟延履行合同后发生不可抗力的，不能免除迟延履行方的相应责任。

13.3　保险

13.3.1　工程开工前，发包人为建设工程和施工场内的自有人员及第三人人员生命财产办理保险，支付保险费用。

13.3.2　运至施工场地内用于工程的材料和待安装设备，由发包人办理保险，并支付保险费用。

13.3.3　发包人可以将有关保险事项委托承包人办理，费用由发包人承担。

13.3.4　保险事故发生时，发包人承包人有责任尽力采取必要的措施，防止或者减少损失。

13.4　专利技术及特殊工艺

13.4.1　发包人要求使用专利技术或特殊工艺，应负责办理相应的申报手续，承担申报、试验、使用等费用；承包人提出使用专利技术或特殊工艺，应取得发包人认可，承包人负责办理申报手续并承担有关费用。

13.4.2　擅自使用专利技术侵犯他人专利权的，责任者依法承担相应责任。

13.5　合同解除

13.5.1　发包人承包人协商一致，可以解除合同。

13.5.2　发包人不按合同约定支付设计和工程款（进度款），双方又未达成延期付款协议，导致施工无法进行，停止施工超过56天，发包人仍不支付工程款（进度款），承包人有权解除合同。

13.5.3　有下列情形之一的，发包人承包人可以解除合同：

（1）因不可抗力致使合同无法履行；

（2）因一方违约（包括因发包人原因造成工程停建或缓建）致使合同无法履行。

13.5.4　合同解除后，承包人应妥善做好已完工程和已购材料、设备的保护和移交工作，按发包人要求将自有机械设备和人员撤出施工场地。发包人应为承包人撤出提供必要条件，支付以上所发生的费用，并按合同约定支付已完工程价款。已经订货的材料、设备由订货方负责退货或解除订货合同，不能退还的货款和因退货、解除订货合同发生的费用，由发包人承担，因未及时退货造成的损失由责任方承担。除此之外，有过错的一方应当赔偿因合同解除给对方造成的损失。

13.5.5　合同解除后，不影响双方在合同中约定的结算和清理条款的效力。

13.6　合同生效与终止

13.6.1　双方约定本合同自双方签字之日即生效。

13.6.2　发包人承包人履行合同全部义务，竣工结算价款支付完毕，承包人向发包人交付竣工工程后，本合同即告终止。

13.6.3　合同的权利义务终止后，发包人承包人应当遵循诚实信用原则，履行通知、协助、保密等义务。

13.7　合同份数

13.7.1　本合同正本两份，具有同等效力，由发包人承包人分别保存一份。

13.7.2　本合同副本叁份，由发包人、承包人、建设行政主管部门分别保存一份。

13.8　补充条款

本合同未尽事宜，双方可签订补充协议作为附件，有关补充协议及双方认可的往来传真、会议纪要等与本合同具有同等法律效力。

发包人（全称）：　　　　　　　　承包人（全称）：

　　（盖章）　　　　　　　　　　　（盖章）

法定代表人：　　　　　　　　　　法定代表人：

　　日　期：　　　　　　　　　　　日　期：

附录三　相关研究成果一览

发表文章

马赞峰、汪万福、王雪莹、李树若、赵林毅、付有旭：《西藏几处重要文化古迹壁画现状考察》，《中国藏学》2002 年第 3 期。

李最雄、汪万福、赵林毅、于宗仁、李树若、马赞峰、樊再轩：《西藏布达拉宫、罗布林卡和萨迦寺空鼓壁画修复模拟实验》，《敦煌研究》2002 年第 6 期。

汪万福、马赞峰、于宗仁、赵林毅、李树若、孙洪才、付有旭：《西藏布达拉宫、罗布林卡和萨迦寺壁画制作材料分析》，《敦煌研究》2002 年第 6 期。

汪万福、李最雄、马赞峰、付有旭、丁长征、樊再轩：《西藏布达拉宫东大殿空鼓病害壁画保护修复研究》，《中国藏学》2005 年第 3 期。

汪万福、李最雄、马赞峰、付有旭、刘涛、杨韬、樊再轩、李四存：《西藏文化古迹严重病害壁画保护修复加固技术》，《敦煌研究》2005 年第 4 期。

樊再轩、李最雄、王旭东、汪万福、马赞峰、付有旭：《西藏拉萨布达拉宫空鼓壁画现场灌浆加固试验》，《敦煌研究》2005 年第 4 期。

杨涛、李最雄、谌文武：《PS－F 灌浆材料的物理力学性能》，《敦煌研究》2005 年第 4 期。

汪万福、马赞峰、李最雄、杨涛、付有旭：《空鼓病害壁画灌浆加固技术研究》，《文物保护与考古科学》2006 年第 1 期。

赵俊荣：《西藏壁画艺术及其保存修复的几点思考》，《敦煌研究》2006 年第 4 期。

获奖情况

"西藏空鼓壁画灌浆加固技术研究"于 2005 年度获国家文物局文物保护与科学技术创新奖二等奖

参考书目

白玉海、裴力伟、方启平等：《激光超声与无损检测》，《无损检测》1996 年第 7 期。

蔡云良：《机械振动全息分析及其若干问题》，《南京航空航天大学学报》1988 年第 3 期。

曹忠权、谢平、金花：《星载合成孔径雷达遥感技术的地学应用》，《地球物理学进展》2004 年第 2 期。

车俊铁、侯强：《超声波检测不同裂纹研究分析》，《无损探伤》2006 第 3 期。

陈仁文、陶宝祺：《非接触式光纤振动测量中的智能化处理方法》，《数据采集与处理》1995 年第 4 期。

陈绍溟：《测量微小变动位移的简易方法》，《大学物理》2002 年第 2 期。

陈文革、魏劲松：《超声无损检测的应用研究与进展》，《无损探伤》2001 年第 4 期。

陈颙、张尉、陈汉林等：《地震雷达》，《地球物理学进展》2006 年第 1 期。

陈允适、李武编著：《古建筑与木质文物维护指南》第 1 ~ 60 页，中国林业出版社，1995 年。

程久龙：《岩体破坏弹性波 CT 动态探测试验研究》，《岩土工程学报》2000 年第 5 期。

崔少辉：《单片机在振动信号测量中的应用》，《自动化仪表》1997 年第 10 期。

崔颖：《用于无损检测的中子射线法》，《固体火箭技术》1989 年第 3 期。

崔中兴、仵彦卿、曹广祝等：《三维应力状态下砂岩的渗流实时 CT 观测》，《岩石力学新进展与西部开发中的岩土工程问题——中国岩石力学与工程学会第七次学术大会论文集》，科学出版社，2002 年。

丁卫华、仵彦卿、蒲毅彬等：《低应变率下岩石内部裂纹演化的 X 射线 CT 方法》，《岩石力学与工程学报》2003 年第 11 期。

丁卫华、仵彦卿、蒲毅彬等：《X 射线岩石 CT 的历史与现状》，《地震地质》2003 年第 3 期。

杜丽婷、刘松平、谢凯文等：《激光超声激励技术研究》，《无损检测》2005 年第 6 期。

杜振辉、武斌、李志刚等：《激光多普勒效应微纳测量技术的研究》，《纳米技术与精密工程》2004 年第 3 期。

敦煌研究院主编：《敦煌研究文集》，《石窟保护篇》（上、下），甘肃民族出版社，1993年。

樊自田、董选普等：《水玻璃砂工艺原理及应用技术》，机械工业出版社，2004年。

冯少彤、蔡云良、刘小廷：《激光全息测空间位移误差分析》，《激光杂志》2003年第3期。

冯颖、蔡静：《用激光双参考光两次曝光法检测机械变形》，《激光与红外》2006年第2期。

付国强、彭苏萍：《探地雷达在挡墙病害检测中的应用》，《工程地球物理学报》2004年第1期。

葛双成、江影、颜学军：《综合物探技术在堤坝隐患探测中的应用》，《地球物理学进展》2006年第1期。

葛双成、邵长云：《岩溶勘察中的探地雷达技术及应用》，《地球物理学进展》2005年第2期。

葛修润、任建喜、蒲毅彬等：《岩石细观损伤扩展规律的CT实时试验》，《中国科学》（E辑）2000年第2期。

耿荣生：《新千年的无损检测技术——从罗马会议看无损检测技术的发展方向》，《无损检测》2001年第1期。

郭宏、李最雄、宋大康等：《敦煌莫高窟壁画酥碱病害机理研究之一》，《敦煌研究》1998年第3期第153～158页。

郭宏、李最雄、宋大康等：《敦煌莫高窟壁画酥碱病害机理研究之二》，《敦煌研究》1998年第4期第159～172页。

郭宏、李最雄、宋大康等：《敦煌莫高窟壁画酥碱病害机理研究之三》，《敦煌研究》1999年第3期第153～175页。

郭铁拴、刘兰波、张晓东：《地质雷达技术指标的标定研究》，《地球物理学进展》2005年第2期。

韩锋、马永昌、王友钊：《基于ARM处理器的便携式振动测量分析仪的设计》，《仪表技术与传感器》2004年第9期。

何春娟、刘绒霞、曹磊：《莫尔条纹技术在微小位移测量中的应用》，《西安工业学院学报》2005年第6期。

何开胜、王国群：《水库堤坝渗漏的探地雷达探测研究》，《防灾减灾工程学报》2005年第1期。

胡进峰：《合成孔径探地雷达探测浅埋小目标的信号处理算法研究》，电子科技大学2005年博士学位论文。

计欣华、许方宇、陈金龙等：《数字全息计量技术及其在微小位移测量中的应用》，《实验力学》2004 年第 4 期。

贾华强：《探地雷达方法在铁路隧道衬砌质量检测中的应用》，西南交通大学 2002 年博士学位论文。

姜怀英、噶苏·彭措朗杰、王明星：《西藏布达拉宫修缮报告》第 15 ~ 61 页，文物出版社，1994 年。

姜怀英、甲央、噶苏·彭措朗杰编著：《西藏布达拉宫》（上下），文物出版社，1996 年。

孔令讲：《浅地层探地雷达信号处理算法的研究》，电子科技大学 2003 年博士学位论文。

李成方：《探地雷达信息处理算法与信息管理系统研究》，中国地质大学（北京）2006 年研究生学位论文。

李成香、强建科、王建军：《地质雷达在公路裂缝检测中的应用》，《工程地球物理学报》2004 年第 3 期。

李冠成、耿耀辉、任大庆等：《辅助干版微角位移调制全息法测机械变形方向》，《仪器仪表学报》2004 年第 4 期。

李季平、蔡云良：《非接触光测物体大位移研究》，《南京航空航天大学学报》2001 年第 4 期。

李太全：《探地雷达天线系统的设计、实现与优化》，武汉大学 2004 年博士学位论文。

李廷春：《三维裂隙扩展的 CT 试验及理论分析研究》，中国科学院研究生院（武汉岩土力学研究所）2005 年博士学位论文。

李最雄：《李最雄石窟保护论文集》，甘肃民族出版社，1994 年。

李最雄、汪万福等：《西藏布达拉宫、罗布林卡和萨迦寺空鼓壁画修复模拟实验》，《敦煌研究》2002 年第 6 期。

李最雄、Stefan Michalski：《光和湿度对土红、朱砂和铅丹变色的影响》，《敦煌研究》1989 年第 3 期第 80 ~ 93 页。

李最雄、汪万福、赵林毅等：《西藏布达拉宫、罗布林卡和萨迦寺空鼓壁画修复模拟实验》，《敦煌研究》2002 年第 6 期（总第 76 期）第 69 ~ 77 页。

李最雄：《丝绸之路古遗址保护》，科学出版社，2003 年。

梁北援、郭铁拴、申旭辉：《地质雷达双域数据处理软件及其应用》，《地球物理学进展》2005 年第 2 期。

梁珺、高鸿奕、何红等：《基于数字全息相位差放大的弱相位检测方法》，《中国激光》2006 年第 4 期。

刘诚、阎长春、高淑梅：《一种改进的载波电子散斑干涉处理方法》，《光子学报》2005
　　年第 2 期。

刘敦文：《地下岩体工程灾害隐患雷达探测与控制研究》，中南大学 2001 年博士学位论
　　文。

刘红军、贾永刚：《探地雷达在大面积场区岩土工程勘察中的应用——以苏丹喀土穆炼
　　油厂为例》，《海岸工程》1998 年第 4 期。

刘四新、曾昭发、徐波：《利用钻孔雷达探测地下含水裂缝》，《地球物理学进展》2006
　　年第 2 期。

刘松平、郭恩明、陈积懋：《无损检测新技术——永恒的发展主题》，《航空制造技术》
　　2004 年第 9 期。

刘松平、刘菲菲、郭恩明等：《快速无损检测方法及发展趋势》，《航空制造技术》2005
　　年第 11 期。

刘松平、刘菲菲、郭恩明等：《先进的可视化成像无损检测技术及其应用》，《航空制造
　　技术》2006 年第 11 期。

刘迎春、杨立志、严普强：《基于单片机的低频绝对振动测量分析仪》，《传感器技术》
　　2000 年第 6 期。

刘志健、吴平、王铁平等：《单光束分波前调制参考光两次曝光全息测位移方向》，《仪
　　器仪表学报》2006 年第 9 期。

刘子轶、杨静、耿坤等：《公路桥梁桥墩振动测量分析仪的设计》，《传感器技术》2005
　　年第 3 期。

吕宏诗、刘彬：《激光多普勒测振技术的最新进展》，《激光技术》2005 年第 2 期。

罗强：《基于小波分析的心电信号去噪研究》，华中师范大学 2006 年博士学位论文。

罗雄彪、陈铁群：《超声无损检测的发展趋势》，《无损检测》2005 年第 3 期。

罗元国、王保良、黄志尧等：《空气耦合式超声波无损检测技术的发展及展望》，《仪器
　　仪表学报》2005 年第 2 期。

马赞峰、汪万福、王雪莹等：《西藏几处重要文化古迹壁画现状考察》，《中国藏学》
　　2002 年第 3 期（总第 59 期）第 117 ~ 125 页。

莫润阳、巨西民、杨静：《超声检测中的灵敏度、频率和探头 K 值》，《无损检测》2006
　　年第 3 期。

欧阳祖熙、张宗润、何成平：《基于感应耦合比率臂的高精度位移测量系统》，《电子技
　　术应用》2004 年第 10 期。

钱家栋、邓明德、尹京苑等：《雷达用于地震预测的基础实验研究》，《地球物理学报》
　　2005 年第 5 期。

钱觉时：《粉煤灰特性与粉煤灰混凝土》，科学出版社，2002 年。

沈建中：《超声探伤灵敏度与灵敏度上限》，《无损检测》2002 年第 10 期。

苏畅、徐守义、王承训等：《一种应用于探地雷达信号处理的自适应脉冲压缩滤波器》，《电子学报》1996 年第 9 期。

隋景峰：《隧道衬砌质量检测新技术》，《工程勘察》1998 年第 2 期。

孙灵霞、叶云长：《工业 CT 技术特点及应用实例》，《核电子学与探测技术》2006 年第 4 期。

孙平、李爱华、陶春先等：《大剪切电子散斑干涉的载频调制与位移场测量》，《光学学报》2006 年第 3 期。

孙桥、于梅：《振动测量中正弦逼近法的软件实现及研究》，《中国计量》2004 年第 10 期。

索朗旺堆·萨迦：《谢通门县文物志》第 45 ~ 80 页，西藏人民出版社，1993 年。

唐东炜、杨兆华：《计算机辅助振动参数测试系统的研制》，《电工技术杂志》2001 年第 8 期。

陶锐：《冲激脉冲探地雷达接收机技术的研究》，大连理工大学 2006 年博士学位论文。

汪澜：《水泥混凝土—组成·性能·应用》，中国建材工业出版社，2004 年。

汪万福、马赞峰、于宗仁等：《西藏布达拉宫、罗布林卡和萨迦寺壁画制作材料分析》，《敦煌研究》2002 年第 6 期（总第 76 期）第 78 ~ 84 页。

王传雷、祁明松：《地下岩溶的地质雷达探测》，《地质与勘探》1994 年第 2 期。

王大承：《机械制造业中激光测试技术最新研究进展及展望》，《机械制造》2003 年第 7 期。

王士恩、柯宇荣、黄浩权：《SIR – 10H 型探地雷达探测方法技术及其初步应用》，《广东水利水电》1999 年第 2 期。

王晓嘉、高隽、王磊：《激光三角法综述》，《仪器仪表学报》2004 年第 2 期。

王运生、王家映、顾汉明：《弹性波 CT 关键技术与应用实例》，《工程勘察》2005 年第 3 期。

吴越：《大连市城区消防规划的抗震策略分析》，天津大学 2006 年博士学位论文。

吴正直：《粉煤灰房建材料的开发与应用》，中国建材工业出版社，2003 年。

仵君魁：《西藏寺院壁画的制作步骤与方法》，《西藏佛教寺院壁画艺术》，四川人民出版社，1994 年。

仵彦卿、曹广祝、王殿武：《基于 X – 射线 CT 方法的岩石小裂纹扩展过程分析》，《应用力学学报》2005 年第 3 期。

西藏自治区概况编写组：《西藏自治区概况》，西藏人民出版社，1984 年。

杨峰:《岩溶地区路基病害勘察技术及处理方案研究》,中南大学 2004 年博士学位论文。

杨国田、张玉:《振动测量中同步整周期采样的一种实现方案》,《发电设备》1998 年第 1 期。

杨培根:《利用纤维的振动测量液体流动》,《激光杂志》1982 年第 1 期。

姚成华:《隧道砼结构无损检测及应用研究》,中南大学 2004 年博士学位论文。

于梅、孙桥、马明德等:《两种激光绝对法振动测试技术的比对实验及分析》,《现代测量与实验室管理》2004 年第 6 期。

于梅、孙桥:《外差式激光干涉仪应用于正弦直线和旋转振动测量技术的研究》,《计量学报》2005 年第 3 期。

余志雄、薛桂玉、周洪波等:《大坝 CT 技术研究概况与进展》,《岩石力学与工程学报》2004 年第 8 期。

袁勇:《混凝土结构早期裂缝控制》,科学出版社,2004 年。

曾为、陈培峰、朱明珠:《激光振动测量的发展与展望》,《光机电信息》2005 年第 5 期。

张蓓:《路面结构层材料介电特性及其厚度反演分析的系统识别方法——路面雷达关键技术研究》,重庆大学 2003 年博士学位论文。

张春城:《浅地层探地雷达中的信号处理技术研究》,电子科技大学 2005 年博士学位论文。

张广明、马宏伟、王裕文等:《超声无损检测中的缺陷识别与噪声抑制》,《中国机械工程》1999 年第 12 期。

张宏敏:《固体中声波及井间地震管波的实验研究》,天津大学 2006 年博士学位论文。

张全胜、杨更社、高广运等:《X 射线 CT 技术在岩石损伤检测中的应用研究》,《力学与实践》2005 年第 6 期。

张文伟、庄葆华、张吉华:《一种基于光三角法的激光测振仪》,《光电工程》1999 年第 3 期。

赵永贵:《中国工程地球物理研究的进展与未来》,《地球物理学进展》2002 年第 2 期。

赵竹占、洪永星、童献平等:《探地雷达在嵊泗外海防浪堤工程质量检测中的应用》,《工程勘察》1997 年第 1 期。

中华人民共和国国家文物局:《拉萨布达拉宫—大昭寺・罗布林卡扩展项目 罗布林卡》,2000 年。

钟燕辉:《层状体系介电特性反演及其工程应用》,大连理工大学 2006 年博士学位论文。

周灿林、亢一澜：《数字全息干涉法用于变形测量》，《光子学报》2004 年第 2 期。

周翔：《山岭隧道质量无损检测及缺陷力学特性研究》，西南交通大学 2005 年博士学位论文。

朱德兵：《超浅层弹性波波振二相拟模态试验分析理论研究》，中南大学 2002 年博士学位论文。

总装备部工程设计研究院总院编著：《西藏布达拉宫文物保护工程地质勘察报告》，2000 年。

邹海林、宁书年、邹华胜：《采用不同预处理方法的 GPR 图象去噪效果分析》，《地球物理学进展》2005 年第 2 期。

邹利光：《CT 技术的进展及临床应用》，《第三军医大学学报》2006 年第 1 期。

邹倩颖：《超宽带电磁场传播特性模拟与研究》，成都理工大学 2006 年博士学位论文。

邹贤军：《超宽带电磁场三维 FDTD 数值模拟》，成都理工大学 2006 年博士学位论文。

左峥嵘：《国外探地雷达技术新进展》，《地球科学》1993 年第 3 期。

后　记

　　西藏地区的文物保护始终受到中央的高度重视，特别是对布达拉宫的文物保护。早在 1989～1994 年实施布达拉宫一期文物保护维修工程时，李铁映同志多次听取了维修方案的汇报，并多次做重要指示。1994 年，工程验收时，他又亲临拉萨参加验收会。1999 年，李岚清同志在当时国家文物局局长张文彬陪同下赴拉萨、日喀则和萨迦等地视察文物保护工作。之后，中央决定进行"西藏三大重点文物保护维修工程"。三大重点文物主要包括布达拉宫、罗布林卡和萨迦寺，对布达拉宫来说属第二期文物保护维修工程。

　　西藏自治区区党委和人民政府也十分重视西藏文物的保护，这次维修工程中，自治区的主要领导担任"西藏三大重点文物保护维修工程领导小组"组长，直接领导、部署、组织工程的实施。2001～2004 年期间，我们对拉萨、日喀则、萨迦、山南和阿里等地的文物保护状况，特别是对各寺院壁画的保护状况做了一次调查，感到西藏近千个寺院的文物保护，尤其是壁画保护的任务十分艰巨、繁重。当时我给主管文教的副主席甲热·洛桑丹增写了一封信，提出西藏文物保护要从根本解决问题，要抓住这次三大重点文物保护维修工程实施的机会，应尽快培养、建立一支自己的文物保护科技队伍。因为西藏大部分为高海拔地区，内地工作人员适应不了那种缺氧的环境。甲热副主席收到我的信后立即做了批示，责成自治区文物局与西藏大学共同研究落实我的建议。

　　国家文物局历来对西藏文物的保护维修非常重视，早在 1999 年，在全国文物外事工作会上，张文彬局长已经给我院樊锦诗院长安排了西藏三大寺院的壁画修复任务。我院承担了西藏三大重点文物保护维修工程中的壁画保护修复任务后，用两年时间对西藏三大寺院壁画保存现状进行调查，并做了空鼓壁画灌浆加固的室内模拟实验和现场试验。2003 年 5 月，布达拉宫壁画开始修复，6 月单霁翔局长率团赴藏视察三大维修工程。单局长详细察看了壁画修复现场，并做了重要指示。他回到北京后，代表文化部给国务院上报的"文化部关于西藏三大重点文物保护维修工程进展等情况的报告"中有这样一段话："三大工程施工已全面展开，进展基本顺利，已开工项目施工质量良好。承担三大工程施工、监理任务的单位均是由业主委托中技国际招标公司通过招标产生的。其中有特殊技术要求的壁画保护维修项目，由三大工程的项目法人单位通过议标的方式，委托目前国内壁画保护技术水平最高的敦煌研究院承担"。之后，国家文物局副局长郑欣淼（现任文化部副部长，兼故宫博物院院长）、张柏、董保华和童明康都先后赴藏视察西藏三大重点文物保护维修工程，并分别作过重要指示。在三大工程整个施工过程中，国家文物局多次派专家组对工程进行调研和指导。

西藏三大重点文物保护维修工程从立项到工程实施，自治区文物局始终把三大工程作为他们的中心工作来抓。2001 年秋，我院承担了三大工程中的壁画修复任务后，时任自治区文物局局长、维修办公室主任的甲央就明确提出，在西藏三大重点文物保护维修工程中，一定要贯彻落实国家文物局关于"在西藏三大重点文物保护维修工程中要加大科技含量，重视基础研究和新材料、新工艺的研究与推广应用"的指示精神，要科技立项，进行前期可行性实验研究。当我们在敦煌莫高窟所做的"西藏萨迦寺、布达拉宫和罗布林卡壁画保护修复研究"完成后，于 2002 年 4 月，国家文物局组织专家在莫高窟进行中期评估时，甲央率三大工程指挥长，布达拉宫的强巴格桑、罗布林卡的尼玛和萨迦寺的格桑前来敦煌参加了评估会。会后，甲央又提出尽快进行现场试验。后任自治区文物局局长的仁青、尼玛次仁，副局长徐飞等也都非常关心我们的壁画修复工作以及工作人员的生活等。

三大工程维修办公室副主任常兴照先生、维修办公室综合组组长尼玛次仁先生和维修办公室工程组副组长尚国华先生等，都对我们的工作给予大力支持。

布达拉宫文物管理处的处长强巴格桑、副处长穷达、旺堆和丁长征等，把我们作为一家人对待，提供工作和生活等方面的便利条件，使我们的工作开展得十分顺利。

中国文物研究所（现为中国文化遗产研究院）也十分支持我们的工作，特别是时任研究所古建维修部主任的张之平高级工程师、任总工的付清远高级工程师经常与我们进行技术交流，提出好的建议，同时也提供我们所需的资料。

在拉萨进行阿嘎土改性的"北京凯莱斯建筑技术有限公司"的经理曲雁先生，非常热心地支持我们的工作，我们灌浆所用的阿嘎土全部由他们公司提供。

甘肃省文物局也十分关心和支持我们的工作，2004 年 7 月，时任省文物局局长的苏国庆同志率团赴西藏视察工作和慰问我院在藏工作人员，之后副局长张正兴也赴藏进行视察和慰问。

敦煌研究院党委和院委非常重视"西藏三大重点文物保护维修工程"。我院承担了西藏三大文物保护维修工程中的壁画修复任务后，院党委、院委多次开会，研究安排和部署项目的实施。在后勤保障、院属其他部门专业技术人员援助西藏项目等方面一路开绿灯，特别是樊锦诗院长，不畏高原环境带来的身体严重不适，于 2002 年 6 月赴西藏参加三大工程开工典礼，之后又赴萨迦视察指导工作。纪新民书记于 2007 年 6 月率团赴拉萨、萨迦视察工作和慰问在藏工作人员。

原保护研究所副所长、著名壁画修复专家李云鹤先生参加了壁画保存现状调查，并多次进行技术指导。

原保护陈列中心主任、考古学家彭金章先生参加了壁画保存现状的考察和壁画的价值评估。

数字中心主任吴健同志、主任助理孙志军同志参加了壁画保存现状调查、修复过程和修复后的拍摄。

美术研究所所长侯黎明先生对我们来说，真是有求必应，多次派所里的业务骨干赴藏进行壁画修复后的补色。

院长办公室主任罗华庆同志、院总务处处长狄会忠同志，在后勤保障方面给了我们很大支持。

党办主任、人事处长韩延军同志在人员的管理、调配方面给了很大支持。

在工程实施过程中，马选峰、柴勃隆、傅鹏等同志在资料的收集和整理中做了大量细致的工作。本书编撰中，赵林毅和杨涛同志付出了巨大的劳动和辛苦。对以上关心、指导、支持及参与过布达拉宫壁画修复工作的领导、专家及所有人员，在此一并表示衷心地感谢。

李最雄
2007 年 10 月 25 日

1. 北壁壁画

2. 北壁生活场景

白宫门厅北壁壁画

白宫东大殿北壁东侧壁画

白宫东大殿北壁大昭寺全景图

1. 南壁壁画

2. 南壁说法图

白宫东大殿壁画

1. 坛城殿北壁壁画

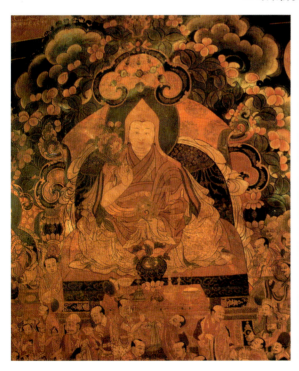

2. 五世灵塔殿东壁说法图

3. 西大殿南壁主尊像

红宫壁画

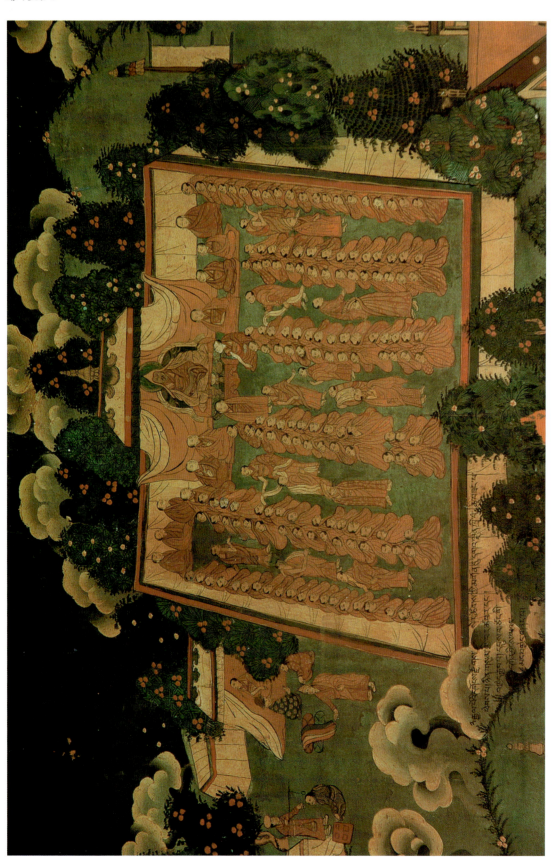

红宫西大殿南壁说法图

1. 朗杰扎仓南壁壁画

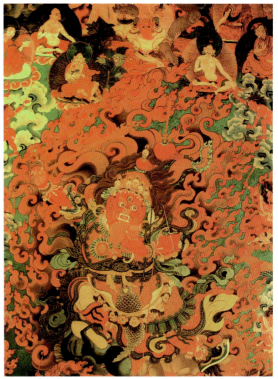

2. 朗杰扎仓南壁壁画

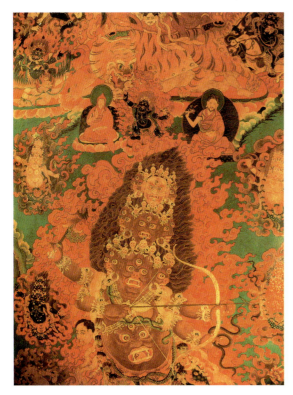

3. 朗杰扎仓南壁壁画

4. 平措堆朗门厅南壁伎乐天

朗杰扎仓、平措堆朗门厅壁画

黄房子西壁布达拉宫（五世达赖喇嘛时期）的全景图

药师殿东壁全景图

黄房子、红宫药师殿壁画

八世灵塔殿一层东壁千佛

红宫八世灵塔殿、药师殿壁画

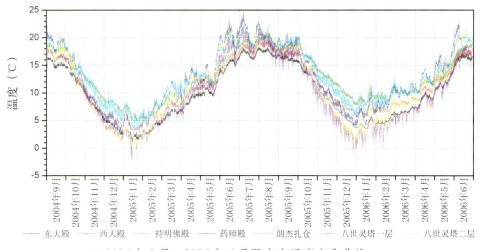

1. 2004 年 9 月～2006 年 6 月殿室内温度变化曲线

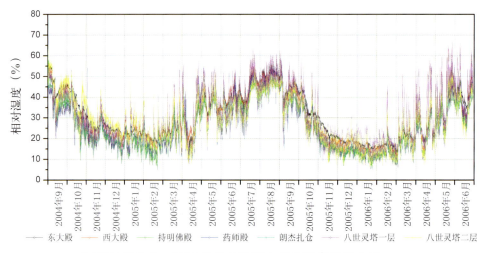

2. 2004 年 9 月～2006 年 6 月殿室内相对湿度变化曲线

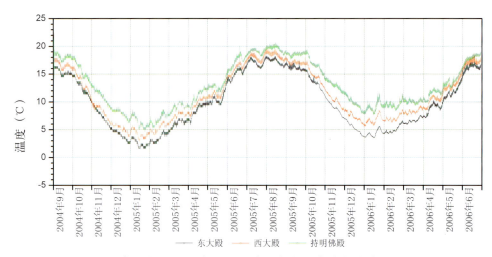

3. 2004 年 9 月～2006 年 6 月开放殿室内温度的变化曲线

布达拉宫殿内温度和相对湿度的年变化规律

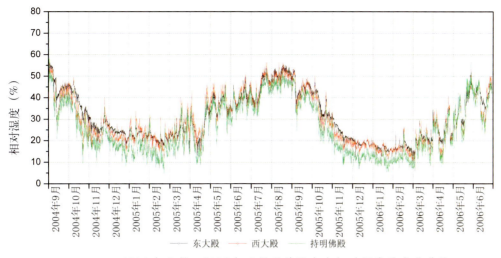

1. 2004 年 9 月～2006 年 6 月开放殿室内相对湿度的变化曲线

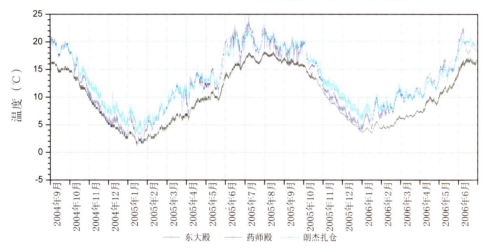

2. 2004 年 9 月～2006 年 6 月开设有窗户的殿室内温度的变化曲线

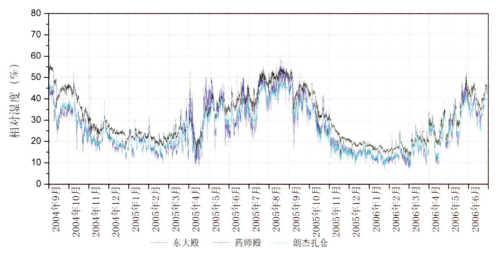

3. 2004 年 9 月～2006 年 6 月开设有窗户的殿室内相对湿度的变化曲线

布达拉宫殿内温度和相对湿度的年变化规律

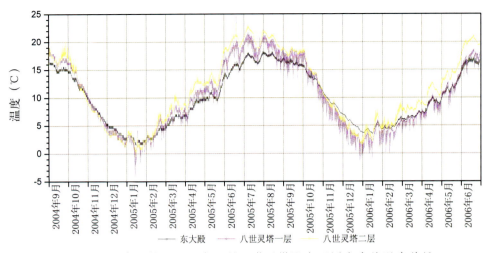

1. 2004 年 9 月～2006 年 6 月八世灵塔殿内不同高度的温度差异

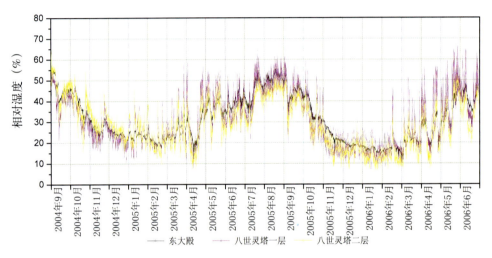

2. 2004 年 9 月～2006 年 6 月八世灵塔殿内相对湿度的空间变化曲线

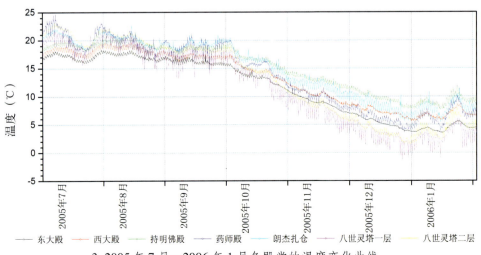

3. 2005 年 7 月～2006 年 1 月各殿堂的温度变化曲线

布达拉宫殿内温度和相对湿度的年变化规律

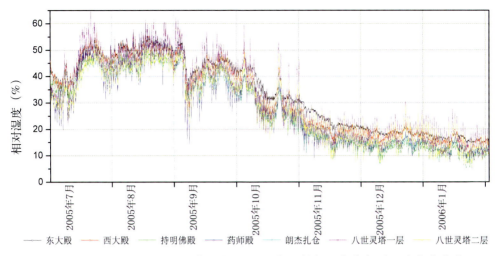

1. 2005 年 7 月～2006 年 1 月各殿堂的相对湿度变化曲线

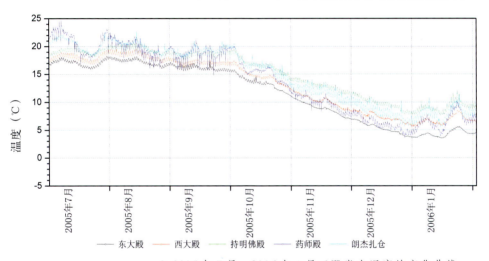

2. 2005 年 7 月～2006 年 1 月五殿堂内温度的变化曲线

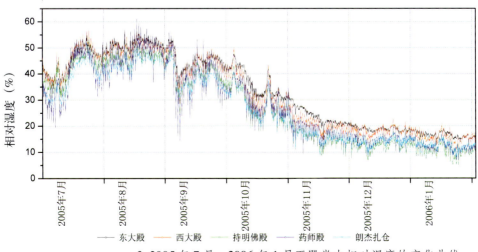

3. 2005 年 7 月～2006 年 1 月五殿堂内相对湿度的变化曲线

布达拉宫殿内温度和相对湿度的年变化规律

1.东壁北侧上部裂缝空鼓（修复前）

2.东壁北侧上部裂缝空鼓（修复后）

3.东壁南侧裂缝空鼓（修复前）

4.东壁南侧裂缝空鼓（修复后）

白宫门厅壁画修复前后对比

1.西壁门北侧中部裂缝（修复前）

2.西壁门北侧中部裂缝（修复后）

3.北壁中上部西侧裂缝（修复前）

4.北壁中上部西侧裂缝（修复后）

白宫门厅壁画修复前后对比

1. 北壁中上部西侧裂缝（修复前）

2. 北壁中山上部西侧裂缝（修复后）

3. 北壁西侧上部裂缝（修复前）

4. 北壁西侧上部裂缝（修复后）

白宫门厅壁画修复前后对比

1. 白宫门厅北壁中部裂缝空鼓错位（修复前）

2. 白宫门厅北壁中部裂缝空鼓错位（修复后）

3. 东大殿东壁南侧划痕及污物（修复前）

4. 东大殿东壁南侧划痕及污物（修复后）

5. 东大殿东壁空鼓裂缝（修复前）

6. 东大殿东壁空鼓裂缝（修复后）

白宫门厅、东大殿壁画修复前后对比

彩版一八

1.东壁上部空鼓裂缝（修复前）

2.东壁上部空鼓裂缝（修复后）

3.南壁中部污物（修复前）

4.南壁中部污物（修复后）

白宫东大殿壁画修复前后对比

2. 南壁东侧起甲（修复后）

1. 南壁东侧起甲（修复前）

白宫东大殿壁画修复前后对比

1. 东壁北侧中下部裂缝起甲（修复前）

2. 东壁北侧中下部裂缝起甲（修复后）

3. 东壁天王脸部起甲（修复前）

4. 东壁天王脸部起甲（修复后）

5. 东壁北侧中部裂缝（修复前）

6. 东壁北侧中部裂缝修（修复后）

红宫南门正厅东壁壁画修复前后对比

1. 东壁中部起甲（修复前）

2. 东壁中部起甲（修复后）

3. 东壁中部起甲（修复前）

4. 东壁中部起甲（修复后）

5. 西壁南侧上部起甲（修复前）

6. 西壁南侧上部起甲（修复后）

红宫南门正厅壁画修复前后对比

1.红宫南门正厅西壁北侧下部起甲（修复前）

2.红宫南门正厅西壁北侧下部起甲（修复后）

3.圣观音殿室外北壁裂缝（修复前）

4.圣观音殿室外北壁裂缝（修复后）

5.圣观音殿室外北壁起甲（修复前）

6.圣观音殿室外北壁起甲（修复后）

红宫南门正厅、圣观音殿室外壁画修复前后对比

1.北壁颜料层起甲脱落（修复前）

2.北壁颜料层起甲脱落（修复后）

红宫圣观音殿室外壁画修复前后对比

1.北壁破损（修复前）

2.北壁破损（修复后）

红宫圣观音殿室外壁画修复前后对比

1.东壁中上部空鼓裂缝（修复前）

2.东壁中上部空鼓裂缝（修复后）

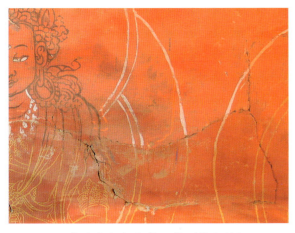

3.东壁中上部空鼓裂缝（修复前）

4.东壁中上部空鼓裂缝（修复后）

红宫五世灵塔殿壁画修复前后对比

1. 观世音本生殿南壁空鼓（揭取回贴前）

2. 观世音本生殿南壁空鼓（揭取回贴后）

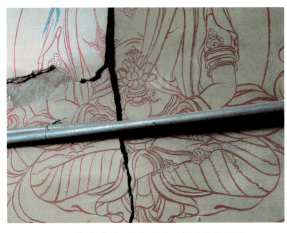

3. 观世音本生殿南壁空鼓（修复前）

4. 观世音本生殿南壁空鼓（修复后）

5. 持明佛殿北壁东侧门上空鼓裂缝（修复前）

6. 持明佛殿北壁东侧门上空鼓裂缝（修复后）

红宫观世音本生殿、持明佛殿壁画修复前后对比

1. 持明佛殿北壁东侧上部空鼓开裂（修复前）　　2. 持明佛殿北壁东侧上部空鼓开裂（修复后）

3. 观世音本生殿东壁破损（修复前）　　　　4. 观世音本生殿东壁破损（修复后）

红宫观世音本生殿、持明佛殿壁画修复前后对比

1.东壁南侧梁左侧地仗空鼓脱落（修复前）

3.东壁南侧梁左侧偏下地仗空鼓脱落（修复前）

2.东壁南侧梁左侧地仗空鼓脱落（修复后）

4.东壁南侧梁左侧偏下地仗空鼓脱落（修复后）

红宫西大殿壁画修复前后对比

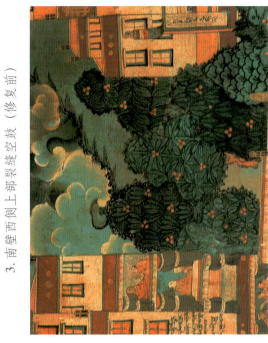

3. 南壁西侧上部裂缝空鼓（修复前）

4. 南壁西侧上部裂缝空鼓（修复后）

1. 南壁东侧上部空鼓脱落（修复前）

2. 南壁东侧上部空鼓脱落（修复后）

红宫西大殿壁画修复前后对比

1.南壁东侧门左侧上部起甲（修复前）

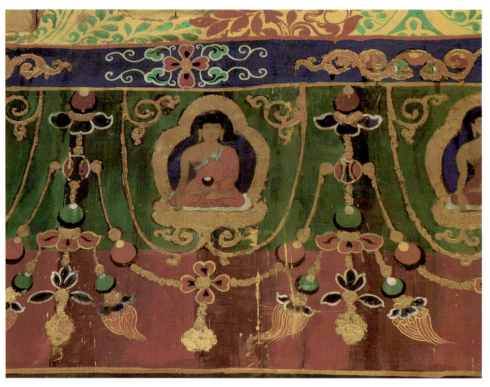

2.南壁东侧门左侧上部起甲（修复后）

红宫西大殿壁画修复前后对比

1. 东壁裂缝错位（修复前）　　　　　2. 东壁裂缝错位（修复后）

3. 东壁上部空鼓开裂（修复前）　　　　4. 东壁上部空鼓开裂（修复后）

红宫十三世灵塔殿壁画修复前后对比

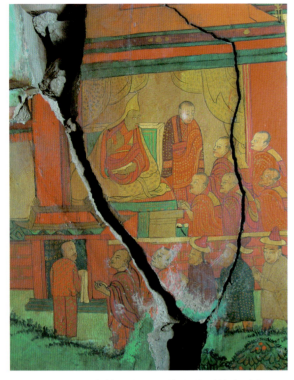

1.西壁门南侧门上部裂缝空鼓（修复前）　　　2.西壁门南侧门上部裂缝空鼓（修复后）

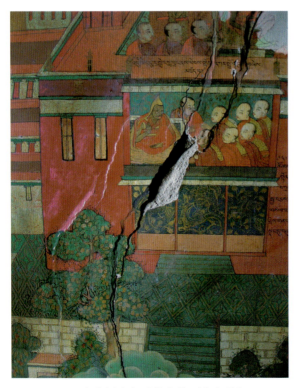

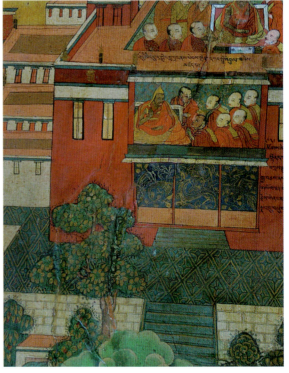

3.西壁北侧中部裂缝空鼓（修复前）　　　4.西壁北侧中部裂缝空鼓（修复后）

红宫十三世灵塔殿壁画修复前后对比

2. 八世灵塔殿东壁空鼓（修复后）

4. 药师殿北壁东侧下部地仗脱落（修复后）

1. 八世灵塔殿东壁空鼓（修复前）

3. 药师殿北壁东侧下部地仗脱落（修复前）

红宫八世灵塔殿、药师殿壁画修复前后对比

1. 东壁南侧空鼓开裂（修复前）　　　　2. 东壁南侧空鼓开裂（修复后）

3. 东壁中上部空鼓开裂（修复前）　　　　4. 东壁中上部空鼓开裂（修复后）

5. 东壁裂缝及破损（修复前）　　　　6. 东壁裂缝及破损（修复后）

红宫药师殿壁画修复前后对比

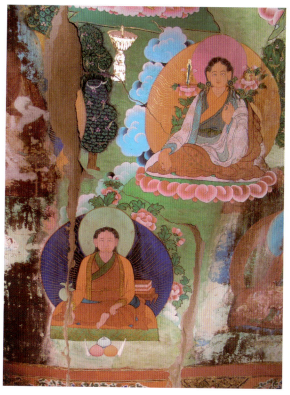

1. 药师殿东壁中部梁下空鼓裂缝（修复前）

2. 药师殿东壁中部梁下空鼓裂缝（修复后）

3. 七世灵塔殿南壁上部裂缝（修复前）

4. 七世灵塔殿南壁上部裂缝（修复后）

红宫药师殿、七世灵塔殿壁画修复前后对比

1. 七世灵塔殿南壁中部裂缝（修复前）　　　　　2. 七世灵塔殿南壁中部裂缝（修复后）

3. 强庆塔朗门厅北壁东侧下部污物（修复前）　　4. 强庆塔朗门厅北壁东侧下部污物（修复后）

5. 时轮殿南壁错位裂缝（修复前）　　6. 时轮殿南壁错位裂缝（修复后）

红宫七世灵塔殿、时轮殿及强庆塔朗门厅壁画修复前后对比

1. 时轮殿西壁下部地仗破损
（修复前）

2. 时轮殿西壁下部地仗破损
（修复后）

5. 强巴佛殿南侧横梁处空鼓开裂
（修复前）

3. 强巴佛殿南侧横梁处地仗开裂
（修复前）

4. 强巴佛殿南侧横梁处地仗开
裂（修复后）

6. 强巴佛殿南侧横梁处空鼓开裂
（修复后）

红宫时轮殿、强巴佛殿壁画修复前后对比

1.西壁南侧空鼓裂缝（修复前）

2.西壁南侧空鼓裂缝（修复后）

黄房子壁画修复前后对比

1. 西壁南侧下部破损（修复前）

2. 西壁南侧下部破损（修复后）

黄房子壁画修复前后对比

1. 西壁北侧空鼓裂缝（修复前）

2. 西壁北侧空鼓裂缝（修复后）

3. 西壁北侧空鼓裂缝（修复前）

4. 西壁北侧空鼓裂缝（修复后）

黄房子壁画修复前后对比

1.南壁空鼓开裂（修复前）

2.南壁空鼓开裂（修复后）

朗杰扎仓壁画修复前后对比

1. 朗杰扎仓南壁上部空鼓裂缝（修复前）

2. 朗杰扎仓南壁上部空鼓裂缝（修复后）

3. 朗杰扎仓门厅南壁起甲（修复前）

4. 朗杰扎仓门厅南壁起甲（修复后）

5. 平措堆朗门厅北壁中部起甲（修复前）

6. 平措堆朗门厅北壁中部起甲（修复后）

朗杰扎仓、平措堆朗门厅壁画修复前后对比

1.北壁中部污物（修复前）

2.北壁中部污物（修复后）

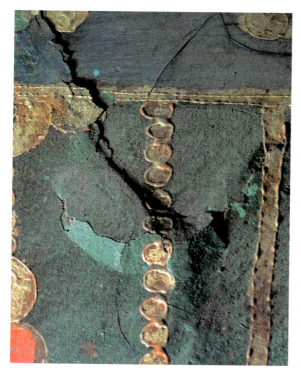

3.东壁北侧破损（修复前）

4.东壁北侧破损（修复后）

平措堆朗门厅壁画修复前后对比

1. 北壁西侧下部起甲（修复前）

2. 北壁西侧下部起甲（修复后）

3. 北壁西侧起甲（修复前）

4. 北壁西侧起甲（修复后）

平措堆朗门厅壁画修复前后对比